法夫使
fatianshi.cn

中国合同库

私募基金

优质文本 · 条文批注 · 风险提示

刘建伟　编著

法律出版社
LAW PRESS · CHINA

中国合同库

丛书策划　朱海波　蒋　橙

特约策划　何　力　常金光　施志广　潘　捷

编辑支持　陈　遥　樊　荣　李金凤　苗亚杰　张婷婷

刘建伟

现就职于北京市盈科律师事务所资本市场部，毕业于北京大学法学院，法律专业学位硕士，清大盈科投资管理股份公司董事，中国商业联合会法律工作委员会副秘书长，盈科新三板学院副秘书长。

专业领域：

私募基金募投管退全程法律服务以及基金相关诉讼，股权投融资，新三板挂牌，公司并购重组。

工作简介：

自进入律师事务所后，主要工作负责私募基金业务、企业投融资及新三板挂牌业务。至今已经为数十家基金管理人提供法律服务，包括为私募基金管理人出具管理人登记法律意见书和专项法律意见书、为演唱会基金等新型基金设计基金架构、为基金投资项目提供法律尽职调查服务等，并担任多家基金管理人的常年法律顾问，在私募基金法律领域具有丰富的经验。

推荐语

基金真正核心的价值在于找到有价值、有成长性的标的，但是前提是基金本身要运作良好，所谓磨刀不误砍柴工，想要一石两鸟还得有把好弹弓。这本书给基金管理人的合规运作提供了合同和制度范本的有益参考。

华泰联合证券执行董事／并购业务负责人　劳志明（劳阿毛）

私募基金，是通过集合融资、专业管理、分散风险的投资手段实现企业的增值。它满足了大众创业、万众创新和实体经济发展的融资需求，承担起了支持实体经济、推动产业结构优化升级的重任，因此也被称为“智慧的资本”和“发现未来的资本”，应该说私募基金在多层次的资市场体系下，正迎接着新的机遇和挑战。

为维护私募基金发展的良好环境，证监会和基金业协会陆续发布了监管新规，构建起了一套自律体系，中心是控制风险、实现基金合规的指引。这本《私募基金合同大全》系统全面的提供了控制风险的办法和范本，也是对“募、投、管、退”整个股权投资生命周期风险控制和管理的一部实操指南。感谢刘建伟律师将多年研究和实践的成果奉献社会！我推荐此书，也希望读者能从中找到你的需要。

全国律协政府顾问专业委员会副主任／法治北京促进研究会主任／盈科律所创始人名誉主任　郝惠珍

合同是最为常用和最为多变的法律实践中的具体形式，涉及到诸多法律部门。本书以私募基金领域为应用场景，提供了基础且常见的合同范本和制度范本，对于初入私募基金领域的从业者具有较强的参考价值和实用价值。本书的意义不在于指导私募基金从业者如何起草合同和制度，其难能可贵之处是为合同和制度的起草工作提供了值得信赖且可塑性极强的标准文本，而且为读者获取标准文本、并在标准文本基础上根据具体情形进行“再创造”提供了极为便捷的途径。

北京大学《合同法实务》老师／北仲、贸仲仲裁员／通商律所合伙人　王家路

作为一个投资人，我们也一直在如何合规，如何更好做架构中学习。法规不仅约束市场，也是平衡市场的调和剂，正如这本书的意义所在，让更多的人了解如何开始，从 0 到 1 了解更多的是对行业的认知和思考！有用且真诚的一本书！

新浪二次元基金总经理　张英群

因信任而契约，因自律而双赢，私募基金管理人架起社会财富和未来经济走向互通的桥梁，在大展专业能力之前，首先要考虑的是业务各环节建构在流畅和约束并重的体系，以解决潜在的各种风险和保证业务能力的发挥。

这个体系的核心就是一整套契约和管理规范。在更高的层面来看，其重要性不仅限于合规、起草和执行，这个体系是思考的起点，包含对监管、GPLP 关系，自身能力，组织发展等因素的深度思考。

在我有限的观察里，并不是所有的私募基金都可以做到这一点，要么过度拘泥于出资人意志，要么努力摆脱必要的约束，还有的并没有充分认识契约和管理规范的重要性，导致运行中处处掣肘，甚至毁败。所以盈科律所的同仁集丰富经验，本着严谨态度，辛苦编纂大全成册，可谓及时必要，成为从业者手边必备参考，但需要提醒的是，成功的私募基金应该是以此为参考，根据自身特点进行适格的创造，而不是简单的萧规曹随。

洪泰赋能基金 CEO　冯志

这是一本巨细无遗的私募基金合同大全，在当前行业良莠不齐的契约合同范本中，建立起了一个完整权威的合同体系标杆，对私募股权投资行业的规范发展很有帮助，尤其会大幅提升私募行业投资人和投资公司的工作效率、风控能力和法律规范。感谢盈科律所专家和法律出版社团队孜孜不懈的努力，为行业提供了这套完善的法律参考指南，并通过传统图书与互联网技术的有效结合，使合同范本有效地应用到实践中去，这点创新尤其值得赞赏。

蓝图创投管理合伙人　侯东

总序一

法治社会离不开合同。

英国历史学家梅因的《古代法》中有一句法律人耳熟能详的名言：我们可以说，所有进步社会的运动，到此处为止，是一个“从身份到契约”的运动。确实，在现代社会中，方方面面都离不开契约与契约精神。除市场交易外，大到国家治理、国际条约，小到婚姻家庭、交通出行各个领域，无所不在契约或契约精神的笼罩之下。可以说，一个现代人，无时无刻能与合同脱离干系。

在具体生活层面，我们也不难发现合同与社会经济之间的密切关系。从普通人很少见到正式合同，到越来越多的签订书面合同，到合同越来越厚、条款越来越多，与之相应地，是经济交易越来越活跃、交易金额越来越大，经济越来越发达。如果作这么一个判断：“合同的质量与数量，与一个社会的经济水平成正比”，这应该是基本成立的。

希望中国合同库成为标准。

合同需要标准。国际贸易术语（Trade Terms of International trade），就可以理解为是一套合同条款的标准术语。有了这套术

关注法天使

语，交易各方在谈判以及拟定条款时，就可以大大节省时间，减少争议。

经济生活中的大量交易，完全可以使用比较标准的、完备的合同范本。这些合同范本符合一般交易惯例，条款相对完善、规范，能减少不必要的合同纠纷。

当然，交易往往都有自己的特殊性。即使如此，以标准合同为基础，合同各方在彼此关心的重点条款上谈判、修订，而对一般性问题采纳标准合同的条款，这也能大大节省合同各方的精力。

在运输领域，集装箱标准的推出，大大提升了运输效率、降低了物流成本，整个社会都为之受益。而如果在社会各行各业的交易、合作中，都能大力推行标准合同，无疑也将大大降低交易成本，促进交易的进行，减少争议。这其中的社会意义是巨大的。这也是工商等政府部门不断推出政府示范文本的目的。而现在，“中国合同库”这一项目，更是利用互联网技术，将合同示范文本这一工作往前推进了一大步。

标准之所以能成为标准，既需要社会各界的推动与接受，也需要标准本身能不断完善、符合需求。我在此希望中国合同库的主办方能持之以恒的推动合同库的建设、完善与推广，使之成为名副其实的“中国合同库”。

此为序。

中国社会科学院学部委员、教授、博士生导师

总序二

在互联网、大数据时代，应思考法律服务如何与技术结合，推动法律智慧的融合与共享。在倡导律师专业化建设、倡导律师“工匠精神”的同时，应注重用技术手段，帮助律师提升法律服务的效率。

《中国合同库》系列图书，可以看作这方面的有益尝试。不同于一般的合同范本书，它充分利用了互联网开放、迭代、互动的特色：每个合同范本，对应一个二维码，读者扫描识别二维码，就可以获得合同范本的电子版；而合同范本的作者，可以实时更新电子版，以确保内容的与时俱进。如此一来，这套书不再是一般意义的纸质读物，而是与电子数据协同互动的新型出版形态。

一直以来，高品质的合同范本和法律文书，是一种有价值但流通不畅的资源。律师与律师之间，团队与团队之间，律所与律所之间，缺乏知识资源的互通和共享。另外，高质量的文件模板几乎可以说是律师的核心竞争力之一，甚至是行业壁垒之一，每一份好的文件模板都倾注了律师的智慧和心血。《中国合同库》聚合各领域专业法律人，把这些优质的模板进行逐字逐句地修改、整合，进而分享，真正体现了互联网时代的共享精神。

不久前，中华全国律师协会刚刚与法律出版社签署战略合作协议，现在欣喜地看到法律出版社偕同法天使推出这项具有创新精神的出版计划，在此表示由衷祝贺！

是为序。

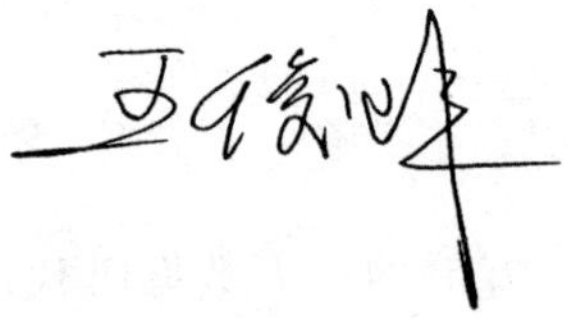

中华全国律师协会会长

金杜律师事务所管委会主席

自序

自2014年中国证券投资基金业协会启动私募备案以来，私募行业发展迅速，截至2017年10月底，协会已登记私募基金管理人21628家，已备案私募基金63248只，管理基金规模10.77万亿元。私募基金管理人员工总人数23.38万人，其中，已在从业人员系统注册员工人数17.59万人。

私募基金行业在发展壮大过程中也暴露出诸多问题，一些机构以私募的名义，拿着协会登记备案信息非法自我增信，从事非法集资等违法违规行为，兼营P2P、民间借贷、担保等非私募业务，对投资者利益造成重大侵害，也抹黑私募行业形象。在中国证监会的指导下，从2015年下半年开始，中国证券投资基金业协会开始制定出台多个重磅政策，拉开了私募行业的监管序幕，私募基金行业的自律管理也日益加强，私募基金管理人登记和产品备案仅仅是自律管理工作的第一步，合法合规是私募基金运营的工作重点。完成登记手续的私募基金管理人应持续履行产品备案，按要求向投资者进行信息披露以及向协会报告更新季度、年度和重大事项信息等义务，并主动接受自律管理。

合同是约定合同当事人权利和义务的手段，通过适用符合基金管理人和基金实际情况的规章制度和合同范本能够有效降低

关注法天使

基金管理人和基金运营的风险。目前市场上的相关合同纷繁复杂，质量也参差不齐，使基金管理人难以选择；处于初创阶段的基金管理人风控管理比较薄弱，难以建立规范的合同体系和风险控制制度。针对上述情况，2016年4月18日，中国证券投资基金业协会根据《证券投资基金法》《私募投资基金监督管理暂行办法》有关规定，发布了私募投资基金合同指引1号（契约型私募投资基金合同内容与格式指引）、私募投资基金合同指引2号（公司章程必备条款指引）、私募投资基金合同指引3号（合伙协议必备条款指引），用以规范私募基金合同的格式和内容。但是私募基金涉及的合同和制度规范远不止基金合同，鉴于此，本书根据私募基金领域的相关法律规范并结合作者个人经验汇编了私募基金涉及的大部分合同和制度规范。需要特别提醒各位读者的是，本书内容仅供参考，各个基金管理人和基金的情况千差万别，基金管理人应当根据实际情况加以修改和调整，尤其是风险管理和内部控制制度要适应基金管理人的组织结构和人员配备情况，制度的最终目的还是落实和执行。由于作者有限的水平和较短的汇编时间，本书的内容难免会有疏漏，请各位读者批评指正。

合同是一种凝聚了大量劳动和智慧但却不具备著作权的文本，本书中的部分内容也有借鉴和使用他人的劳动成果，作者一并在此表示感谢。同时需要感谢法律出版社和法天使，通过技术手段，实现了这些文本的便捷编辑和快速传播。这也正是作者敢于以有限的水平汇编本书的原因，即通过抛砖引玉、汇聚众人智慧，逐步优化这些文本，最终能够对私募基金的健康有序发展贡献一份力量。

刘建伟

目　录

CONTENTS

第一部分　管理人文件

一、基金管理有限公司章程

适用场景：

公司章程是关于公司组织和行为的基本规范，被称作公司的“宪法”。在笔者从业的过程中，遇到很多基金管理人都没有制定针对私募基金管理人的公司章程，而是简单地使用工商局提供的公司章程模板，这类章程对涉及基金管理人的很多具体权利义务都没有约定，容易导致在公司运营出现问题时，公司股东之间产生纠纷。

目前私募基金管理人的主要形式为有限责任公司，因为有限责任公司的独立法人地位使其以自身独立的财产对外承担有限责任，限制了管理人在基金运作中承担的责任，当然目前也有一些管理人处于税负的考虑选择有限合伙企业作为管理人的法人类型，但目前有限公司仍然是私募基金管人的主流法人类型。本公司章适用于有限公司类型的私募基金管理人。

法律要点：

1. 法定代表人

《中华人民共和国公司法》第13条规定，公司法定代表人依照公司章程的规定，由董事长、执行董事或者经理担任，并依法登记。

法定代表人对外代表公司，并承担相应的责任，公司法定代表人的选定非常重要。

2. 股东出资

《中华人民共和国公司法》第25条、第26条规定，有限责

D12266

任公司的注册资本为在公司登记机关登记的全体股东认缴的出资额，股东的出资时间应在公司章程中载明。

虽然目前公司资本采取完全的认缴资本制，股东的认缴出资额、出资时间，都可以由股东自行约定并在章程中载明。但是需要注意的是认缴不等同于不用缴纳，到期股东未按章程规定向公司缴足当期出资的，债权人可要求履行出资义务，用于偿还公司债务；同时，已按期足额缴纳出资的股东可以要求违约股东承担违约责任，股东违反章程约定未按时缴纳出资的，还可能受到工商部门的行政处罚。

作为基金管理人的公司，实缴注册资本应当不低于注册资本的25%并且不低于100万元，按照中国证券投资基金业协会建议实缴金额应达到250万元以上，以满足基金管理人的持续经营。

3. 红利分配及增资

《中华人民共和国公司法》第34条规定，有限责任公司股东按照实缴的出资比例分取红利；公司新增资本时，股东有权优先按照实缴的出资比例认缴出资。但是，全体股东约定不按照出资比例分取红利或者不按照出资比例优先认缴出资的除外。

分红和增资是公司的重大事项，关系到股东的实际利益，如果没有明确的约定，很可能产生矛盾。公司可以按照股东的具体情况及对公司发展的重要性灵活约定。

4. 股权转让

《中华人民共和国公司法》第71条规定，有限责任公司的股东之间可以相互转让其全部或者部分股权。

股东向股东以外的人转让股权，应当经其他股东过半数同意。股东应就其股权转让事项书面通知其他股东征求同意，其他股东自接到书面通知之日起满30日未答复的，视为同意转让。

其他股东半数以上不同意转让的，不同意的股东应当购买该转让的股权；不购买的，视为同意转让。

经股东同意转让的股权，在同等条件下，其他股东有优先购买权。2个以上股东主张行使优先购买权的，协商确定各自的购买比例；协商不成的，按照转让时各自的出资比例行使优先购买权。

公司章程对股权转让另有规定的，从其规定。

公司法允许股东对股权转让通过章程自行约定，而且章程作出的预定优先适用。

5. 股东会职权、召集程序、表决权、议事方式、表决程序

《中华人民共和国公司法》第37条，公司章程可对股东会的其他职权进行规定。

第41条，召开股东会会议，应当于会议召开15日前通知全体股东；但是，公司章程另有规定或者全体股东另有约定的除外。

第42条，股东会会议由股东按照出资比例行使表决权；但是，公司章程另有规定的除外。

第43条，股东会的议事方式和表决程序，除本法有规定的外，由公司章程规定。

以上《中华人民共和国公司法》各条分别对股东会职权、召集程序、表决权、议事方式、表决程序等作出了规定，并均规定可以优先适用章程的规定。

6. 董事会职权、董事会的议事方式和表决程序

《中华人民共和国公司法》第46条的规定，董事会除行使法定的10项职权外，还可以根据公司章程的规定行使增量职权。

《中华人民共和国公司法》第48条规定，董事会的议事方

D12266

式和表决程序，除本法有规定的外，由公司章程规定。董事会决议的表决，实行一人一票。

与股东会相比，章程中对董事会的职权可规定得更具体，章程中应明确董事会的议事方式和表决程序，否则将可能处理争议时找不到依据。

7. 总经理职权

《中华人民共和国公司法》第49条规定，有限责任公司总经理对董事会负责，行使下列职权：

（1）主持公司的生产经营管理工作，组织实施董事会决议；

（2）组织实施公司年度经营计划和投资方案；

（3）拟订公司内部管理机构设置方案；

（4）拟定公司的基本管理制度；

（5）制定公司的具体规章；

（6）提请聘任或者解聘公司副经理、财务负责人；

（7）决定聘任或者解聘除应由董事会决定聘任或者解聘以外的负责管理人员；

（8）董事会授予的其他职权。

公司章程对经理职权另有规定的，从其规定。

公司章程可以对公司总经理的职权作出特别约定，并优先适用。

文本正文：http://www.fatianshi.cn/D12266

基金管理有限公司章程

第一章　总　　则

根据《中华人民共和国公司法》和中华人民共和国（以

下简称中国）颁布的其他有关法律、法规及规范性文件（以下统称中国相关法律法规），本着平等互利的原则，经友好协商，__________公司（以下简称甲方）、__________公司（以下简称乙方）、__________公司（以下简称丙方）、__________公司（以下简称丁方）同意在中国市区共同投资设立__________投资基金管理有限公司（以下简称公司），以上各方共同制定本章程，以资共同遵守。

第一条 【基本情况】公司的中文名称：__________①投资基金管理有限公司

英文名称：______________________________

法定代表人：______________________________

注册资本：______________________________

存续期间：______________________________

住所：______________________________

经营范围：基金管理；资产管理；股权投资。②

第二条 【股东出资】公司的股东及其出资情况：

序号	股东名称或姓名	证件号码③	认缴出资	认缴比例	出资方式	出资期限
1						
2						
3						
4						

第三条 【公司类型】公司的组织形式为有限责任公司，股东应分别以各自认缴的出资额为限。向公司承担缴付出资的义务，并按其实缴④出资比例享受利润分配，承担亏损。公司应以全部财产对其债务承担责任。

①申请机构的名称和经营范围中应当含有“基金管理”“投资管理”“资产管理”“股权投资”“创业投资”等与私募基金管理人业务属性密切相关字样。

②根据专业化的要求，经营范围应含有“基金管理”“投资管理”“资产管理”“股权投资”“创业投资”等能体现私募投资基金性质的字样，但是不得包含投资咨询等卖方业务。

③自然人股东填写身份证号码，法人股东填写社会统一信用代码。

④经全体股东协议一致，可以约定按照认缴出资比例或者其他方式分配利润和承担亏损。

D12266

关注法天使

第二章 经营原则和经营目的

第四条 【经营原则】公司经营原则：自主管理或者受托管理私募股权基金，规范管理运营私募投资基金。公司不得以任何方式公开募集和公开发行基金。

第五条 【经营目的】公司的经营目的：规范管理、稳健经营，为基金（指公司管理的基金）持有人和其他委托人提供专业化、高水平的投资管理服务，为股东提供长期稳定的回报。

第三章 注 册 资 本

第六条 【分期出资】①公司的注册资本为人民币万元。股东应分两期缴付其认缴的注册资本，缴付金额及缴付期限如下：

1. 第一期出资：自各股东出资协议签订之日起个______工作日内，应按照各方出资比例，将______万元人民币汇入各方指定的银行账户，其中甲方应缴______万元人民币，乙方应缴______万元人民币，丙方应缴______万元人民币，丁方应缴______万元人民币。

2. 第二期出资：自公司设立之日（营业执照颁发日）起______个工作日内，股东应按照各方出资比例，将______万元人民币汇入公司指定的银行账户，其中甲方应缴______万元人民币，乙方应缴______万元人民币，丙方应缴______万元人民币，丁方应缴______万元人民币。

第七条 【验资报告】②股东每缴付一期出资后，公司应聘请各股东一致同意的注册会计师事务所进行验资，并根据注册会计师事务所出具的验资报告，向已缴付出资的股东出具出资证明书，并及时换发营业执照。

出资证明书应包括公司名称、设立日期、股东的名称及出

---

①到期股东未按章程规定向公司缴足当期出资的，债权人可要求履行出资义务，用于偿还公司债务；同时，已按期足额缴纳出资的股东可以要求违约股东承担违约责任。超出章程规定的时间缴付出资的，可能会受到工商部门的处罚；如果没有明确的出资计划或者未达成一致意见的，不要在章程中体现具体的出资计划，可笼统约定：______年______月______日前实缴各方认缴的出资。

②也可在全部实缴后聘请验资机构进行验资。

资次数、各自出资额、出资日期、出资证明书出具日等主要内容。

第四章 股东权利义务及责任

第八条 【股东权利】公司股东享有以下权利：

1. 参与公司经营的重大决策；

2. 参加或推选代表参加股东会并按出资比例行使表决权；

3. 股东依照实缴的出资比例分取红利，享有资产收益权；[①]

4. 将除分红权以外的股东权利与职权托管给其他股东代为行使；

5. 了解公司经营状况和财务状况；

6. 推荐和选举董事会成员和监事；

7. 依照法律、法规和公司章程的规定转让出资额；

8. 优先购买其他股东转让的出资；

9. 按照公司章程规定行使认缴公司新增资本的优先权；

10. 公司终止后，依法分得公司剩余财产；

11. 有权查阅、复制公司章程、股东会会议记录和董事会会议决议、投资决策文件和公司会计账簿、财务会计报告。[②]股东要求查阅公司会计账簿的，应当向董事会提出书面请求，并说明目的。董事会有合理根据认为股东查阅会计账簿有不正当目的，可能损害公司合法利益的，可以拒绝提供查阅，并应在接到请求后15日内书面答复并说明理由。公司拒绝提供的查阅的，股东可以请求人民法院要求公司提供查询；

12. 在公司章程规定的范围内请求公司回购其股权。在下列情形之一下，对股东会该项决议投反对票的股东可以请求公司按照合理的价格收购其部分或全部的股权：

（1）公司连续5年不向股东分配利润，而公司该5年连续

①有限公司的股东可以在章程中约定不按照出资比例分红。

②本条是关于股东知情权的规定，但是行使知情权不能损害公司利益。《最高人民法院关于适用〈中华人民共和国公司法〉若干问题的规定（四）》规定，公司以股东行使知情权后泄露公司商业秘密、给公司造成损失为由起诉股东请求赔偿的，人民法院应当受理。公司诉讼请求成立的，人民法院应判令股东承担赔偿责任。

D12266

盈利，并且符合本法规定的分配利润条件的；

（2）公司合并、分立、转让公司主要财产的；

（3）公司章程规定的其他情形。

股东与公司就上述股权收购无法达成协议时，股东可以依据《中华人民共和国公司法》的规定提起诉讼。

13. 公司章程和法律规定的其他权利。

第九条 【股东义务】股东履行以下义务：

1. 遵守公司章程和国家法律法规；

2. 按期缴纳所认缴的出资；

3. 依其认缴的出资额为限对公司的债务承担责任；

4. 在公司成立后，不得抽回投资；

5. 公司章程和法律规定的其他义务。

第十条 【股东责任】股东承担以下责任：

1. 公司股东以其认缴的出资额为限对公司承担有限责任。

2. 股东不按照章程规定缴纳出资，除应当足额缴纳外，还应当向已按期足额缴纳出资的股东承担违约责任。

3. 公司存续期间，股东均不得以其出资设置抵押、质押或其他担保权利，但股东一致同意的除外。

4. 公司章程和法律规定的其他责任。

第五章 股权转让及增资减资

第十一条 【股权转让】公司的股权转让应遵循以下规定：

1. 任何一方拟向其他股东转让部分或全部股权时，应书面告知股东，如果其他股东愿意以同等价格购买的，则协商确定各自的购买比例；协商不成的，按照转让时购股各方出资占拟购股方出资总额的比例分配。

2. 任何一方向股东以外的人转让股权，应当经其他股东过半数同意。转让应就其股权转让事项书面通知其他股东征求同意，其他股东自接到书面通知之日起满30日未答复的，视为同意转让。其他股东半数以上不同意转让的，不同意转让的股东应当购买该转让的股权；不购买的，视为同意转让。经股东同意转让的股权，在同等条件下，其他股东有优先购买权[①]。2个以上股东主张行使优先购买权的，协商确定各自的购买比例；协商不成的，按照转让时购股各方出资占拟购股方出资总额的比例分配。

3. 任何一方转让全部或部分股权时，报原审批机关（公司设立时的审批机关）核准后，在原工商登记机关（公司设立时的工商登记机关）办理变更登记手续。

4. 任何一方转让全部或部分股权时，该方在本章程项下的权利义务亦相应转移至股权受让方。除另有约定的情形或有关变更或追加当事人的规定外，本章程项下的其他内容不得更改，股权转让方有义务保证股权受让方遵守本章程。

5. 违反上述规定的股权转让无效。

第十二条 【增资减资】注册资本的增减，应经代表2/3以上[②]表决权的股东通过后，报原审批机关核准，并在原工商登记机关办理变更登记手续。

第六章　股　东　会

第十三条 【成员构成】股东会由全体股东组成，是公司的权力机构。

第十四条 【股东会职权】股东会行使以下职权：

1. 决定公司的经营方针和投资计划；

2. 选举和更换非由职工代表担任的董事、监事，决定有关董事、监事的报酬事项；

①前提条件是需在同等条件下。

②公司增资或减资属于特别表决事项，《公司法》规定需经代表2/3以上表决权的股东通过，但是章程可以规定高于2/3的比例，如全体股东一致同意。

D12266

3. 审议批准董事会的报告；

4. 审议批准监事的报告；

5. 审议批准公司年度财务预算方案、决算方案；

6. 审议批准公司的收益分配方案、弥补亏损方案；

7. 对公司增加或减少注册资本作出决议；

8. 对股东转让股权作出决议；

9. 对公司融资、担保作出决议；

10. 对公司合并、分立、转让公司主要财产、变更公司形式、解散和清算等事项作出决议；

11. 修改公司章程；

12. 法律规定的其他职权。

第十五条 【首次会议的召集和主持】股东会的首次会议由出资最多的股东召集和主持。

第十六条 【表决权】股东会会议由股东按照出资比例行使表决权。

第十七条 【会议通知】股东会会议分为定期会议和临时会议。并应当于会议召开 15 日以前通知全体股东。

第十八条 【召开方式】定期股东会于每年______月召开，每年 1 次。临时股东会议由代表 1/10 以上表决权的股东，或 1/3 以上董事，或者任何一位监事提议方可召开。股东出席股东会议也可书面委托他人参加，行使委托书中载明的权力。

第十九条 【表决方式】股东会就一般事项进行表决时，应有半数以上表决权股东的赞成票通过，特殊事项如修改公司章程、增加或者减少注册资本的决议，以及公司合并、分立、解散或者变更公司形式的决议，必须经代表 2/3 以上表决权的股东通过。

第二十条 【召集和主持】股东会会议由董事会负责召集，董事长主持。董事长不能履行职务或者不履行职务的，由半数以上董事共同推举1名董事主持。

第二十一条 【特殊情形下的召集主持】董事会不能履行或者不履行召集股东会会议职责的，由监事会召集和主持；监事会不召集和主持的，代表1/10以上表决权的股东可以自行召集和主持。

第二十二条 【会议记录】股东会应当对所议事项的决定作出会议记录，出席会议的股东应当在会议记录上签名。

第七章 董 事 会①

第二十三条 【董事会组成】董事会②由5名董事组成，甲方委派2名、乙方委派1名、丙方委派1名、丁方委派1名。公司设董事长。甲方提名董事长人选，担任公司的法定代表人③。若甲方推荐的董事长人选未获董事会任命，则甲方有权继续提名直至提名人选被董事会任命。在任期内无论因任何原因更换董事长，甲方有权继续推荐，在此情况下，继任者的任期为前任者的剩余任期。

第二十四条 【董事任期】董事及董事长的任期均为3年，若提名方继续提名，经董事会任命后则可连任。公司设立后的首届董事及董事长的任期自营业执照颁发之日起算，至3年后最接近该日的董事会例会会议结束时止。

任何一方拟更换其委派的董事时，提前10日以书面形式通知董事会后，可更换该董事。任期内更换董事时，继任者的任期为前任者的剩余任期。

第二十五条 【董事会职权】董事会行使下列职权：

1. 召集股东会会议，并向股东会报告工作；

2. 执行股东会的决议；

3. 任命专门委员会的成员；

4. 根据甲方提名任命董事长④，决定聘任或者解聘公司经理

---

①有限公司可以不设董事会。不设董事会的，股东会会议由执行董事召集和主持。

②有限责任公司设董事会，其成员为3人至13人。

人数的设定既要满足股东各方的利益需求，又要控制人数，人数太多容易降低决策效率。

视情况，可以由各方股东共同委派1名独立董事。

③法定代表人可以由董事长、执行董事或者总经理担任。

④董事长、副董事长的产生办法由公司章程自主规定，实践中一般由大股东提名。

D12266

及其报酬事项，并根据经理的提名决定聘任或者解聘公司副经理、财务负责人及其报酬事项；

5. 决定公司的经营计划和投资方案、决定发起设立基金；

6. 审议单笔投资额超过公司资产总额 30%，或者单一投资股权超过被投资公司总股本 40% 的股权投资项目；

7. 制订并提出公司的发展战略和经营计划；

8. 制定并提出公司的利润分配方案和弥补亏损方案；

9. 决定公司内部管理机构的设置和基本管理制度；

10. 决定基金投资及基金运作涉及的所有关联交易；

11. 根据董事会制定的投资分级、分类授权细则，批准应由董事会审批的基金投资、收购、出售、转让等重大事项；

12. 所管理的基金终止时与专业人员（律师、会计师等）共同负责基金的清算工作；

13. 制定公司合并、分立、解散或者变更公司形式的方案；

14. 决定公司组织结构，制定公司的基本管理制度；

15. 法律规定和本章程规定的其他职权。

第二十六条 【会议召开】董事会的召集召开

1. 董事会每年度至少召开 2 次会议，每次会议应当于会议召开 10 日前通知全体董事和监事。

2. 代表 1/10 以上表决权的股东、1/3 以上董事或者监事会，可以提议召开董事会临时会议。董事长应当自接到提议后 10 日内，召集和主持董事会会议。董事会召开临时会议，可以另定召集董事会的通知方式和通知时限。

3. 董事会会议经过 2/3 以上的董事出席方可举行。董事因故不能出席董事会会议时，可书面委托代理人（但任何一方委派的董事缺席时仅限于委托给该方的正式员工或其他董事）出席并行使表决权。每名与会董事或代理人有一票表决权。独立董事因故不能出席董事会会议的，可书面委托其他与会董事代为行使表决权。董事缺席且代理人也未出席时，视为弃权出席会议且放弃表决权。

4. 各董事可分别在同一式样的同一份或多份董事会书面决议上签署。经各董事签署之董事会决议与正式召开董事会会议通过之董事会决议同样有效。

5. 董事长因故不能履行其职责时，可临时委托另一名董事代行其职权。

6. 董事报酬以及召开董事会会议的费用，由公司负担。

7. 董事会会议记录用中文书写。经出席会议的董事及代理人全体签字后，公司保管至公司解散为止，公司并将其副本提交董事及股东。

8. 违反上述各项规定时，其会议的召开和决议无效。

第二十七条 【特殊表决】下列事项经出席董事会会议的董事及代理人 2/3 以上通过：

1. 任命董事长、总经理、副总经理及财务负责人决定其薪酬和奖惩事项；

2. 委任和更换专门委员会成员；

3. 签署基金合同、基金管理协议、托管协议；

4. 决定设立产业基金；

5. 制定并提出年度经营计划及年度财务预算；

6. 制定并提出年度决算和会计报告及年度利润分配或亏损弥补方案；

7. 决定关联交易投资、关联交易实施细则和基金投资分级、分类授权制度；

8. 决定基金投资及基金运作涉及的所有关联交易；

9. 根据董事会制定的投资分级、分类授权制度，决定应由

D12266

董事会审批的基金投资、收购、出售、转让等重大事项；

10. 审议单笔投资额超过公司资产总额 30%，或者单一投资股权超过被投资公司总股本 40% 的股权投资项目；

11. 决定外部注册会计师、审计人员的选任、解聘及报酬；

12. 批准高管层的激励机制。

第二十八条 【一般表决】下列事项经超过出席董事会会议的董事及代理人的半数通过：

1. 设置和变更公司内部管理机构；

2. 决定公司的基本管理制度；

3. 制定员工工资、福利、待遇等劳动管理规定；

4. 决定公司各项保险的投资险别、保险余额和保险期限；

5. 其他重要事项的决定。

第八章 监 事

第二十九条 【监事会组成】公司应设 3 名监事[①]，共同组成监事会。

监事会中职工代表的比例不得低于 1/3。监事会中的职工代表由公司职工通过职工代表大会、职工大会或者其他形式民主选举产生。

公司董事、高级管理人员及专门委员会成员均不得兼任监事。

第三十条 【监事任期】监事的任期为 3 年，可连任。公司设立后的首届监事的任期自第一届第一次监事会决议签署之日起算。

监事任期届满未及时重新委派，或者在重新委派的监事就任前，原监事仍应当履行监事职务。

第三十一条 【监事会职权】监事会行使以下职权：

①有限责任公司设监事会，其成员不得少于 3 人。股东人数较少或者规模较小的有限责任公司，可以设 1 名至 2 名监事，不设监事会。

1. 检查公司的财务；

2. 对公司股东、董事、总经理、副总经理及其他高级管理人员执行公司职务的行为进行监督，对违反相关法律法规、公司章程的董事、专门委员会成员、总经理、副总经理及其他高级管理人员，向委派、任命或产生上述人员的股东提出罢免的建议；

3. 当公司股东、董事、专门委员会成员、总经理、副总经理及其他高级管理人员的行为损害公司或其他股东的利益时，要求其予以纠正；

4. 履行公司章程赋予的监督职责；

5. 提议召开临时股东会、董事会，并向股东会、董事会提出提案；

6. 列席董事会会议，并对董事会决议事项提出质询或者建议；

7. 发现公司经营情况异常，可以进行调查；必要时，可以聘请会计师事务所等协助其工作，费用由公司承担；

8. 依照《中华人民共和国公司法》第152条的规定，对股东、董事、高级管理人员提起诉讼；

9. 法律、法规、投资合同及本章程赋予的其他职权。

第三十二条 【必要协助】公司的董事、专门委员会成员、总经理、副总经理及其他高级管理人员应对监事正常履行其职责给予必要协助，并不得干扰或阻碍其履行上述职责。

第三十三条 【监事义务】监事应有下列义务：

1. 诚信、勤勉地履行监督职责，向全体股东负责，维护公司和股东的合法权益；

2. 保证其有足够的时间和精力充分履行其职责；

3. 具有足够的经验、能力和专业背景，能够独立有效地行使其职权；

4. 保守公司商业秘密，不得对外泄露未公开的公司业务信息；

5. 法律、法规、投资合同及本章程规定的其他义务。

第九章　专门委员会

第三十四条　【专委会组成】[①]董事会根据工作需要下设立项委员会、投资决策委员会。投资决策委员会和立项委员会成员不得兼任风控部成员。专门委员会的职能和组成人员由公司董事会决定。

第三十五条　【立项委员会】[②]

1. 职责：

（1）对立项审核工作负有勤勉、诚信之责；

（2）对投资经理经筛选后提交申请立项的项目进行审查、评估，作出批准或不批准立项的决定；

（3）组织项目的审慎调查工作，对上报投资决策委员会的项目文件进行初审，并提出合理化建议。

2. 组成：投资立项委员会由 3 人组成，项目立项由立项审核委员采用记名投票方式表决，每人 1 票。每次参加投资立项会议的委员为 3 名，表决投票时同意票数达到 2 票为通过。

3. 职能：投资立项委员会下设投资部，为日常工作机构。投资立项委员会是项目立项的评审决策机构，对公司投资决策委员会负责。

第三十六条　【投资决策委员会】[③]

1. 职责：投资决策委员会负责对有关各个投资项目、被投资企业的经营管理和投资回收交易进行审议。未经投资决策委员会同意，公司不得实施任何投资项目。

①专门委员会是基金管理公司负责基金业务的场场务机构。

②立项委员会负责对投资项目的审核。

③投资决策委员会负责对投资项目的投资决策。

2. 组成：投资决策委员会由 5 名至 7 名成员组成，委员会内成员主要由公司的高管人员担任。公司总经理是投资决策委员会的当然主席。各出资人可以推荐符合资质的人员，参选投资决策委员会的成员，公司按市场化规则选聘。投资决策委员会委员任期 3 年，其成员由经出席董事会会议的董事及代理人 2/3 以上通过方可委任或更换。继任者的任期为前任的剩余任期。

公司董事会将对投资决策委员会的组成定期审查，以确保投资决策委员会委员具备恰当的专业知识及经验。

3. 职能：投资决策委员会将根据公司的投资人员提交的有关各个拟投资项目、被投资企业的报告进行审议，对整个基金的投资、收购、出售、转让等事项作出决定。并负责执行基金持有人大会中的有关决议和履行有关法律法规和基金合同规定的其他职责。

4. 议事规则：投资决策委员会对基金投资、收购、出售、转让等基金运作事项需要由 2/3 以上成员表决通过才可成为决议。投资决策委员会作出决议时应征询投资咨询委员会的意见，具体实施细则由董事会制定。投资决策委员会的一切决议应报董事会备案。董事会应协助办理投资所需的必要手续。

5. 会议召集：投资决策委员会设 1 名召集人，由总经理担任。投资决策委员会会议由召集人召集主持；召集人不能履行职务或者不履行职务的，由半数以上投资决策委员会成员共同推举 1 名临时召集人主持。

第十章　经营管理机构

第三十七条 【机构设置】

1. 公司在董事会下设经营管理机构，负责公司的日常经营管理。

2. 经营管理机构由总经理1名、副总经理和其他高级管理人员若干名组成。

3. 总经理由甲方[①]推荐，董事会根据甲方提议任命，副总经理及其他高级管理人员由总经理推荐，董事会任命。在任期内不论因任何理由更换总经理，甲方有权继续推荐。在此情况下，继任者的任期为前任者的剩余任期。

4. 总经理和副总经理的任期为3年，可以连任。

第三十八条 【总经理负责制】

1. 公司实施董事会领导下的总经理负责制。总经理主要负责以下日常经营管理：

（1）负责公司的经营管理，组织领导公司的日常工作，执行董事会各项决议；

（2）拟定、提交、组织实施公司的年度经营计划及投资方案；

（3）公司内部管理机构设置方案；

（4）拟定、提交并执行公司基本管理制度；

（5）根据公司基本管理制度，制定并执行具体规章制度；

（6）决定总经理、副总经理和其他高管人员以外人员的聘用、辞退等事项；

（7）行使公司章程及董事会所赋予的其他职权。

2. 副总经理应协助总经理工作，并按照总经理之指示开展业务。

3. 总经理因故不能履行其职责时，可以从副总经理中指定1人临时代行总经理职责。

4. 所有人员不得参与其他经济组织与公司的商业竞争。

第三十九条 【总经理、副总经理的辞职、解职和工作开展】

1. 总经理或副总经理请求辞职时，应提前1个月向董事会

①一般由大股东推荐人选。

提出书面报告。

2. 因总经理、副总经理具有不正当行为或渎职行为，或给股东或公司造成重大经济损失时，或有正当理由认为其不称职时，经董事会会议讨论，并经出席董事会会议 2/3 以上董事及代理人的同意，可以解除其职务。

3. 在总经理提出辞职或被解除职务后，公司董事会应解除总经理职权，任命临时总经理。

4. 总经理、副总经理在董事会领导下开展工作，股东的任何一方不得直接向总经理及副总经理下达指令。总经理、副总经理有权拒绝股东的指令。

第四十条 【股权激励】[1]公司应尽早对高级管理人员实施激励机制，实施激励机制的方案由总经理提出并报董事会通过。

第四十一条 【内控体系】公司在经营管理过程中，建立完善的内控体系，包括但不限于下列内容：

1. 实行公司资产的经营管理与基金资产的经营管理严格分离的原则，公司自有资产的使用与基金资产的使用要严格分离；

2. 公司建立完善的风险控制和内部控制制度，保证基金管理的合法合规；

3. 公司运用所管理的基金资产进行投资，应符合基金管理合同和基金管理协议的规定。

第十一章 关 联 交 易

第四十二条 【交易原则】公司与其关联方之间的一切关联交易均应本着公平、诚实信用的交易原则进行。

第四十三条 【表决原则】基金投资、收购、出售、转让等基金运作涉及关联交易的事项，需经出席董事会会议的董事及代理人 2/3 以上审议通过方可进行。

[1] 股权激励会影响一家公司的长远发展，需要尽早规划。

D12266

第十二章 税务、财务、审计

第四十四条 【依法缴税】公司应按中国法律法规缴纳各种税款。

第四十五条 【个人所得税】公司员工应按照《中华人民共和国个人所得税法》的规定缴纳个人所得税。

第四十六条 【公司的财务制度】

1. 公司应根据中国有关法律法规和投资合同的规定建立财务会计制度。

2. 公司会计年度采用公历年制，自每年 1 月 1 日至 12 月 31 日为 1 个会计年度。

3. 公司全部会计处理采取国际通用的权责发生制和借贷记账法，并以手续完备性、内容完整性和及时性为原则。

4. 公司的会计凭证、账簿、报表应用中文书写。

5. 公司以人民币为记账本位币。人民币和外币的兑换比率按外汇结算当日中国人民银行公布的人民币兑换该种外币的买入价和卖出价的中间值计算。

第四十七条 【会计账簿】公司财务会计按照中国财政部制定的《中华人民共和国企业会计制度》设置账簿。公司财务会计账簿上应记载如下内容：

1. 公司所有现金收入、支出情况；

2. 公司所有销售及采购情况；

3. 公司注册资本及负债情况；

4. 公司注册资本的缴纳时间、增资及转让情况；

5. 公司每会计年度末的资产和负债情况。

第四十八条 【资产折旧】董事会按照相关法律、法规的规定，决定固定资产折旧年限。

第十三章　利 润 分 配

第四十九条　【储备基金】公司依法从缴纳税金后的利润中提取储备基金、企业发展基金和职工福利及奖励基金①（以下简称三项基金），每年的提取比例由董事会根据该年度经营状况决定，但是三项基金提取总和不得超过公司当年度税后利润的15%。储备基金的累计提取总额以注册资本的50%为上限。

①视情况决定是否设置以及提取比例。

第五十条　【剩余利润】提取上述三项基金后的剩余利润根据董事会决议，按照股东的出资比例进行分配。

第五十一条　【分配时间】公司原则上每年分配利润1次，且应在每个会计年度结束后3个月内决定利润分配方案和股东应分的利润额。

第五十二条　【弥补亏损】在以前年度的累计亏损未被弥补前，公司不得进行利润分配。以前会计年度的未分配利润，可并入本会计年度的分配。

第五十三条　【分配方式】分配利润时，应以人民币支付。公司应在董事会作出利润分配决议后1个月内，将分配利润汇至股东指定的银行账户，汇款所需的必要费用由公司负担。

第十四章　劳 动 管 理

第五十四条　【依法用工】公司职工的雇佣、解雇、辞退、辞职、工资、福利、劳动保险、劳动保护、劳动纪律等事宜，按照《中华人民共和国劳动法》及相关规定办理。

第五十五条　【自主用工】公司有权自行决定职工的招聘，所需的职工应公开招聘，公司招聘新员工时，必须进行考核，择优录取。公司与被录取人员签订劳动合同。

第五十六条　【违规处罚】公司有权对违反公司的规章制度

D12266

及劳动合同的职工处以警告、记过、降薪处分，情节严重的，可予以开除。

第五十七条 【工资待遇】职工的工资待遇，参照国家有关规定，根据公司具体情况，由董事会确定，并在劳动合同中具体规定。

第五十八条 【福利奖金】职工福利、奖金、劳动保护和劳动保险等事宜，分别在公司规章制度中加以规定。

第十五章 工　会[1]

第五十九条 【组织依据】公司职工按照《中华人民共和国工会法》的规定，建立工会组织，开展工会活动。

第六十条 【工会任务】公司工会是职工利益的代表，其任务如下：依法维护职工的合法权益；协助公司合理安排福利奖励基金；组织职工学习政治、业务、科学、技术知识；开展文艺、娱乐、体育活动；教育职工遵守劳动纪律，努力完成公司的各项经济任务。

第六十一条 【工会权利一】公司工会可代表职工和公司签订集体劳动合同。

第六十二条 【工会权利二】公司工会负责人可列席有关讨论公司发展规划、经营活动的董事会会议，反映职工的意见和要求。

第六十三条 【工会权利三】公司工会可调解职工与公司之间发生的争议。

第六十四条 【工会经费】公司每月按公司职工实际工资总额的2%拨付工会经费；公司工会按照中华全国总工会制定的《工会经费管理办法》并在公司财务部门的管理和监督下使用工会经费。

---

①企业、事业单位、机关有会员25人以上的，应当建立基层工会委员会。

未达到标准的，删除本章。

第十六章　期限、终止、清算

第六十五条　【存续期限】公司的存续期限[①]为______年。股东一致认为终止公司符合各方最大利益时，可提前解散公司。

第六十六条　【解散事由】发生下列任一情形时，任何一方当事人有权书面通知其他各方，要求终止投资合同并解散公司，但是违约方和破产方不享有该项权利：

1. 公司没有受托和在可预见的未来将不会受托管理任何产业投资基金时；

2. 由于发生投资合同所规定的不可抗力事件，给公司造成重大损失，且自该不可抗力发生之日 90 日内股东未能就善后措施达成一致意见，公司无法继续经营时；

3. 其他按中国相关法律、法规的要求需解散的情形。

第六十七条　【清算委员会】解散公司时，董事会应根据中国相关法律法规规定组成清算委员会，并制定清算具体程序和方法，对公司财产进行清算。

第六十八条　【清算委员会任务】清算委员会任务是对公司的财产、债权、债务进行全面清查，编制资产负债表和财产目录，提出财产作价和计算依据，制定清算方案，提请董事会会议通过后执行。清算委员会制定的清算方案和制作的清算报告应当经审批机关确认。

第六十九条　【清算期间安排】清算委员会成立后，董事会、专门委员会、总经理的一切职权即行停止。清算期间，公司不得开展新的经营活动。清算期间清算委员会代表公司起诉或应诉。

第七十条　【清偿顺序】清算费用应从公司现有财产中优先支付。公司财产优先支付清算费用后，应当按照下列顺序清偿：（1）员工的工资、劳动保险费；（2）国家税款；（3）其他债务。

①存续期限可自行约定。

D12266

第七十一条 【剩余财产分配】清算委员会全部清偿公司债务后，其剩余的财产，按照届时股东的出资比例进行分配。

第七十二条 【注销程序】公司的清算工作结束后，清算委员会应当提出清算结束报告，提请董事会会议通过后，报告原审批机关，并向原工商登记机关办理注销登记手续，缴销营业执照，同时对外公告。

第十七章　附　　则

第七十三条　本章程中的“以上”均包括本数。

第七十四条　本章程的生效和修改，必须经董事会会议一致通过，并报原审批机关核准。

第七十五条　本章程正本一式六份，具有同等法律效力。章程各方各执一份，其余报有关主管部门及公司董事会保存。

甲方（盖章）：

授权代表签字：________________________________

乙方（盖章）：

授权代表签字：________________________________

丙方（盖章）：

授权代表签字：________________________________

丁方（盖章）：

授权代表签字：________________________________

共同签字地点：________________________________

共同签字时间：________________________________

二、风险管理和内部控制制度

《中华人民共和国证券投资基金法》《私募投资基金监督管理暂行办法》（以下简称《暂行办法》）自颁布以来，对促进各类私募投资基金健康规范发展起了非常重要的作用。内部控制在私募投资基金的资金募集、投资研究、投资运作、运营保障和信息披露等各个环节中贯穿始终，风险管理是私募基金管理人和基金运营的重点，一套完善的风险管理和内部控制制度不仅是私募基金管理人在中国证券投资基金业协会登记的必要条件，也是保证基金管理人合法合规运营的保障。

根据《中华人民共和国证券投资基金法》《中国基金业协会关于进一步规范私募基金管理人登记若干事项的公告》（中基协发〔2016〕4号）、《私募基金管理人登记法律意见书指引》等相关法律法规的规定，私募基金管理人应当根据私募基金管理业务类型建立了与之相适应的制度，包括（视具体业务类型而定）运营风险控制制度、信息披露制度、机构内部交易记录制度、防范内幕交易、利益冲突的投资交易制度、合格投资者风险揭示制度、合格投资者内部审核流程及相关制度、私募基金宣传推介、募集相关规范制度、公平交易制度、从业人员买卖证券申报制度等配套管理制度。

制度签发表			
制度名称	风险管理和内部控制制度		
版本编号			
制度管理人	风控部		
制度最终审批人	□董事会　　□总经理		
职位	姓名	签字	日期
董事会			
总经理			
制度修订记录			

（一）私募基金运营风险控制制度

风险管理和内部控制制度

适用场景：

根据《私募基金管理人登记法律意见书指引》规定，私募基金管理人根据其拟申请的私募基金管理业务类型建立了与之相适应的制度，包括（视具体业务类型而定）运营风险控制制度、信息披露制度、机构内部交易记录制度、防范内幕交易、利益冲突的投资交易制度、合格投资者风险揭示制度、合格投资者内部审核流程及相关制度、私募基金宣传推介、募集相关规范制度以及（适用于私募证券投资基金业务）的公平交易制度、从业人员买卖证券申报制度等配套管理制度。因此，私募基金管理人应当建立用于私募基金管理人风险管理和内部控制，保证基金募集、投资、管理和退出能够合法合规，风险管理和内部控制制度是私募基金管理人在中国证券投资基金协会登记和基金管理人日常经营的必备制度。

法律要点：

1. 实行“事前、事中、事后”的全面风险管理模式，以风险防控为导向的风险应对制度。基金风险管理要注重事前风险防范，做到事前、事中和事后相结合。

2. 公司的风险控制体系共分为三个层次：董事会、风控部、投资决策委员会。不同层次之间的分工需要明确，董事会负责对单笔投资额超过公司资产总额的30%，或者单一投资股权超过被投资公司总股本的40%的股权投资项目的投资和退出作出决策，投资决策委员会负责不超过上述比例的投资决策，风控部独立于业务部开展风险控制、合规检查、监督评价等工作，

D12267

对投资决策提供合规意见。

3. 风险管理的业务流程由风险识别、风险评估、风险分析、风险控制和风险报告 5 个步骤组成，是制定风险管理战略及防范措施的重要基础。

风险管理和内部控制制度

第一章　总　　则

第一条　为保障公司私募基金业务的安全运作和管理，加强公司内部风险管理，规范投资行为、提高风险防范能力，保障投资者公司及公司股东的合法权益，根据《中华人民共和国证券投资基金法》《私募投资基金监督管理暂行办法》等法律法规及相关自律规则，结合公司情况，制定本制度。

第二条　公司私募基金运营风险控制制度的总体目标：

（一）保证公司私募基金运营管理活动的合法合规性；

（二）保证投资者的合法权益不受侵犯；

（三）实现公司稳健、持续发展，维护股东权益；

（四）促进公司全体员工恪守职业操守，正直诚信，廉洁自律，勤勉尽责。

第三条　公司内部控制遵循的原则：

（一）全面性原则：内部控制必须覆盖公司的所有部门和岗位，渗透各项业务过程和业务环节，并普遍适用于公司每一位职员；

（二）审慎性原则：内部控制的核心是有效防范各种风险，公司组织体系的构成、内部管理制度的建立都要以防范风险、审慎经营为出发点；

（三）相互制约原则：公司设置的各部门、各岗位权责分明、相互制衡；

（四）独立性原则：公司根据业务的需要设立相对独立的机构、部门和岗位；公司内部部门和岗位的设置必须权责分明；

（五）适应性原则：内部控制与公司经营规模、业务范围、竞争状况和风险水平等相适应，并随着情况的变化及时加以调整；

（六）成本效益原则：公司运用科学化的经营管理方法降低运作成本，提高经济效益，力争以合理的控制成本达到最佳的内部控制效果。

第二章　风险管理模式

第四条　实行“事前、事中、事后”的全面风险管理模式，以风险防控为导向的风险应对制度。

第五条　事前风险管理：

通过投资领域、投资期限、投资阶段和投资额度的限定，提前限定了公司投资交易决策的范围，公司决策部门可在限定范围内自由决策，做到事前行为可预判。

第六条　事中风险管理：

实行投资决策报告制度；提高管理透明度，及时反馈信息给相关监管部门及负责人。

第七条　事后风险管理：

加强已投项目的投后管理，了解已投项目的运营情况，出现异常经营情况及时报告投资决策委员会和董事会，以及时采取应对措施；通过事后风险管理，将投资风险控制在可承受范围内。

第三章　风险控制组织体系

第八条　公司应根据股权投资业务流程和风险特征，将风险控制工作纳入公司的风险控制体系之中。公司的风险控制体系[①]共分为三个层次：董事会、风控部、投资决策委员会。

第九条　各层级的风险控制职责：

（一）董事会职责包括：

1. 审议批准风控部的基本制度，决定风控部的人员组成，听取风控部的报告；

2. 审议单笔投资额超过公司资产总额 30%，或者单一投资股权超过被投资公司总股本 40% 的股权投资项目；

3. 决定公司内部风险管理机构的设置；

4. 法律法规或公司章程规定的其他职权。

（二）风控部是公司内专职的风控部门，其职责包括：

1. 组织拟定公司的风险管理基本制度；

2. 对单笔投资额超过公司资产总额 30%，或者单一投资股权超过被投资公司总股本 40% 的，应当提交董事会对股权投资事项进行合规性审核；

3. 监督和评估风险管理制度执行情况等。风控部对董事会负责，向董事会报告；

4. 独立于业务部开展风险控制、合规检查、监督评价等工作；

5. 在项目决策过程中出具合规意见；

6. 对投资协议进行审核；

7. 在出现重大问题时及时向风险控制委员会报送相关专项报告。

（三）投资决策委员会职责：对单笔投资额不超过公司资

①风险控制体系要与公司章程衔接，根据公司的具体情况设置适合本公司的风险控制体系。

产总额的30%，或者单一投资股权不超过被投资公司总股本的40%的股权投资项目的投资和退出作出决策[①]。

第四章 风险控制流程

第十条 风险管理的业务流程由风险识别、风险评估、风险分析、风险控制和风险报告5个步骤组成，是制定风险管理战略及防范措施的重要基础。

（一）风险识别指对经营活动中存在的内部及外部风险的来源进行辨别。

（二）风险评估是对风险的严重程度及发生概率进行科学合理的量化。

（三）风险分析主要对风险的驱动因素进行归因分析，并评估其影响，提出避险建议和措施。

（四）风险控制是对业务流程的各个环节制定风险防范和处理措施。

（五）风险报告是指业务部、风控部根据职责范围和报告体系定期或不定期向主管领导提交的与风险评估分析相关的报告。

第十一条 私募基金业务面临政策风险、法律风险、操作风险、市场风险、合规风险等多种风险[②]。公司运营过程中，相关部门应当在职责范围内对各种风险进行必要的识别、评估及分析，履行相关的风险控制职责。

（一）政策风险[③]

政策风险是项目公司面临的主要风险，并且会影响项目公司的估值和退出方案的实施，从而转化为投资失败风险。项目公司所属行业的国家产业政策、行业规划、税收政策等发生重大变化导致项目投资前后技术、市场、产品、客户发生不利变化，并导致项目公司偏离投资方案、估值整体下降，造成无法

①超出部分项目由公司董事会审议通过。

②根据私募基金合同指引的规定，私募基金业务面临的风险不仅是基金管理人需要了解和明确的，也需要在基金合同中明示。

③要求基金管理人尽量选择符合产业政策支持的企业作为投资对象。在投资海外项目时还要关注项目所在国家或地区的政治局势等外部风险。

D12267

关注法天使

退出或亏损退出。

（二）法律风险①

法律风险是指与被投资方、合作方、项目管理人之间的合同协议存在缺失导致出现不利于我方的诉讼。

（三）操作风险②

私募基金业务包括投资项目的选择（项目开发、初步审查、项目立项、尽职调查、投资决策、项目实施）、投资项目的管理和项目退出等业务环节，在上述每个环节均存在操作风险。主要可以归纳为决策失误、投资失控、员工内部欺诈、被投资方和合作方的外部欺诈、尽职调查存在缺失、资金划拨差错、项目公司经营管理不善、项目跟踪缺失、项目公司报告不畅等风险。

（四）市场风险③

由于私募基金业务从项目投资到投资退出往往要经历宏观经济、项目所属行业、产品市场、证券市场等的波动，导致项目公司估值、项目退出的市场环境发生变化，从而造成退出方案无法实施或投资目标无法实现的风险。

（五）合规性风险

项目公司的各项经营管理活动必须符合法律法规和证监会的监管要求，对法律法规等理解有误、故意违反则将出现合规风险；项目公司的经营管理活动必须符合法律法规、国家政策的要求，对法律法规等理解有误或故意违反则将出现合规风险。

第五章　风险控制

第十二条　法律风险控制：

风控部应当对公司签订的合同、协议等法律文书进行审核，防范法律风险。在项目运作过程中，风控部提供法律方面的专

①建议基金管理人在内部设置法务部门，外部聘请法律顾问，做好合同审查和尽职调查工作。

②其中，决策失误、投资失控是重大风险，需要格外关注。

③其中，对以上市为退出方式的项目，证券市场整体下行的系统性风险是难以控制的。

业支持。必要时，可申请引入外部中介机构提供法律服务，防范法律风险。

第十三条 操作风险控制：

公司制定专门的项目管理和投资决策制度，明确项目投资的业务流程和具体要求。

为维护公司的权益，项目投资的范围应当符合以下规定：

（一）不得将公司资产用于资金拆借、贷款、抵押融资或者对外担保等用途；[①]

（二）不得将公司资产用于可能承担无限责任的投资；

（三）单笔投资额不得超过公司资产总额的30%，如果突破30%，需提交董事会审议；

（四）单一投资股权不得超过被投资公司总股本的40%，如果突破40%，需提交董事会审议；

（五）不得将公司资产投资于股东或其控制的公司；

（六）法律法规以及公司章程约定禁止从事的其他投资。

第十四条 市场风险控制：

市场风险的控制措施主要体现在投资立项环节上。公司应当制定项目立项标准。立项标准应该参照国家产业发展规划，符合公司关于投资范围的相关规定。

投资部应当根据立项标准和投资范围，对备选公司进行筛选形成项目池。项目人员应当在广泛收集项目方提供的商业计划书及其他相关信息材料的基础上，对入选项目池的项目进行初步评估和风险收益分析。符合立项条件的，根据公司规定申请立项审批。

第十五条 合规性风险控制：

公司对投资项目的合法、合规性进行全面和重点分析和检查，通过事前、事中、事后风险管理，控制投资业务的合规性

①《中华人民共和国证券投资基金法》第73条规定基金财产不得用于下列投资或者活动：

（一）承销证券；

（二）违反规定向他人贷款或者提供担保；

（三）从事承担无限责任的投资；

（四）买卖其他基金份额，但是国务院证券监督管理机构另有规定的除外；

（五）向基金管理人、基金托管人出资；

（六）从事内幕交易、操纵证券交易价格及其他不正当的证券交易活动；

（七）法律、行政法规和国务院证券监督管理机构规定禁止的其他活动。

D12267

风险。

第十六条 尽职调查风险控制：

（一）公司建立尽职调查制度，规范尽职调查的工作内容。项目组在尽职调查期间应当严格遵守工作程序，记录尽职调查工作底稿，形成相关报告。

（二）项目组开展尽职调查工作期间，项目负责人必须对拟投资公司进行实地考察。

（三）项目组应当对尽职调查相关材料的真实性和完备性负责。

（四）项目组认为必要时，可申请聘请外部中介机构[①]，参与或独立进行调查工作。

第十七条 投资决策风险控制：

（一）投资决策委员会对项目投资或退出的相关材料进行审核，投资决策委员会成员独立发表审核意见；

（二）投资决策委员会可以根据需要委派专人或聘请外部专业机构进驻现场进行独立的尽职调查，提交独立的调查报告；

（三）公司股权投资业务的项目投资和项目退出必须经投资决策委员会通过。单笔投资额超过公司资产总额 30%，或者单一投资股权超过被投资公司总股本 40% 的项目，应当经过投资决策委员会审议通过后，提交董事会审议，并根据公司章程规定提交股东审议。

第十八条 项目管理风险控制：

（一）公司建立对已投资项目的跟踪管理机制。

1. 项目组负责项目投资后的跟踪管理，具体包括：定期实地回访项目公司；定期收集项目公司财务资料、行业发展情况、公司财务状况；定期对项目公司进行重新估值；定期对原定退出方案的可行性进行重新评估等。

①一般在所投项目金额较大时会聘请外部中介机构，外部中介机构一般包括律师事务所和会计师事务所，分别进行法律尽职调查和财务尽职调查。

2. 项目组负责每月度、每半年度完成项目公司一般估值工作和全面估值工作，编制《月度项目情况报告》和《项目股权价值评估报告》（每半年），并向主管领导提交估值报告。

（二）公司建立重大事项报告和应急处置机制，对投资项目重大风险事项的处置进行决策。项目组在跟踪过程中发现公司在项目公司中的权益发生变动，或者项目公司的财务指标恶化、亏损等重大事项的，项目组应当及时报告。

（三）公司建立项目退出审批机制，对项目退出进行决策。当项目达到预期投资目标或出现重大紧急事项需要退出时，项目组根据具体情况，制定退出方案，报投资决策委员会审议。单笔投资额超过公司资产总额的30%，或者单一投资股权超过被投资公司总股本40%的股权投资项目，应当提交董事会审议。退出方案未通过审议的，项目组应当研究并重新设计退出方案，直至项目实现退出。

第十九条 其他环节风险控制：

（一）对财务与资金管理的风险控制。

公司建立独立的财务核算体系，制定规范的财务会计核算制度，配备专职的财务核算人员。公司按照有关规定及要求使用资金、单独开立银行账户①。

（二）对人员管理的风险控制。

公司高级管理人员②和从业人员应当具备相应资质且应当专职。

（三）公司建立专门的内部控制机制，对公司风险进行隔离，防范利益冲突，规范关联交易。

第六章 风险控制报告

第二十条 风险控制报告分为定期报告和临时性报告两类。

①基金业务涉及的财务比较专业，建议配备有基金从业经验的财务人员。

②私募基金管理人的总经理和风控负责人至少有1人是全职，即不在其他公司有任何兼职。

D12267

第二十一条 风控部定期对公司业务运作、日常经营管理方面存在的问题进行风险评估与评价，在每年度4月底、8月底前向公司领导上报年度或半年度风险控制报告，为公司决策提供依据。

第二十二条 公司发生或可能重大事项的，风控部接到报告后，根据重大事项报告的相关规定向公司领导报送临时性报告。

第二十三条 风险控制报告中应明确风险事件发生的原因、经过、可能存在的风险以及应对或补救措施等内容。

第七章 附 则

第二十四条 本制度由公司董事会、风控部负责制定、修改和解释。本制度未尽事宜，按相关法律法规执行。

第二十五条 本制度自公司董事会审议通过之日起实施。

第二十六条 本制度如与法律、法规或《公司章程》相冲突时，应按照法律、法规及《公司章程》执行。

（二）信息披露制度

适用场景：

根据《私募基金管理人登记法律意见书指引》规定，私募基金管理人根据其拟申请的私募基金管理业务类型建立了与之相适应的制度，包括（视具体业务类型而定）运营风险控制制度、信息披露制度、机构内部交易记录制度、防范内幕交易、利益冲突的投资交易制度、合格投资者风险揭示制度、合格投资者内部审核流程及相关制度、私募基金宣传推介、募集相关规范制度以及（适用于私募证券投资基金业务）的公平交易制度、从业人员买卖证券申报制度等配套管理制度。因此，私募基金管理人应当建立用于私募基金管理人风险管理和内部控制，保证基金募集、投资、管理和退出能够合法合规，该制度是私募基金管理人在中国证券投资基金协会登记和基金管理人日常经营的必备制度。

根据《私募投资基金信息披露管理办法》等规定，信息披露义务人应当按照中国基金业协会的规定以及基金合同、公司章程或者合伙协议约定向投资者进行信息披露。私募基金管理人应当按照规定通过中国基金业协会指定的私募基金信息披露备份平台报送信息。

法律要点：

1. 信息披露是公司的持续性责任。管理人应当按照基金业协会的规定以及基金合同、公司章程或者合伙协议约定向投资者进行信息披露。

2. 信息披露的几种类型。信息披露包括首次披露、定期披露和重大事项披露。管理人应当有专人负责信息披露，防治因

D12268

为疏忽没有按照要求进行信息披露导致处罚或者影响其他业务办理。

3. 信息披露的禁止情形。管理人披露基金信息，不得公开披露或者变相公开披露；虚假记载、误导性陈述或者重大遗漏；对投资业绩进行预测；违规承诺收益或者承担损失；诋毁其他基金管理人、基金托管人或者基金销售机构；登载任何自然人、法人或者其他组织的祝贺性、恭维性或推荐性的文字；采用不具有可比性、公平性、准确性、权威性的数据来源和方法进行业绩比较，任意使用“业绩最佳”“规模最大”等相关措辞；法律、行政法规、中国证监会和中国基金业协会禁止的其他行行为。

4. 违反信息披露义务需要承担法律责任。管理人需要严格按照《私募投资基金信息披露管理办法》规定的披露内容、披露形式、披露时间和范围进行披露，违反相关规定的，由中国证券投资基金业协会给以相应处分，私募基金管理人在一年之内两次被采取谈话提醒、书面警示、要求限期改正等纪律处分的，基金业协会可对其采取加入黑名单、公开谴责等纪律处分；在两年之内两次被采取加入黑名单、公开谴责等纪律处分的，由基金业协会移交证监会处理。

文本正文：http://http://www.fatianshi.cn/D12268

信息披露制度

第一章　总　　则

第一条　为保护私募基金投资者合法权益，规范公司的信息披露行为，提高信息披露管理水平和信息披露质量，正确履行信息披露义务，切实保护公司、股东、投资人及其他利益相关者的合法权益，根据《中华人民共和国公司法》《中华人民共和国证券投资基金法》《私募投资基金监督管理暂行办法》《私募投资基金管理人登记和基金备案办法（试行）》《私募投资基金信息披露管理办法》等法律法规及相关自律规则，结合公司情况，制定本制度。

第二条 本制度所称“信息”是指根据《私募投资基金管理人登记和基金备案办法（试行）》及中国证券投资基金业协会（以下简称基金业协会）私募基金备案系统要求披露的信息；所称“披露”是指在规定的时间内、在基金业协会指定的私募基金备案系统、以规定的披露方式向社会公众公布前述的信息。

第三条 公司应当按照基金业协会的规定以及基金合同、公司章程或者合伙协议（以下统称基金合同）约定向投资者进行信息披露。①信息披露是公司的持续性责任②，公司应当根据基金业协会的相关规定，持续履行信息披露义务。

第四条 公司应当按照规定通过基金业协会指定的私募基金信息披露备份平台报送信息。公司过往业绩以及私募基金运行情况将以公司向私募基金信息披露备份平台报送的数据为准。

第五条 投资者及其他相关机构应当依法对所获取的私募基金非公开披露的全部信息、商业秘密、个人隐私等信息负有保密义务。

第二章 信息披露的内容及基本原则

第六条 公司信息披露要体现公开、公平、公正的原则，公司应当保证所披露信息的真实性、准确性和完整性，不得有虚假记载、误导性陈述或者重大遗漏。

第七条 公司应当向投资者披露的信息包括：

（一）基金合同；

①信息披露义务人的信息披露方式为非公开披露（不同于公募基金披露），披露对象为其投资者。

②信息披露义务人委托第三方机构代为披露信息的，不得免除信息披露义务人法定应承担的信息披露义务。

D12268

（二）招募说明书等宣传推介文件；

（三）基金销售协议中的主要权利义务条款（如有）；

（四）基金的投资情况；

（五）基金的资产负债情况；

（六）基金的投资收益分配情况；

（七）基金承担的费用和业绩报酬安排；

（八）可能存在的利益冲突；

（九）涉及私募基金管理业务、基金财产、基金托管业务的重大诉讼、仲裁；

（十）中国证监会以及中国基金业协会规定的影响投资者合法权益的其他重大信息。

第八条　基金首次披露的信息应当包括：

（一）基金名称、类型、组织形式、管理类型、投资类型、币种；

（二）基金成立日期、到期日；

（三）基金注册地、主体资格证明文件；

（四）基金招募说明书、风险揭示书、投资者承诺函；

（五）基金募集规模、主要投资方向；

（六）基金合同、委托管理协议（如有）；

（七）基金托管人、托管协议；

（八）投资者信息。

第九条　基金定期更新的信息披露应当包括：

（一）年末基金实际规模；

（二）相关费用，包括管理费、托管费、运营服务费等；

（三）年初和年末基金资产净值、年末基金资产总值、利润、分红；

（四）预定基金存续期限、负债规模；

（五）投资者信息；

（六）基金存续期净值数据披露频次不得少于每月 1 次。

第十条　基金重大事项的信息披露包括：

（一）基金合同及其他相关信息变更；

（二）基金管理人变更；

（三）托管及账户信息变更；

（四）基金清算。

第十一条　公司除按照强制性规定披露信息外，还应主动、及时地披露所有可能对投资者和其他利益相关者决策产生实质性影响的信息。

第十二条　在内幕信息依法披露前，任何知情人不得公开或者泄露该信息，不得利用该信息进行内幕交易。

第十三条　私募基金进行托管的，私募基金托管人应当按照相关法律法规、证监会以及基金业协会的规定和基金合同的约定，对公司编制的基金资产净值、基金份额净值、基金份额申购赎回价格、基金定期报告和定期更新的招募说明书等向投资者披露的基金相关信息进行复核确认。

第十四条　公司披露基金信息，不得存在以下行为：

（一）公开披露或者变相公开披露[1]；

（二）虚假记载、误导性陈述或者重大遗漏；

（三）对投资业绩进行预测；

（四）违规承诺收益或者承担损失；

（五）诋毁其他基金管理人、基金托管人或者基金销售机构；

（六）登载任何自然人、法人或者其他组织的祝贺性、恭维性或推荐性的文字；

（七）采用不具有可比性、公平性、准确性、权威性的数据来源和方法进行业绩比较，任意使用“业绩最佳”“规模最大”

①私募基金不同于公募基金，不得公开披露或着变相公开披露基金信息。

D12268

关注法天使

等相关措辞；

（八）法律、行政法规、中国证监会和中国基金业协会禁止的其他行为。

第十五条 向境内投资者募集的基金信息披露文件应当采用中文文本，应当尽量采用简明易懂的语言进行表述。同时采用外文文本的，公司应当保证两种文本内容一致。两种文本发生歧义时，以中文文本为准。

第三章 信息披露的时间和形式

第十六条 信息披露的时间：

（一）首次信息披露：基金成立；

（二）定期更新披露信息：年度；

（三）临时信息披露：基金重大事项更新。

第十七条 信息披露的形式[①]：

（一）在基金业协会指定的私募基金备案系统进行信息披露；

（二）以邮件形式发至各基金股东（投资人），管理人留存纸质文件备案。

第四章 基金募集期间的信息披露

第十八条 私募基金的宣传推介材料（如招募说明书）内容应当如实披露基金产品的基本信息，与基金合同保持一致。私募基金募集期间，应当在宣传推介材料（如招募说明书）中向投资者披露如下信息：

（一）基金的基本信息：基金名称、基金架构（是否为母子基金、是否有平行基金）、基金类型、基金注册地（如有）、基金募集规模、最低认缴出资额、基金运作方式（封闭式、开放式或者其他方式）、基金的存续期限、基金联系人和联系信息、

①信息披露义务人可以采取信件、传真、电子邮件、官方网站或第三方服务机构登录查询等非公开披露的方式向投资者进行披露，并应同时通过私募基金信息披露备份平台报送信息。

基金托管人（如有）；

（二）基金管理人基本信息：基金管理人名称、注册地/主要经营地址、成立时间、组织形式、基金管理人在中国基金业协会的登记备案情况；

（三）基金的投资信息：基金的投资目标、投资策略、投资方向、业绩比较基准（如有）、风险收益特征等；

（四）基金的募集期限：应载明基金首轮交割日以及最后交割日事项（如有）；

（五）基金估值政策、程序和定价模式；

（六）基金合同的主要条款：出资方式、收益分配和亏损分担方式、管理费标准及计提方式、基金费用承担方式、基金业务报告和财务报告提交制度等；

（七）基金的申购与赎回安排；

（八）基金管理人最近3年的诚信情况说明；

（九）其他事项。

第五章　基金运作期间的信息披露

第十九条　基金合同中应当明确公司向投资者进行信息披露的内容、披露频度、披露方式、披露责任以及信息披露渠道等事项。

第二十条　私募基金运行期间，公司应当在半年度结束之日起10个工作日以内向投资者披露基金净值、主要财务指标以及投资组合情况等信息。

单只私募证券投资基金管理规模金额达到5000万元以上的，应当持续在每月结束后5个工作日以内向投资者披露基金净值信息。①

第二十一条　私募基金运行期间，公司应当在每年结束之

①该条仅适用于证券类的基金。

D12268

日起 6 个月以内向投资者披露以下信息：

（一）报告期末基金净值和基金份额总额；

（二）基金的财务情况；

（三）基金投资运作情况和运用杠杆情况；

（四）投资者账户信息，包括实缴出资额、未缴出资额以及报告期末所持有基金份额总额等；

（五）投资收益分配和损失承担情况；

（六）基金管理人取得的管理费和业绩报酬，包括计提基准、计提方式和支付方式；

（七）基金合同约定的其他信息。

第二十二条 发生以下重大事项的，公司应当按照基金合同的约定及时向投资者披露：

（一）基金名称、注册地址、组织形式发生变更的；

（二）投资范围和投资策略发生重大变化的；

（三）变更基金管理人或托管人的；

（四）管理人的法定代表人、委派代表、控股股东、实际控制人发生变更的；

（五）触及基金止损线或预警线的；

（六）管理费率、托管费率发生变化的；

（七）基金收益分配事项发生变更的；

（八）基金触发巨额赎回的；

（九）基金存续期变更或展期的；

（十）基金发生清盘或清算的；

（十一）发生重大关联交易事项的；

（十二）基金管理人、实际控制人、高管人员涉嫌重大违法违规行为或正在接受监管部门或自律管理部门调查的；

（十三）涉及私募基金管理业务、基金财产、基金托管业务的重大诉讼、仲裁；

（十四）基金合同约定的影响投资者利益的其他重大事项。

第六章　信息披露的管理和实施

第二十三条　信息披露前应严格履行下列审查程序：

（一）提供信息的负责人应认真核对相关信息资料；

（二）行政部按照信息披露的有关要求及时组织汇总各部门提供的材料，便携信息披露文稿；

（三）风控部进行合规性审查；

（四）公司相关管理部门对信息进行核对确认；

（五）董事会审核同意。

第二十四条　披露信息的组织与审议程序：

（一）董事会、总经理、副总经理等高级管理人员负责信息披露文件的编制组织工作；

（二）董事会审议和批准定期报告；

（三）董事会应当对信息披露文件签署书面确认意见；

第二十五条　凡可能属于重大信息范围的，公司有关部门及人员应事先及时征求总经理的意见，以决定是否需要及时披露或是否可以披露。未征求公司总经理的意见之前，公司有关部门及人员不得擅自传播和泄露公司重大信息。

第二十六条　总经理负责信息的保密工作，制定保密措施；当内幕信息泄露时，应及时采取补救措施加以解释和澄清。

第二十七条　公司各部门在作出任何重大决定之前，应当从信息披露角度征询总经理的意见。

第二十八条　在可能涉及重大信息的情况下，公司任何人接受媒体采访均必须先取得或征求总经理的意见，并将采访内容要点提前提交总经理。未履行前述手续，不得对媒体发表任何关于公司的实质性信息。

第二十九条 公司相关部门和人员应向总经理提供必要的协助。

第七章 附 则

第三十条 本制度由公司董事会负责制定、修改和解释。本制度未尽事宜，按相关法律法规执行。

第三十一条 本制度自公司董事会审议通过之日起实施。

第三十二条 本制度如与法律、法规或《公司章程》相冲突时，应按照法律、法规及《公司章程》执行。

（三）机构内部交易记录制度

适用场景：

根据《私募基金管理人登记法律意见书指引》规定，私募基金管理人应根据其拟申请的私募基金管理业务类型建立与之相适应的制度，包括（视具体业务类型而定）运营风险控制制度、信息披露制度、机构内部交易记录制度、防范内幕交易、利益冲突的投资交易制度、合格投资者风险揭示制度、合格投资者内部审核流程及相关制度、私募基金宣传推介、募集相关规范制度以及（适用于私募证券投资基金业务）的公平交易制度、从业人员买卖证券申报制度等配套管理制度。因此，私募基金管理人应当建立用于私募基金管理人风险管理和内部控制，保证基金募集、投资、管理和退出能够合法合规，该制度是私募基金管理人在中国证券投资基金协会登记和基金管理人日常经营的必备制度。

法律要点：

1. 员工应自觉遵守法律、行政法规，接受并配合中国证监会的监督与管理，接受并配合协会的自律管理，遵守交易有关规则、所在机构的规章制度以及行业公认的职业道德和行为准则。

2. 基金份额持有人利益优先原则。管理人员工应坚持勤勉、谨慎、尽责原则，诚实、公正地对待基金份额持有人，遵守基金份额持有人利益优先的原则，信守对基金份额持有人、监管机构和公司作出的承诺，不得从事损害基金财产和基金份额持有人利益的行为，不得从事任何与履行工作职责有利益冲突的活动。

D12269

3. 遵循公平、公开和公正的原则。管理人应当防范利益冲突和利益输送，应当树立长期投资的理念，强化与基金份额持有人共享利益、共担风险的意识，公平对待公司管理的基金，不得为牟取短期利益从事损害其他基金份额持有人利益的行为。

4. 员工股权投资应事先报公司备案。员工股权投资应遵循基金份额持有人利益优先和公司利益优先的原则，避免利益冲突的情况。

员工进行股权投资的限制：

（1）不得投资于与公司有或者可能有重大业务关系、竞争关系或利益冲突的公司；

（2）不得投资于从事证券投资、证券投资咨询等与证券投资和交易有关业务的公司；

（3）不得在其投资的公司中兼职并领取薪酬；

（4）不得进行其他可能损害基金份额持有人利益和公司利益的股权投资；

（5）不得进行无论在规模上还是性质上会影响员工正常履行工作职责的股权投资。

机构内部交易记录制度

第一章　总　　则

第一条　为加强对公司投资业务的规范化管理，建立有效的投资风险约束机制，防止出现利益冲突，防止员工个人投资交易中的不正当行为影响公司声誉和业务开展或对公司构成重大合规风险，保护投资者利益，规范公司员工的执业行为，根据《中华人民共和国证券法》《中华人民共和国证券投资基金法》《基金管理公司投资管理人员管理指导意见》等法律法规和规范性文件，结合公司相关管理制度，制定本制度。

第二条 本制度适用范围为全体与公司建立正式劳动关系的员工，包括与公司签订正式劳动合同的员工及派遣制员工（以下统称员工）。

第三条 公司开展的各类投资业务均适用本制度。

第四条 本制度中所指直系亲属，指员工的配偶、父母、子女。

第二章 员工个人交易行为准则

第五条 员工应自觉遵守法律、行政法规，接受并配合中国证监会的监督与管理，接受并配合协会的自律管理，遵守交易有关规则、所在机构的规章制度以及行业公认的职业道德和行为准则。

第六条 员工应当维护客户和其他相关方的合法利益，诚实守信，勤勉尽责，维护行业声誉。

第七条 员工应具备从事相关业务活动所需的专业知识和技能，取得相应的从业资格，通过所在机构向协会申请执业注册，接受协会和所在机构组织的后续职业培训，维持专业胜任能力。

第八条 员工应保守国家秘密、所在机构的商业秘密、客户的商业秘密及个人隐私，对客户服务结束或者离开所在机构后，仍应按照有关规定或合同约定承担上述保密义务[①]。

第九条 公司员工不得进行与履行职责有利益冲突的交易。遇到自身利益或相关方利益与客户的利益发生冲突或可能发生冲突时，应及时向所在机构报告；当无法避免时，应确保客户的

①应当在员工的劳动合同中对基金相关的保密义务作出明确约定。

D12269

利益得到公平的对待。

第十条 机构或者其管理人员对公司员工发出指令涉嫌违法违规的，公司员工应及时按照所在机构内部程序向高级管理人员或者董事会报告。机构未妥善处理的，公司员工应及时向中国证监会或者协会报告。

第十一条 公司员工应自觉遵守法律法规、相关监管规定和公司规章制度的要求，只能从事法律法规和相关监管规定允许的交易行为，不得从事以下活动：

（一）利用内幕信息及其他未公开信息违规进行内幕交易，泄露利用工作便利获取的内幕信息或其他未公开信息，或明示、暗示他人从事内幕交易活动；

（二）直接或间接为其他任何机构和个人进行交易活动或作出投资决策或为他人提供交易信息或建议；

（三）利用资金优势、持股优势和信息优势，单独或者合谋串通，影响交易价格或交易量，误导和干扰市场；

（四）编造、传播虚假信息或作出虚假陈述或信息误导，扰乱市场；

（五）损害社会公共利益、所在机构或者他人的合法权益；

（六）从事与其履行职责有利益冲突的业务；

（七）接受利益相关方的贿赂或对其进行贿赂，如接受或赠送礼物、回扣、补偿或报酬等，或从事可能导致与投资者或所在机构之间产生利益冲突的活动；

（八）买卖法律明文禁止买卖的证券；

（九）利用工作之便为自己或任何机构和个人谋取不当利益或进行任何形式的利益输送，损害客户和所在机构利益；

（十）隐匿、伪造、篡改或者毁损交易记录；

（十一）中国证监会、协会禁止的其他行为。

第十二条 公司员工应主动倡导理性成熟的投资理念，坚持长期投资、价值投资导向，自觉弘扬行业文化，加强自身职业道德修养，规范自身行为，履行社会责任，遵守社会公德，服务社会和投资者。

第十三条 公司员工应坚持勤勉、谨慎、尽责原则，诚实、公正地对待基金份额持有人，遵守基金份额持有人利益优先的原则，信守对基金份额持有人、监管机构和公司作出的承诺，不得从事损害基金财产和基金份额持有人利益的行为，不得从事任何与履行工作职责有利益冲突的活动。

第十四条 员工进行证券投资或股权投资应该严格遵守有关法律法规和公司制度，并认真履行有关信息披露、申报、处置义务。

第三章 交易限制

第十五条 公司员工投资证券投资基金[1]应当遵循公平、公开和公正的原则，防范利益冲突和利益输送，应当树立长期投资的理念，强化与基金份额持有人共享利益、共担风险的意识，公平对待公司管理的基金，不得为谋取短期利益从事损害其他基金份额持有人利益的行为。

第十六条 公司员工持有一只基金份额的期限不得少于6个月，持有期不足6个月的，不得卖出、赎回或转换为其他基金；公司高级管理人员持有公司管理的基金份额以及基金经理持有本人管理的基金份额的期限不得少于1年。投资货币市场基金以及其他现金管理工具基金不受上述期限限制。员工多次投资同一基金的，应根据先进先出原则，分别计算单次投资基金份额的持有期限。

第十七条 公司员工投资本公司所管理基金的，其投资行

①本规定所指的基金是指员工所在管理人公司管理的基金。

D12269

为所适用的认（申）购、转换或赎回费率等应按照基金合同、基金招募说明书、基金公告等规定执行。

第十八条 公司鼓励员工，特别是高级管理人员、基金投资部负责人等购买本公司管理的基金产品或者基金经理购买本人管理的基金产品，并鼓励员工通过定期定额或者其他方式进行长期投资。

第十九条 员工进行直接或间接的股权投资，应事先报公司备案，并应遵循基金份额持有人利益优先和公司利益优先的原则，避免利益冲突的情况。

第二十条 员工进行股权投资的限制：

（一）不得投资于与公司有或者可能有重大业务关系、竞争关系或利益冲突的公司；

（二）不得投资于从事证券投资、证券投资咨询等与证券投资和交易有关业务的公司；

（三）不得在其投资的公司中兼职并领取薪酬；

（四）不得进行其他可能损害基金份额持有人利益和公司利益的股权投资；

（五）不得进行无论在规模上还是性质上会影响员工正常履行工作职责的股权投资。

第二十一条 员工直接或间接持有的原未上市的股权投资转为上市的，应按下述流程进行处置：

（一）公司管理的基金或投资组合参加该股权投资的询价和投资的，持有该股权的员工应本着避免利益冲突的原则，不得参加有关投资决策，并主动向公司提出回避；

（二）该股权投资可以公开交易的，员工应在3个月内卖出。

第四章　交易信息报告、备案管理和信息披露

第二十二条　员工应如实填写《员工首次申报股票/基金/个人股权投资情况备案表》，向公司申报其在加入本公司前所持有的股票、基金和个人股权投资情况，并应自加入公司后3个月内对所持的禁止投资的股票进行处置。

第二十三条　员工应在入职后3个工作日内，如实填写《员工及亲属基本信息申报表》，申报本人及直系亲属的详细信息（包括姓名、与员工关系、身份证号码、工作单位及职务等），并提交相应的身份证原件扫描件。其中，公司高管、基金经理、投资经理等人员的亲属信息范围比照任职资格登记表要求确定（包括但不限于本人父母、配偶、子女、兄弟姐妹和配偶父母、兄弟姐妹以及与本人关系密切或有重大利益关系的人士）任职期间，上述信息如有变化，员工应在3个工作日内重新填写该表，并上报公司。

第二十四条　公司根据员工提交的《员工直接/间接股权投资备案表》对员工的股权投资进行备案审查和登记。

第二十五条　公司对股权投资的备案审查应以避免与基金、公司或公司所开展的各类业务发生实际或可能的利益冲突为主要原则。如果公司在审查中发现员工的股权投资符合第二十条所述内容的，应要求其停止该股权投资，并说明理由。员工应当服从公司的决定。如员工拒不接受的，公司有权解除与其的劳动合同[①]。如果超过10个工作日公司未对员工进行书面回复，视为公司对员工该项股权投资行为不持异议。

第二十六条　员工应当保证其向公司申报的投资信息真实、准确、完整、及时。

第二十七条　公司应当在基金合同生效公告、上市交易公

①应当在员工的劳动合同中予以明确。

D12269

告书以及相关基金半年度报告和年度报告中披露下列信息：

（一）本公司基金从业人员持有基金份额的总量及占该只基金总份额的比例；

（二）本公司高级管理人员、基金投资和研究部门负责人持有该只基金份额总量的数量区间；

（三）该只基金的基金经理持有该只基金份额总量的数量区间。

第 2、3 项所指基金份额总量的数量区间为 0 份、0 份至 10 万份（含）、10 万份至 50 万份（含）、50 万份至 100 万份（含）、100 万份以上。

公告中的相关数据由公司相关部门统计编制，并由行政部进行复核。

第五章　日常管理

第二十八条　登记和监察工作，包括：

（一）在收到员工关于证券投资和股权投资的备案申请后进行登记；

（二）对员工上报的个人及亲属信息与其提交的身份证件（含扫描件）进行核对，如员工有特殊困难无法提供身份证原件扫描件的，应要求其提交身份证复印件，并采用合理方式对其姓名及身份证号码信息进行核对；

（三）妥善保管公司员工证券投资和股权投资的申报或备案材料；

（四）定期或不定期对员工投资行为等进行检查，包括每季度从基金事务部获得公司员工投资基金的统计数据，并对其合规性进行检查，以期发现是否存在违反法律法规和公司制度规定的行为；

（五）妥善保存公司员工投资基金的相关记录。

行政部应做好检查留痕，并对工作所获知的相关信息负严格保密义务。

第二十九条 公司应当定期（季度、半年度和年度）统计公司员工投资基金的明细和余额情况，并编制法规规定的相关信息披露文件。公司风控部应对其进行复核。

第三十条 公司在检查员工的证券投资和股权投资行为以及员工直系亲属的股票投资行为时，若发现存在利益冲突可能的，有权要求员工限期对该投资行为作出处置。员工应当服从公司的决定。如员工拒不接受的，公司有权解除与其的劳动合同。

第三十一条 新员工入职时，未及时申报或虚假申报的，即为该新员工试用期不符合录用条件，公司将不予转正。人力资源部在员工试用期转正之前应征询总经理意见，以确定该员工是否已经完成个人入职申报。

第三十二条 员工未按规定定期申报个人及亲属投资信息的，公司行政部应给予邮件提醒一次，如经提醒仍未申报的，公司行政部应给予书面提示函。如虽经出具书面提示函仍不申报的，应作为违规行为，填写《日常合规监察异常情况报告表》上报公司总经理。

第三十三条 员工未准确更新个人及亲属信息、及时准确申报基金投资和股权投资信息的，公司行政部发现后将作为违规行为，填写《日常合规监察异常情况报告表》上报总经理。

第三十四条 如员工违反法律法规规定和本管理制度，公司将视情节严重情况给予罚款或/和纪律处分。罚款金额为每次人民币3000元加不当获利金额的2倍。纪律处分包括口头警告、书面警告和解雇。对于员工违规情节轻微，且未对公司财产或

D12269

声誉造成影响的，公司将给予口头警告、书面警告等处罚；对于情节严重，或者对公司财产或声誉造成不良影响的，公司有权解除劳动合同，并按规定向中员工个人证券和股权投资管理制度国证监会及相关派出机构报告；情节严重构成犯罪的将依法移送司法机关追究相应责任。员工行为给公司造成损失的，公司有权依法向员工追偿。

第三十五条 公司对员工备案信息予以严格保密，任何部门和个人均不得随意查阅或探听，但下列情况中，经履行适当审批程序，行政部可以向被授权人提供相关信息：

（一）行政部履行工作职责；

（二）司法机关或监管机关依法对员工个人投资进行调阅、查询或检查；

（三）因工作需要，经总经理批准后，对员工个人投资进行调阅和查询。

第六章 附 则

第三十六条 本制度由公司董事会、风控部负责制定、修改和解释。本制度未尽事宜，按相关法律法规执行。

第三十七条 本制度自公司董事会审议通过之日起实施。

第三十八条 在法律法规和相关监管规定未许可之前，公司员工不得投资于特定客户资产管理计划。如法律法规和相关监管规定对于基金公司员工的投资行为有新的规定的，公司将相应对本制度进行修订。

第三十九条 本制度首次颁布执行后，所有员工应在10个工作日内如实填写《员工首次申报股票 / 基金 / 个人股权投资情况备案表》和《员工和亲属基本信息申报表》，向公司申报其所持有的股票、基金和个人股权投资情况，以及直系亲属的详细信息。

第四十条 公司将适时根据有关法律法规的要求及公司业务的发展情况和公司内部执行的情况对本制度作进一步调整和完善。

第四十一条 本制度如与法律、法规或《公司章程》相冲突时，应按照法律、法规及《公司章程》执行。

D12269

关注法天使

（四）防范内幕交易、利益冲突的投资交易制度

适用场景：

根据《私募基金管理人登记法律意见书指引》规定，私募基金管理人根据其拟申请的私募基金管理业务类型建立了与之相适应的制度，包括（视具体业务类型而定）运营风险控制制度、信息披露制度、机构内部交易记录制度、防范内幕交易、利益冲突的投资交易制度、合格投资者风险揭示制度、合格投资者内部审核流程及相关制度、私募基金宣传推介、募集相关规范制度以及（适用于私募证券投资基金业务）的公平交易制度、从业人员买卖证券申报制度等配套管理制度。因此，私募基金管理人应当建立用于私募基金管理人风险管理和内部控制，保证基金募集、投资、管理和退出能够合法合规，该制度是私募基金管理人在中国证券投资基金协会登记和基金管理人日常经营的必备制度。

法律要点：

1. 内幕交易

《基金从业人员执业行为自律准则》第 7 条规定：从业人员不得从事或协同他人从事内幕交易或利用未公开信息交易活动，不得泄露利用工作便利获取的内幕信息或其他未公开信息，或明示、暗示他人从事内幕交易活动。

《私募投资基金监督管理暂行办法》第 23 条规定：私募基金管理人、私募基金托管人、私募基金销售机构及其他私募服务机构及其从业人员从事私募基金业务，不得有以下行为：……（八）从事内幕交易、操纵交易价格及其他不正当交易活动。

2. 利益冲突

《基金业协会关于私募基金登记备案相关问题解答（七）》规定：根据《私募投资基金监督管理暂行办法》（以下简称《暂行办法》）关于私募基金管理人防范利益冲突的要求，对于兼营民间借贷、民间融资、配资业务、小额理财、小额借贷、P2P/P2B、众筹、保理、担保、房地产开发、交易平台等业务的申请机构，这些业务与私募基金的属性相冲突，容易误导投资者。为防范险，中国基金业协会对从事与私募基金业务相冲突的上述机构将不予登记。上述机构可以设立专门从事私募基金管理业务的机构后申请私募基金管理人登记。经金融监管部门批准设立的机构在从事私募基金管理业务的同时也从事上述非私募基金业务的，应当相应建立业务隔离制度，防止利益冲突。

同时，为落实《暂行办法》关于私募基金管理人的专业化管理要求，私募基金管理人的名称和经营范围中应当包含“基金管理”“投资管理”“资产管理”“股权投资”“创业投资”等相关字样，对于名称和经营范围中不含“基金管理”“投资管理”“资产管理”“股权投资”“创业投资”等相关字样的机构，中国基金业协会将不予登记。

文本正文：http://www.fatianshi.cn/D12270

防范内幕交易、利益冲突的投资交易制度

第一章　总　　则

第一条　为防范内幕交易、规范公司内幕信息管理行为，防范公司董事、监事、高级管理人员与公司之间的利益冲突，防止损害公司、股东及投资人利益的情形发生，根据《中华人

D12270

民共和国证券法》《中华人民共和国证券投资基金法》《基金管理公司投资管理人员管理指导意见》等法律法规和规范性文件，结合公司相关管理制度，制定本制度。

第二条 本制度适用于公司及下属所有部门。

第二章 内幕信息的管理

第三条 内幕信息的管理工作由公司董事会负责，并组织实施。投资部是公司信息披露管理、投资者关系管理、内幕信息登记备案的日常办事机构，并负责公司内幕信息的监管工作。

第四条 未经董事会批准和授权，公司任何部门和个人不得向外界泄露、报道、传送有关公司内幕信息及信息披露的内容。对外报道、传送的文件、软（磁）盘、录音（像）带及光盘等涉及内幕信息及信息披露内容的资料，须经部门负责人、主管领导审核后交由投资部审核，并由董事会批准后，方可对外报道、传送。

第五条 内幕信息知情人均应做好内幕信息的保密工作[①]，不得泄露内幕信息，不得进行内幕交易或配合他人操纵证券交易价格。

第三章 内幕信息的登记备案

第六条 公司应如实、完整记录内幕信息在公开前的报告、传递、编制、审核、披露等各环节所有内幕信息知情人名单，以及知情人知悉内幕信息的内容和时间等相关档案，供公司自查和相关监管机构查询。

第七条 内幕信息知情人登记备案的内容，包括但不限于内幕信息事项、内幕信息知情人的名称/姓名、所在单位及部门、职务、身份证号码、证券账户、知悉的内幕信息、知悉的

①《基金从业人员执业行为自律准则》规定从业人员不得从事或协同他人从事内幕交易或利用未公开信息交易活动，不得泄露利用工作便利获取的内幕信息或其他未公开信息，或明示、暗示他人从事内幕交易活动。

时间等。

第八条 登记备案工作由董事会组织实施，董事会应在相关人员知悉内幕信息的同时登记备案，登记备案材料保存至少3年以上。

第九条 公司董事、监事、高级管理人员及各部门、子公司的主要负责人应当积极配合公司做好内幕信息知情人登记备案工作，及时告知公司内幕信息知情人情况以及相关内幕信息知情人的变更情况。

第四章 内幕交易防控管理

第十条 公司将防控内幕交易机制纳入公司内部控制体系，结合基金行业特点和公司实际情况，制定专门的防控内幕交易制度，规范公司投资、研究活动流程，对公司投资、研究活动中可能接触到的内幕信息进行识别、报告、处理和检查，对违法违规行为进行责任追究。

公司应定期评价防控内幕交易机制的有效性[①]。

第十一条 公司明确董事会、总经理、投资部和从事投资、研究活动的部门及相关人员在防控内幕交易机制建立、实施方面的职责：

（一）董事会对建立防控内幕交易机制和维持其有效性承担最终责任，经理层对防控内幕交易制度的有效实施承担责任；

（二）从事投资、研究活动的部门承担本部门防控内幕交易机制执行落实的直接责任，从事投资、研究活动的人员（以下简称投研人员）承担对内幕信息的识别、报告等职责，发挥事前甄别与防控作用；

（三）投资部协助董事会、总经理建立、实施防控内幕交易机制，并承担防控内幕交易机制的培训、咨询、检查、监督等

①公司应及时调整防控机制保证其有效性，并根据法律法规的变化和管理内幕信息的需要及时调整、完善。

D12270

职责。

第十二条 公司加强对投资、研究活动的规范，保证信息来源合法合规，研究方法专业严谨，分析结论客观合理，投资决策独立审慎。

禁止投研人员主动打探内幕信息，不得利用内幕信息从事证券交易，或者泄露该信息，或者明示、暗示他人从事内幕交易活动。

第十三条 公司与所合作研究机构作出协议约定，要求其提供的研究报告必须合法合规，不得涉及内幕信息。公司建立对投资、研究活动的合规审查机制，防止内幕信息通过外部、内部研究报告或者内部投研交流会议等方式进入公司投资决策或者投资咨询流程。

第十四条 公司将防控内幕交易情况纳入员工的绩效考核范围，并建立违反防控内幕交易机制的责任追究制度。对涉嫌构成内幕交易的，公司应当立即制止并及时向监管机构等有关部门如实报告。

第五章 控股股东和实际控制人的内幕交易防控管理

第十五条 控股股东、实际控制人买卖公司股份时，应当严格遵守相关规定，不得利用未公开的重大信息牟取利益，不得滥用其股东权利、支配地位，不得要求公司向其提供内幕信息从事内幕交易。

第十六条 控股股东、实际控制人应当采取切实措施，保证积极配合公司做好信息披露及内幕交易防控工作。

第十七条 控股股东、实际控制人对涉及公司的未公开重大信息应当采取严格的保密措施。对应当披露的重大信息，应当第一时间通知公司并通过公司对外公平披露，不得提前披露。

第六章 利益冲突的定义及内容

第十八条 本制度所指利益冲突是指公司董事、监事、高级管理人员在履行公司职务所代表的公司利益与其自身的个人利益之间存在的冲突，可能损害公司及公司股东利益的情形。利益冲突包括外部利益冲突和内部利益冲突。

（一）外部利益冲突是指董事、监事、高级管理人员与公司的竞争者或业务关联公司开展业务。

（二）内部利益冲突是指董事、监事、高级管理人员因为与公司内的某些成员之间存在的某种特殊关系而承担了某种责任和义务。由于存在该种特殊关系，使员工在履行职责时可能影响其正常判断，进而可能直接或间接损害本公司的利益。

第十九条 外部利益冲突包括但不限于以下情形：

（一）董事、监事、高级管理人员拥有其他公司的权益

1. 持有与公司存在竞争关系的公司任何权益（通过证券市场取得权益，且仅持有低于该公司发行在外 5% 的权益的投资除外）；

2. 持有与公司有业务往来的公司（如公司的供应商、客户或代理商）的任何权益（通过证券市场取得权益，且仅持有低于该公司发行在外 5% 的权益的投资除外）。

（二）董事、监事、高级管理人员或其关联人 / 关连人士 / 联系人与公司存在关联交易 / 关连交易

1. 向与公司有业务往来的个人或机构（如公司的供应商、客户或代理商）提供贷款，为其担保贷款，从其获得贷款或在其协助下获得贷款（但与金额机构的正常借贷除外）；

2. 与公司形成任何形式的业务往来，或促成任何关联人 / 关

D12270

连人士 / 联系人与公司形成任何形式的业务往来。包括但不限于购买或销售商品、其他资产、提供或接受劳务、代理、租赁资产或设备、提供资金（含实物形式）、共同研究与开发项目、签署许可协议、赠与或达成任何非货币交易，促使公司董事、监事、高级管理人员或其关联人 / 关连人士 / 联系人成为公司的客户、代理商、经销商、供应商或达成其他任何交易关系。

（三）与公司竞争方之间存在的聘任关系或活动

1. 董事、监事、高级管理人员同时受聘于公司的竞争方，或与公司的竞争方发生任何方式的关联（包括以咨询、顾问或其他类似身份从事的活动），以及从事其他可合理预期能增进竞争方利益，而损害公司利益的活动，包括但不限于成为该竞争方的供应商、客户或代理商；

2. 在受聘于公司期间，公司董事、监事、高级管理人员销售任何对公司现有或潜在商业活动构成竞争的产品，或提供任何对公司现有或潜在商业活动构成竞争的服务。

第七章　利益冲突的监管及备案

第二十条　公司风控部是公司利益冲突的领导部门，负责统筹公司利益冲突的日常管理工作，确定利益冲突的申报，负责发放《利益冲突申报表》，并披露《关于利益冲突的声明》等。

第二十一条　公司风控部负责利益冲突日常宣传、培训、信息建立、冲突披露等工作。

第二十二条　公司董事、监事、高级管理人员应主动履行申报的义务。每年 12 月 31 日前 10 个工作日公司董事、监事、高级管理人员需填写《利益冲突申报表》《关于利益冲突的声明》，签字确认后向公司投资部申报。

第二十三条　公司风控部对董事、监事、高级管理人员填写申报的《利益冲突申报表》进行审批，对于其中需要进一步明确的，应提请申报人补充说明，由公司风控部进行相关调查，公司相关部门和个人应积极配合。

公司风控部应将《利益冲突申报表》存档，同时将批示结果反馈给申报人，档案管理按照公司《档案管理办法》执行。申报人收到反馈结果后，应于规定的时间内按审批意见对利益冲突进行处理，公司风控部应对申报人的落实情况进行跟踪督促。

第二十四条 在本制度生效前已实际存在或潜在的利益冲突，必须在本制度生效之日起1个月内，向公司投资部进行申报，包括本制度颁布时正在进行的行为或交易。对于其他任何实际存在或潜在的利益冲突，公司董事、监事、高级管理人员在知道或应当知道该实际存在或潜在的利益冲突可能发生时，应于3个工作日之内向公司投资部进行申报。

第二十五条 如果公司董事、监事、高级管理人员在具体情形下不确定是否存在利益冲突，其本人有责任咨询投资部，并向投资部介绍有关该未确定利益冲突的所有情况。

第八章 利益冲突的控制

第二十六条 公司董事、监事、高级管理人员必须认真、诚实和全面填写公司统一发布的《利益冲突申报表》和遵守公司相关规章制度。

第二十七条 公司董事、监事、高级管理人员违反本制度未按照规定进行申报，或违反规定拒不解决利益冲突，则依照相关法律法规进行处理。

第二十八条 公司接受利益冲突行为的举报，公司对举报保守秘密。任何被举报人不得对举报人进行打击报复。对于员

D12270

工反映的问题，公司风控部应进行适当的调查并予以反馈。对于风控部的调查，被举报人应积极配合。

第九章　附　　则

第二十九条　本制度由公司董事会、风控部负责制定、修改和解释。本制度未尽事宜，按相关法律法规执行。

第三十条　本制度自公司董事会审议通过之日起实施。

第三十一条　本制度如与法律、法规或《公司章程》相冲突时，应按照法律、法规及《公司章程》执行。

（五）合格投资者风险揭示制度

适用场景：

私募基金只能面向合格投资者募集资金，因此合格投资者的认定及风险揭示是私募基金运营及基金备案中必不可少的环节。《中华人民共和国证券投资基金法》第 87 条规定非公开募集基金应当向合格投资者募集。《私募投资基金监督管理暂行办法》第 11 条规定私募基金应当向合格投资者募集，单只私募基金的投资者人数累计不得超过《中华人民共和国证券投资基金法》《中华人民共和国公司法》《中华人民共和国合伙企业法》等法律规定的特定数量。《证监会关于〈私募投资基金监督管理暂行办法〉相关规定的解释》规定《私募投资基金监督管理暂行办法》第 14 条规定，“私募基金管理人、私募基金销售机构不得向合格投资者之外的单位和个人募集资金，不得通过报刊、电台、电视、互联网等公众传播媒体或者讲座、报告会、分析会和布告、传单、手机短信、微信、博客和电子邮件等方式，向不特定对象宣传推介”。

法律要点：

1. 合格投资者的标准

《中国证券投资基金业协会关于发布私募基金登记备案相关常见问题解答的通知》中解释了合格投资者的标准：

合格投资者标准。私募基金的合格投资者是指具备相应风险识别能力和风险承担能力，投资于单只私募基金的金额不低于 100 万元且符合下列相关标准的单位和个人：净资产不低于 1000 万元的单位；金融资产不低于 300 万元或者最近 3 年个人年均收入不低于 50 万元的个人。

金融资产包括银行存款、股票、债权、基金份额、资产管

D12271

理计划、银行理财产品、信托计划、保险产品、期货权益等。

2. 私募基金人数的限制

对经登记的私募基金管理人募集设立新的私募基金，在适用合格投资者标准时，针对合伙企业、契约等非法人形式的投资者类型，是否需要穿透核查最终投资者为合格投资者，并合并计算投资者数量？

《基金业协会关于私募基金登记备案相关问题解答（三）》对这一问题作出了解答：

目前，证监会正在制定私募投资基金合格投资者标准。现阶段，基金业协会建议，私募基金合格投资者数量累计不超过200人，以有限责任公司或者合伙企业形式设立的，投资者人数累计不超过50人。投资者应当符合协会关于合格投资者建议标准：

（1）个人投资者的金融资产不低于500万元人民币，机构投资者的净资产不低于1000万元人民币；

（2）具备相应的风险识别能力和风险承担能力；

（3）投资于单只私募基金的金额不低于100万元人民币。

对于合伙企业、契约等非法人形式的投资者，应当穿透核查最终投资者是否为合格投资者，并合并计算投资者数量。但是，依法设立并经基金业协会备案的集合投资计划，视为单一合格投资者。

3. 特定对象调查程序

《私募投资基金募集行为管理办法》第18条规定：在向投资者推介私募基金之前，募集机构应当采取问卷调查等方式履行特定对象确定程序，对投资者风险识别能力和风险承担能力进行评估。投资者应当以书面形式承诺其符合合格投资者标准。

4. 合格投资者确认

《私募投资基金募集行为管理办法》第 24 条明确了募集机构应当向投资者推介与其风险识别能力和风险承担能力相匹配的私募基金。在基金风险揭示方面，为更好地保护投资者利益，《私募投资基金募集行为管理办法》第 25 条规定了风险揭示书的具体内容，按照《私募投资基金监督管理暂行办法》的要求，中国基金业协会制定了《私募投资基金风险揭示书（内容与格式指引）》。第 26 条规定了关于合格投资者身份的确认程序，投资者应当提供金融资产证明文件，募集机构应当审查其是否符合合格投资者条件。第 28 条强调了《私募投资基金监督管理暂行办法》所规定的合格投资者的标准。第 29 条规定了豁免合格投资者确认的条件及范围。

5. 合格投资者确认

《私募投资基金募集行为管理办法》第 29 条作出投资冷静期的规定，明确要求在完成合格投资者确认程序后，募集机构应给予投资者不少于 1 天的投资冷静期，投资冷静期过后，该投资者方可签订私募基金合同，投资者签署基金合同后，基金销售机构的募集服务结束。

文本正文：http://www.fatianshi.cn/D12271

合格投资者风险揭示制度

第一章　总　　则

第一条　为规范公司投资者适当性管理工作，保护投资者合法权益，根据《中华人民共和国证券法》《私募基金管理暂行条例》和《私募投资基金监督管理暂行办法》等法律法规及相

D12271

关业务规则，结合公司情况，制定本制度。

第二条 公司向投资者提供的产品或相关服务，适用本制度、公司其他业务规则及相关行业自律组织有关投资者适当性管理的规定。

公司可按照本制度的规定，制定具体产品或服务的投资者适当性管理指引。严格投资者适当性管理，坚持面向合格投资者募集资金。

第二章　投资者适当性管理

第三条 投资者适当性管理的实施不能取代投资者本人的投资判断，也不会降低产品或服务的固有风险，相应的投资风险、履约责任以及费用由投资者自行承担。

第四条 投资者适当性管理包括以下内容：

（一）了解投资者的相关情况并评估其风险承受能力①；

（二）了解拟提供的产品或服务的相关信息；

（三）向投资者提供与其风险承受能力相匹配②的产品或服务，并进行持续跟踪和管理；

（四）提供产品或服务前，向投资者介绍产品或服务的内容、性质、特点、业务规则等，进行有针对性的投资者教育；

（五）揭示产品或服务的风险，与合格投资者签署《风险揭示书》③。

第五条 公司可对参与的投资者设置准入条件。投资者准入条件包括但不限于财务状况、证券投资知识水平、投资经验等方面的要求。法律、行政法规、规章制度对投资者准入条件另有规定的，从其规定。

第六条 公司的投资者按照财务状况、证券投资知识水平、投资经验、风险承受能力等情况，成为合格投资者。

---

①通过合格投资者调查问卷了解投资者的情况及风险承受能力。

②《私募投资基金募集行为管理办法》第21条规定，募集机构应当自行或者委托第三方机构对私募基金进行风险评级，建立科学有效的私募基金风险评级标准和方法。

募集机构应当根据私募基金的风险类型和评级结果，向投资者推介与其风险识别能力和风险承担能力相匹配的私募基金。

③详见本书第二部分：三、私募基金风险揭示书。

第七条 除法律、行政法规、规章制度和本公司业务规则另有规定外，公司向投资者提供产品或服务，应当履行以下投资者适当性管理义务：

（一）对于投资者，应当全面履行本办法规定的投资者适当性管理义务；

（二）对于本办法投资者，应当履行揭示产品或服务的风险、与合格投资者签署《风险揭示书》。

第八条 投资者要求公司提供产品或服务，公司认为该产品或服务超出投资者的风险承受能力的，应当向投资者警示风险。对于不符合法律、行政法规、规章或公司业务规则规定的产品或服务准入条件的投资者，公司应当拒绝为其提供相应产品或服务。

第九条 公司应当按照法律、行政法规、规章的相关规定，建立健全公司的投资者适当性管理制度。

第十条 公司对履行投资者适当性管理职责进行指导、协调、服务和监督，引导公司强化投资者适当性管理工作。

第十一条 公司应当开展投资者教育和风险揭示，引导投资者理性投资。

第三章 附 则

第十二条 本制度由公司董事会、风控部负责制定、修改和解释。本制度未尽事宜，按相关法律法规执行。

第十三条 本制度自公司董事会审议通过之日起实施。

第十四条 本制度如与法律、法规或《公司章程》相冲突时，应按照法律、法规及《公司章程》执行。

D12271

关注法天使

（六）合格投资者内部审核流程及相关制度

适用场景：

合格投资者内部审核流程及相关制度是用来甄别投资者是否满足合格投资者的标准及审核流程的制度。

法律要点：

1. 销售适用性

《私募投资基金募集行为管理办法》第21条规定，募集机构应当自行或者委托第三方机构对私募基金进行风险评级，建立科学有效的私募基金风险评级标准和方法。

募集机构应当根据私募基金的风险类型和评级结果，向投资者推介与其风险识别能力和风险承担能力相匹配的私募基金。

2. 合格投资者

投资者分为机构投资者自然人投资者，两者适用不同的标准。另外还有视为合格投资者的情形需要注意。

3. 合格投资者的识别

投资者应当按照不同类型合格投资者的标准提供相关证明材料以证明符合相应类型的合格投资和标准。投资者应当在其提供给管理人审核的上述资料的复印件上签字或盖章，并签署书面文件承诺提交的上述文件的真实准确性。投资者应当填写管理人制定的《私募基金投资者风险调查问卷》，通过该问卷对投资者的风险承受能力进行评估。

4. 产品风险评级及投资者调查评级

根据管理人制定的产品风险评级标准和投资者调查评级标准进行相应评级并作适当性匹配。当投资者主动购买不匹配产品时，相关营销人员应进行提示，并要求投资者对投资者意愿声明签字确认，相关材料交于公司风控部归档。

文本正文：http://www.fatianshi.cn/D12272

合格投资者内部审核流程及相关制度

第一章 总 则

第一条 为规范公司投资者适当性管理工作，确保基金及相关产品销售的适当性，履行合格投资者识别义务，充分提示投资风险，根据《中华人民共和国证券法》、《私募基金管理暂行条例》、《私募投资基金监督管理暂行办法》和《私募投资基金管理人内部控制指引》等法律法规、规范性文件及其他相关业务规则，结合公司情况，制定本制度。

第二章 销售适当性

第二条 销售适用性[①]是指销售机构在销售基金和相关产品的过程中，注重根据投资者的风险承受能力销售不同风险等级的产品，把合适的产品卖给合适的投资者。

第三条 公司在实施销售适用性的过程中应当遵循以下指导原则：

（一）投资者利益优先原则。当公司利益与投资者的利益发生冲突时，应当优先保障投资者的合法利益。

（二）全面性原则。公司应当将销售适用性作为内部控制的组成部分，将销售适用性贯穿于基金和相关产品销售的各个业务环节，对基金产品（或相关产品，下同）和投资者都要了解并作出评价。

（三）客观性原则。公司投资部对基金产品和投资者的调查和评价，应当尽力做到客观准确，并作为基金销售人员向投资

①《私募投资基金募集行为管理办法》第21条规定，募集机构应当自行或者委托第三方机构对私募基金进行风险评级，建立科学有效的私募基金风险评级标准和方法。

募集机构应当根据私募基金的风险类型和评级结果，向投资者推介与其风险识别能力和风险承担能力相匹配的私募基金。

D12272

者推介合适基金产品的重要依据。

（四）及时性原则。产品的风险评价和投资者的风险承受能力评价应当根据实际情况及时更新。

第三章 合格投资者

第四条 公司应当向合格投资者募集资金，单只私募基金的投资者人数累计不得超过《中华人民共和国证券投资基金法》《中华人民共和国公司法》《中华人民共和国合伙公司法》等法律规定的特定数量。

第五条 公司单一产品的投资者数量不得超过200人[①]。以合伙公司、契约等非法人形式，通过汇集多数投资者的资金直接或者间接投资于私募基金的，应当穿透核查最终投资者是否为合格投资者，并合并计算[②]。

投资者转让本公司管理的基金份额的，受让人应当为合格投资者且基金份额受让后投资者人数应当符合前款规定。

第六条 公司仅对合格投资者进行销售，合格投资者是指具备相应风险识别能力和风险承担能力，投资于单只私募基金的金额不低于100万元且符合下列相关标准的单位和个人：

（一）净资产不低于1000万元的单位；

（二）金融资产不低于300万元或者最近3年个人年均收入不低于50万元的个人。前款所称金融资产包括银行存款、股票、债券、基金份额、资产管理计划、银行理财产品、信托计划、保险产品、期货权益等。

根据相关规定，下列投资者视为合格投资者[③]：

（一）社会保障基金、公司年金等养老基金，慈善基金等社会公益基金；

①《基金业协会关于私募基金登记备案相关问题解答（三）》中规定，基金业协会建议，现阶段，私募基金合格投资者数量累计不超过200人，以有限责任公司或者合伙企业形式设立的，投资者人数累计不超过50人。

②依法设立并经基金业协会备案的集合投资计划，视为单一合格投资者。

③《私募投资基金募集行为管理办法》第32条。

（二）依法设立并在基金业协会备案的投资计划；

（三）投资于所管理私募基金的私募基金管理人及其从业人员；

（四）中国证监会规定的其他投资者。

第七条 公司投资部负责合格投资者的识别工作，公司风控部负责合格投资者的复核工作。

第八条 公司应当按照法律、行政法规、规章的相关规定，建立健全公司的投资者适当性审核制度。

第四章 合格投资者识别

第九条 自然人投资者①拟认购本公司管理的基金产品需向公司提供如下资料：

（一）身份证。

（二）近5年的投资履历。

（三）金融机构出具的相关财产证明文件，包括：

1. 银行开具的存款证明文件；

2. 证券公司、基金公司开具的持有证券价值总额的证明文件；

3. 信托机构开具的持有信托产品的认购总额的证明文件；

4. 保险公司开具的保险单现金价值总额的证明文件；

5. 其他金融机构开具的相关财产证明文件。

（四）金融资产有效证明文件，包括：

1. 投资者银行存折及复印件；

2. 银行卡对账单；

3. 银行理财产品有效认购文件及复印件；

4. 证券公司、基金公司的对账单（包括网上交易的对账单），需显示投资者持有的有家证券的价值总额；

①证明金融资产不低于300万元或者最近3年个人年均收入不低于50万元。

D12272

5. 信托产品的有效认购文件关键页（包括合同编号、金额、签字页）及复印件；

6. 记名式债权及复印件等。

（五）个人、夫妻收入证明。

（六）最近 3 年内个人所得税完税证明或单位出具最近 3 年内年收入证明。

以上证明文件涉及家庭金融资产的除提供相关财产证明外，还需提供户口簿或其他家庭关系的证明文件。

以上证明文件涉及夫妻双方合计收入的，除提供相关收入证明外，还需提供结婚证、户口簿或其他夫妻关系的证明文件。

第十条　公司投资者[①]拟认购本公司管理的基金产品需向公司提供如下资料：

（一）公司法人营业执照；

（二）公司章程或公司章程；

（三）组织机构代码证；

（四）税务登记证；

（五）验资报告；

（六）最近 2 年的审计报告；

（七）最近一个会计年度财务报表（经审计为佳）；

（八）最近一期财务会计报表；

（九）基金业协会登记备案证明材料；

（十）其他证明产品身份的材料；

（十一）金融机构出具的相关财产证明文件；

（十二）金融资产有效证明文件。

第十一条　投资者应当在其提供给本公司审核的上述资料的复印件上签字或盖章，并签署书面文件承诺提交的上述文件

①证明净资产不低于 1000 万元。

的真实准确性。

第十二条 投资者应当填写公司制定的《私募基金投资者风险调查问卷》①，通过该问卷对投资者的风险承受能力进行评估，调查问卷的评分细则由公司制定。

第十三条 公司对投资者提供的上述资料原件进行核查后，应当将上述文件的复印件留存，至少保留3年。

第十四条 公司每隔3年应当对投资者重新进行一次投资者资格审核工作。

第十五条 为避免变相突破合格投资者的规定，在合规投资者识别环节，业务人员应主动告知任何机构和个人不得以非法拆分转让为目的购买私募基金，不得将私募基金份额或其收益权进行拆分转让，或从事其他变相突破合格投资者标准行为。同时，在产品设计环节，投资部应在基金合同约定产品转让条件。

第十六条 确认投资者为合格投资者之后，应要求投资者签字承诺其符合合格投资者标准，并承诺其为自己购买私募基金。

第十七条 在完成合格投资者确认程序后，募集机构应给予投资者不少于1天的投资冷静期②，投资者在冷静期满后方可签署私募基金合同。

第五章 产品风险评级

第十八条 对我司产品的风险评级由公司风控部负责。

第十九条 产品风险评级结果应当作为公司向投资者推介产品的重要依据。③

第二十条 产品风险评级以产品的风险等级来具体反映，产品风险包括以下5个等级：R1、R2、R3、R4、R5。

①详见第二部分基金文件：合格投资者识别及风险匹配文件。

②《私募投资基金募集行为管理办法》第29条规定，私募股权投资基金、创业投资基金等其他私募基金合同关于投资冷静期的约定可以参照前款对私募证券投资基金的相关要求，也可以自行约定。

③《私募投资基金监督管理暂行办法》第17条规定，“私募基金管理人自行销售或者委托销售机构销售私募基金，应当自行或者委托第三方机构对私募基金进行风险评级，向风险识别能力和风险承担能力相匹配的投资者推介私募基金”。

D12272

第二十一条 产品风险评级划分及参考标准[①]：

R1：产品结构简单、过往业绩及净值的历史波动率较低，投资标的的流动性很好，不含衍生品，估值政策清晰，杠杆不超监管部门规定的标准。

R2：产品结构简单、过往业绩及净值的历史波动率较低，投资标的的流动性很好，衍生品以套期保值为目的，估值政策清晰，杠杆不超监管部门规定的标准。

R3：产品结构简单、过往业绩及净值的历史波动率较高，投资标的的流动性较好，衍生品以对冲为目的，估值政策清晰，杠杆不超监管部门规定的标准。

R4：产品结构复杂、过往业绩及净值的历史波动率高，投资标的的流动性较差，估值政策较清晰，1 倍（不含）以上至 3 倍（不含）以下杠杆。

R5：产品结构复杂、过往业绩及净值的历史波动率很高，投资标的的流动性差，估值政策不清晰，3 倍（含）以上杠杆。

第二十二条 产品风险评级方法以及说明，在公司直销柜台接单处、网上直销系统中，向投资者公开。产品风险评级的结果应当定期更新，过往的评级结果应当作为历史记录保存。

第六章 投资者调查评级与风险提示

第二十三条 公司风控部负责对投资者的风险承受能力进行调查评级，开展相关业务前，应当执行投资者身份认证程序，核查投资者的合格投资者身份，切实履行反洗钱等法律义务。

第二十四条 投资者评级应以投资者的风险承受能力类型来具体反映，公司将投资者风险承受能力分为以下五个类型：（1）保守型；（2）稳健型；（3）平衡型；（4）成长型；（5）进取型。

第二十五条 公司风控部负责我司投资者风险承受能力类

---

① 1. 上述风险划分标准为参考因素，基金募集机构可以根据实际情况，确定评估因素和各项因素的分值和权重，建立评估分值与具体产品风险等级的对应关系，基金服务 的风险等级应按照服务涵盖的产品组合的风险等级划分。

2. 基金服务指以销售基金产品为目的开展的开展的基金推介、基金组合投资建议等活动 。

3. 产品或服务的风险等级至少为 5 级，风险等级名称可以结合实际情况进行调整。

4.R4、R5 杠杆水平是指无监管部门明确规定的产品杠杆水平。

型和评级规则的制定。

第二十六条 公司风控部应当在投资者首次购买公司产品前对投资者的风险承受能力进行调查和评级。

第二十七条 投资者放弃接受调查的，在投资者认、申购时要求投资者必须先完成风险测评。

第二十八条 公司风控部应对已有的客户信息进行分析等方式对投资者的风险承受能力进行调查，并通过当面、信函、短信、网络向投资者及时反馈评级结果。

第二十九条 对投资者进行风险承受能力调查，应当从调查结果中至少了解到投资者的以下情况：

（一）投资者基本信息，其中个人投资者基本信息包括身份信息、年龄、学历、职业、联系方式等信息；机构投资者基本信息包括工商登记中的必备信息、联系方式等信息；

（二）财务状况，其中个人投资者财务状况包括金融资产状况、最近 3 年个人年均收入、收入中可用于金融投资的比例等信息；机构投资者财务状况包括净资产状况等信息；

（三）投资知识，包括金融法律法规、投资市场和产品情况、对私募基金风险的了解程度、参加专业培训情况等信息；

（四）投资经验，包括投资期限、实际投资产品类型、投资金融产品的数量、参与投资的金融市场情况等；

（五）风险偏好，包括投资目的、风险厌恶程度、计划投资期限、投资出现波动时的焦虑状态等。

第三十条 公司风控部应当制定统一的问卷格式，同时应当在问卷的显著位置提示投资者在基金购买过程中注意核对自己的风险承受能力和基金产品风险的匹配情况，并予以确认。

第三十一条 公司暂采取线下书面调查的形式①进行投资者风险承受能力调查，如业务需要通过互联网媒介在线向投资者

①也可以采取电话或者互联网的形式，但需要保存相关资料。

D12272

推介基金的，相关程序另行规定。

第三十二条 公司调查和评价投资者的风险承受能力的方法及其说明应当在测试环节公开。

第三十三条 公司风控部应当定期或不定期地提示投资者重新接受风险承受能力调查，其中每年在年度对账单中提示投资者重新接受风险承受能力调查，在客户服务的日常工作中对所接触客户进行不定期提示；过往的评价结果应当作为历史记录保存。投资者的评估结果有效期最长不得超过3年（最长3年），逾期需重新强制进行投资者风险评估。投资者主动申请对自身风险承担能力进行重新评估时，相关部门应予以配合。

第三十四条 公司基金和相关产品与投资者的匹配规则如下：

产品评级	保守型	稳健型	平衡型	成长型	进取型
低风险（R1、R2）	匹配	匹配	匹配	匹配	匹配
中风险（R3）			匹配	匹配	匹配
高风险（R4、R5）				匹配	匹配

第三十五条 当投资者主动购买不匹配产品时，相关营销人员应进行提示，并要求投资者对投资者意愿声明签字确认，相关材料交于公司风控部归档。

第三十六条 在投资者签署基金合同之前，公司销售人员应当向投资者说明有关法律法规，须重点揭示私募基金风险，并与投资者一同签署风险揭示书。风险揭示书的内容包括但不限于：

（一）私募基金的特殊风险，包括基金合同与中国基金业协会合同指引不一致的风险、基金未托管风险、基金委托募集的风险、未在中国基金业协会备案的风险、聘请投资顾问的风险等；

（二）私募基金投资运作中面临的一般风险，包括资金损失风险、流动性风险、募集失败风险等；

（三）投资者对基金合同中投资者权益相关重要条款的逐项确认，包括当 事人权利义务、费用及税收、纠纷解决方式等。

第七章　销售适用性实施保障

第三十七条　公司风控部负责制定基金产品和投资者匹配的方法，匹配方法至少应当在基金产品的风险等级和投资者的风险承受能力类型之间建立合理的对应关系。

第三十八条　公司风控部应当应当妥善保存投资者适当性管理以及其他与私募基金募集业务相关的资料，保存期限自基金清算终止之日起不得少于 10 年[1]。

第八章　附　　则

第三十九条　本制度由公司董事会、风控部负责制定、修改和解释。本制度未尽事宜，按相关法律法规执行。

第四十条　本制度自公司董事会审议通过之日起实施。

第四十一条　本制度如与法律、法规或《公司章程》相冲突时，应按照法律、法规及《公司章程》执行。

①《私募投资基金管理人内部控制指引》第 26 条规定，私募基金管理人应当保存私募基金内部控制活动等方面的信息及相关资料，确保信息的完整、连续、准确和可追溯，保存期限自私募基金清算终止之日起不得少于 10 年。

D12272

（七）私募基金宣传推介及募集管理制度

适用场景：

根据《私募投资基金监督管理暂行办法》规定，私募基金管理人、私募基金销售机构不得向合格投资者之外的单位和个人募集资金，不得通过报纸、期刊、电台、电视、互联网等公众传播媒体或者讲座、报告会、分析会和布告、传单、手机短信、微信、博客和电子邮件等方式，向不特定对象宣传推介。

私募基金宣传推介、募集相关规范制度也是私募基金管理人在基金业协会登记的必备制度之一，该制度主要是为了保证私募基金宣传推介和募集行为的合规性。

法律要点：

1. 不得变相突破合格投资者标准

管理人不得为规避合格投资者标准募集以私募基金份额或其收益权为投资标的的产品，或者将私募基金份额或其收益权进行拆分转让，变相突破合格投资者标准。管理人应对投资者尽到合理的注意义务，包括但不限于：

（1）确保投资者以书面方式承诺其为自己购买私募基金；

（2）在基金合同中约定转让的条件。

2. 开立私募基金募集结算资金专用账户

管理人应当开立私募基金募集结算专用账户，统一归集私募基金募集结算资金。

3. 不得公开或者变相公开推介私募基金

私募基金宣传推介及募集需要保证基金的私募性质，因此不得向合格投资者之外的单位或个人募集资金，不得公开推介或者变相公开推介。

4. 推介材料应客观真实

管理人推介材料内容应与基金合同主要内容一致，不得有任何虚假记载、误导性陈述或者重大遗漏。

5. 提示风险

募集机构应当采取合理方式向投资者揭示风险，确保推介材料中的相关内容清晰、醒目。

文本正文：http://www.fatianshi.cn/D12273

私募基金宣传推介及募集管理制度

第一章　总　　则

第一条　为保证公司私募投资基金的宣传推介、募集行为，促进公司规范化运作及健康发展，促进公司诚信、合法、有效经营，保障投资者及公司资产的安全、完整，维护投资者、公司及公司股东的合法权益，根据《中华人民共和国证券投资基金法》《私募投资基金监督管理暂行办法》等法律法规、规范性文件及相关自律规则，结合公司情况，制定本制度。

第二条　公司私募基金宣传推介、募集管理制度的总体目标：

（一）保证公司私募基金宣传推介、募集活动的合法合规性；

（二）保证投资者的合法权益不受侵犯；

（三）实现公司稳健、持续发展，维护股东权益；

（四）促进公司全体员工恪守职业操守，正直诚信，廉洁自律，勤勉尽责。

第二章　公司的责任与义务

第三条　公司应当恪尽职守，履行诚实信用、谨慎勤勉义

D12273

务，应当履行受托人义务，承担基金合同的受托责任，应当履行合理的注意义务，并承担审查投资者适当性的相关责任。

第四条　公司不得为规避合格投资者标准募集以私募基金份额或其收益权为投资标的的产品，或者将私募基金份额或其收益权进行拆分转让，变相突破合格投资者标准。公司应对投资者尽到合理的注意义务，包括但不限于：

（一）确保投资者以书面方式承诺其为自己购买私募基金；

（二）在基金合同中约定转让的条件。

第五条　公司应当对投资者的商业秘密及个人信息严格保密，除法律法规和自律规则另有规定的，不得对外披露。

第六条　公司应当妥善保存投资者适当性管理以及其他与私募基金募集业务相关的资料，保存期限自基金清算终止之日起不得少于10年。

第七条　公司应当开立私募基金募集结算资金专用账户，统一归集私募基金募集结算资金。本管理制度所指私募基金募集结算资金是指由公司归集的，在合格投资者资金账户与私募基金财产账户之间划转的往来资金。

第八条　公司不得将私募基金募集结算资金归入公司自有财产。禁止公司或员工以任何形似挪用私募基金募集结算资金。

第三章　私募基金宣传推介

第九条　推介材料应由公司制作使用，公司对推介材料内容的真实性、完整性、准确性负责。其他任何机构或个人不得使用、更改、变相使用公司推介材料。

第十条　公司推介材料内容应与基金合同主要内容一致，不得有任何虚假记载、误导性陈述或者重大遗漏。推介材料内容包括但不限于：

（一）私募基金的名称和基金类型；

（二）私募基金管理人名称、私募基金管理人登记编码等基本信息及概况描述；

（三）私募基金托管人名称（如无，应以显著字体特别标识）；

（四）私募基金的投资范围、投资策略和投资限制概况；

（五）私募基金收益与风险的匹配情况；

（六）私募基金的特殊风险揭示；

（七）私募基金募集结算资金专用账户信息；

（八）投资者承担的主要费用及费率；

（九）私募基金承担的主要费用及费率；

（十）私募基金信息披露的内容、方式及频率；

（十一）明确指出该文件不得转载或给第三方传阅；

（十二）中国基金业协会规定的其他内容。

第十一条 募集机构应当采取合理方式向投资者揭示风险，确保推介材料中的相关内容清晰、醒目。

第十二条 公司及其从业人员推介私募基金时，禁止以下行为：

（一）不得向合格投资者之外的单位或个人募集资金；

（二）不得公开推介或者变相公开推介；

（三）推介材料不得存在虚假记载、误导性陈述或者重大遗漏；

（四）不得以任何方式承诺投资者资金不受损失，或者以任何方式承诺投资者最低收益，包括宣传预期收益、预计收益、预测投资业绩等；

（五）不得夸大或者片面推介基金，违规使用安全、保证、承诺、保险、避险、有保障、高收益、无风险等可能使投资人

D12273

认为没有风险的表述；

（六）不得登载任何自然人、法人或者其他组织的祝贺性、恭维性或推荐性的文字；

（七）不得恶意贬低同行；

（八）不得允许非本机构雇佣的人员进行推介；

（九）不得推介非本机构募集的私募基金；

（十）法律、行政法规、中国证监会的有关规定和中国基金业协会自律规则禁止的其他行为。

第十三条 募集机构不得通过下列媒介渠道推介私募基金：

（一）公开出版资料；

（二）面向社会公众的宣传单、布告、手册、信函、传真；

（三）未经邀约面向公众的讲座、报告会、分析会；

（四）海报、户外广告；

（五）电视、电影、电台及其他音像等公共传播媒体；

（六）公共网站链接广告、博客等；

（七）未设置特定对象调查程序的募集机构官方网站、微信朋友圈等互联网媒介；

（八）未经特定对象调查程序的电话、短信和电子邮件等通讯媒介；

（九）法律、行政法规、中国证监会的有关规定和中国基金业协会自律规则禁止的其他行为。

第四章 推介材料审查与留档

第十四条 负责制作推介材料的人员承担材料制作总体合规性、报备与存档职责。负责制作推介材料的人员之间应注意保持基础信息、对外形象、口径一致，避免低效重复。

第十五条 推介材料的制作由投资部投资经理负责，相关业务人员给予协助，投资经理和相关业务人员要确保内容的准确、合规风控负责人确保内容合规；公司总经理负责对推介材料的合规性进行检查审批。

第十六条 公司应指定专人对推介材料及相关审批流程留档保管。留档对象应包括其所负责发起制作的最终全套上报材料、流程审批意见及修改资料、审批流程等；留档形式包含印刷实物资料等。制作推介材料的产品经理应确保所有上报材料都有电子及实物留档，并确保报出和留档以及最终发布使用的版本都是一致的、即最终审核通过的版本。

第十七条 对于已完成审批、备案的基金宣传推介材料在向特定投资人分发前又发生变动的，应当按要求重新进行审批、备案。为加快流程，如无大的、实质性变化，可将前次已审批通过的材料同时附在新的申请流程中，以便审核时对照参考。

第十八条 制作推介材料的人员应确保向特定投资人分发材料与审核通过的材料一致。

第十九条 如已向特定投资人分发、公布的宣传推介材料存在错误，宣传推介材料的制作人员应进行更正并重新提交审批，审核通过后重新发给投资人。

第五章 附　则

第二十条 本制度由公司董事会、投资部负责制定、修改和解释。本制度未尽事宜，按相关法律法规执行。

第二十一条 本制度自公司董事会审议通过之日起实施。

第二十二条 本制度如与法律、法规或《公司章程》相冲突时，应按照法律、法规及《公司章程》执行。

（八）公平交易制度

适用场景：

公平交易制度也是私募基金管理人在基金业协会登记的必备制度之一，该制度主要是为了保证公司管理的不同投资组合得到公平对待，保护投资者合法权益。

法律要点：

1. 公平交易

管理人应当以公平交易为原则，在投资管理活动中公平对待不同产品及投资组合，严禁直接或者通过与第三方的交易安排在不同投资组合之间进行利益输送。管理人应当建立和完善公平的交易分配制度，确保资产管理业务不同客户和产品享有公平的交易执行机会。

2. 建立管理人及员工的行为规范

管理人应当建立员工行为规范，并明确禁止性行为。当员工利益与客户利益发生冲突时，要以客户利益优先为原则。

3. 建立保障投资决策公平的措施

建立科学合理的投资运作体系，所有投资组合共享统一的投资研究平台，公司建立公平交易的内部控制流程，将投资管理职能和交易执行职能相隔离，实行包括所有投资品种的集中交易制度，并确保公平交易可操作、可稽核、可持续。投资经理投资某一证券时，除非出现申购赎回、个股投资比例超标等因素，在为其管理的投资风险相似的所有投资组合下达投资指令时应公平对待使它们获得相同或相近的交易价格。

4. 公平交易的监控与稽核

投资部对发现的所有违法公平交易制度的异常交易行为应立即报告，必要时应停止执行可疑的异常投资指令。风控部对公平交易的执行情况进行日常监控，发现异常情况及时报告。管理人严格禁止同一投资组合或不同投资组合之间在同一交易日内进行反向交易及其他可能导致不公平交易和利益输送的交易行为。管理人应主动避免可能的利益冲突，对于资产管理合同、交易行为中存在的或可能存在利益冲突的关联交易应当进行说明，并向中国证监会报告。

文本正文：http://www.fatianshi.cn/D12274

公平交易制度

第一章　总　　则

第一条　为进一步完善公司的公平交易制度，保证公司管理的不同投资组合得到公平对待，保护投资者合法权益，根据《中华人民共和国证券投资基金法》《证券投资基金管理公司管理办法》《证券投资基金管理公司公平交易制度指导意见》等法律法规、规范性文件的规定，结合公司情况，制定本制度。

第二条　公平交易原则适用于公司所有的投资品种，公司应当以公平交易为原则，在投资管理活动中公平对待不同产品及投资组合，严禁直接或者通过与第三方的交易安排在不同投资组合之间进行利益输送。公司应当建立和完善公平的交易分配制度，确保资产管理业务不同客户和产品享有公平的交易执行机会。

第三条　公司同一投资经理管理的同一类型的产品，在大类资产的配置比例、投资标的的选取、投资策略的执行方面尽可能保持一致。

第四条　公司应合理设置各类资产管理业务之间以及各类

D12274

资产管理业务内部的组织结构，在保证各投资组合投资决策相对独立性的同时，确保其在获得投资信息、投资建议和实施投资决策方面享有公平的机会。

第二章　公司及员工行为规范

第五条　公司应当执行公平交易制度，禁止以下行为：

（一）禁止使用客户委托资产进行不必要的证券交易；

（二）禁止各种形式的操纵证券价格、进行利益输送、内幕交易、不正当关联交易及其他违反公平交易规定的行为；

（三）资产管理不同的账户之间不得发生交易，有充分证据证明已依法实现有效隔离的除外；

（四）资产管理业务在进行投资时，不得投资于禁止库中的证券；

（五）资产管理业务资金账户、证券账户开设由公司相关部门或外部托管机构进行，投资部门不得自行开设资金账户及证券账户；

（六）前台、后台应严格分离，前台交易人员不得参与交易的正式确认、对账、估值、交易结算和款项收付等环节；

（七）资产管理业务相关的知情人员对投资信息有保密业务，不得以任何方式向非授权人员透露资产管理业务的投资信息。

第六条　公司及员工与客户之间发生利益冲突时，应当遵循客户利益优先的原则。

第七条　公司员工行为规范：

（一）公司员工应认真学习并严格遵循法律法规及公司相关规章制度、遵守职业道德和行为规范，勤勉尽责、廉洁自律、诚实信用、不谋私利，维护公司和客户的合法利益。

（二）公司员工应与公司签订保密协议、保密条款或相关承诺书，对知悉的敏感信息负有保密义务，在任职期间和离职后不得将其知悉的敏感信息泄露给公司其他员工或任何第三方。

（三）公司对员工证券投资行为进行备案管理。

第三章　保障投资决策公平的措施

第八条　建立科学合理的投资运作体系：研究业务为投资运作提供公平、全方位的支持；投资决策实行投资决策委员会领导下的投资经理负责制，明确投资决策委员会、投资部负责人以及投资经理各自投资权限；交易执行从人员和空间上与投资决策严格分离；业绩与风险评估以数量分析为基础，对投资组合进行事后监控。

第九条　所有投资组合共享公司统一的投资研究平台。投资研究采取内部研究为主、外部研究为辅、内外部研究相结合的方式，投研部门的任何投资分析和建议均应有充分的事实和数据支持，严禁利用内幕消息作为投资依据。保证同类资产管理业务内部不同投资组合经理之间投资决策的独立性。

第十条　公司建立公平交易的内部控制流程，将投资管理职能和交易执行职能相隔离，实行包括所有投资品种的集中交易制度，并确保公平交易可操作、可稽核、可持续。

第十一条　投资经理投资某一证券时，除非出现申购赎回、个股投资比例超标等因素，在为其管理的投资风险相似的所有投资组合下达投资指令时应公平对待使它们获得相同或相近的交易价格。

第四章　公平交易的监控与稽核

第十二条　公司投资部对投资经理的投资指令进行复核，如发现违法公平交易制度的异常交易行为应立即向投资总监汇

D12274

报，并抄送风控事业部部门；必要时应停止执行可疑的异常投资指令。

第十三条 公司投资部每日对所负责的投资限制指引指标进行日终报告。风控事业部就各投资组合突破投资限制指引指标的情况进行记录和跟踪。风控事业部在投资管理系统中维护投资黑名单池，并对银行间交易对手的变动申请进行审批。

第十四条 公司风控事业部对资产管理各业务环节的执行情况以及相关内部风险控制制度的实施情况进行监督与评价，对公平交易的执行情况进行日常监控，发现异常情况及时报告公司管理层，进行跟踪调查，对可能导致违法违规行为的异常交易，应当及时向主管部门报告。

第十五条 公司风控事业部对不同投资组合临近交易日的同向交易和反向交易情况进行抽样查看，重点关注任何可能导致不公平交易（如内幕信息、利益输送）的情形。对于识别的异常情况，由相关投资经理对异常交易情况进行合理性解释。

第十六条 公司严格禁止同一投资组合或不同投资组合之间在同一交易日内进行反向交易及其他可能导致不公平交易和利益输送的交易行为，并通过在系统中进行设置，禁止同日反向交易和交叉交易。

第十七条 确因投资组合的投资策略或流动性等需求而发生的同日反向交易，投资经理应根据公司有关制度流程的要求提供决策依据等资料，并留存记录备查，但完全按照有关指数的构成比例进行投资的组合等除外。

第十八条 公司应主动避免可能的利益冲突，对于资产管理合同、交易行为中存在的或可能存在利益冲突的关联交易应当进行说明，并向中国证监会报告。

第五章　公平交易执行情况的分析与报告

第十九条　公司相关部门如果发现涉嫌违背公平交易原则的行为，或涉嫌证券市场操纵的行为，应及时向公司管理层汇报并采取相关控制和改进措施。

第二十条　公司应定期对公司管理的不同投资组合在连续四个季度不同时间窗内同向交易价差进行分析，由投资组合经理、总经理签署后，妥善保存分析报告备查。

第二十一条　与公平交易有关的调查记录、工作底稿、证据、各种文档、报告等应妥善保存。

第六章　附　　则

第二十二条　本制度由公司董事会、风控事业部负责制定、修改和解释。本制度未尽事宜，按相关法律法规执行。

第二十三条　本制度自下发之日起实施。

第二十四条　本制度如与法律、法规或《公司章程》相冲突时，应按照法律、法规及《公司章程》执行。

D12274

（九）从业人员买卖证券申报制度

适用场景：

从业人员买卖证券申报制度也是私募基金管理人在基金业协会登记的必备制度之一，该制度主要是为了规范公司董事、监事、高级管理人员及公司其他从业人员本人及其配偶、利害关系人的个人投资及信息申报行为，维护投资人的合法权益，防范利益冲突和道德风险。

法律要点：

1. 管理人员工本人、配偶、利害关系人进行投资，应当遵循如下原则

（1）合法合规性原则。个人投资行为应当符合相关法律法规、自律规则的规定及公司内部的制度要求；

（2）防范利益冲突原则。个人的投资行为不应受益于公司旗下组合的投资行为。在基金份额持有人利益与个人利益发生冲突时，个人应严格遵循基金份额持有人利益优先的原则；

（3）利益一致性原则。员工的利益应与基金份额持有人的利益一致。

2. 管理人员工本人、配偶、利害关系人的证券投资禁止行为，包括但不限于

（1）利用内幕信息和未公开信息交易；

（2）非公平交易及任何形式的利益输送；

（3）利用职务便利牟取个人利益；

（4）与基金或基金份额持有人之间发生利益冲突的交易；

（5）欺诈、欺骗或市场操纵性交易；

（6）法律法规、基金管理人禁止的其他交易。

3. 管理人应当对公司人员本人、配偶、利害关系人投资交易申报的登记和审批，记录和管理相关账户信息和投资交易信息。审核不通过的情况下，原则上禁止交易。

文本正文：http://www.fatianshi.cn/D12275

从业人员买卖证券申报制度

第一章　总　则

第一条　为规范公司董事、监事、高级管理人员及公司其他从业人员（以下简称公司人员）本人及其配偶、利害关系人的个人投资及信息申报行为，维护投资人的合法权益，防范利益冲突和道德风险，根据《中华人民共和国证券投资基金法》《私募投资基金监督管理暂行办法》《私募投资基金管理人内部控制指引》等法律法规、规范性法律文件及相关监管要求制定本制度。

第二条　公司人员本人、配偶、利害关系人进行投资，应当遵循如下原则：

（一）合法合规性原则。个人投资行为应当符合相关法律法规、自律规则的规定及公司内部的制度要求；

（二）防范利益冲突原则。个人的投资行为不应受益于公司旗下组合的投资行为。在基金份额持有人利益与个人利益发生冲突时，个人应严格遵循基金份额持有人利益优先的原则；

（三）利益一致性原则。员工的利益应与基金份额持有人的利益一致。

第三条　本制度所称“个人投资”，特指证券投资及非上市股权投资，相关用语含义如下：

D12275

（一）“证券投资”包括对在上海证券交易所、深圳证券交易所交易的股票、债券、封闭式基金，新三板股票，以及金融衍生品和国务院依法认定的其他证券品种的投资行为。

（二）“非上市股权投资”指对即将上市或与公司以及旗下投资组合可能产生利益冲突的未公开上市公司股权的投资行为，包括公司设立时的初始投资以及通过股权转让、赠与或增资等方式对公司进行投资。

除此以外的资产投资，按照相关法律法规执行。

第四条 本制度所称“利害关系人”，指公司人员承担主要抚养费或赡养费的父母、子女及其他亲属，或者公司人员可以实际控制其账户的运作，或向其提供具体投资建议，或可直接获取其账户利益，或作为其账户资金的实际持有人的人员或机构。

第二章 申报内容与申报流程

第五条 公司风控部是个人投资及信息申报管理的负责部门，实施对公司人员本人、配偶、利害关系人投资交易申报的登记和审批，记录和管理相关账户信息和投资交易信息。

第六条 公司人员需内向公司如实申报以下信息：

（一）本人、配偶、利害关系人的身份、相关账户及交易信息；

（二）未列入利害关系人的父母、子女的相关账户信息。

相关信息发生变更的，公司人员应当自发生变更后的5个工作日内进行申报。对于新入职员工，应于入职后的5个工作日内如实申报相关信息。

第七条 公司人员本人、配偶、利害关系人的证券投资禁止行为，包括但不限于：

（一）利用内幕信息和未公开信息交易；

（二）非公平交易及任何形式的利益输送；

（三）利用职务便利谋取个人利益；

（四）与基金或基金份额持有人之间发生利益冲突的交易；

（五）欺诈、欺骗或市场操纵性交易；

（六）法律法规、基金管理人禁止的其他交易。

第八条 公司人员本人、配偶、利害关系人原则上需在公司指定的证券经纪商处开立证券交易账户。因特殊原因无法在指定证券经纪商处开立证券交易账户的，需向合规部门特别说明原因并备案。

第九条 证券投资申请的内容包括投资人员名称、与本人关系、申请日期、开户券商、证券类型、证券代码、证券名称、拟交易数量、拟交易方向、买卖理由、是否知悉公司旗下组合对该证券的投资情况以及未来的投资计划（若有需详细描述，如无则需进行声明），声明未知悉拟投资证券的重大非公开信息、备注说明（如有）等信息。

第十条 一般员工本人、配偶及利害关系人证券投资审批由公司风控部完成。投资研究人员本人、配偶及利害关系人的审批需投资事业部负责人复核，投资事业部负责人本人、配偶及利害关系人的证券投资申请需总经理复核。

第十一条 审批需在提交申请后 2 个交易日内完成。公司根据公司业务及资本市场的发展情况，适时调整和完善相关审核规则，保证审核规则的有效性。

第十二条 已批准的证券投资申请需基本按照申请的交易要素，在审批通过后 5 个工作日内完成交易，变更证券投资计划的情况应当重新申报。若实际交易情况与申请的交易要素明显不符，需说明原因。

D12275

第十三条　禁止公司员工使用公司设备进行个人证券投资交易行为。

第十四条　审核不通过的情况下，原则上禁止交易。若申请人确有特殊原因需要进行证券交易的，可再次进行申报，并说明理由，如再次被驳回，则不可再进行投资申报。

第十五条　个人证券投资结束后5个工作日内完成交易结果的事后报备。当出现以下两种情况，公司人员应将本人、配偶、利害关系人的证券投资情况变动信息进行事后补报：

（一）因故未能事前申报的，需于发现之时立即进行后续补报，并向监察稽核部提供合理的原因并备案；

（二）对于被动引起的持仓变动，如因为配股，债券到期等，需于持仓被动变动之日起的10个工作日内在员工投资申报系统的证券交易补报模块中进行后续补报。

第十六条　当个人交易结果已经完成事后报备，风控事业部负责进行如下分析工作：

（一）个人投资交易结果数据与事前申报数据的比对校验；

（二）个人投资交易结果数据与公司旗下组合在前后相关期间的交易数据的比对及合理性分析一旦发现异常情况，相关人员需就差异原因提供合理解释并备案。

第十七条　风控事业部负责相关档案的保管工作，保管期限不低于20年。

第三章　违规处罚

第十八条　对于违反本办法的公司员工，公司应在综合考虑原因、相关责任人过错程度等各种因素后作出对责任人的处理决定。处理形式包括但不限于，责令改正并作检讨，通报批评，经济处罚，调离原工作岗位、停职、降职、撤职，解除劳动合同。员工违反本管理规定进行证券交易产生的收益，公司有权进行处理。

第十九条 公司发现个人投资行为涉嫌违反法律法规的，将按照法律法规的要求，及时报告中国证监会和基金业协会。

第四章 附 则

第二十条 本制度由公司董事会、风控部负责制定、修改和解释。本制度未尽事宜，按相关法律法规执行。

第二十一条 本制度自下发之日起实施。

第二十二条 本制度如与法律、法规或《公司章程》相冲突时，应按照法律、法规及《公司章程》执行。

D12275

三、投资业务制度

科学的投资业务制度能够保证基金管理人科学、高效、有序地开展投资管理业务，规范公司项目投资运作的决策程序，加强项目投后管理，防范和控制投资风险，保障投资项目的安全与增值。

一个完整的投资项目操作流程通常始于公司对商业项目的筛选到交易合同的签订，以至最终投资资金的完全退出。大致可分项目筛选、项目立项、尽职调查、项目评审、投资决策、合同签订、基金设立、投后管理、项目终结。

私募基金管理人一般会设置立项委员会、投资决策委员会、投资部、风控部、综合部等组织部门，管理人还应按照内部的投资流程，设立与组织部门适应的投资业务制度。

制度签发表			
制度名称	投资业务制度		
版本编号			
制度管理人	投资部		
制度最终审批人	□董事会　□总经理		
职位	姓名	签字	日期
董事会			
总经理			
制度修订记录			

（一）项目投资管理办法

适用场景：

规范公司项目投资运作的决策程序，加强项目投后管理，防范和控制投资风险，保障投资项目的安全与增值。

法律要点：

1. 确定投资项目的方向

按照投资管理的总体目标和投资项目的基本要求选择投资项目，投资项目的选择是基金投资中的重要一环，管理人可以根据自己的行业优势选择某个行业领域集中投资，也可以布局产业的上下游等，这都取决于管理人的自身优势及投资策略。

2. 确定投资管理部门的职责

基金投资管理的运作部门包括投资部、基金部、立项委员会和风控部；项目投资审批与决策机构为投资决策委员会。明确各部门的职责，做到在基金运作过程中各司其职。

3. 确定业务流程

项目的投资业务流程主要包括：项目筛选、项目立项、尽职调查、项目评审、投资决策、合同签订以及基金设立等步骤。投后管理也是基金运作中非常重要的一环，尤其是对于投资比例较大的投资项目，管理人可以通过委派董事等方式参与被投企业的管理。

4. 合同管理和档案管理

合同的起草、修订、审批、签订及履行、变更必须经过风控部的审核，投资过程中形成的档案资料应当由专门部门负责收集整理、立卷归档。

D12276

项目投资管理办法

第一章　总　　则

第一条　为规范公司项目投资运作的决策程序，加强项目投后管理，防范和控制投资风险，保障投资项目的安全与增值，特制定本办法。

第二条　本办法所称投资，是指运用公司所管理的资产对外进行的股权投资、债权投资及其他类型的投资行为。

第三条　本办法适用于公司参与基金投资管理业务的所有部门及人员。相关人员应负有保密责任。

第二章　目标、原则及要求

第四条　投资管理的总体目标：

（一）提高经营管理效益，防范和化解经营风险，确保经营业务的稳健运行和投资项目的安全完整，实现公司的持续、稳定和健康发展；

（二）保证基金投资运作严格遵守国家有关法律法规、行业监管规则以及公司章程的等相关制度，形成守法经营、规范运作的经营思想和经营风格。

第五条　投资管理应遵循的原则：

（一）健全性原则。投资管理须覆盖基金投资相关的各部门和各级岗位，并渗透到投资业务的全过程，涵盖决策、执行、监督、反馈等各个经营环节；

（二）有效性原则。通过科学的内控手段和方法，建立合理适用的投资决策流程，并适时调整和不断完善，维护投资决策的有效执行；

（三）成本效益原则。运用科学化的经营管理方法降低运作成本，提高经济效益，以合理的投资管理成本实现最大的投资产出。

第六条 投资项目的基本要求

原则上选择投资的项目应具备以下基本条件：

（一）清晰且经检验的有效盈利模式；

（二）稀缺资源优势或特许准入资格等；

（三）有足够的安全边际，投资价格合理；

（四）相关运营方（或合作方）在行业内具有一定的知名度和市场规模；经营管理团队专业、高效、稳定；商业模式、技术创新等方面优势突出。

第三章　运作与决策机构

第七条 基金投资管理的运作部门包括投资及项目管理部、基金运营部、立项委员会和风控部；项目投资审批与决策机构为投资决策委员。

第八条 投资与项目管理部是投资项目收集、筛选、立项、尽职调查以及投后管理的执行机构，其职责为：

（一）对项目信息进行初步的收集、整理；

（二）对项目进行评估和筛选，根据公司的立项标准、要求以及相关流程提交立项申请；

（三）立项通过后，与项目方签订意向投资协议，并组织投资项目的审慎调查，撰写尽职调查报告；

（四）申报部门编制项目投资建议书，与风控部编制的风险评价报告、基金管理部编制的基金投资方案，一并提交投资决策委员会审批；

（五）按照批准的投资方案，落实项目投资的前置条件和管理要求；

（六）根据投资合同或协议以及投后管理办法要求，对已投资项目提供后续管理与跟踪服务；

（七）定期编制项目投后管理报告，提交风控部审议，并落实相关管理要求。

第九条　基金运营部是基金投资项目融资方案设计、资金募集和基金运作的执行机构，其职责为：

（一）参与投资项目立项前的考察、洽谈和商务谈判等，协助投资与项目管理部设计项目投融资方案；

（二）组织内部讨论、审议投资项目的立项申请，并对投融资方案出具明确的审核意见；

（三）对立项通过的投资项目，落实融资的前置条件，向金融机构进行推介，选择条件最优的合作对象；

（四）编制投资项目的基金投资方案，分别向风控部、投资决策委员会上报审批，并根据评审意见，进一步优化融资方案；

（五）按照批准的资金募集方案，协调各合作方，组织签订相关投资合同或协议，落实资金到位；

（六）牵头组织基金的运作（包括基金设立、运行、管理及退出等工作）；

（七）在项目资金完全退出后，根据投资与项目管理部提交的投后管理报告，组织编写项目投资总结报告。

第十条　风控部是风险管理的日常工作机构，是公司投资管理业务决策后台支持和风险管理的专业机构。其职责为：

（一）根据各委员会主任要求，定期、不定期组织召开投资决策委员会会议；

（二）负责收集、整理投资项目评审的全套会议资料，管理各委员会的会议文件；

（三）参与投资项目立项前的风险揭示、商务谈判和前置条件设定等；

（四）组织内部讨论、审议投资项目的立项申请，并对风险管理方案出具明确的审核意见；

（五）参加投资决策委员会会议，并对项目运作过程中的风险点进行评估，提供专业性的风控意见；

（六）向投资决策委员会委员汇报拟投资项目风险评价意见，并根据审核意见，进一步完善风控方案；

（七）监督基金投资项目运作的全过程，并对项目执行过程中的风控措施和管理要求进行核实；

（八）组织相关部门，牵头处置、协调解决项目运作过程中出现的风险事项。

第十一条 风控部为投资决策委员会提供参考，其职责为：

（一）对投资项目进行评审，审核投资方案（包括产品设计、风险管理、基金投资方案等）与实施计划；

（二）确定是否将项目上报立项委员会和投资决策委员会；

（三）审议投资与项目管理部提交的后期管理报告和项目总结报告，并在授权范围内对相关事项进行决策；

（四）审议基金运营部提交的项目投资评价报告。

第十二条 立项会是企业对目标项目进行预审的内控机构。在收到项目组提交的《投资立项报告》后，立项审核委员会应对照本办法第二章的投资原则来衡量潜在的交易机会，对项目的整体可行性进行审核，确定是否批准立项并同意投入企业资源开展全面细致的尽职调查。

立项会由 3 名投资决策委员会成员组成。

立项审核会议以投票方式进行表决，表决意见分为同意和不同意，投票人员 2/3 及以上表示同意即予以立项。

立项审核委员会的业务秘书负责制作《立项审核会议纪要》，并由立项审核委员会成员签字确认。

立项审核委员会的组成及议事规则等由《________公司立项审核委员会议事规则》规定。

第十三条 投资决策委员会是对基金投资项目及投资方案进行评审与决策的权力机构。其职责为：

（一）负责基金投资范围、投资策略、投资政策的制定；

（二）审议批准与投资管理的相关制度、流程及具体投资标准；

（三）审批经风控部审议后的基金投资方案（包括产品设计、风险管理措施、资金募集方案等）；

（四）审批基金投资方案的变更事项；

（五）讨论决定与投资相关的其他重大事项。

其人员构成和议事规则详见《投资决策委员议事规则》。

第四章 业务流程

第十四条 项目的投资业务流程主要包括：项目筛选、项目立项、尽职调查、项目评审、投资决策、合同签订以及基金设立等步骤。

第十五条 项目筛选

投资与项目管理部负责投资项目的收集、筛选和初审等工作。根据客户提供的项目信息和其他相关资料，对项目进行内部的评估、讨论，初步筛选出具有投资价值的项目。

第十六条 项目立项

投资与项目管理部对拟投项目做进一步调查了解，填写项目立项申请表，并将申请表同时发送基金运营部和风控部并抄送总经理，基金运营部和风控部根据立项申请独立出具审核意见，审核意见类型包括同意、不同意、退回补充材料三种，在两部门会签同意后报总经理审批是否同意立项。总经理批准后，风控部在 1 个工作日内将审批意见发送申报部门。

申报部门应将立项申请以及批复意见归入项目档案。

第十七条 尽职调查

项目立项后可以开展尽职调查工作。投资与项目管理部可与客户签订相关协议，组建项目尽职调查工作小组，撰写《尽职调查报告》，尽职调查报告中应包含对项目的投资建议。

尽职调查项目组成员是其各自负责的相关内容的审慎调查活动的直接责任人，对其所负责的相关内容的审慎调查活动承担责任。

第十八条 项目评审

业务部门初步判断具有投资价值的项目，可以联合基金运营部、风控部等与该企业及其股东进一步商谈项目投融资方案，完善尽职调查报告。基金运营部根据尽职调查报告及相关资料编写《基金投资方案》，风控部编写《风险评价报告》与《尽职调查报告》一并提交风控部评审。最终以项目预审批通知书下发给相关部门和人员。

第十九条 投资决策

投资决策委员会根据风控部汇总、整理的投资项目审查材料进行投资决策。最终以项目审批通知书下发给相关部门和人员。

第二十条 合同签订

投资项目批准后，基金运营部分别与项目方、运营方、投资方等相关方确认合同主要条款，待双方法律部门审核后，由公司法人与对方签署《投资合同》或其他相关协议。

D12276

第二十一条　基金设立

《投资合同》签订后，基金运营部组织开展资金募集和基金设立等工作。具体工作将按照相关的法律法规及公司的有关制度要求执行。

第二十二条　投后管理

投后管理是指募集资金投入后到资金完全退出全过程中对所投资企业的日常经营监管和后续跟踪服务。对所投资的企业由申报项目的投资团队负责项目投后管理的具体工作，全程跟进、监督所投资企业。

第二十三条　投资退出

对于在投资前已约定退出方式的项目，可按约定方式实施投资退出，或按约定的其他条款保障基金权益。

如项目投资前因故未能确认退出方式的，将由项目投后管理人员、基金运营部、风控部等根据实际情况拟定退出方案，分别并提交风控部和投资决策委员会进行审议。退出方案审批通过后，由公司总经理负责组织实施，项目投后管理人员具体执行。投资决策委员会对投资退出方案负责并具有决策权。

在退出方案具体实施的过程中，若遇到因客观原因导致发生与投资决策委员会通过之相关投资决策不符的情况，项目投资团队负责人应撰写书面报告并提交投资决策委员会重新决策。

第二十四条　项目总结

项目投资退出后，基金运营部应联合投资与项目管理部、风控部等相关部门，组织编写《投资项目总结报告》，报告经风控部审议后通过。

第五章　合同管理

第二十五条　合同管理是指对公司项目投资与基金运作过

程中产生的相关合同（或协议，下同）的规范性要求，具体包括合同的起草、修订、审批、签订及履行、变更等内容。

第二十六条 为规范投资项目过程管理，保障公司合法权益，防范经营管理中的操作风险，相关部门在推进投资项目各环节运作过程中，应按照公司相关规定，与各相关方签订合同。

第二十七条 公司风控部应根据总经理的授权，全面负责基金投资合同管理工作，指导、监督有关部门和人员的合同订立、履行等工作。

第二十八条 根据工作需要，合同使用部门可申请外聘律师事务所起草合同草稿，并与合同对方进一步商定合同细节。公司法律人员也可参与合同的起草过程，并提出专业的审核意见。

第二十九条 合同文本拟定完毕后，合同使用部门凭合同审批表按照相关流程，经风控部、财务部门等职能部门负责人和公司总经理审核通过后，加盖公章或合同专用章方能生效。

第三十条 合同订立后，即具有法律效力。合同使用部门应当实际、全面地履行，其他相关部门应予以配合。如在合同履行中遇履约困难或违约等情况，应及时向公司总经理汇报并通知风控部。

第三十一条 合同的变更、解除程序必须履行相应的审批流程，由原合同使用单位按规定的审批权限办理相关手续。

第三十二条 合同文本原则上公司应持两份，合同文本复印件由风控部、合同使用部门等各部门分存，原件由基金运营部留存。

第三十三条 凡因未按规定处理合同事宜、未及时汇报情况和遗失合同有关资料而给公司造成损失的，追究其经济和行政责任。因故意或重大过失而给公司造成重大损失的，移送有关国家机关追究其法律责任。

第六章　档案管理

第三十四条　本办法所称项目档案是指基金在投资活动中形成的、作为历史记录保存起来以备考察的文字及以其他方式和载体记录的材料。

第三十五条　与投资相关的制度文件、各类会议纪要、对外合同及协议、业务档案以及由基金运作过程中产生的各类文件等由公司档案管理部门负责收集整理，按季度立卷归档，相关部门应予以配合。经办部门可保留本部门在投资管理过程中产生的业务资料、工作记录等。

第三十六条　各部门应做好投资项目档案的日常整理工作。凡属归档范围的文件，经办部门或人员应在文件办理完毕 3 个工作日内将原件及时归档，并按要求填写《档案移交清单》，不得私自留存；文件的复印件可存于本部门备查。

第三十七条　档案在形成过程中，经办人员应及时对有关文字材料和图样进行系统收集和整理，不遗漏、不丢失，保证全部资料能够真实、完整、齐全地向档案管理部门移交归档。如因档案管理给公司造成损失或不良影响的，将追究其相关部门和个人的经济和行政责任。

第七章　附　　则

第三十八条　本办法由基金运营部负责制定、解释和修订。

第三十九条　本办法自董事会审议批准之日起实施。

（二）立项管理办法

适用场景：

用于规范立项流程，明确立项委员会的职责，加强对企业投资项目立项的管理，提高企业投资项目的质量，规范项目立项工作程序，促进投资业务运作的标准化，有效控制投资业务的风险。

法律要点：

1. 筛选投资项目

立项会依据管理人的项目选择、投资范围、风险控制、投资策略等标准来衡量潜在的交易机会，对项目的整体可行性进行审核，确定是否原则上批准立项并同意投入资源开展全面细致的尽职调查。

2. 投资的基本原则

分散投资原则和非控股原则，分散投资是为了降低投资风险，非控股原则是为了保证创始团队的稳定性及方便退出。

3. 项目的基本标准

符合国家产业政策，有成长空间，具有一定规模、盈利能力和竞争力，管理团队具有良好的创业精神、经营能力和信誉。

文本正文：http://www.fatianshi.cn/D12277

立项管理办法

第一章　总　　则

第一条　为加强对企业投资项目立项的管理，提高企业投资项目的质量，规范项目立项工作程序，促进投资业务运作的

D12277

标准化，有效控制投资业务的风险，特制定本办法。

第二条　项目立项应坚持以优质项目创良好经济效益为原则，对项目风险进行充分分析，并在综合考虑获利性、风险性及流动性等相关因素的基础上，对项目立项作出明确判断。

第二章　组织架构及工作职责

第三条　企业设立项审核委员会（以下简称立项会），立项审核委员会是企业对目标项目进行预审的内控机构，负责企业投资项目的立项工作。

第四条　立项会依据企业的项目选择、投资范围、风险控制、投资策略等标准来衡量潜在的交易机会，对项目的整体可行性进行审核，确定是否原则上批准立项并同意投入企业资源开展全面细致的尽职调查。

第五条　立项会成员的组成原则以及相关议事规则于《立项审核委员会议事规则》中另行规定。

第六条　企业综合部为立项会提供支持和协助，具体负责立项会会议通知、会议记录、立项信息通报及相关工作底稿的归档等具体事宜。

第三章　立项申请规则及运作流程

第七条　项目进展至以下任一阶段时，应当向立项审核委员会提出立项申请：

（一）对目标客户的初步尽职调查完成后；

（二）初步达成合作意向，需组建项目组进场开展实质性工作前；

（三）需企业或企业主要领导就项目作出实质性承诺前；

（四）双方需签署相关合作协议前；

（五）因争取项目需较多项目人员参与或发生较多费用支出，项目负责人认为必要时。

第八条　项目立项应遵守以下程序：项目组提出立项申请，经项目负责人签字同意，报企业立项审核委员会审核。如果项目组与立项审核委员会意见发生分歧，提交投资决策委员会讨论。

第九条　立项申请及审核程序

（一）签订保密协议[1]：在初步尽职调查前，项目组可以根据企业要求向企业申请与企业签订保密协议，并切实遵守保密协议约定。

（二）尽职调查：项目组应根据企业有关要求，事先对项目进行外围调查，出具立项申请报告。

（三）申请立项：项目组将《立项审批表》（附件一）、《拟投资项目基本情况表》（附件二）、《立项申请报告》等立项申请材料提交立项审核委员会。

《立项审批表》须明确填列项目所属行业、企业性质（国有或民营等）、项目来源、项目负责人、项目人员、拟投资金额及占总股本比例。

（四）召开立项会：立项审核委员在收到立项材料后 2 个工作日内召开立项审核会议。会议以表决的形式形成立项意见。

（五）归档：相关立项资料及文档由综合部存档管理，保存期为 10 年。

第十条　投资业务《立项申请报告》应至少包括以下内容：

（一）申请立项企业基本情况介绍（包括设立情况、历史沿革及经营范围等）；

（二）控股股东及实际控制人情况介绍；

（三）企业所处行业背景介绍及企业在行业中的地位评价、

①尽职调查时需要注意做好项目公司资料的保密工作。

D12277

竞争优势；

（四）企业主营业务与主要产品介绍及企业的未来发展前景；

（五）同业竞争及关联交易情况介绍（如“无”须说明）；

（六）企业主要财务指标；

（七）该项目存在的主要问题及其他不确定事项；

（八）项目实施的工作步骤及时间安排；

（九）项目组对该项目申请立项的明确意见。

第十一条 立项审核委员会重点审核项目人员投入及收入、费用情况，了解项目未来成长可能给企业带来的收益，合理判断项目的实施效率。

第十二条 项目立项标准

为提高现有资源的运作效率，各项目负责人应对拟立项项目深入了解，严格审查。项目立项必须符合以下原则和标准：

（一）遵循以下基本原则：

1. 分散投资原则①：投资于单个行业或单个企业的总金额不得超过企业净资产的 20%。

2. 非控股原则②：投资于单个企业的持股比例不得高于该企业总股本的 50%。

（二）被投资企业必须符合以下标准：

1. 所处行业具有明显的成长趋势，或是市场容量大，能为企业成长提供空间；

2. 其项目符合国家产业政策；

3. 具有一定规模、盈利能力，其提供的产品或服务具有技术、成本、品牌、资源、渠道等优势或是采用了新颖的商业模式，核心竞争能力突出；

4. 管理团队③具有良好的创业精神、经营能力和信誉。

第十三条 外围调查是项目立项及推进项目实施的基础性

①有利于分散风险。

②便于投资退出及项目公司的长远发展。

③项目公司的管理团队是投资需要考虑的重要因素。

工作，项目组在提出立项申请前，必须遵循勤勉尽责、诚实信用的原则，认真履行外围调查义务，切实提高立项申请报告等相关文件质量。

第十四条 通过立项的项目，项目组应在获知立项结果之日起，认真开展详尽的尽职调查，尽快与企业达成有关协议意向，报企业总经理批准后，完成相关协议签署工作。

第十五条 协议归档

项目组将有关协议提交企业综合部归档，按企业相关规定保管。

第四章 会后事项

第十六条 项目正式立项后，项目组负责人应将项目运作中出现的重大事项及时书面告知立项会的负责人。

第十七条 如发生原方案重大调整、重大技术处理难题、行业或企业基本面重大变化等可能对项目推进造成实质性影响或障碍的，应由项目组决定中止或终止该项目。

第五章 附 则

第十八条 本办法未尽事宜依照有关法律、法规及《公司章程》《投资管理办法》等有关规定执行。

第十九条 本办法由投资部负责制定、修改和解释，并提请企业董事会审核批准。

第二十条 本办法自发布之日起实施。

D12277

附件1：

立项审批表

项目名称			
所属行业		企业性质	
项目来源		项目负责人	
项目人员			
拟投资金额（万元）		投资额占投资后总股本比例	
是否提供资料： ☐ 项目基本情况表			
项目基本情况简介			
项目有利条件			
项目风险及障碍			
项目负责人意见	______年______月______日		
立项审核委员会审核意见	______年______月______日		

附件2：

拟投资项目基本情况表

填表人签名：　　　　　　　　　　　　单位：万元

<table>
<tr><td>企业名称</td><td colspan="6"></td></tr>
<tr><td rowspan="4">基本情况</td><td>注册资本</td><td></td><td>注册地点</td><td></td><td>法定代表人</td><td></td></tr>
<tr><td>成立日期</td><td></td><td>设立方式</td><td colspan="3"></td></tr>
<tr><td>主营业务</td><td colspan="5"></td></tr>
<tr><td>主要产品</td><td colspan="2"></td><td>所属行业</td><td colspan="2"></td></tr>
<tr><td rowspan="7">股本结构</td><td>主要股东名称</td><td colspan="2">持股数量（万股）</td><td>持股比例（%）</td><td colspan="2">股权性质</td></tr>
<tr><td></td><td colspan="2"></td><td></td><td colspan="2"></td></tr>
<tr><td></td><td colspan="2"></td><td></td><td colspan="2"></td></tr>
<tr><td></td><td colspan="2"></td><td></td><td colspan="2"></td></tr>
<tr><td></td><td colspan="2"></td><td></td><td colspan="2"></td></tr>
<tr><td></td><td colspan="2"></td><td></td><td colspan="2"></td></tr>
<tr><td>总股本</td><td colspan="2"></td><td></td><td colspan="2"></td></tr>
<tr><td colspan="2">实际控制人及股东关联关系说明</td><td colspan="5"></td></tr>
</table>

D12277

续表

<table>
<tr><td rowspan="8">财务状况</td><td rowspan="2">主要财务指标</td><td colspan="3">近 2 年业绩及未来 1 年预测或最近一期财务状况</td></tr>
<tr><td>预测 / 最近一期</td><td>______年 12 月 31 日</td><td>______年 12 月 31 日</td></tr>
<tr><td>总资产</td><td></td><td></td><td></td></tr>
<tr><td>归属于母企业所有者权益</td><td></td><td></td><td></td></tr>
<tr><td></td><td>预测 / 最近一期</td><td>年度</td><td>年度</td></tr>
<tr><td>收入总额</td><td></td><td></td><td></td></tr>
<tr><td>归属于母企业所有者的净利润</td><td></td><td></td><td></td></tr>
<tr><td>人员数</td><td></td><td></td><td></td></tr>
<tr><td>项目优势、存在的主要问题及总体判断</td><td colspan="4"></td></tr>
</table>

（三）立项审核委员会议事规则

适用场景：

本规则是立项审核委员会审核项目的议事规则，规范立项审核委员会的人员组成、召开方式及程序。

法律要点：

1. 人员组成

立项审核委员会成员人不宜过多，人数应当为奇数，以便提高决策效率。

2. 会议形式

立项审核会议根据项目的具体情况不定期召开。立项审核会议可以通过现场会议、电话会议、视频会议、网络会议等方式进行，所有形式都应以书面形式形成会议纪要。

3. 立项审核

立项委员应根据本议事规则作出决议并形成书面材料备查。

文本正文： http://www.fatianshi.cn/D12278

立项审核委员会议事规则

第一章　总　　则

第一条　为规范企业直接投资业务，控制直接投资业务风险，根据《立项管理办法》制定本规则。

第二章　人员组成和召开方式、程序

第二条　立项审核委员会由投资决策委员会成员中的 3 名[①] 成员组成。设立项审核委员会主任 1 名，由总经理担任，主持

①人数构成应当是奇数，人数不宜太多；否则不易迅速作出决策。

D12278

立项审核委员会会议。

第三条 立项审核委员会设业务秘书1人，由企业综合部负责人担任，负责会议的组织协调和记录，并形成书面会议纪要。会议纪要应概括总结会议讨论的所有具体事宜，并对会议形成的评价结果和表决结果作出书面记录。立项审核委员会成员应在会议纪要上签字确认。

第四条 立项审核委员会通过立项审核会议开展工作，立项审核会议根据项目的具体情况不定期召开。立项审核会议可以通过现场会议、电话会议、视频会议、网络会议等方式进行，所有形式都应以书面形式形成会议纪要。

第三章 立项审核流程

第五条 立项审核委员会业务秘书应及时将投资部项目组的立项申请材料（电子文件）提交立项审核委员，立项审核委员会在收到立项材料后2个工作日内召开立项审核会议[①]。

第六条 立项审核会议由立项审核委员、投资部负责人和项目组负责人、运营部负责人、风控部负责人参加。

第七条 立项审核会议根据《立项管理办法》对申请立项项目进行讨论，决定是否立项，并分析项目存在的问题和项目实施过程中应注意的事项[②]。

第八条 立项审核会议参会人员应从下述方面（包括但不限于）对项目进行客观、充分地分析，发表独立的评价，对项目是否立项出具明确的意见。

（一）判断是否符合《立项管理办法》规定的立项标准；

（二）从拟投资企业经营情况及所处的行业前景及行业地位等方面判断项目的可行性；

（三）判断项目实施效率，审核项目操作费用。对项目组拟

①企业也可以通过企业网上办公平台网上审核。

②分析项目可能存在的问题，如特殊行业需要的资质，特殊行业容易出现的问题，以便尽职调查时做到有的放矢，重点关注。

定的负责人、项目人员以及项目实施计划和拟投资金额等提出指导意见；

（四）从拟投资企业规模、历史沿革、经营情况、行业前景和地位等方面，评价企业未来上市可能存在的障碍和风险；

（五）根据企业的资金状况、财务安排等方面对项目支持发表意见；

（六）根据相关法律、法规、证券监管部门的最新要求以及直接投资业务的市场情况等方面全面判断项目的风险、项目的实施成效。

第九条 立项审核委员会委员以书面、传真、电子邮件等记名方式进行投票，并注明相关理由。投票意见分为同意、不同意，不设弃权票，投票人员 1/2 以上表示同意为通过。表决结果直接发送至会议记录人员，会议记录人员对表决内容、表决结果严格保密。

第十条 立项审核会议由业务秘书形成书面会议纪要，全面真实地记载参会人员的意见及立项审核结果。

第十一条 在有关于发行证券或其他应当保密的信息依法公开前，立项审核会议参会人员不得向任何协议外人员、机构及其他组织泄露或者公开，如发生以上行为给企业造成严重后果的，企业将对相关责任人员追偿。

第四章 附 则

第十二条 本规则由投资部负责制定、修改和解释，并提请企业董事会审核批准。

第十三条 本规则自发布之日起实施。

D12278

（四）投资决策委员会议事规则

适用场景：

控制公司投资及其相关业务的风险，规范投资决策的程序，提高投资决策的质量。

法律要点：

1. 人员组成

投资决策委员会委员应当由具有投资经验的人员担任，人数应当为奇数。投资决策委员会 2/3 以上成员出席时方可召开投资决策会议，会议可根据项目需要邀请行业专家和项目组成员列席。

2. 表决形式

投资决策会议以投票方式进行表决，2/3 及以上委员会成员表示同意则准予投资。若投资决策委员会讨论的交易与某投委会成员存在利益关联的，该委员应该回避表决。

3. 表决内容

（1）判断拟投资项目是否符合《投资管理办法》规定的投资原则；

（2）重大尽职调查的工作质量是否充分、可靠，投资团队是否关注到了此次交易的所有风险因素；

（3）投资团队的估值和预测是否合理可靠，此次交易预期可实现的风险收益比是否可以接受；

（4）外部市场环境和政策面因素对此次交易的影响；

（5）对投资方案（价格、合同条款、控制权等）给予指导意见；

（6）根据企业的资金状况、财务安排等方面对项目发表意见。

文本正文：http://www.fatianshi.cn/D12279

投资决策委员会议事规则

第一章 总 则

第一条 为控制____________公司（以下简称企业）投资及其相关业务的风险，规范投资决策的程序，提高投资决策的质量，根据《公司章程》《投资管理办法》特制定本规则。

第二章 人员组成和召开方式、程序

第二条 投资决策委员会由名[①]成员经企业任命后组成，设投资决策委员会主任 1 名，由企业总经理或其指定人员担任，主持投资决策委员会会议。

第三条 投资决策委员会设业务秘书 1 人，由企业综合部负责人担任，负责会议的组织协调和记录，并形成书面会议纪要。会议纪要应概括总结会议讨论的所有具体事宜，并对会议形成的评价结果和表决结果作出书面记录。投资决策委员会成员应在会议纪要上签字确认。

第四条 投资决策委员会通过投资决策会议开展工作，投资决策会议根据项目的具体情况不定期召开。在必要时，可以通过电话会议、视频会议等方式进行，所有会议方式都应以书面形式形成《投资决策会议纪要》。

第五条 投资决策委员会 2/3 以上成员出席时方可召开投资决策会议，会议可根据项目需要邀请行业专家和项目组成员列席。

第三章 决 策 流 程

第六条 经投资部负责人审核后，项目组应及时将《投资

①人数应当为奇数，3~9 人比较合适。

D12279

关注法天使

建议报告》、《尽职调查报告》及其附件、《立项审核会议纪要》、《投资立项报告》等申请材料提交投资决策委员会，投资决策委员会在收到申请材料后于5个工作日内（不含申请材料收到当日）召开投资决策会议。

第七条 投资决策会议的参会委员应对拟投资项目进行客观、充分地分析，发表独立的评价，对项目是否准予投资出具明确的意见。

第八条 判断交易金额是否在企业《公司章程》和股东会授予投资决策委员会的权限范围之内：

1. 判断拟投资项目是否符合《投资管理办法》规定的投资原则；

2. 重大尽职调查的工作质量是否充分、可靠，投资团队是否关注到了此次交易的所有风险因素；

3. 投资团队的估值①和预测是否合理可靠，此次交易预期可实现的风险收益比是否可以接受；

4. 外部市场环境和政策面因素对此次交易的影响；

5. 对投资方案（价格、合同条款、控制权等）给予指导意见；

6. 根据企业的资金状况、财务安排等方面对项目发表意见。

第九条 投资决策会议以投票方式进行表决，独立发表意见，表决意见分为同意和不同意，2/3及以上委员会成员表示同意则准予投资。若投资决策委员会讨论的交易与某投委会成员存在利益关联的，该委员应该回避表决。无论是否批准投资计划，所有投资决策委员会成员必须在《投资决策会议纪要》中签署个人意见并作为重要原始档案由企业综合部保存。

第十条 投资决策委员会委员应严格遵循保密原则，不得向任何交易外人员、机构及其他组织泄露或者公开相关信息，如发生以上行为给企业造成严重后果的，企业将按照相关规定

①估值是关系项目公司和基金直接利益的因素，应当保证估值的合理性。

向相关责任人员追偿。

第四章　附　　则

第十一条　本规则由企业投资决策委员会负责制定和解释，并经董事会审核通过后实施，修订时亦同。

第十二条　本规则自颁布之日起执行。

D12279

（五）投资项目业务操作流程

适用场景：

适用于了解投资项目业务的操作流程，指导投资业务的进行。

法律要点：

1. 项目筛选

根据管理人的投资方向收集拟投资企业的基本材料，形成《投资项目基本情况表》。

2. 项目立项

项目小组填写《立项申请表》，立项委员会和风控部进行审核，审核通过的由两部门会签后报总经理审批是否同意立项。

3. 尽职调查

尽职调查结果是投资决策委员会进行投资决策的重要依据，重大项目需聘请律师、会计师等外部中介机构对项目进行法律、财务及业务的全面尽职调查，重点关注被投企业的成长性及未来的退出通道是否畅通。

4. 项目评审

风控部负责评审投资部提交的《尽职调查报告》，评审意见应包括对该项目是否具有投资价值、是否同意该投资方案和风控要求等内容。负责对项目的可行性、预期收益及风险进行审查并形成文字报告，供投资决策委员会决策是否对项目启动进一步调查研究。

5. 投资决策

投资决策委员会按照《投资决策委员会议事规则》对是否投资、融资和项目实施发表明确意见。

6. 合同签订

投资协议是规定投资方与项目方权利义务的合同，对于其中的条款须经仔细推敲，对包括退出途径等在内的投资方权利加以明确约定。

7. 基金设立

除以自有资金投资的外，管理人应当与各基金投资人签署基金合同，并按照《私募投资基金监督管理暂行办法》等法律法规及时在中国证券投资基金业协会进行基金备案。

8. 投后管理

由投后管理小组，负责跟进、监督所投资企业；并委派人员进入被投资企业董事会或监事会，参与被投资企业的重大决策。

9. 项目终结

在项目推出后，由相关部门形成《投资项目总结报告》。

文本正文：http://www.fatianshi.cn/D12326

投资项目业务操作流程

一个完整的投资项目操作流程通常始于公司对商业项目的筛选到交易合同的签订，以至最终投资资金的完全退出。大致可分下列几个程序：

一、项目筛选

1. 信息收集。投资及项目管理部通过人际关系、内部介绍、合作机构、股东推介以及公开网络报纸等渠道收集招商项目和投资信息，对符合公司投资方向的项目进行初步分析和筛选，并设法直接联系到业主方，要求对方提供完整的商业计划或投资项目信息（如《商业计划书》《可行性研究报告》及其他相关的项目资料）。

D12326

2. 明确需求。在初步了解投资项目概况后，投资及项目管理部（或会同相关部门）通过与客户的充分沟通，了解客户需求尤其是关键人物的实际需求以及投资项目相关环境信息，并就客户需求所实现的方法达成初步意向。

3. 收集资料。投资及项目管理部在与客户达成初步意向后，收集客户的更为详细的股东信息、项目资料并分析需求状况及当地的市场环境因素及相关政策要求。

4. 内部审议。投资及项目管理部内部进行充分的评估、讨论（也可咨询相关部门意见），确认初步的合作模式和条件，筛选出具有投资价值的项目，并制作《投资项目基本情况表》。

二、项目立项

1. 立项准备。投资及项目管理部对拟投项目做进一步调查了解，填写项目立项申请表，并将申请表同时发送基金运营部和风控部并抄送总经理。

2. 立项审批。立项委员会和风控部根据立项申请独立出具审核意见，审核意见类型包括同意、不同意、退回补充材料 3 种，在两部门会签同意后报总经理审批是否同意立项。总经理批准后，风控部在 1 个工作日内将审批意见发送申报部门。申报部门应将立项申请以及批复意见归入项目档案。

如相关部门或公司总经理认为无法对该投资项目作出判断，或者进一步提供资料进行佐证或核实的，投资及项目管理部应在随后 5 个工作日内补充和完善申请材料，申请项目复议，原则上二审为终审裁定。

三、尽职调查

1. 成立项目小组。立项通过后，投资及项目管理部负责人可根据立项审批书，在 1 个至 3 个工作日与客户签订《保密协议》等具有约束力的法律文书，同时组建项目尽职调查工作小组（必要时其他部门人员可加入，或聘请外部机构）。

2. 尽职调查。投资及项目管理部负责人可根据投资项目难易程度，制订尽职调查工作实施计划和分配项目组成员工作。同时组织撰写《尽职调查报告》，尽职调查报告中应包含对项目的投资建议。

四、项目评审

1. 拟定融资方案。初步判断具备投资价值的项目，可以联合基金运营部、风控部与该企业及其股东进一步商谈项目投融资方案，完善尽职调查报告，基金运营部根据尽职调查报告及相关资料编写《基金投资方案》。

涉及的主要问题通常包括：投资金额、融资安排、资金使用、偿债安排、担保措施、利润回报、股本结构、股东权利、董事会组成、核心人员招募、财务状况披露、基金结构、风控要求、交易达成的前提条件、排他性规定以及交易费用及支付方式等。

2. 风控部评审。投资及项目管理部编写的《尽职调查报告》、基金运营部编写的《基金投资方案》一并提交风控部评审，并形成《风险评价意见》。

评审意见应包括对项目尽职调查小组进行的审慎调查是否满意，该项目是否具有投资价值、是否同意该投资方案和风控要求等内容。负责对项目的可行性、预期收益及风险进行审查并形成文字报告，供投资决策委员会决策是否对项目启动进一步调查研究。项目评审意见一般在收到完整评审材料后的 3 个工作日内下发给相关部门。

五、投资决策

1. 项目决策。投资决策委员会在收到投资管理提交的《尽职调查报告》、基金运营部提交的《资金募集方案》、风控部提

D12326

交的《风险评价意见》等相关材料后3个工作日内召开投资决策委员会进行项目投资集体研究和决定。议事规则按照相关制度执行。

项目审查意见应表明是否投资、融资和项目实施的明确意见。

2. 项目复审。考虑到投资项目决策周期一般较长，在项目投资具体实施的过程中，如遇到因客观原因导致发生与投资决策委员会通过之相关投资决策不符的情况，投资及项目管理部应联合相关部门撰写书面报告，并提交投资决策委员会重新审查。

六、合同签订

1. 商议合同细节。拟投资项目经投资决策委员会批准同意后，基金运营部应联合风控部等部门分别与项目方、运营方、投资方等进一步商议、谈判，明确合作条件与合同细节，确定最终的合同条款。

2. 签订投资合同。待合同经相关方法律部门审核后，由公司法定代表人或授权代表与对方签署《投资合同》或其他相关协议。一般情况下，公司应保留两份合同原件。

七、基金设立

1. 资金募集。在项目运作的过程中，基金运营部应持续与各类金融机构（主要为银行等）保持及时、有效的沟通与协调，尽早确定合作模式，加快推进项目资金的落地。如有多家金融机构合作的，应综合考虑，选择最优的合作对象并签订相关合作协议。

2. 基金设立。各类投资和合作协议签订后，基金运营部组织开展基金设立、备案等工作。具体工作将按照《中华人民共和国基金法》《中华人民共和国合伙企业法》等法律法规及公司的有关制度要求执行。

八、投后管理

1. 成立投后管理小组。对所投资的企业，公司将组建项目投后管理小组，负责跟进、监督所投资企业；并委派人员进入被投资企业董事会或监事会，参与被投资企业的重大决策。项目投后管理小组成员由总经理负责挑选，经投资决策委员会审议后通过。

2. 项目跟踪。项目管理小组应履行职责，在投资协议生效后负责项目的跟踪管理与服务，监控企业经营进展，并以书面形式向公司总经理定期提交《项目投后管理报告》及临时的《项目重大事项报告》。若项目执行过程中出现特殊情况，项目管理小组应及时提出项目终止的建议，并以书面形式报告项目投资决策委员会进行审议。

项目投后管理小组具体的工作职责、日常管理、跟踪服务以及考核要求等公司制度另行规定。

九、项目终结

1. 资金退出

（1）已约定退出方式之投资退出实施

对于在投资前已约定并通过投资决策委员会审批的退出方式（投资合同中已有明确条款）之退出实施，可按约定方式实施投资退出，或按约定的其他条款保障基金权益。具体退出工作由项目投后管理小组负责组织实施。

（2）未约定退出方式之投资退出实施

①由项目投后管理小组根据对所投企业的动态跟踪管理，向基金运营部提出有关投资退出的时机、方式的建议，并会同综合管理部等单位，作出退出时的投资估值。

②基金运营部根据项目小组所提供的有关退出的时机、方

式、投资估值的建议，会同投资及项目管理部、风控部等部门，制订具体的退出方案和行动计划。

③公司根据拟定的退出方案，负责与投资退出关联方进行协商、谈判，并将达成一致意见的退出方案上报风控部审议。

④对经过风控部审议通过后的退出方案，须上报投资决策委员会进行投资退出决策审议，投资决策委员会对投资退出方案负责并具有决策权。

⑤对经过投资决策委员会审议通过的退出方案，由公司总经理负责组织实施，项目投后管理小组具体执行。

2. 项目总结。资金退出后，基金运营部应联合风控部、投资及项目管理部等相关部门，牵头编写《投资项目总结报告》，对投资项目的实际盈利能力、收益分配方案及风险管理措施等进行总结分析；对参与项目投资运作的相关部门及人员进行评价与考核。《投资项目总结报告》经风控部审议后通过。

（六）尽职调查工作指引

适用场景：

尽职调查是投资决策的重要依据，本指引是为了掌握项目的第一手材料，确保提交公司风控部和投资决策相关委员会审批的材料真实、简洁、明晰，为其决策奠定良好的基础，以有效地防范和控制风险。

法律要点：

1. 尽职调查标准

尽职调查的程度应当与交易的性质和交易的重要程度相对应，投资额度和投资比例高的项目需要更佳详尽的尽调。尽职调查应当客观。一般尽职调应当由 2 人以上进行，能够相互监督并防止遗漏重要信息。

2. 有针对性的尽调

虽然本书提供了尽职调查需要的材料清单和尽职调查报告的模板，但是不同的项目涉及的考察要点不同，尽调人员应当按照不同项目的具体情况进行适当调整。

3. 尽职调查的着重点

当开始一项尽职调查时，投资方必须明确其尽职调查的目标是什么，围绕这一目标进行尽调。

4. 尽职调查的方法

尽调人员应当通过网络查询、书面资料收集与核证、访谈和实地考察等方式综合了解项目公司的信息，在收集了足够的相关资料后，应运用专业手段、方法进行分析，确定已核证的事实、待核证的事实、未核证的事实。根据分析结果形成结论性的法律意见，就交易存在的和可能发生的法律问题和风险发表意见。

D12281

5. 尽职调查的保密性

在投资方开始接触任何资料之前，应当与项目公司签署保密协议，尽职调查人员应当对其获得的资料和信息保密。

尽职调查工作指引

第一章　总　　则

第一条　本指引所称的尽职调查是指公司投资团队的业务人员遵循勤勉尽责、诚信、客观、公正的原则，通过实地考察等方法，对项目进行全面调查，取得相关各方的资料，据此形成项目投资可行性报告的过程。其目的是掌握项目的第一手材料，确保提交公司风控部和投资决策相关委员会审批的材料真实、简洁、明晰，为其决策奠定良好的基础，以有效地防范和控制风险。

第二章　尽职调查工作基本要求和方法

第二条　各业务投资团队负责尽职调查工作。每一个项目至少包括一名投资团队负责人以上人员作为项目的第一责任人，并实行项目 AB 角色双人参与制。

第三条　尽职调查工作手段包括但不限于现场核查、法律文件审查、财务凭证审验、函证、人员询问笔录以及独立聘请会计师、律师和评估师等。具体形式可为：

（一）与公司管理层（包括董事、监事及高级管理人员，下同）或股东及实际控制人交谈；

（二）查阅、收集公司营业执照、公司章程、重要会议记录、重要合同、账簿、凭证等；

（三）实地察看重要实物资产（包括物业、厂房、设备和存货等）；

（四）通过比较、重新计算等方法对数据资料进行分析，发现重点问题；

（五）询问公司相关业务人员；

（六）与注册会计师、律师密切合作，听取专业人士的意见；

（七）向包括公司客户、供应商、债权人、行业主管部门、同行业公司等在内的第三方就有关问题进行查询（如面谈、发函询证等）。

第四条　尽职调查的对象包括但不限于用款方及其股东（或实际控制人）、保证人、资金运用项目及其所属行业、投资顾问等。各投资团队应根据项目所属行业及公司特点，对相关风险点进行重点调查。

第五条　应建立尽职调查工作底稿制度。

工作底稿应当真实、准确、完整地反映所实施的尽职调查工作。其内容至少应包括公司名称、调查事项的时点或期间、计划安排、调查人员、调查日期、调查地点、调查过程、调查内容、方法和结论、其他应说明的事项。

工作底稿还应包括从公司或第三方取得并经确认的相关资料，除注明资料来源外，调查人员还应实施必要的调查程序，形成相应的调查记录和必要的签字。

当项目资料如有变动，应要求项目方提供书面报告，进一步核实后在工作底稿中重新记载。

第六条　各投资团队应在尽职调查工作完成后，出具项目可行性报告，并在项目可行性报告最后部分附上对调查数据及相关信息资料的真实性、准确性负责的承诺书，并由主责任人签字确认。

第三章　尽职调查工作主要内容

第七条　公司基本情况调查

（一）公司设立情况

查阅公司的设立批准文件、营业执照（需年检）、组织机构代码证、税务登记证、法人代表身份证、开户许可证、公司章程等，必要时到工商管理部门核查公司的设立程序、合并及分立情况、工商变更登记年度检验等事项，对公司设立、存续的合法性作出判断。

（二）公司股权[①]情况

查阅公司设立及历次股权变动时的批准文件、验资报告、股东股权凭证，核对公司股东名册、工商变更登记，对公司历次股权变动的合法性作出判断，核查公司股本总额和股东结构是否发生变动。

（三）公司业务经营的合法性情况

查阅公司政府许可、环境保护、产品质量、技术监督等方面文件，对业务经营的合法性作出判断。

查阅国家产业政策及相关行业目录，对项目是否属于国家政策限制发展的范围作出判断。

第八条　公司业务能力调查

（一）公司主营业务情况

通过询问管理层、查阅经审计的财务报告、听取注册会计师意见等方法，了解公司为发展主营业务和主要产品而投入的资金、人员及设备等情况。

计算主营业务收入占经营性业务收入的比例，评价公司主营业务在经营性业务中的地位。

①需要核查是否存在股权代持，防止出现股权的潜在纠纷。

（二）公司产品营销情况

查阅公司资料和询问营销相关人员，了解公司产品的营销地域、客户定位、营销人员的状况、营销方式等，对公司目前的营销工作优势和问题进行分析。

（三）公司主要产品行业地位及产品的市场前景

收集同行业企业数量、进入壁垒和产品差异性等资料，分析公司所属行业的市场结构和竞争状况，根据国家产业政策、产业周期等因素，综合分析公司发展所处市场环境。

收集公司主要产品市场的地域分布和市场占有率资料，结合行业排名、竞争对手等情况，对公司主要产品的行业地位进行分析。

（四）公司主要产品的技术优势及研发能力

分析公司主要产品的核心技术，考察其技术水平、技术成熟程度、同行业技术发展水平及技术进步情况。考察主要产品的技术含量、可替代性及核心技术的保护，评价公司技术优势。

（五）公司的业务发展目标

查看公司规划并向公司管理层了解公司未来 2 年至 5 年的业务发展目标、发展计划及实施该计划的主要经营理念或模式，调查公司业务发展目标是否与现有主营业务一致，是否符合国家产业政策以及法律、法规和规范性文件的规定，评价业务发展目标对公司持续经营的影响。

（六）公司业绩情况

查阅、收集公司近 3 年的财务报表，了解公司的盈利能力。比较公司历年的销售、利润、资产规模等数据，计算主营业务收入年增长率、主营业务利润年增长率等指标，分析公司业务增长速度，结合市场营销计划，对公司主要产品的市场前景进行分析和判断。

D12281

第九条 内控制度调查

（一）公司治理结构的制度建设和日常执行情况

查阅公司章程，了解股东大会、董事会、监事会和管理层的构成情况和职责，考察公司治理结构、组织结构、决策程序以及管理人员的经营理念和风险意识。

（二）公司内控制度制定及执行情况

查阅公司相关规章制度和董事会会议记录，查阅业务流程相关文件，评价公司现有内部控制制度对公司经营效率和效果的影响，关注内控制度的缺陷及可能导致的财务和经营风险。

通过与高管人员的交谈，了解公司及高管人员风险管理的意识和风险识别的能力。

第十条 财务状况调查

根据近3年公司经审计的财务报告或最近时点财务报表，分析公司主要财务指标，调查相关财务风险状况。

1. 盈利能力、偿债能力、营运能力情况

计算公司主营业务利润率、净资产收益率、资产负债率、流动比率、速动比率、应收账款周转率和存货周转率等指标，分析公司的盈利能力、长短期偿债能力及营运能力。各项财务指标与同行业公司平均水平相比有较大偏离的，或各项财务指标及相关会计项目有较大变动的，应要求公司作出说明。

2. 支付能力情况

分析公司现金及现金等价物净增加额和经营活动产生的现金流量净额，评价公司是否会发生资金支付困难。

3. 应收账款情况

取得公司应收账款明细资料，结合公司行业特点和业务收入状况，评价应收账款余额及其变动是否合理。必要时可向应收账款余额较大的客户发函询证，确认其真实性和准确性。

取得公司其他应收款明细资料，分析其他应收款的形成原因、合理性、真实性、收回可能性及潜在的风险。

分析比较公司应收账款和其他应收款账龄，评价账龄是否合理，了解账龄较长应收款项的形成原因及公司采取的措施，查核公司是否按规定提取坏账准备。

4. 存货情况

取得公司存货明细资料，结合生产循环特点，关注原材料、在产品、产成品比例是否合理。

分析比较公司存货账龄，评价账龄是否合理，了解是否有账龄较长的存货，查核公司是否按规定提取存货跌价准备。

5. 负债情况

取得公司短期负债和长期负债明细资料，查阅借款合同，了解各项借款的保证条款，查看银行贷款卡相关信息，分析目前公司的负债与资产以及在本次融资后的负债结构和总规模与总资产的配比情况，分析负债对公司经营和现金流量的影响。

6. 公司收入、成本、费用的配比性

通过分析公司收入、成本、费用的变动趋势、比例关系等，参照同行业其他公司的情况，评价公司收入与成本、费用等财务数据之间的配比是否合理。

7. 税收、财政优惠政策对收入的影响

核查公司享有税收优惠或财政补贴批准文件的合规性和有效期，评价此类事项的政策性风险、对公司财务状况的影响。

8. 公司的关联方、关联方关系及关联方交易情况

关联方、关联方关系及关联方交易根据《企业会计准则——关联方关系及其交易的披露》认定。

通过与公司管理层交谈、查阅公司股权结构图和组织结构图、查阅公司重要会议记录和重要合同等方法，确认公司的关

D12281

联方及关联方关系。通过调查关联方对公司进行控制或影响的具体方式、途径及程度，对关联关系（包括股权关系、人事关系、管理关系及商业利益关系等）的实质进行判断。

9. 会计师对公司财务报告的审计意见

查阅审计报告，核实会计师对公司财务报告的审计意见。

第十一条 或有事项的调查

（一）公司确定或有事项的政策情况

与公司管理层交谈，查阅相关制度规定，了解公司确定、评价与控制或有事项方面的有关政策和工作程序，获取公司有关或有事项的书面声明。

（二）公司对外担保形成的或有风险情况

查阅公司董事会和股东大会的会议记录和与保证、抵押、质押等担保事项有关的重大合同，查看银行贷款卡相关信息，统计公司对外担保的金额及其占净资产的比例。

如以房地产抵押的，应向房产管理部门、土地管理部门查询；以船舶、车辆等抵押的，应向运输工具登记部门查询；以上市公司股份出质的，应向证券登记结算机构查询；以商标、专利权、著作权等财产权利出质的，应向相关管理部门查询。

了解被担保方的偿债能力及反担保措施，评价公司履行担保责任的可能性及金额，分析对公司财务状况的影响。

（三）公司未决诉讼、仲裁形成的或有风险情况

查阅公司的重大合同、董事会会议记录，咨询律师，调查公司未决诉讼、仲裁情况及产生的原因，就未决诉讼、仲裁的可能结果及各种结果发生的可能性咨询公司的法律顾问或律师，评估该类或有事项涉及的金额，并分析对公司财务状况的影响。

（四）公司其他方面的或有风险情况

必要时可通过向公司开户银行发函询证，确认公司应收账

款抵押借款、商业承兑汇票贴现等情况。

向相关人员询问公司对未来事项和合同的有关承诺，并查阅相关书面材料，包括合同和往来书面材料，确定是否存在不可撤销的承诺事项，分析其对公司未来的影响。

第十二条 抵押物调查

（一）债务人或第三者有权处分的财产可以抵押，抵押物例举：

1. 建筑物和其他土地附着物；

2. 建筑用地使用权；

3. 以招标、拍卖、公开协商等方式取得的荒地等土地承包经营权；

4. 生产设备、原材料、半成品、产品；

5. 正在改造的建筑物、船舶、航空器；

6. 交通运输工具；

7. 法律、行政法规未禁止抵押的其他财产。

（二）各投资团队应取得抵押物有效证件或有效凭证复印件，并加盖抵押物权公司的公章。

（三）各投资团队应取得抵押物近期（一般不超过 1 年）的价值评估报告，并对相关的物权登记部门进行查询，落实抵押物的抵押登记情况。如以房地产抵押的，应向房产管理部门、土地管理部门查询等。

（四）查询抵押物的保险情况，主要落实是否投保、保险的险种、保险的时间、保险的金额等相关事宜。

第十三条 质押物调查

（一）质押是指债务人或第三人将其动产移交债权人占有，将该动产作为债权的担保，当债务人不履行债务时，债权人有权依法就该动产优先受偿的行为。

D12281

关注法天使

质押有动产质押和权利质押两种形式。

（二）可以用于质押[①]的质物范围：

1. 动产

如贵重金银首饰、家电产品、名贵字画、贵重收藏品等，可以出质。法律、行政法规禁止转让的动产不得出质。

公司原则上不接受动产质押。

2. 权利

（1）汇票、本票、支票；

（2）债券、存款单；

（3）仓单、提单；

（4）可以转让的基金份额、股权；

（5）可以转让的注册商标专用权、专利权、著作权等知识产权中的财产权；

（6）应收账款；

（7）法律、行政法规规定可以出质的其他财产权利；

法律、行政法规未明确规定是否可以出质的财产权利，不得出质。

（三）交易对手提供质押担保的，应从以下几个方面开展尽职调查：

质物为动产的：

1. 动产的权属情况，如质物的所有权归属、质物上所设他项权利或在先权利情况、是否存在其他限制性规定等，应向出质人索取其对质物有权处置的证明；

2. 动产的价值情况，如质物的使用年限、损耗情况、市场价值等，应向出质人索取质物价值的有关证明（如评估报告）；质物移交占有时，应仔细检验质物的使用、损耗等状况；

3. 动产的保险情况，如是否投保、保险险种等，以便保险

①质押以交付为生效要件。《中华人民共和国担保法》第212条规定："质权自出质人交付质押财产时设立。"

物意外损毁、灭失时，可就保险赔偿金受偿。

质物为权利的：

1. 权利的取得情况，包括权利的取得来源、权利的取得条件、与权利对应的出质人义务是否已完全履行等。以票据、基金份额、存款单、仓单、提单等出质的，应核实权利正本；以知识产权中的财产权、应收账款债权、股权等权利出质的，应核实出质人享有权利的审批文件、合同或权利证明文件等资料；

2. 权利的限制情况，即向权利的质押登记部门（如有）查询，核实权利出质前是否存在质押。如以上市公司股票出质的，应向中国证券登记结算有限公司查询；以未上市公司股权或股份出质的，应向公司住所地工商行政管理部门查询；以企业应收账款出质的，应向中国人民银行征信中心“应收账款质押登记公示系统”查询；等等；

3. 权利的价值情况，以票据、基金份额、存款单、仓单、提单等出质的，应综合考虑贴现、折价、剩余价值、有无担保等因素，测算权利的价值；以知识产权中的财产权、应收账款债权、股权等权利出质的，权利应经过第三方评估机构的评估，出质人应提供评估报告。

第十四条　基础设施投资项目调查

（一）项目报批情况

1. 取得有效立项批准文件；

2. 符合国家产业政策和环保政策等有关政策要求（取得环评报告）；

3. 项目控股股东或者主要控制人，应为大型企业、企业集团或者政府控股的基础设施投资公司，并具有良好的偿付能力、项目运营管理能力，无不良信用记录，近 3 年未受到相关部门处罚；

4. 项目方已按相关规定取得有关部门的业务许可；

5. 落实项目总投资及资金安排情况。

（二）项目的建设进度

1. 调查、落实项目的工程进度，说明具体的工程形象进度、是否完成原工程期限的进度；

2. 落实项目资金到位情况，尤其是资本金到位情况。

第十五条 房地产项目的调查

（一）查阅、取得房地产开发企业的开发资质。

（二）查阅、取得房地产开发相关证照。

（三）调查、测算房地产项目总投资及每平方米造价、房地产项目的预计销售价格及销售进度、预计项目的盈利情况。

（四）调查、了解项目资本金到位情况、项目工程期限及实际工程形象进度。

第十六条 作为有限合伙人（LP）的机构投资者基本情况调查

查阅、收集委托人近2年审计报告和最近时点财务报表，主要分析其委托资金来源的合法合规性。

（一）现金流量

分析公司现金及现金等价物和经营活动产生的现金流量净额，评价公司是否有足够的资金用于委托资金。

（二）资本金到位情况及负债情况

取得公司资本金验资报告和公司长短期负债数据，分析公司委托资金来源是否为对外负债，负债的比例是否合适。

（三）如果委托资金并非来自公司的日常经营资金，各投资团队应落实资金来源合法性

第十七条 投资顾问基本情况调查

查阅、收集投资顾问的营业执照（需年检）、组织机构代码

证、税务登记证、法人代表身份证、近 2 年审计报告和最近时点财务报表等资料。

了解公司近 2 年经营业务的规模、业绩、盈利情况、投资团队主要负责人员的业绩简历。

了解公司内部的管理制度和投资立项、尽职调查、决策流程、公司配置的软硬件设施。

第四章　尽职调查工作的档案管理

第十八条　尽职调查负责人应将尽职调查内容、分析结果形成独立尽职调查报告，尽职调查报告应对上述内容进行评价并形成结论，并采用书面形式。

第十九条　尽职调查报告构成应包括但不限于下列内容：

报告主体：《____________项目尽职调查报告》；

分报告：《项目法律尽职调查报告》《财务状况尽职调查报告》《资产评估报告》《信用评级报告》（或有），分报告的主要事实、主要数字、主要问题等内容应记录于主体报告中。

第二十条　各投资团队尽职调查过程中取得的文件资料应形成详细的工作底稿，作为项目工作底稿的一部分，具体包括但不限于：尽职调查的各种书面记录文件、会议记录、项目或公司的有关政府批准文件、法律文件、制度文件、财务资料、承诺文件、合同文件、行业调查资料、诉讼等重大事项等有关文件。

第二十一条　项目通过公司投资决策部门审议后及项目推介前，因情况变化或新增事项导致尽职调查内容和结果发生变化时，相关尽职调查的补充说明和依据文件应及时归入工作底稿。

第二十二条　项目成立后，经风控部审查后 5 个工作日内，各投资团队应当将尽职调查工作底稿连同项目其他档案移交基金运营部保存。

第五章　尽职调查工作的监督

第二十三条　各投资团队是尽职调查工作的落实部门，风控部是尽职调查工作的监督部门。

第二十四条　投资决策委员会和风控部有权要求项目人员对未尽事宜重新或进一步履行尽职调查责任。

第二十五条　项目已通过投资决策委员会审核，并在推介前，如果与尽职调查有关的情况发生重大变化时，各投资团队应当及时向投资决策委员会提供尽职调查的补充说明和相关底稿文件，必要时应重新经投资决策委员会审核议定。

第二十六条　项目人员在尽职调查过程中因工作不认真、弄虚作假、未按规定的程序和方法进行操作等行为而使掌握的项目数据不真实、不全面，造成公司决策失误，将被追究当事人责任。

第六章　附　　则

第二十七条　本指引由风控部负责制定、解释和修订。

第二十八条　本指引经总经理签发后执行。

附件：尽职调查报告格式与要求

尽职调查报告

客户名称：______________________________

项目名称：______________________________

主办投资经理：协办投资经理：__________________

投资总监：______________________________

调查人员履职声明：

本人在此郑重声明，此报告是基于本人的现场调查以及其他外部信息进行独立、客观、审慎的分析评价而成。本人已充分分析了相关风险因素，没有虚假记载、误导性陈述或者重大疏漏。

投资经理签名：（主办）（协办）________________________

投资总监（负责人）签名：________________________

时间：______年______月______日

一、被投资人基本信息

（一）被投资人情况

1. 被投资人基本情况

阐述被投资人（以下简称客户）名称、成立时间、法人种类、注册资金及到位情况、出资形式、股东构成（含主要股东名称、股份绝对额及占比）、注册地址、实际办公地址、法定代表人、营业执照年限、营业范围等。

2. 被投资人股权结构情况

股东名称	持股比例%	出资金额（万元）	出资形式	与申请人是否存在关联交易	备注（说明股东之间、股东与实际控制人之间关系）

注：（1）如股东中有信托公司或私募股权基金，必须提供信托合作协议或基金协议，并详细说明协议的主要内容；如有信托介入，需要说

明申请人非信托公司持股的股权是否已质押给信托。

（2）若存在股权转让行为，股权转让过程须详细描述，并调查交易合同签署情况及内容、对价支付情况并取得付款凭证等。

提示：关注客户营业执照的有效期、年检情况及客户名称、法定代表人、股东、经营范围变更等情况；外商投资企业注册资本金是否全部到位。

［列示组织结构图（略）］

3. 主要管理层情况

要求调查企业的法定代表人、主要管理层及财务负责人工作履历，并对管理层稳定性、行业经验、内部控制能力等进行说明。

（二）控股股东情况

1. 股东背景介绍

重点介绍实际控制人情况（包括且不限于主业及涉及行业、资产及收入情况、地产项目的以往开发记录或是商业项目经营经验、房地产开发资质等级及有效期、在建及储备项目情况、资金实力及资金调度方式、他行的及资信状况等），其对申请人的持股状况和控制程度，披露完整的股权架构图（以图表列示并追溯至最终股东和最终实际控制人）。

对于实际控制人与股东结构不一致的，需说明原因、背景和动机。

对于集团型客户应着重分析集团在建、储备项目情况，预测项目销售收入，并结合客户财务数据和融资能力，对集团的资金链松紧情况进行判断。

2. 股权变更情况

	日期	股东名称	股权比例（%）	出资形式	出资金额（万元）	验资情况
成立时	股东 1					
	股东 2					
变更时间 1	股东 1					
	股东 2					
变更时间 2	……					

对于股东结构频繁变更的，需进一步调查说明原因。是否存在股东主动退出或债权转股权。

3. 主要子公司情况

公司名称	注册资本（万元）	持股比例	主导产品	总资产（万元）	银行负债（万元）	销售收入（万元）	净利润(万元)
关联企业 1							
关联企业 2							

应注意核实关联企业实际控制人情况，如涉及基金、信托投资参股的公司，应了解其持股比例，以及是否有回购条款。

4. 股东财务情况

（三）其他股东情况（如有）

（四）其他需要说明的情况

要求对公司的经营和信用产生重要影响的事项，包括公司高层变动、资本变动、组织结构变动、经营主业变动、涉及法律诉讼（需要查询全国法院被执行人信息查询网等）进行说明。

D12281

二、被投资人财务状况

三、公司主营业务及产品

四、融资计划及资金使用安排

五、项目分析

可从股东背景、项目位置、产品定位、销售预测、经济可行性等方面分析。

（一）优势分析

（二）劣势分析

（三）主要风险及缓释措施

六、调查结论

（七）项目后期管理办法

适用场景：

项目成立后，投资团队、投资经理根据投资合同的约定，对项目进行持续跟踪管理，风控部门实施监督、检查和评价。

<table>
<tr><td colspan="4">制度签发表</td></tr>
<tr><td>制度名称</td><td colspan="3">项目后期管理办法</td></tr>
<tr><td>版本编号</td><td colspan="3"></td></tr>
<tr><td>制度管理人</td><td colspan="3">风控部</td></tr>
<tr><td>制度最终审批人</td><td colspan="3">□董事会　　　　□总经理</td></tr>
<tr><td colspan="4"></td></tr>
<tr><td>职位</td><td>姓名</td><td>签字</td><td>日期</td></tr>
<tr><td>副总经理</td><td></td><td></td><td></td></tr>
<tr><td>总经理</td><td></td><td></td><td></td></tr>
<tr><td>制度修订记录</td><td colspan="3"></td></tr>
</table>

文本正文：http://www.fatianshi.cn/D12282

项目后期管理办法

第一章　总　　则

第一条　本办法所称后期管理是指项目成立后，投资团队、投资经理根据投资合同的约定，对项目进行持续跟踪管理，风

D12282

控部门实施监督、检查和评价的全部过程。

第二章　项目后期管理的主要内容

第二条　投资经理应加强对所投项目后期的持续性风险管理，监测项目运行及资金使用方的偿还能力、现金流量，维护我司所投资金的安全完整。管理要点如下：

（一）资金使用方是否按照合同的约定用途使用资金；

（二）资金投向的项目是否正常运行；

（三）资金使用方的法律地位是否发生变化；

（四）资金使用方的财务状况是否发生变化；

（五）资金的偿还情况；

（六）抵押或质押品可获得情况和质量、价值等情况，以及担保方相关信息等情况；

（七）资金使用方或担保人的信用状况是否出现变化，如出现其他违约或逾期不还的债务等。

第三条　投资经理采用非现场和现场检查相结合的手段，及时对第一还款来源及第二还款来源的变化情况进行客观分析，对潜在风险及时作出风险预警判断。其主要方法包括但不限于以下几个方面：

（一）投资经理应于每月15日前要求项目方（包括项目公司或信用风险承担主体）提供上月度的财务报表，每年3月底前提供经会计事务所审计后的年度财务报表，对项目方所提交的财务报表进行分析，以便及时了解项目方的资金状况；

（二）投资经理每季度至少1次现场考察或电话咨询，并做好调查工作的相关记录，对项目进度是否正常作出判断；对出现异常情况的要求项目方作出专项说明；

（三）投资经理可根据项目管理的需要，或应投资者的要求，向项目方就项目进展、抵押物等情况进行函证（附件 1），要求项目方对以上情况进行说明，提供相关资料，并由项目方盖章确认；

（四）投资经理应于项目到期前 2 个月向项目方发出《有关项目到期偿付准备工作的函》，要求项目方提前做好资金偿还安排。

第四条 投资经理在后期尽职管理中的职责：

（一）根据风险信号的采集情况和项目的具体情况，投资经理原则上应当每季度撰写后期管理报告，包括《项目回访记录》（附件 2）、《后期管理报告》（附件 3），并以文字、电子版的形式分别存档。风控部认为必要时，将对风险管理报告的撰写、存档情况进行检查；

（二）在项目到期前 1 个月，各投资团队应就资金使用人能否按合同约定还本付息的情况向风控部提交书面报告。预计可能无法按合同约定还本付息的，投资经理应当在报告中同时提出应对措施；

（三）发生重大事项时投资经理应编制重大事项报告：

1. 在项目（工程）进度、资金使用情况、项目公司股权结构、财务状况、管理人员等方面发生重大变动，或暴露出变动迹象时，投资经理应及时向风控部、风控部进行反馈；

2. 发生重大事项后，应在 3 日内对项目风险作出全面分析，撰写《项目风险分析报告》。项目风险分析报告应全面分析风险可能产生的根源、波及的范围，对资金运作的影响程度、可能带来的损失进行预测，提出相应的控制和化解措施建议。

（四）投资经理应妥善保留后期管理的相关记录，归入工作底稿备查；

（五）风险管理报告及重大事项风险管理报告应当真实、准

D12282

确、及时。

第五条 对项目后期管理中的信息披露要求，参照《信息披露管理办法》执行。

第三章 后期尽职管理的监督

第六条 监督的主要内容：

（一）检查监督存续期内的项目运营情况，特别是合同及相关法律文件的执行情况；

（二）检查项目（资金使用方）发生重大事项前的预警措施及发生重大事项的化解方案的实施情况；

（三）对投资经理后期尽职管理作出评价。

第七条 风控部是中后期管理工作的监督部门。对项目在存续期内至少进行 1 次后期管理工作的监管检查。通过检查，对项目风险状况和投资经理中后期尽职管理作出评价。

第四章 附 则

第八条 本办法是对后期管理的原则性规定，业务部门、投资团队应在各业务管理办法中细化后期管理事项的具体标准和要求。并按本制度和业务管理办法规定，执行日常项目管理。

第九条 本办法由风控部负责制定、解释和修订。

第十条 本办法经总经理签发后执行。

附件1：

项目调查函证内容（参考格式）

本调查函证表系本公司进行项目中后期尽职管理工作所必需，所要求的各项文件或资料将成为项目风险评估和分析的基础资料。请贵公司在项目存续期间每季度应完整、全面地回答以下问题并提供相关文件及资料。贵公司将对所提供文件及资料的真实性和完整性负责。

项目公司名称（盖章）		联系人	
		电话	
项目进展情况说明			
担保、质押事项变化			
重大诉讼、仲裁及行政处罚事项变化			

注：上述情况表格不足以说明的可用附页。

附件2：

项目回访（或电话咨询）记录

______年______月______日

项目名称					
回访对象					
回访时间					
回访方式					
联系人		职务		电话	
回访内容	项目进展情况				
	资金使用情况				
	公司近期经营情况及财务情况				

附件3：

____________项目风险管理报告

第一部分　资金使用情况

制作项目资金管理报告。应包括但不限于：

（一）资金管理、运用情况；

（二）项目投资经理变更说明；

（三）资金运用重大变动说明；

（四）涉及诉讼或者损害我司利益的情形；

（五）投资合同约定的其他内容；

（六）资金使用方、担保方的经营状况；

（七）资金使用方发生重大变故情况说明及采取的措施（财务状况出现亏损的，须分析亏损的原因及影响；负债情况出现重大变化的，须进行分析说明等）；

（八）在合同到期前1个月，评价资金使用人能否按合同约定还本付息，若预计可能无法按合同约定还本付息，提出应对措施。

第二部分　项目实现收益情况

对项目实现收益状况进行描述，并填写报告期内所积累的收益金额。

第三部分　风险状况分析

（一）投资决策委员会提出的风险保证措施的落实及完成情况；

（二）投资合同中所揭示的各类风险管理情况：

1. 外部风险

侧重说明整体宏观经济形势、金融形势、整体外部环境、及项目公司内部风险管理措施及手段等对项目的影响。

2. 信用风险

侧重说明项目信用风险状况，可能面临的信用风险和控制策略；抵押品确认的主要原则及内部确定的抵押品与我司本金之比等。

3. 市场风险

侧重说明因股价、市场汇率、利率及其他价格因素变动对项目的影响分析。分析上述价格的变化对项目盈利能力和财务状况的影响，说明市场风险管理策略。

4. 操作风险

侧重说明由于内部程序、人员、系统的不完善或失误，或外部事件造成的影响分析，并就对该类风险的控制措施作出说明。

5. 其他风险状况

其他可能造成严重不利影响的风险因素。

（三）影响项目收益的因素和敏感度分析

（以上风险状况分析，可一对一回答，也可统一回答）

第四部分　其他重大事项

在项目出现重大事项变动，或暴露出变动迹象时，应报告并阐述进行重大事项管理所采取的相应措施。

四、基金业务管理制度

适用场景：

基金管理部为公司基金管理工作的承办部门，安排具体人员负责基金的发起、设立、募集、管理及退出工作。基金业务管理制度是为了规范非公开募集基金业务，保护投资者的合法权益，保证公司基金业务管理工作高效有序开展而制定的，本制度适用于基金管理人公司所有基金管理业务。

法律要点：

1. 任何机构和个人不得为规避合格投资者标准募集以私募基金份额或其收益权为投资标的的产品，或者将私募基金份额或其收益权进行拆分转让，变相突破合格投资者标准。募集机构应对投资者尽到合理的注意义务，包括但不限于：

（1）确保投资者以书面方式承诺其为自己购买私募基金；

（2）在基金合同中约定转让的条件。

任何机构和个人不得以非法拆分转让为目的购买私募基金。

2. 涉及私募基金募集结算资金专用账户开立、使用的机构不得将私募基金募集结算资金归入其自有财产。禁止任何单位或者个人以任何形式挪用私募基金募集结算资金。相关机构破产或者清算时，私募基金募集结算资金不属于其破产财产或者清算财产。

3. 募集机构仅可以通过合法途径公开宣传私募基金管理人的品牌、发展战略、投资策略以及由中国基金业协会公示的已备案私募基金的基本信息。

募集机构应确保前述信息真实、准确、完整，且不得包含基金产品的推介内容。

4. 募集机构应当向特定对象推介私募基金，未经特定对象调查程序，不得向任何人推介私募基金。

5. 募集机构及其从业人员推介私募基金时，禁止公开推介或者变相公开推介。

6. 募集机构应当自行或者委托第三方机构对私募基金进行风险评级，建立科学有效的私募基金风险评级标准和方法，并应当根据私募基金的风险类型和评级结果，向投资者推介与其风险识别能力和风险承担能力相匹配的私募基金。

制度签发表			
制度名称	基金业务管理制度		
版本编号			
制度管理人	基金部		
制度最终审批人	□董事会　　□总经理		
职位	姓名	签字	日期
董事会			
制度修订记录			

文本正文：http://www.fatianshi.cn/D12283

基金业务管理制度

D12283

第一章　总　则

第一条　为了规范非公开募集基金（以下简称基金）业务，

保护投资者的合法权益，保证公司基金业务管理工作高效有序开展，根据《中华人民共和国证券投资基金法》《中华人民共和国证券法》等相关法律法规，制定本制度。

第二条 宗旨：遵循公平、诚实、信用原则，维护投资者合法权益，不损害国家利益和社会公共利益。

第三条 目标：确保基金业务规范化运作，提高基金业务开展效率，保证股东和投资者利益最大化。

第四条 本制度适用于公司所有基金管理业务。

第五条 基金管理部为公司基金管理工作的承办部门，安排具体人员负责基金的发起、设立、募集、管理及退出工作。

第二章 基金业务管理流程

第六条 按照级别权限，经公司决策会议审议通过的投资项目并需要由公司担任基金管理人发起设立基金进行投资的，基金管理部作为基金运营的具体承办部门，应当按照基金业协会及其他有关监管部门的相关规定，合法高效有序的运营管理基金。

第七条 公司基金业务管理流程具体如下：

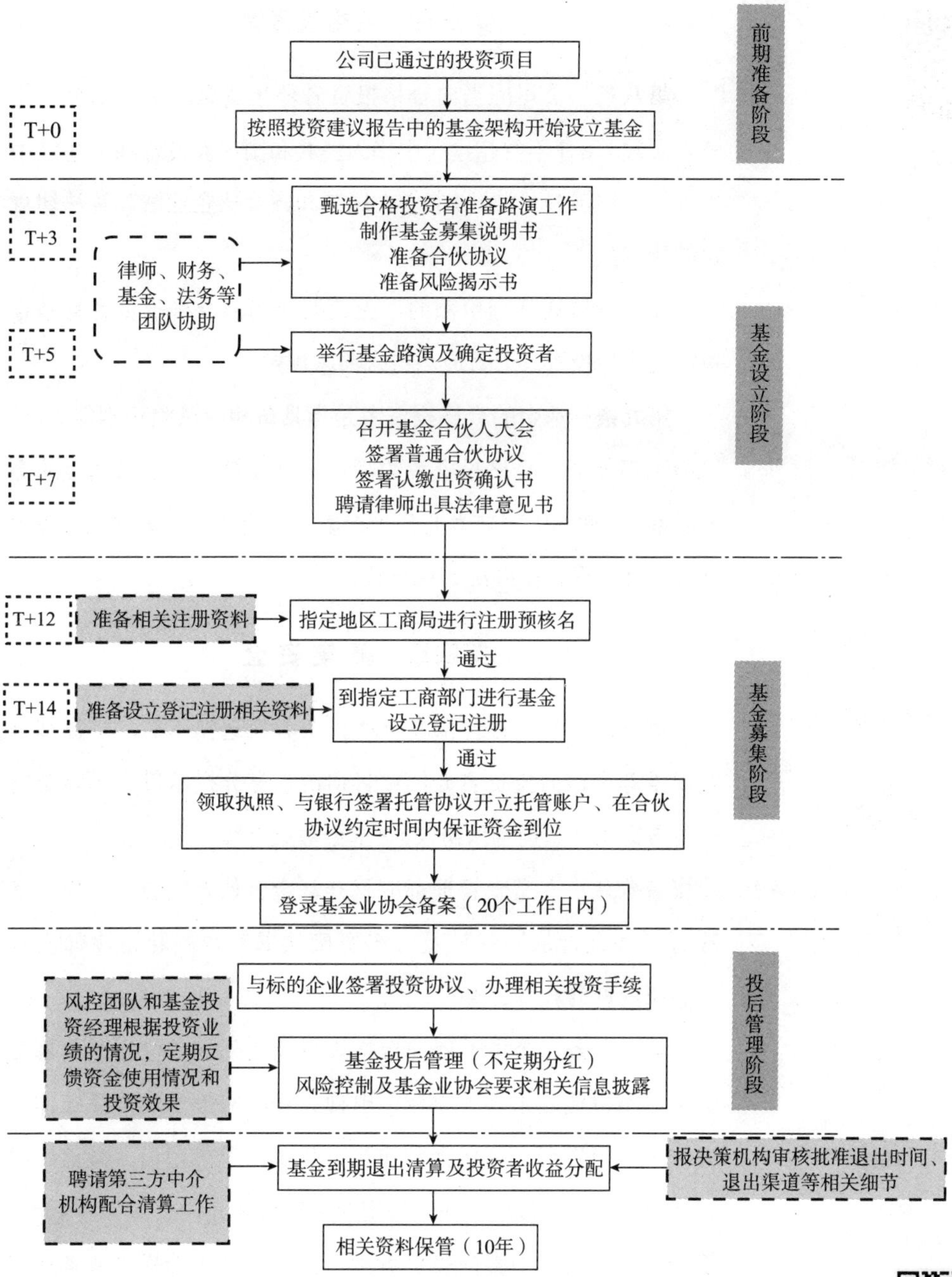

基金业务操作流程图

D12283

第三章　合格投资者

第八条　公司应当向合格投资者募集资金，单只基金的投资者人数[①]累计不得超过《中华人民共和国证券投资基金法》《中华人民共和国公司法》《中华人民共和国合伙企业法》等法律规定的特定数量。

投资者转让基金份额的，受让人应当为合格投资者且基金份额受让后投资者人数应当符合前款规定。

第九条　基金的合格投资者是指具备相应风险识别能力和风险承担能力，合格投资者的筛选标准及投资于单只基金的金额标准[②]，应与中国证券监督管理委员会发布的最新《私募投资基金监督管理暂行办法》相一致。

第四章　募 集 资 金

第十条　基金管理部在合格投资者甄选完毕后，举行基金路演推荐会，向投资者介绍项目情况、充分提示投资风险及向投资者提供《基金合伙协议》《基金募集书》。

投资者确认后，基金管理部应召开基金合伙人大会，与投资者签署《基金合伙协议》及《出资确认书》，并聘请律师出具《法律意见书》[③](如需)。

第十一条　公司不得向合格投资者之外的单位和个人募集资金，不得通过报刊、电台、电视、互联网等公众传播媒体或者讲座、报告会、分析会和布告、传单、手机短信、微信、博客和电子邮件等方式，向不特定对象宣传推介。

第十二条　公司不得向投资者承诺投资本金不受损失或者承诺最低收益[④]。

第十三条　公司自行销售基金的，应当采取问卷调查等方

---

①有限公司和有限合伙类型的基金人数不能超过 50 人，根据《中华人民共和国公司法》第 24 条规定，有限责任公司由 50 个以下股东出资设立。

契约型基金人数不得超过 200 人，根据《中华人民共和国证券投资基金法》第 88 条规定："非公开募集基金应当向合格投资者募集，合格投资者累计不得超过二百人。"

②《私募投资基金监督管理暂行办法》第 12 条规定，私募基金的合格投资者是指具备相应风险识别能力和风险承担能力，投资于单只私募基金的金额不低于 100 万元且符合下列相关标准的单位和个人：

（一）净资产不低于 1000 万元的单位；

（二）金融资产不低于 300 万元或者最近 3 年年均收入不低于 50 万元的个人。

前款所称金融资产包括银行存款、股票、债券、基金份额、资产管理计划、银行理财产品、信托计划、保险产品、期货权益等。

③不同于私募基金管理人登记，法律没有强制要求基金募集时出具法律意见书。

④但是基金可以与投资标的或投资标的实际控制人签署对赌协议。

式，对投资者的风险识别能力和风险承担能力进行评估，由投资者书面承诺符合合格投资者条件；应当制作风险揭示书，由投资者签字确认。

公司委托销售机构销售基金的，公司委托销售机构应当采取前款规定的评估、确认等措施。

投资者风险识别能力问卷、承担能力问卷及风险揭示书具体参照基金业协会颁布的相关内容与格式指引进行拟定。

第十四条 投资者应当如实填写风险识别能力和承担能力问卷，如实承诺资产或者收入情况，并对其真实性、准确性和完整性负责。填写虚假信息或者提供虚假承诺文件的，应当承担相应责任。

第十五条 投资者应当确保投资资金来源合法，不得非法集资投资基金，如投资者有非法集资行为且隐瞒情况的，投资者应当参照相关法律法规认定非法集资的情形承担相应责任。

第五章 基金登记备案

第十六条 基金管理部应当根据基金业协会及工商行政管理部门的规定，向所在辖区的工商行政管理部门报送相关材料申请基金的预核准名称，完成工商注册登记工作。

第十七条 基金管理部应当根据基金业协会的规定，向基金业协会报送相关基本信息资料申请登记备案。

基金管理部将登记材料备齐后，应向基金业协会提交备案申请。基金业协会将在基金备案材料齐备后的20个工作日内，通过网站公告基金名单及其基本情况的方式，为基金办结备案手续。

第六章 基金投资运作

第十八条 公司募集基金，基金管理部应当制定并签订基金合同、公司章程或者基金合伙协议（以下统称基金合同）。基金

D12283

合同应当符合《中华人民共和国证券投资基金法》的相关规定，非公开募集基金，应当制定并签订基金合同。基金合同应当包括《中华人民共和国证券投资基金法》中规定的所有必备的条款内容。

第十九条 私募基金管理人应当与监督机构签署监督协议①，监督机构负责对募集结算资金专用账户实施有效监督。监督协议中须明确反洗钱义务履职、责任划分及保障投资者资金安全的连带责任条款。

除基金合同另有约定外，公司设立的基金应当由基金托管人托管，并与基金托管人签订《托管协议》，约定相关托管事项，开立托管账户。

基金合同约定基金不进行托管的，应当在基金合同中明确保障基金财产安全的制度措施和纠纷解决机制。

第二十条 公司同一基金管理人管理不同类别基金的，应当坚持专业化管理原则；为防止基金管理人利益输送或者利益冲突，公司应对基金管理人进行相应职业操守培训。

第二十一条 公司、公司基金管理人及其从业人员，不得有以下行为：

（一）将其固有财产或者他人财产混同于基金财产从事投资活动；

（二）不公平地对待其管理的不同基金财产；

（三）利用基金财产或者职务之便，为本人或者投资者以外的人牟取利益，进行利益输送；

（四）侵占、挪用基金财产；

（五）泄露因职务便利获取的未公开信息，利用该信息从事或者明示、暗示他人从事相关的交易活动；

（六）从事损害基金财产和投资者利益的投资活动；

（七）玩忽职守，不按照规定履行职责；

（八）从事内幕交易、操纵交易价格及其他不正当交易活动；

① 《私募投资基金募集行为管理办法》第13条。

（九）法律、行政法规和中国证监会规定禁止的其他行为。

第二十二条 公司应当按照基金合伙协议约定，如实向投资者披露基金投资、资产负债、投资收益分配、基金承担的费用和业绩报酬、可能存在的利益冲突情况以及可能影响投资者合法权益的其他重大信息，不得隐瞒或者提供虚假信息。基金的信息披露规则、内容及格式指引具体参照基金业协会制定的有关标准执行。

第二十三条 公司应当根据基金业协会的规定，及时填报并定期更新管理人及其从业人员的有关信息、所管理基金的投资运作情况和杠杆运用情况，保证所填报内容真实、准确、完整。发生重大事项的，应当在10个工作日内向基金业协会报告。

公司应当于每个会计年度结束后的4个月内，向基金业协会报送经会计师事务所审计的年度财务报告和所管理基金年度投资运作基本情况。

第二十四条 公司应当妥善保存基金投资决策、交易和投资者适当性管理等方面的记录及其他相关资料，保存期限自基金清算终止之日起不得少于10年。

第二十五条 公司员工对基金募集及项目推进有贡献的，可给予相应的奖励。奖励金额占募集总金额1%以内（含）的，由总裁办公会决定；超过1%[1]（不含）的，由总裁办公会提请董事会决定。

第七章 监督管理

第二十六条 公司应自觉遵守中国证监会或者授权派出机构和基金业协会依法对公司开展私募基金的业务情况进行非现场检查和现场检查。

第二十七条 与公司基金业务有关的基金管理人、基金托管人、基金销售机构不得作出违反法律、行政法规及本办法规定范围外的行为。

①由管理人自行约定。

D12283

第八章　基金的退出与清算

第二十八条　在项目成立之初，公司项目小组应为所投资项目设计合理有效的退出方式，根据项目的进展进行适时修订。

第二十九条　项目的退出时间、方式等关键要素，应由投资业务部项目组拟定投资退出方案，形成《项目投资建议书》，并按照预期时间内完全退出。项目实施前项目组应考虑项目无法按照预期时间或预期收益退出的特别处理方案，经投资决策机构审议通过后实施；其他退出事宜按照《基金合伙协议》相关约定，并参照《公司投资业务管理办法》规定执行。

第三十条　基金的退出必须优先保障投资人的投资收益，并且按照基金合同的约定完成收益分配。

第三十一条　公司依法解散、被依法撤销、或者被依法宣告破产的，其法定代表人或者普通合伙人应当在20个工作日内向基金业协会报告，基金业协会将及时注销基金管理人登记并通过网站公告。

第九章　法 律 责 任

第三十二条　公司及其从业人员违反法律、行政法规，给基金财产或者基金份额持有人造成损害的，依法承担赔偿责任。

第三十三条　公司从事基金业务的相关人员存在其他违法违规行为的，依据《中华人民共和国证券投资基金法》及其他相关法律法规进行处罚；涉嫌犯罪的，依法移送司法机关，追究刑事责任。

第三十四条　本制度依据现行有效法律法规和结合本公司《公司章程》制定，并适时根据政策法规的变化和公司业务的发展进行调整和完善。

第三十五条　本制度由公司董事会负责解释和修改。

第三十六条　本制度经公司董事会审议批准后施行。

五、行政管理制度

适用场景：

相关规定对于基金管理人的档案管理、信息披露具有较高的要求，做好档案管理工作是基金管理运营合规的必要条件，一套好的管理体系对公司的作用是巨大的，还可以促进业务的更快更稳健发展，打下公司良好的底蕴和根基，企业行政管理是企业管理与行政管理相结合而产生的。行政活动对于推动企业各部门的服务职责，协调各部门关系和事务的发展有着极其重要的导向作用和功能；企业的行政管理其主要职责是维护生产操作的正常进行，规范企业人员的行为，促进企业的发展。

法律要点：

1. 办公设备及办公用品管理

综合管理部，主要负责办公设备及用品的采购申请受理、采购、保管、配发、维修保养、设备调换、报废判定等事宜。办公设备及用品实行申购审批制。对未申购的办公设备及用品，除临时急需外一律不得临时申购。

2. 档案管理

综合部档案室负责管理文书档案、投资经营档案、声像档案、会计档案；财务部负责管理单台价值 10 万元（含）以上的设备仪器档案；综合部负责管理人事档案。

3. 法律事务管理

公司在行政部设法务组，协助行政部和总经理处理公司在经营过程中遇到的各类法律问题，主要是日常法律咨询、合同审查和纠纷解决。重大法律事务可聘请律师事务所为公司法律咨询机构。

4. 外事接待管理办法

外事接待管理指公司因管理、产业、投资等各方面业务需要而开展的外宾接待活动。外事接待由公司相关部门按照外事接待管理办法规定的接待流程进行。

5. 固定资产管理办法

固定资产是指同时具有以下三个特征的有形资产：⑴为生产产品、提供劳务、出租或经营管理而持有；⑵使用年限超过一个会计年度；⑶单位价值在2000元以上。其中单位价值可以由管理人公司自行约定。

6. 证照规范管理规定

公司的资质证照是公司的一种主体证明文件，其外借和使用应当经过权力部门批准，原件用后及时归还，复印件应当载明特殊使用用途。

7. 印章管理办法

公司印章是公司授权的表示，要保证专章专用，用章严格遵守印章管理制度关于公司印章刻制、使用、保管的程序规定。多页文件盖章需要加盖骑缝章，保证文件的连续性和完整性。

制度签发表			
制度名称	行政管理制度		
版本编号			
制度管理人	行政部		
制度最终审批人	□董事会　　□总经理		
职位	姓名	签字	日期
董事会			
制度修订记录			

关注法天使

（一）办公设备及办公用品管理办法

文本正文：http://www.fatianshi.cn/D12284

第一章　总　　则

第一条　根据公司实际情况，为加强内部管理，规范公司办公设备及用品的采购与使用，有效控制成本支出，特制定本办法。

第二章　适用范围

第二条　办公用品的范围

日常办公易耗品：计算机耗材（如硒鼓、打印纸等）及各种办公用品低值易耗品［如文件夹、档案盒、档案袋、数据袋、大头针、曲别针、订书机、订书针、印泥油（印台、印油、印垫）、插线板、笔、笔记本、U 盘、计算器、胶水或胶棒等］、美工刀。

财务专用易耗品：凭证打印纸、凭证盒、各种财务报销单据、收据、凭证封面、复写纸、包角纸、剪刀、直尺、装订线、装订机、发票打印机（如需开票）、铅笔、皮筋。

第三条　办公设备的范围

办公设备包括计算机及附属设备、网络设施、电话机、传真机、复印机、打印机、扫描仪、音响及附属设备、投影仪等专用于公司办公、开会及培训所用的资讯设备；文件柜、办公桌椅等。

第三章　职　　责

第四条　综合管理部，主要负责办公设备及用品的采购申请受理、采购、保管、配发、维修保养、设备调换、报废判定等事宜。办公设备及办公用品原则上由综合管理部根据各部门需要及库存量与消耗水平统一采购和配备，然后分发给各部门。

第五条 办公设备及用品使用部门，主要负责办公设备及用品的申购、使用、保管等事宜。如有特殊情况，经公司领导审核批准，各部门可自行购买专用办公设备及用品。所购办公设备及用品连同申请书交付综合管理部备案。

第四章 办公设备及用品的日常管理

第六条 办公设备及用品的申请和购买

（一）办公设备及用品实行申购审批制。各部门应根据实际需求，及时、合理预计每月办公用品需要量，并于每月28日前填写次月《低值易耗品申购表》，达到固定资产标准的，填写《固定资产购置（新建）报批表》，由申购部门分管领导审批后报综合管理部，综合管理部根据多方比选情况及办公用品实际库存情况进行统筹，填制《固定资产购置（新建）报批表》或《低值易耗品申购汇总审批表》报公司领导审批后统一采购。对未申购的办公设备及用品，除临时急需外一律不得临时申购。

（二）综合管理部根据各部门办公设备及用品的采购需求，经过询价和对比，选定供应商，明确采购的品种、规格型号、数量、价格。所购买办公设备及用品送到后，按购货清单进行验收，核对品种、规格型号、数量，并检查质量，确保无误。

（三）综合管理部应于每月20日[①]或各部门需求时间前将申购办公设备及用品购买完毕，不得遗漏，如由于特殊原因未能购入，应及时通知申购部门采取措施并加以解决。

（四）对于单次采购合计金额在5000元[②]以上的采购项目，必须签订采购合同或协议。在同等质量及服务的前提下，经多

①可由管理人自行约定。

②可由管理人自行约定。

D12284

方比选或招标，优先选择最低价格供应商。

（五）综合管理部对各部门的需求计划进行认真检查，对于申报情况不合理的应予纠正。

第七条 办公用品的管理

（一）公司所有购买的办公用品由综合管理部统一管理、分配使用。

（二）综合管理部建立办公用品管理使用台账，分品种、规格型号登记，按最小单位计量。

（三）综合管理部对办公用品的入库与出库必须及时逐笔登记，做到日清日结，确保物品进出及结存数据的正确无误，保证账目与实物相符。

（四）公司的内部文件往来，凡可用电子文件传递、转发的，不再使用纸张传递，纸张均双面使用。

第八条 办公设备的管理

（一）公司所有办公设备由综合管理部统一采购和管理，分别登记；资产财务部应设置相应的办公设备明细账管理。

（二）对于个人专用的办公设备，综合管理部建立专门的设备登记，领用人按需领用后，在使用期间须妥善保管。

（三）对于公司公用的办公设备，综合管理部设置专门的办公设备台账，领用人每次按需借用，并在使用完毕时及时归还，综合管理部须详细记录领用和归还的时间。

第九条 办公设备及用品的领用和借用

（一）各部门根据上报批准购买的内容到综合管理部领用。

（二）用品分发（领用）后做好登记，写明分发（领用）日期、品名与数量等。领用或借用人在相应的登记簿上签字确认，作为领用或借用记录，以及费用分摊依据。

（三）新进人员入职时由管理部门通知，向综合管理部领用办公用品；人员离职时，须向综合管理部办理办公用品归还手续。

（四）借用办公设备或用品超时未还的，综合管理部有责任督促归还。

（五）领用、借用办公设备或用品发生损坏或遗失的，视具体情况照价或折价赔偿，达到固定资产标准的，应及时报批，由综合部会同相关人员进行责任认定，并进行相应处理。

第十条 清查盘点

公司办公设备及用品应定期清点。办公用品仓库一年盘点两次（6 月与 12 月）。清点工作由综合管理部、资产财务部、使用部门共同负责，清点要求做到账实一致。资产清查盘点中发现问题和差错，应及时查明原因，并进行相应处理。必须对公司各部门所拥有的办公日用低值易耗品（主要指各种用纸与印刷制品）进行调查。调查方式是每月 5 日对上一月各部门办公用品的领用量、使用量以及余量（未用量）作出统计，向上级报告。一旦一批消耗品用完，应立即报告递交综合管理部。如需报废处理的，由综合管理部会同资产财务部审核，确认不能再次利用后，按照公司相关规定申请报废。如有物品丢失或质量问题（如超期、受潮、生锈、或损坏等），应及时以书面形式向公司领导汇报，并进行相应处理。

第五章 附 则

第十一条 本办法由公司负责解释。

第十二条 本办法经公司董事会批准后暂行。

附件：1.《固定资产购置（新建）报批表》；

2.《低值易耗品申购表》；

3.《低值易耗品申购汇总审批表》。

附件1：

固定资产购置（新建）报批表

______年______月______日

<table>
<tr><td>使用部门</td><td></td><td colspan="2">需求时间</td><td colspan="2"></td></tr>
<tr><td>产品名称</td><td></td><td colspan="2">规格型号</td><td colspan="2"></td></tr>
<tr><td>申购原因</td><td colspan="5"></td></tr>
<tr><td>数 量</td><td></td><td colspan="2">单 位</td><td colspan="2"></td></tr>
<tr><td colspan="2">使用部门负责人审核意见</td><td colspan="4"></td></tr>
<tr><td colspan="2">使用部门分管领导审批</td><td colspan="4"></td></tr>
<tr><td>采购部门</td><td></td><td colspan="2">经办人</td><td colspan="2"></td></tr>
<tr><td>供货商</td><td></td><td>单 价</td><td></td><td>总 价</td><td></td></tr>
<tr><td colspan="2">采购部门负责人审核意见</td><td colspan="4"></td></tr>
<tr><td colspan="2">采购部门分管副总审批</td><td colspan="4"></td></tr>
<tr><td colspan="2">财务部门负责人审核意见</td><td colspan="4"></td></tr>
<tr><td colspan="2">财务总监审批</td><td colspan="4"></td></tr>
<tr><td colspan="2">总裁审批</td><td colspan="4"></td></tr>
<tr><td colspan="2">董事长审批</td><td colspan="4"></td></tr>
</table>

附件2：

低值易耗品申购表

申购部门：__________　　　　　　______年______月______日

序号	品名	规格型号	单位	数量	备注
1					
2					
3					
4					
5					
6					
7					
8					
9					
10					
11					
12					
13					
14					
15					
16					
17					
18					
19					

分管领导：　　　　　　部门负责人：　　　　　　制表人：

D12284

附件3：

低值易耗品申购汇总审批表

申购汇总部门：____________　　　　______年______月______日

序号	品名	型号	单位	申购数量							现库存数量	应采购数量	备注
				财务部	投资业务部	风险控制部	基金管理部	综合管理部	总裁办公室	合计			
1													
2													
3													
4													
5													
6													
7													
8													
9													
10													
11													

总裁：　　　　财务总监：　　　　财务审核：

综合管理部：　　　　部门负责人：　　　　制表人：

1. 办公用品请购单

财管字第______号　　　填写日期：______年______月______日

财产名称	规格	用途	单位	数量	需用日期	估计价值	备注
请购部门负责人意见： ____年____月____日			行政部经理意见： ____年____月____日			主管副总经理批准： ____年____月____日	

主管：　　　　　　　　申请人：

2. 办公用品一览表

办公用品名称	规格	单位	单价（元）	代号	办公用品名称	规格	单位	单价（元）	代号

D12284

关注法天使

3. 办公用品登记表

使用部门：　　　　　　　　　　　管理部门：

名称		编号	
规范		厂名或牌号	
构造		附属设备	
存放地点		耐用年限	
原价		增加价值	

日期	摘要	凭证号数	单位	数量	增加	减损	结存

4. 办公用品领用表

填写日期：　　　　　　　　　　　______年______月______日

部门		领用人		核发	

领用物品及规格	用途	数量	单位	单价	总价

主管：　　　　　　　　　保管员：

（二）档案管理办法

文本正文：http://www.fatianshi.cn/D12286

第一章　总　　则

第一条　为贯彻《中华人民共和国档案法》和国家档案管理工作的规章、标准，加强我公司各类档案的收集、整理和管理工作，有效保护和利用档案，使其更好地为我公司的管理、经营等各项工作服务，特制定本办法。

第二条　我公司的档案是指在经营、管理等各项工作中直接形成的对国家、社会和我公司具有保存价值的各种文字、图表、声像等不同形式和载体的历史记录，是我公司知识产权凭证，我公司任何人都有责任和义务保证档案的完整性、准确性和秘密性。

第三条　我公司各种门类、载体的档案实行集中统一管理的原则。

第四条　我公司档案工作由综合部分管，档案室设在综合部，负责对档案工作实行统筹规划、组织协调、建立健全规章制度，在业务上进行监督和指导。

第五条　综合部档案室负责管理文书档案、投资经营档案、声像档案、会计档案；财务部负责管理单台价值10万元（含）以上的设备仪器档案；综合部负责管理人事档案。

第六条　各部门应将文件材料的形成、积累、整理和归档工作纳入设备、经营、管理工作程序、工作计划和有关部门、有关人员的岗位责任制。

第七条　没有办理归档手续或归档文件不完整、不准确的项目不予申报评优评奖。

D12286

第二章　档案工作职责

第八条　总裁办的职责

1. 组织贯彻国家有关档案工作的政策和法规，把档案工作列入发展规划、年度计划，在经费、库房、设施和人员配备等方面为发展档案工作提供保证。

2. 审查、批准本单位有关档案工作的规章制度、工作计划等。

3. 定期检查档案工作，研究解决工作中存在的重大问题。

第九条　综合部的职责

档案室：

1. 贯彻执行总裁办颁发的档案工作法律、法规和方针政策，建立健全公司档案工作规章制度并组织实施。

2. 负责统一管理文书、投资经营、会计等各类档案，为公司各项工作服务。

3. 负责归档的各类文件材料的接收、整理、编目、保管、组织鉴定、统计和提供利用等工作。

4. 把本单位文件材料的收集、整理、立卷和归档工作纳入管理工作程序、工作计划和有关人员的岗位责任制，并对其工作进行考核。

5. 对各部门文件材料的形成、积累、立卷归档等工作进行检查、指导和监督。

6. 组织本部门学习、宣传档案法规和档案规章制度，增强职工的档案意识。

7. 遵守国家关于保密制度的规定，保证机密和档案的安全。

8. 基金相关材料要专项建档保管，保存期限应当在 10 年以上。

财务部：

1. 负责财务部会计档案的立卷，按年度向档案室移交会计档案。

2. 协助档案室管理公司会计档案。

3. 完成建设项目财务决算，并将有关的各种财务资料归档。

第十条 投资经营部（投资部、基金部、风控部）的职责

1. 负责对外投资管理工作中所涉及的归档文件的归档工作。

2. 提出建档计划，明确项目组成员形成积累有关项目文件材料的任务，在项目结束后组织收齐并系统组卷，做到归档质量符合完整、系统、准确的要求。

3. 项目等结束后，审查文件材料是否完整、系统、准确，审查保管期限和密级，并签署意见。

第三章 立卷与归档

第十一条 我公司规定的应当立卷归档的材料，必须按照归档范围，定期归档，并办理移交手续，集中管理，任何个人不得据为己有。因没有归档，而出现泄密或造成损失，要追究当事人责任。

第十二条 文书档案由综合部按档案分类、编号、保存期限整理归档；项目由项目负责人主持立卷归档；设备由设备负责人主持立卷归档。

第十三条 归档本院制成的文件必须是定稿，凡加盖公司印章的合同必须存正本，文件归档原件。

第十四条 整理归档文件所使用的书写材料、纸张、装订材料等应符合档案保护的要求。不能有热敏纸，不能有铅笔、圆珠笔、红墨水、纯蓝墨水、复写纸等书写的字迹。电子文件需要永久、长期保存的，应形成纸质和光盘等双套介质保存。

D12286

第十五条 档案归档前要由立卷负责人整理好，填写移交清单一式两份，经双方按清单当面核对，签字，各持一份备查。对不符合质量要求的档案不予接收，待补充齐全达到要求时再办理归档手续。

第十六条 各部门主管要对存档档案的质量负责，做到审查手续完备，文件材料齐全、完整、准确。

第十七条 归档时间

1. 盖公司公章的所有原件即时归档。

2. 文书档案在次年 3 月归档。

3. 次年 3 月，投资经营部将上年度投资经营档案整理后，向档案室移交。

4. 财务部当年形成的会计档案，暂由财务部保管一年。期满之后，于次年的 3 月移交院档案室保管。

5.10 万元（含）以上的设备仪器档案在办理入库手续时，即时归档。

6. 声像档案即时归档。

第十八条 保存期限

1. 永久保存

公司章程、股东名册、各种规章、组织规程及办事细则、股东会及股东会议记录、财务报表、政府机关核准文件、不动产所有权及其他债权凭证。

2. 十年保存

基金资料、预算、决算书类、会计凭证、事业计划资料。

3. 五年保存

期满或解除之合约。

4. 一年保存

结案后无长期保存必要者。

第四章　管理与利用

第十九条　档案必须分门别类进行整理，按国家标准要求，进行科学分类编号、排架，做到保管有序，便于查找利用。

第二十条　设置专用档案库房，库房内配备适用的档案装具，并配备防火、防盗、防光、防虫、防尘、防高温等设施及用品。

第二十一条　定期清点档案，检查档案保管条件和检索工具，对破损或载体即将变质的档案，按照档案保护的原则和方法，及时进行修补和复制。

第二十二条　综合部档案室要做好档案统计工作，按时上报“档案工作基本情况统计年报”。

第二十三条　积极开展档案提供利用工作，严格执行档案借阅流程，并根据工作需要，编制各种检索工具，开展档案编研工作，开发档案信息资源，更好地为经营、管理等各项工作服务。

第二十四条　按照档案保管期限表的规定，定期进行档案鉴定销毁工作。

第二十五条　按照国家标准，用计算机管理档案，逐步实现档案的标准化、规范化和现代化管理，提高档案管理水平。

第五章　附　　则

第二十六条　本办法由综合部负责解释。

第二十七条　本办法自发布之日起执行。

附件：1. 文书档案归档范围；

2. 投资经营档案归档范围；

3. 设备仪器档案归档范围和要求；

D12286

4. 会计档案的归档范围和要求；

5. 人事档案的归档范围；

6. 声像档案。

附件1：

文书档案归档范围

文书档案是指我公司有关政治生活、行政事物和管理活动中形成的具有保存价值的文书材料，包括上级下发文件，公司对外发出的各类文件，公司对内自行制定的各类规章和形成的各种总结、计划、报告等，各部门上报的有保存价值的请示、报告等。

文件材料的归档范围：

1. 上级机关的文件材料

（1）上级机关下发的各种文件和对我公司的批复文件。

（2）上级机关召开的需要贯彻执行的会议文件。

（3）报刊转载我公司情况的文件材料。

2. 我公司形成的文件材料

（1）我公司向上级机关上报的请示、报告、汇报等文件。

（2）工作会议文件。

（3）我公司下发的决定、条例、制度、规定、办法等各种文件。

（4）各部门汇总的统计报表和统计分析资料。

（5）各部门向总裁办和综合部呈报的有关报告。

（6）各类简报、会议纪要。

（7）我公司的历史沿革、大事记、年鉴，反映我公司重要活动事件的荣誉证书、有纪念意义和凭证性的实物和展览照片、音像材料。

（8）干部任免（包括备案）、调配、培训、考核、奖励、聘任，各类干部、专员的年度统计报表。

（9）有关财产、物资的交接凭证、清册。

（10）与有关单位签订的各种合同、协议书等文件材料。

（11）外事活动中形成的重要文件材料，如与外国签订的协议书、协定、合同、请示、报告、计划、考察总结、重要简报、工作来往文件、信件、会议纪要、记录等。

（12）诉讼纠纷和非诉讼纠纷案件材料。

附件2：

投资经营档案归档范围

归档范围：

1. 国家和上级机关关于公司、企业投资和经营问题的法规和各种指导性文件。

2. 控股、参股公司和有限责任公司形成的文件材料

（1）公司创办的申请报告、可行性报告和主管部门批准文件。

（2）公司章程。

（3）公司营业执照正、副本复印件，法人代码证书复印件。

（4）资产评估报告、股权证明、验资报告。

（5）公司董事会、监事会人员名单。

（6）历次股东大会、董事会、监事会会议纪要及公司的指令性文件。

3. 全资公司形成的文件材料

（1）创办公司的批复；总经理、副总经理的任命文件。

（2）公司章程。

（3）公司营业执照正、副本复印件。

（4）验资报告。

（5）与外单位签订的具有法律效力的各类合同、协议。

（6）税务、工商注销文件（已注销公司）。

4. 重大项目论证材料。

5. 对外投资的合同、协议、章程、批复、房屋租赁合同、广告证。

附件3：

设备仪器档案归档范围和要求

一、外购设备归档范围

1. 设备档案登记表。

2. 申请外购设备的报告、批复、合同。

3. 随设备来的全部图纸、装箱单、说明书。

4. 安装调试、运行记录、性能检测报告及交付使用验收文件。

5. 操作维护规程。设备缺陷及隐患记录。

6. 重大设备事故的分析报告及处理意见。

7. 重要设备报废鉴定书、申请报告、批复。

二、归档要求

1. 凡是外购设备，单台价值达到10万元（含）以上的，须于办理入库的同时，交财务部一份档案（原件或复印件），并自留一份档案（原件）。

2. 报废设备的档案，使用单位在财务部办理报废手续后，交财务部，由财务部统一销毁。

3. 各二级单位的设备管理员负责本单位设备档案的建立和保管工作。

4. 本办法下发前外购且目前在用的设备，要将相关原始资料整理补齐并建档，单台价值在 10 万元（含）以上的设备档案应同时交财务部留存一份。

附件4：

会计档案的归档范围和要求

一、归档范围

1. 会计凭证类：记账凭证和各种原始凭证。

2. 会计账簿类：总账、现金日记账、银行日记账和银行对账单、辅助账簿、各种分类的明细账。

3. 财务报告类：年度财务报告，包括会计报表、附表、附注及文字说明，工资汇总表和发放明细表。

4. 发票类：院财务部保管期限超过 5 年的发票。

二、归档要求

1. 财务部门每年形成的会计档案，须按照归档要求，负责整理立卷，装订成册，编制会计档案保管清册。已实行会计电算化的单位，应形成纸质和光盘等双套介质材料归档保存。

2. 档案室按照财务部编制的移交清册接收会计档案。

3. 会计档案和设备仪器档案需经财务部领导批准，才可借阅，并办理登记手续。查阅或者复制会计档案的人员，严禁在会计档案上涂画、拆封和抽换。

4. 保管期满的会计档案，需要销毁时，由综合部档案室会同财务部提出销毁意见，编制会计档案销毁清册。财务部、综合部负责人在会计档案销毁清册上签字。保管期满但未结清的

D12286

债权债务原始凭证和涉及其他未了事项的原始凭证，不得销毁，应单独抽出立卷，保管到未了事项完结时止。单独抽出立卷的会计档案，应当在会计档案销毁清册和会计档案保管清册中列明。

附件5：

人事档案的归档范围

1. 履历材料。

2. 自传材料。

3. 鉴定、考核、考察材料。

4. 学历和评聘专业技术职务材料（包括学历、学位、学绩、培训结业成绩表和评聘专业技术职务、考绩、审批材料）。

5. 政治历史情况的审查材料（包括甄别、复查材料和依据材料，党籍、参加工作时间等问题的审查材料）。

6. 参加中国共产党、共青团及民主党派的材料。

7. 奖励材料（包括科学技术和业务奖励、英雄模范先进事迹）。

8. 处分材料。

9. 录用、任免、聘用、转业、工资、待遇、出国、离退休、退职材料及各代表会代表登记表等材料。

10. 其他可供组织上参考的材料。

附件6：

声 像 档 案

1. 公司组织的重要活动、重要会议、外事活动的资料。

2. 其他有保存价值的资料。

1. 档案索引表

序号	档案号	档案名称	建档日期	储存位置	档案内容	处理

2. 档案明细表

卷宗号	目录号	案卷号	借出				归还	
			日期	单位名称	经手人姓名	管理人员签字	日期	管理人员签字

D12286

3. 档案调阅单

编号：______　　　填写日期：______年______月______日

类别		调卷部门	
		调卷人	
文件内容摘要			
调阅用途			
调阅期限	自______年______月______日起至______年______月______日止，共______日		
原收文编号		借出日期	
档号		归还日期	
备注		保管人签章	

（三）法律事务管理办法

文本正文：http://www.fatianshi.cn/D12287

第一章　总　　则

第一条　目的

1. 规范公司法律事务工作，做到依法治企，尽量杜绝法律纠纷的产生。

2. 为公司经营管理活动提供法律依据，防止公司在生产、计划、物资、供销、运输、财务、劳工、纳税、融资等方面偏离国家法律轨道。

第二条　权责分配

1. 公司在行政部设法务组，作为总经理在法律方面的参谋和助手，协助行政部和总经理处理公司在经营过程中遇到的各类法律问题。

2. 公司视情况可设立专职律师或聘请兼职律师，亦可聘请律师事务所为公司法律咨询机构。

第三条　法律事务处理原则

1. 公司利益最大化原则。

2. 节约成本、提高效率原则。

第二章　法律事务分类

第四条　本制度所指的法律事务包括以下三种：

1. 公司各部门和人员在工作中遇到的有关法律问题的咨询。

2. 公司日常经营管理过程中形成的各类经营活动、文本、决定以及合同的审查。

3. 对公司经营管理过程中发生的各类纠纷的处理。

D12287

第三章　法律咨询事务处理

第五条　行政部法务人员应积极主动地为公的司经营管理活动提供法律意见和建议。

第六条　对公司各部门和人员提出的法律疑问，应根据问题的性质进行当场解答或进行资料查阅后给予解答。

第七条　解答法律问题必须做到耐心、全面。

第四章　合 同 审 查

第八条　审查企业经营过程中发生的各类合同、协议的合法性、有效性，维护企业利益。

第九条　合同、协议等文本的审查根据法务工作人员的工作计划和要求在规定的期限内完成。审查后应填写书面意见，供领导参考。

第十条　法务组人员对合同等文本的合法性承担连带责任。

第五章　纠 纷 处 理

第十一条　法务组人员协助主管领导解决突发的各类法律纠纷。

第十二条　法务组人员在纠纷处理过程中承担的主要任务包括以下六个方面：

1. 收集集法律纠纷的资料和信息，确保对法律纠纷进行全面、客观、准确的了解。

2. 编制法律纠纷处理的备选方案，重点阐明各个方案的成本、优势和不足之处。

3. 参加方案讨论会议，对参会者提出的有关方案的所有问题进行解答。

4. 解决方案确定后，负责方案的实施，并及时向主管领导汇报实施情况。

5. 编写法律纠纷处理报告，对法律纠纷的处理过程和结果进行分析，并提出意见和建议。

6. 对法律纠纷处理过程中形成的资料进行整理、汇总，并根据公司文件管理办法送文档管理人员归档。

第十三条 法务组人员处理法律纠纷时，必须遵守职业道德，不得弄虚作假、损害公司利益，严禁收受贿赂、徇私舞弊。一经发现，严厉查处。

第六章 法律事务处理监督

第十四条 行政部经理负责对法务组人员处理法律事务的过程进行监督。

第十五条 公司高层领导有权定期或不定期地对法律事务的处理情况进行询问。

第十六条 监督结果作为法务组人员绩效考核的一部分。

第七章 附 则

第十七条 本办法由行政部负责解释、补充，经总裁办审议通过后颁行。

D12287

（四）外事接待管理办法

文本正文：http://www.fatianshi.cn/D12288

为加强公司对外交流与合作，提高外事接待的效率和效果，特制定本规定。

第一条 外事接待含义及范围

（一）本规定所指外事接待是指公司因管理、产业、投资等各方面业务需要而开展的外宾接待活动。

（二）外事接待范围包括职能部门、投资部、基金部、风控部的单独或联合执行的接待任务。

（三）本办法所指的接待既包括参观者的招待，也包括出于各种目的而进行的专门接待。

第二条 接待程序

（一）各部门接待外宾，应事先填写《接待外宾申请表》报综合部，经审核批准后，在综合部领取外宾出入证，外宾须佩戴出入证方可进入工作区。

（二）需综合部发正式邀请信的，应于外宾来公司前一周提出书面申请。

（三）各部门接待外宾，如需领导出席的，须提交来访者简历，并附来访有关情况说明。

（四）接待完毕后，接待部门应在一周内写出书面总结送综合部，书面材料应包括外宾姓名、国籍、职务、来访时间、目的，以及洽谈内容、效果等，由综合部整理后存档。

第三条 接待注意事项

（一）如果贵宾来我公司参观，按公司规定以咖啡、西点、冷饮、烟茶或其他方式招待，并由公司领导陪同或由相关部门经理陪同。

（二）如是团体参观或业务参观，则以烟茶招待，由行政部或有关业务部门派专员陪同。

（三）接待人员不得私自设定接待级别，不得超支进行接待，否则要予以罚款。

（四）外宾参观公司，由综合部统一安排，各部门不得自行安排参观。

（五）外宾用车由各接待部门安排。

（六）短期讲学或工作时间不满一周者，一般不赠送礼品，如遇特殊情况需送礼品的，各部门需事先报综合部，经总裁办核准。

第四条 接待费用及报销

（一）公司主请的外宾，接待费由公司外事经费支付。

（二）根据需要，在征得总裁办同意后，外宾在京期间可安排北京地区的参观游览，相关费用在公司内报销时须经综合部审核。

第五条 本办法如有未尽事宜，需由行政部进行修正后，报总裁办审批。

第六条 本规定从发布之日起施行，由综合部负责解释。

附件：接待外宾申请表

公司接待外宾申请表

申请部门		领导签字	
外宾 基本 情况	（应载明姓名、国别、所在部门、职务等基本情况）		

D12288

续表

来访 事由	
拟安排的接待时间、考察路线和主要接待人	
建议参加的公司领导、职能部门人员名单	
综合部意见	
公司领导意见	

1. 公务联系单

送抵时间	
签 收 人	
已阅签字	
转出时间	
联系事项	
签　复	
填 表 人	

2. 参观许可证

<table>
<tr><td>许可证编号</td><td colspan="2"></td><td>发证日期</td><td></td><td>印章</td><td></td></tr>
<tr><td>参观单位</td><td colspan="2"></td><td>参观日期</td><td colspan="3"></td></tr>
<tr><td>参观者姓名</td><td>职务</td><td></td><td>单位</td><td colspan="3"></td></tr>
<tr><td>参观区域</td><td colspan="2"></td><td>参观内容</td><td colspan="3"></td></tr>
<tr><td>参观目的</td><td colspan="2"></td><td>参观路线</td><td colspan="3"></td></tr>
<tr><td colspan="7">相关部门签章</td></tr>
<tr><td>主管副总</td><td colspan="2">生产部</td><td>行政部</td><td colspan="2">营销部</td><td>公关主管</td></tr>
<tr><td></td><td colspan="2"></td><td></td><td colspan="2"></td><td></td></tr>
</table>

D12288

（五）固定资产管理规定

第一章　总　　则

第一条　为加强我公司固定资产管理，维护资产的安全和完整，充分发挥资产使用效能，根据国家有关规定，结合我公司实际情况，制定本规定。

第二条　固定资产是指同时具有以下三个特征的有形资产：（1）为生产产品、提供劳务、出租或经营管理而持有；（2）使用年限超过一个会计年度；（3）单位价值在 2000 元以上。

低于上述标准的同类资产以及办公家具，作为低值易耗品管理。

第三条　公司固定资产分为房屋构筑物，通用设备，专用设备，交通运输设备，电气设备，电子产品及通信设备等。

第四条　公司固定资产所有权和处置权归公司所有，未经批准，各使用部门无权自行处置本部门使用的固定资产。

第五条　公司房屋构筑物由公司管理，财务部负责价值管理，综合部负责实物管理。

第六条　公司设备仪器类固定资产实行二级核算三级管理的管理体制。具体规定如下：

（一）财务部为一级核算和管理部门，负责设备管理规章制度的建立；办理设备的入库、部门转移、对外投资、对外捐赠、报废及残值回收等手续；填制设备仪器卡片；制作固定资产标识；登记固定资产总账、明细账及编制报表；负责固定资产系统账的更新维护；计提折旧；组织开展全公司设备仪器的清查盘点工作等。

（二）综合部为二级核算和管理部门，负责本部门所需设备的报批、购置；台账的登记；设备档案的归集和管理；实物的管理以及设备仪器的清查盘点和维修保养等。

（三）使用人为设备三级管理者，负责本人所使用设备仪器的实物保管及日常维护等工作。

第二章　固定资产计价

第七条　公司固定资产按历史成本原则计价，固定资产价值包括直接发生的固定资产价款、运杂费、包装费和安装成本等以及应分摊的借款利息、外币借款折合差额、购建固定资产交纳的各种税费等，具体规定如下：

（一）外购固定资产的计价，包括购买价款、保险费、包装费、进口关税和其他税费，以及为使固定资产达到预定可使用状态前所发生的可归属于该项资产的场地清理费、运输费、装卸费、安装费和专业人员服务费等。

以一笔款项购入多项没有单独标价的固定资产，应当按照各项固定资产的公允价值的比例按总款项进行分配，分别确定各项固定资产的入账价值。

（二）自行建造固定资产的计价，包括为建造该项资产达到预定可使用状态前所发生的全部必要支出。

（三）其他部门投资转入的固定资产，以评估确认的价值或者合同、协议约定的价值入账。

（四）以资产置换形式转入的固定资产的计价，如果资产的公允价值能够可靠计量，应当以公允价值和支付的相关税费作为资产的成本，公允价值与换出资产的账面价值的差额计入当期损益；不能确认公允价值的，应当以换出资产的账面价值和应支付的相关税费作为换入资产的入账价值。

（五）融资租入固定资产的计价，按租入资产公允价值与最

D12289

低租赁付款额现值两者中较低的作为租入资产的入账价值，其差额作为未确认融资费用。

与租入资产相关的运输费、途中保险费、安装调试费，租赁谈判和签订租赁合同过程中发生的可归属于租赁资产的手续费、律师费、差旅费、印花税等应计入租入资产价值。

（六）在原有固定资产基础上进行改建、扩建的，按原固定资产账面价值，加上由于改建、扩建而增加的支出，减去改建、扩建过程中发生的变价收入计价。

（七）接受捐赠的固定资产，按捐赠者提供的有关凭据上列明的金额计价，或根据同类资产的市场价值估计计价。接受固定资产时发生的各项费用，应当计入固定资产的价值。

（八）盘盈的固定资产，按同类固定资产的重置完全价值计价。

第三章　设备报废

第八条　设备报废

（一）对达到使用年限且损坏无法修复或无修复价值的固定资产，各部门可以申请报废。对未达到使用年限，但确实无法再使用的固定资产，经部门申请可以予以提前报废，净值损失由申请部门承担。

（二）综合部提前报废未达到使用年限的固定资产须经条件保障部、财务部批准。

（三）报废设备须填写《固定资产处置审批表》一式二份，一份交财务部销账，一份由各部门留存。各部门应认真填写处置审批表，对造成报废的原因进行分析、明确责任，并经综合部和财务部批准后执行。

未达到使用年限的单价在10万元以上的设备，须经主管公司领导批准方可报废。

（四）报废设备原则上由财务部负责处置，但对价值比较高的资产，各部门如果能找到专业对口的收购部门，可与财务部共同处理。

（五）涉及电、暖、水设备的处置，为确保财产及人身安全，各部门无权自行处置，须征得条件保障部同意后，会同财务部、条件保障部和物业公司共同处理。

第九条 资产因丢失等原因实际已经不存在，按盘亏处理，不办理报废手续。

第十条 公司所有资产处置收入均通过公司财务核算。设备残值收入，全部上交公司。

第十一条 对于办理完报废手续的固定资产各部门应积极处理，不得继续在现场随意堆放。

第十二条 我公司职工离职时，须将领用的全部仪器设备交回，由本部门设备管理员负责清点移交，将移交情况报财务部备案。

第十三条 公司资产的处置权属于公司，未经批准擅自将固定资产变卖或对外投资的，一经查出按盘亏处理，并按本规定第九章的有关规定进行处罚。

第四章　设备的清查盘点

第十四条 各部门应建立严格的实物盘点自查制度，每年至少盘点一次，盘点情况如果与账存情况不符，应当查明原因，核实情况，并将盘点结果报财务部。

第十五条 财务部根据工作需要，每年安排时间对各部门设备仪器进行抽查盘点。根据盘点情况进行相关账务处理，做到账账相符、账实相符、账卡相符。通过抽查盘点如发现各部门自查结果与事实不符，根据本规定第九章有关规定进行处罚。

第十六条 对于上级部门下达的清产核资任务，或我公司组织的审计项目，各部门应积极配合，并委派专门人员协助公司资产管理部门或审计小组做好固定资产的清查盘点工作。

第五章 固定资产折旧

第十七条 折旧是指固定资产在使用过程中，逐渐损耗而转移到成本费用中的价值。

第十八条 公司固定资产计提折旧的范围为房屋构筑物；在用机器设备等；以经营租赁方式租出的固定资产以及融资租赁方式租入的固定资产。

第十九条 不计提折旧的范围包括已提足折旧继续使用的固定资产、在建工程交付使用前的固定资产及以经营租赁方式租入的固定资产，以及已全额计提减值准备的固定资产。

第二十条 公司固定资产折旧采用平均年限法，残值率为5%，折旧率采用个别折旧率，单项固定资产的月折旧额计算公式是：固定资产原值 × ［（1 － 5%）÷ 折旧年限］÷12。我公司各类固定资产折旧年限由财务部核准。

第二十一条 已计提减值准备的固定资产，按照该固定资产的账面价值以及尚可使用寿命重新计算确定折旧率和折旧额。因固定资产减值准备而调整固定资产折旧额时，对以前已计提的累计折旧不作调整。

第二十二条 以科研经费购置固定资产，一次计入科研项目成本，以后不再计提折旧；以其他经费来源购置的固定资产，按月计提折旧摊入各部门成本。由公司支持的经费购入的固定资产不计入各部门固定资产科目，但须按月负担固定资产折旧。

第二十三条 房屋构筑物由公司统一计提折旧。

第二十四条 当月新增的固定资产，从下月开始计提折旧，当月减少的固定资产从下月开始停止计提折旧。提前报废的固定资产，不补提折旧。

第六章 固定资产的期末计价

第二十五条 因固定资产发生损坏、技术陈旧或其他经济原因，而导致其可收回金额低于其账面价值，可以计提固定资产减值减备。

可收回金额应当根据资产的公允价值减去处置费用后的净额与资产预计未来现金流量的现值两者之间较高者确定。

第二十六条 每年年末，各部门应检查固定资产是否存在减值和事实损失的情况。

固定资产减值的标准参照《资产减值准备计提政策暂行办法》执行。如果发生减值，应填制《固定资产计提减值准备审批表》一式二份，一份交财务部计提固定资产减值准备，计入各部门当期损益；另一份各部门留存。固定资产减值一经计提，在该项资产的存续期内即便减值因素不存在，也不再冲回已提减值。

固定资产如发生事实损失，应按照《资产减值准备财务核销规定》的有关规定进行财务核销。

第七章 附 则

第二十七条 未经资产部门批准擅自拆散、改装仪器、设备的，处以有关部门固定资产原值1%~5%的罚款，并根据情况责令修复。

第二十八条 不按本规定有关购置签批的要求，采用弄虚作假手段购置固定资产的，按盘盈处理该项固定资产，并按固

D12289

定资产原值增加其流动资金占用和计提折旧。

第二十九条 由于违反操作规程，造成固定资产全部或部分损坏的，视具体情况追究相关责任人责任。

第三十条 固定资产发生被盗、丢失以及盘亏，除各部门负担净值损失外，并处各部门单台固定资产 200 ~20000 元的罚款。

第三十一条 各部门每月应根据财务部返还的固定资产相关单据登记明细账，及时与财务部核对。明细账核对无误后，各部门可自行处置相关单据。

第三十二条 本规定自发布之日起施行。

第三十三条 本规定由财务部负责解释。

1. 固定资产登记表

财产科目：　　　　　　　　　　　　　　项目编号：

购置日期：______年______月______日　　使用年限：

购置金额：

日期	凭证字号	使用部门	日期	凭证字号	使用部门

2. 固定资产移交清单

部门：______________ 填写日期：______________ 第______页

项目	规格及说明	单位	数量	备注

接受部门： 移交部门：

经理： 主管： 经办人：

经理： 主管： 经办人：

3. 固定资产保管记录卡

（正面）

<table>
<tr><td>财产分类</td><td colspan="3"></td><td>编号</td><td colspan="2"></td></tr>
<tr><td>中文名称</td><td colspan="3"></td><td>英文名称</td><td colspan="2"></td></tr>
<tr><td>厂牌</td><td colspan="3"></td><td>取得日期</td><td colspan="2"></td></tr>
<tr><td>规格</td><td colspan="3"></td><td>配件</td><td colspan="2"></td></tr>
<tr><td>台币原价</td><td colspan="3"></td><td>原币值</td><td colspan="2"></td></tr>
<tr><td colspan="2" rowspan="2">增加资本支出</td><td rowspan="2">原值</td><td rowspan="2">使用年龄</td><td colspan="3">每年折旧额</td></tr>
<tr><td>第一年</td><td>第______年～第______年</td><td>最后一年</td></tr>
<tr><td>______年
______月</td><td></td><td></td><td></td><td></td><td></td><td></td></tr>
<tr><td>______年
______月</td><td></td><td></td><td></td><td></td><td></td><td></td></tr>
<tr><td>______年
______月</td><td></td><td></td><td></td><td></td><td></td><td></td></tr>
</table>

D12289

（背面）

使用部门	接管日期	使用保管人签章	交还日期	经管部门签章
	______年 ______月 ______日		______年 ______月 ______日	
	______年 ______月 ______日		______年 ______月 ______日	

（六）证照规范管理规定

文本正文：http://www.fatianshi.cn/D12290

第一章　总　　则

第一条　为加强对公司证照的管理，特制定本规定。

第二条　本规定中的证照包括“企业法人营业执照”正副本、“组织机构代码证”正副本、“税务登记证”正副本（以上已施行“三证合一”）、“企业法人代码证”、“经营许可证”、“开户许可证”等。

第二章　证照的保管

第三条　由行政部和财务部负责保管。

第四条　公司证照的存放应确保安全可靠，除按照规定必须悬挂的以外，其他证照应当在公司办公区域内加锁保存。

第五条　公司证照原则上都应该在办公区域内保存，如有特殊情况需要使用，应得到行政部经理和总经理的审批，随后方可外携。

第三章　证照的申请和使用

第六条　公司各类证照须按照国家法律法规的规定规范使用。

第七条　公司各业务部门需要使用和复印证照时，应填写“证照使用或复印申请单”，向行政部提出申请。

第八条　经行政部经理和总经理的审批同意后，行政人员方可办理相关手续。

第九条　公司新办理的证照与年审后的证照必须在当日下

D12290

午交回行政部。

第十条 如有特许情况需要使用证照时，需要经行政经理批准，并应于第2日交到行政部。

第四章 证照的年检和续办

第十一条 公司证照须按照国家法律法规及规章的规定，在法定期限内履行年检和续办手续。

第十二条 公司证照的年检和续办手续，一般由行政部负责办理，但财务类证照，包括“税务登记证”“财务登记证”“统计登记证”等的年检和续办手续由财务部负责办理。

第十三条 证照的相关管理人员在离职时要办理好证照的相关交接手续，否则不予办理离职。

第五章 附　　则

第十四条 本办法由公司综合部负责解释。

第十五条 本办法经公司董事会批准后暂行。

（七）印章管理制度

文本正文：http://www.fatianshi.cn/D12291

第一条 目的

为加强对公司印章的管理，规范使用程序，确保公司印章在公司经营活动中的权威性、有效性、合法性，本制度就公司印章管理及使用作出规定。

第二条 重要印章的种类

（一）公司公章；

（二）公司法定代表人印鉴；

（三）公司财务专用章；

（四）公司合同专用章；

（五）公司发票专用章。

第三条 印章的刻制

公司印章由综合管理部门统一刻制。综合管理部门在刻制公章时，必须严格按照国家有关规定，并经公司领导批准后刻制。

第四条 印章的审批、使用

建立用印登记备案制度，详细登记用印时间、事由、用印人、批准领导等事项，切实加强印章管理。

（一）公司章、法定代表人印章、合同专用章

1. 印章的使用由综合管理部门专人负责。

2. 公司公章的使用经各分管领导批准后方可用印。一切对外签订的直接与公司经营活动有关的合同、合约、协议等，按公司合同管理办法的规定，由公司法定代表人或其指定的委托人审批后方可用印。

3. 法定代表人的印章使用应进行备案登记并经法定代表人

D12291

同意方可用印。

4. 常规用印或需要再次用印的文件（上次用印已登记备案），可不填写申请单，由印章主管人将用印事项登记以备查。

5. 凡以公司名义的发文，均按照公文处理办法，经签发人审批合格后，方可用印。

6. 凡上报（外报）材料、报表、评审表等日常业务需要用印的，由分管领导审批。

7. 公司印章原则上不得带出公司。如确因工作需要，须经公司领导批准，并由申请用印人写出借据使用申请并标明借用时间、归还期限。

8. 公司不开具空白介绍信或在空白纸上盖章。出差或联系工作，需经公司领导同意后，方可开具介绍信。

9. 印章管理人必须严格履行职责，认真负责，按规定办事。如违反上述办法规定造成的后果由直接责任人员负责。

（二）公司财务专用章、发票专用章

公司财务专用章、发票专用章，按财务管理部门制定的财务印章管理办法执行。

第五条 用印方法

1. 用印前，先填写用印申请单，经部门经理核准后，连同经审核的文件、文稿等报送综合管理部门，交监印人用印。

2. 监印人除于文件、文稿上用印外，应于“用印申请单”上加盖印章存档。

3. 公司印章应盖在文件正面。

4. 多页文件应盖骑缝印。

第六条 印章的保管

1. 公司印章的保管实行印章专人保管、负责人印章与财务专用章分管制度。公司公章、合同专用章由综合管理部门负责保管、用印；公司财务专用章、发票专用章、法定代表人印章由财务管理部门负责保管、用印；印章必须专人妥善保管，若有遗失，必须及时向综合管理部门报告；应依法公告作废。

2. 印章保管人发生变更时，须办理移交手续。做好交接记录。

3. 印章应存放在配锁的办公抽屉（或保险柜）里。节假日放在安全处，并贴封条。重新使用时，先验锁和封条，未经领导批准不得交给他人保管。

第七条 印章的更换、停止使用及销毁

1. 更换或废止印章应报公司领导批准，由综合管理部门负责刻制，旧印章应及时交还综合管理部门统一处理。

2. 印章停止使用后，领导个人印章退还本人，公章由综合管理部门统一保管。

3. 印章的销毁由综合管理部门报分管领导审核，经总裁批准后办理。

第八条 本制度由董事会会授权综合管理部门负责解释。

第九条 本制度自下发之日起暂行。

1. 印章使用登记簿

时 间	事由（或支票号）	用印人	批准人	印章名称	份数

D12291

2. 印章使用申请单

单位		申请日期	______年______月______日
用印类别		用印份数	
文件名称		文件说明	
申 请 人		核 准 人	

（八）会议管理工具表单

文本正文：http://www.fatianshi.cn/D12292

1. 会议记录表

编号：____________　　填写日期：______年______月______日

会议时间		地点		主持人		记录人	
会议名称							
参 加 者							
会议议题							
会议过程							
会议决策							
记录审核人		审核结果					

2. 年度会议计划表

会议名称		主持人	
开会地点		会议召集单位	
开会日期		会议主要工作人员	
开会时间		与会者应备资料	
会议宗旨及议题		会场标示资料	
与会单位		会场拟分发资料	
人数			

D12292

（九）信件管理表单

文本正文：http://www.fatianshi.cn/D12293

1. 信件接收登记表

日期：______年______月______日

日期	信件种类	接收人	收信人	所属单位 / 职位	分发日期	签收人

2. 外发信件登记表

序号	外发时间	信件信息			发信人信息		密级
		信件类别	外发地址	收信人	外发信件人	外发单位	

六、人事管理制度

适用场景：

人是多数公司最重要的资产，一套科学有效的人事管理制度不仅能保证公司的有效运转，而且能够有效地刺激公司员工的工作积极性。本套制度提供了从员工照片、劳动合同管理、人事档案管理、薪酬管理和日常管理的常用制度和表单等。

法律要点：

1. 用人单位在发布招聘广告时应注意的问题

（1）招聘广告发布的信息应该真实。

（2）招聘广告的内容应该契合招聘岗位的需求。

2. 避免性别歧视

3. 员工录用审查。确定该录用者与其他用人单位不存在劳动关系

4. 录用过程的合法合理

（1）劳动者就业，不因民族、种族、性别、宗教信仰等不同而受歧视。企业不得以劳动者的性别、民族、种族、宗教信仰为由拒绝录用或提高录用标准。此外，招聘广告中也不应该包含有意或无意的身高歧视、对“乙肝携带者”的歧视等。总之，用工歧视是法律实务中 HR 的禁忌行为，应该注意加以避免。

（2）不得招用童工或无合法证件的人员。招用不满 16 周岁的未成年人成为使用童工。《禁止使用童工规定》第 2 条规定，国家机关、社会团体、企业事业单位、民办非企业单位或者个

体工商户均不得招用不满 16 周岁的未成年人。禁止任何单位或者个人为不满 16 周岁的未成年人介绍就业。求职者应该出示证明其身份的合法证件。无合法证件将无法确认员工身份、无法为其办理社会保险、无法签订劳动合同。这也是为了日后用人单位能够充分行使用工管理自主权提供有力的条件。

（3）向求职者收取应聘费用、保证金或抵押金，扣押求职者文凭或身份证件等，都应在招聘中避免。这种做法侵害了职工的合法权益，劳动部门将会予以纠正和制止，对非法收取的货币和实物、证件等，责令用人单位退还劳动者。

5. 劳动合同的签署

（1）员工入职后要及时与其订立书面劳动合同。《中华人民共和国劳动合同法》第 10 条规定，建立劳动关系，应当订立书面劳动合同。《中华人民共和国劳动合同法》第 82 条第 1 款规定，用人单位自用工之日起超过 1 个月不满 1 年未与劳动者订立书面劳动合同的，应当向劳动者每月支付 2 倍的工资。

（2）试用期约定要合法

《中华人民共和国劳动法》第 19 条规定，劳动合同期限 3 个月以上不满 1 年的，试用期不得超过 1 个月；劳动合同期限 1 年以上不满 3 年的，试用期不得超过 2 个月；3 年以上固定期限和无固定期限的劳动合同，试用期不得超过 6 个月。

（3）依法为员工缴纳社会保险

《中华人民共和国劳动法》第 73 条规定，劳动者享受的社会保险金必须按时足额支付。第 100 条规定，用人单位无故不缴纳社会保险费的，由劳动行政部门责令其限期缴纳，逾期不缴的，可以加收滞纳金。

（4）保密条款及竞业禁止条款

投资业务会涉及目标公司的商业秘密，对于员工需要加强保密意识并在劳动合同中加以规定。另外需要注要的是设置竞业禁止义务需要在员工离职后支付经济补偿。

制度签发表			
制度名称	人事管理制度		
版本编号			
制度管理人	人事部		
制度最终审批人	□董事会　　□总经理		
职位	姓名	签字	日期
董事会			
制度修订记录			

关注法天使

（一）员工招聘管理制度

文本正文：http://www.fatianshi.cn/D12294

第一章　总　　则

第一条　目的

为统一管理和规范本公司员工录用工作，特制定本制度。

第二条　管理职责

1. 人事部负责人员招聘计划的制订及实施，建立人才引进渠道、人才测评机制等工作。

2. 各部门负责本部门人员需求计划的拟订和试用人员的使用、管理及考核工作。

第三条　招聘原则

招聘应由总经理批准，公司统一组织实施，严格按照岗位聘用条件，坚持“公开招聘、择优录用”的原则。

第二章　招 聘 计 划

第四条　人员招聘计划的内容：

1. 需求岗位和人数。

2. 岗位说明，包括岗位职责和要求、到岗日期、岗位级别、薪资水平等。

3. 招聘渠道和时间。

4. 招聘费用预算。

第三章　招 聘 渠 道

第五条　公司采用招聘网站、校园招聘、广告媒体、猎头、内部招聘等多种渠道进行招聘。

第四章 人员选拔

第六条

1. 通过招聘渠道收集应聘人员资料。应聘者应提交的资料包括个人简历、有关证书、身份证、1寸照片等。

2. 人事部审查应聘人员的工作经历和有关证书等是否符合应聘岗位的要求。

3. 面试工作由人事部组织和安排，全面了解应聘人员的工作、学习经历，家庭情况，性格倾向，个人职业意愿等，并做好详细的面试记录。

4. 通过初试的人员，由用人部门进行复试，全面、详细地考察应聘人员的专业技能，以确定是否录用。

5. 复试后根据情况，必要时进行背景调查。

6. 所有人员招聘都必须经过初试、人才测评、复试（根据需要）、招聘小组集体面试、背景调查（根据需要）等程序后方可确定录用。

7. 以上所有测试，相关部门和人员应做好记录并签署意见。

第五章 人员录用

第七条 对于初步决定录用的人员，人事部负责就薪酬、到职日期、试用期等具体事宜与其进行沟通确认。

第八条 面试各程序完毕且合格后，由行政人事部经理审核，报总经理批准后录用。

第九条 发出录用通知

应聘者通过几轮的选拔，考核合格并经背景调查确认合格后，行政人事部应尽快通知被录取的应聘者，一般是在考核结束后的7天左右，一方面寄发录用通知书，另一方面还要以电

D12294

话告知的方式通知。对未被录用的应聘者，也应委婉地告知其结果，并对其表示感谢。

第十条 人事部定期跟踪录用人员办理报到手续。从社会上正式聘用的新员工应提供离职证明（或失业证），并签订《劳动合同》与《保密协议》。从校园引进的应届毕业生，签订实习协议，实习期间享受一定待遇，表现优秀者可于毕业后签订就业协议。

第十一条 新员工试用期为6个月（劳动合同有效期为3年）。员工试用期表现优秀者，可适当缩短其试用期。

第十二条 用人部门填写《试用期考核表》，经直接主管、部门经理、行政人事部、总经理审批合格后正式录用。

第十三条 试用期考核内容主要包括工作态度、工作能力、工作表现等。

第十四条 新员工需参加入职培训，学习员工手册，尽快适应公司文化，胜任岗位职责。

第六章 附 则

第十五条 本制度经公司总经理审核通过后实施，修改时亦同。

第十六条 本制度由人事部负责解释、补充。

附：

1. 应聘人员登记表

应聘职位：　　　　　　填表日期：______年______月______日

姓名		性别		年龄		出生日期	
籍贯		民族		身高		体重	

续表

<table>
<tr><td>学历</td><td></td><td>职称</td><td></td><td>健康状况</td><td></td><td>婚姻状况</td><td></td></tr>
<tr><td>毕业院校</td><td colspan="3"></td><td>所学专业</td><td colspan="3"></td></tr>
<tr><td>第一外语</td><td></td><td>级别</td><td></td><td>第二外语</td><td></td><td>级别</td><td></td></tr>
<tr><td>联系方式</td><td colspan="3"></td><td>身份证号码</td><td colspan="3"></td></tr>
<tr><td>期望工资</td><td></td><td>上岗时间</td><td></td><td>其他要求</td><td colspan="3"></td></tr>
<tr><td rowspan="3">所受教育</td><td>起止时间</td><td>学校名称</td><td>专业</td><td>学历</td></tr>
<tr><td></td><td></td><td></td><td></td></tr>
<tr><td></td><td></td><td></td><td></td></tr>
<tr><td rowspan="3">工作经验</td><td>起止时间</td><td>公司名称</td><td>所任职务</td><td>相关证明人</td></tr>
<tr><td></td><td></td><td></td><td></td></tr>
<tr><td></td><td></td><td></td><td></td></tr>
<tr><td rowspan="3">参加的培训</td><td>培训机构</td><td>培训机构</td><td>培训内容</td><td>所获得的相关证书</td></tr>
<tr><td></td><td></td><td></td><td></td></tr>
<tr><td></td><td></td><td></td><td></td></tr>
<tr><td>所受过的奖励及处分</td><td colspan="4"></td></tr>
<tr><td>兴趣和爱好</td><td colspan="4"></td></tr>
<tr><td>个人特长及自我评价</td><td colspan="4"></td></tr>
</table>

D12294

2. 面试成绩评定表

<table>
<tr><td colspan="2">应聘者姓名</td><td></td><td colspan="2">性别</td><td colspan="2"></td><td colspan="2">年龄</td><td colspan="2"></td></tr>
<tr><td colspan="2">毕业院校</td><td></td><td colspan="2">专业</td><td colspan="2"></td><td colspan="2">学历</td><td colspan="2"></td></tr>
<tr><td colspan="2">应聘职位</td><td></td><td colspan="2">应聘
时间</td><td colspan="6"></td></tr>
<tr><td colspan="3" rowspan="2">评价项目</td><td colspan="8">评定等级</td></tr>
<tr><td>A. 优</td><td colspan="2">B. 良</td><td colspan="2">C. 好</td><td colspan="2">D. 一般</td><td>E. 差</td></tr>
<tr><td colspan="3">仪表、仪态</td><td></td><td colspan="2"></td><td colspan="2"></td><td colspan="2"></td><td></td></tr>
<tr><td colspan="3">专业知识技能的掌握</td><td></td><td colspan="2"></td><td colspan="2"></td><td colspan="2"></td><td></td></tr>
<tr><td colspan="3">工作经验与应聘职位的关联程度</td><td></td><td colspan="2"></td><td colspan="2"></td><td colspan="2"></td><td></td></tr>
<tr><td colspan="3">语言表达</td><td></td><td colspan="2"></td><td colspan="2"></td><td colspan="2"></td><td></td></tr>
<tr><td colspan="3">分析判断能力</td><td></td><td colspan="2"></td><td colspan="2"></td><td colspan="2"></td><td></td></tr>
<tr><td colspan="3">应变能力</td><td></td><td colspan="2"></td><td colspan="2"></td><td colspan="2"></td><td></td></tr>
<tr><td colspan="3">情绪控制能力</td><td></td><td colspan="2"></td><td colspan="2"></td><td colspan="2"></td><td></td></tr>
<tr><td rowspan="6">综合评价</td><td colspan="2" rowspan="2">人力资源部</td><td>评价</td><td colspan="7"></td></tr>
<tr><td>录用
决策</td><td colspan="7">□ 予以录用 □ 储备
□ 不予考虑</td></tr>
<tr><td colspan="2" rowspan="2">用人部门</td><td>评价</td><td colspan="7"></td></tr>
<tr><td>录用
决策</td><td colspan="7">□ 予以录用 □储备
□ 不予考虑</td></tr>
<tr><td colspan="2" rowspan="2">总经理</td><td>评价</td><td colspan="7"></td></tr>
<tr><td>录用
决策</td><td colspan="7">□ 予以录用 □ 储备
□ 不予考虑</td></tr>
</table>

（二）劳动合同管理制度

文本正文：http://www.fatianshi.cn/D12295

一、目的

为保护公司和劳动者的合法权益，规范劳动关系，明确双方的权利和义务，根据《中华人民共和国劳动合同法》《中华人民共和国社会保险法》及国家的相关法规，结合公司实际情况，制定本办法。

二、适用范围

本办法适用于公司全体员工①的劳动合同的管理。

三、劳动合同及协议

劳动合同及劳动协议的分类：

1. 劳动合同书；

2. 实习培训协议；

3. 劳务合同；

4. 聘用合同；

5. 合作协议。

四、其他附属协议的分类

1. 保密协议；

2. 员工培训教育协议；

3. 员工外派培训协议。

五、劳动合同及协议应包括的内容

名称	备注
签订单位名称	√
企业性质	√
企业地址	√
企业法人姓名	√

①公司应当为全体全职员工签署劳动合同。

D12295

续表

劳动者个人信息	√
劳动合同或协议期限	√
劳动岗位	√
劳动地点	√
工作制	√
工资	☆
试用工资	☆
最低工资	☆
其他内容	☆

注：带“√”为必须有的内容，带“☆”为根据实际情况而定，不作硬性规定。

六、签订劳动合同应包括的材料

资料名称	备注
劳动合同书	√
录用登记表	√
劳动合同登记名册	√
身份证复印件	√
户口簿复印件	☆
失业就业证、失业证或失业保险手册原件	☆
再就业优惠证原件	☆
应届生就业（登记）报到证	☆
农民工服务手册	☆
离职证明	☆
照片	√
其他内容	☆

注：带“√”为必须有的内容，带“☆”为根据实际情况而定，不作硬性规定。

七、劳动合同及协议的签订

1. 劳动合同期限[①]分为固定期限劳动合同、无固定期限劳动合同及以完成一定工作任务为期限的劳动合同。

2. 员工入职后1个月内与公司签订劳动合同及相关附属协议。员工应按公司和当地就业机构要求及时提供办理合同所需材料，逾期不交或不及时提供，导致劳动合同不能及时办理，由此产生的一切后果由员工本人承担。

3. 劳动合同签订后30日内需到劳动保障行政部门办理录用备案、合同登记手续。

4. 离退休、退养、停薪留职、人事储备等人员因与原单位存在劳动关系，故不签订劳动合同。根据公司工作需要可签订聘用合同、合作协议或劳务合同等，合同、协议期限不做硬性规定。

5. 未毕业的学生到公司进行实习培训的，需签订实习培训协议。

八、劳动合同的期限

1. 劳动合同首次签订期限[②]为1~3年，劳动合同期满后第一次续签期限为3~5年。连续签订二次固定期限劳动合同后，可签订无固定期限劳动合同。

2. 公司根据岗位的重要性及从业人员的综合素质，可考虑首次签订3年以上合同或一次性签订无固定期限劳动合同。

九、劳动合同的续签

1. 劳动合同到期前1个月，由综合管理部负责办理劳动合同的人员下发《续约意见征询函》进行逐级审批。

2. 部门主管以下员工需经部门直接上级和分管领导意见进行审批；部门经理、副经理以上级别员工需经部门总经理、部门分管领导、总裁意见进行审批。

①《中华人民共和国劳动法》第20条。

②管理人可以自行约定。

D12295

3. 经审批通过后，由综合管理部负责办理劳动合同的人员下发《续订劳动合同意向通知书》给员工本人进行意见征询。公司及员工本人意见一致后方可下发《续订劳动合同协议书》进行续签。

4. 如公司或员工本人任一方不同意续签劳动合同，经双方协商可终止劳动合同，不再续签。

十、劳动合同的变更

1. 劳动合同的变更是指劳动合同双方当事人就已经生效的劳动合同条款达成修改或补充协议的法律行为。

2. 劳动合同签订以后，由于主客观情况的变化，使原劳动合同的继续履行存在困难或成为不可能时，可以根据有关法律、法规的规定，在经过双方协商达成一致意见后，可以依法变更劳动合同，对原有劳动合同的部分条款和相关内容进行修改补充。

3. 劳动合同变更内容需经公司法律顾问审核，综合管理部负责人、分管领导、总裁审批后方可执行。

十一、劳动关系的解除和终止

（一）个人申请辞职。

（二）公司与员工协商一致，可以终止劳动合同。

（三）在劳动合同期或其他协议内有下列情形的，公司可解除劳动合同或用工关系，且公司不支付经济补偿：

1. 符合公司有关制度规定的解除劳动合同条件者；

2. 营私舞弊、挪用公款、收贿行贿；

3. 威胁上司、玩忽职守、办事不利，情节严重者；

4. 违抗命令，擅自离开工作岗位不听劝阻，造成一定后果的；

5. 仿效上级主管签字造成不良后果或盗用组织公章、为个人利益伪造证件者；

6. 偷窃、复制、撕毁、涂改公司有价值的资料，情节严重者；

7. 偷窃、骗取公物情节严重者；

8. 严重损害企业形象、组织利益者；

9. 违反国家法令或组织规章，情节严重者；

10. 造谣生事、煽动动闹事或怠工，情节严重者；

11. 泄露公司机密信息损害企业形象、组织利益情节严重者；

12. 试用期间被证明不符合录用条件的；

13. 员工同时与其他用人单位建立劳动关系，对完成公司的工作任务造成严重影响，或者经公司提出，拒不改正的；

14. 以欺诈、胁迫的手段或者乘人之危，使公司在违背真实意思的情况下与员工订立或变更劳动合同、协议的；

15. 被依法追究刑事责任的；

16. 法律、法规规定的其他情形。

（四）在劳动合同或其他协议期内有下列情形之一的，公司提前30日以书面形式通知员工本人解除劳动合同或协议：

1. 员工患病或者非因工负伤，在规定的医疗期满后不能从事原工作，也不能从事由公司另行安排的工作的；

2. 员工不能胜任工作，经过培训或者调整工作岗位，仍不能胜任工作的；

3. 劳动合同订立时所依据的客观情况发生重大变化，致使劳动合同无法履行，经用人与员工协商，未能就变更劳动合同内容达成协议的。

（五）在劳动合同或其他协议期内有下列情形之一的，终止劳动合同：

D12295

1. 劳动合同期满的；

2. 劳动者开始依法享受基本养老保险待遇的；

3. 劳动者死亡，或者被人民法院宣告死亡或者宣告失踪的；

4. 法律、行政法规规定的其他情形。

（六）劳动合同或其他协议期限期满，有下列情形之一的，劳动合同或协议应当续延至相应的情形消失时终止：

1. 在公司患职业病或者因工负伤并被确认丧失或有部分丧失劳动能力的（按照国家有关工伤保险的规定执行）；

2. 患病或者因工负伤，在规定的医疗期内的；

3. 女员工在孕期、产假、哺乳期的；

4. 在公司连续工作满 15 年，且距法定退休年龄不足 5 年的；

5. 法律、行政法规规定的其他情形。

公司在解除劳动关系后出具解除用工关系证明。

十二、经济补偿、违约及赔偿责任

员工违反专项培训协议的，应按照协议约定支付违约金；员工违反竞业限制协议的，应按照协议约定支付违约金，给单位造成损失的还应承担赔偿责任。

员工因过失给单位造成损失的应支付赔偿金，赔偿金额应视具体情况确定。

十三、劳动争议

劳动争议发生后，当事人可以向劳动争议调解委员会申请调解。劳动争议经调解达成协议的，当事人应当履行。若调解不成或当事人不愿接受调解，可在法定期限内向公司注册所在地劳动争议仲裁委员会申请仲裁。

十四、附则

本办法由人事部负责解释。

本办法未尽事宜或与今后国家及北京市有关规定不符的，

按照有关规定执行。

附：劳动合同模板

编号：__________

用人单位：______________________________

签订日期：____年____月____日

甲方：__________（下称甲方）

通信地址：______________________________

法定代表人 / 委托代理人：

乙方：__________（下称乙方）

身份证号码：______________________________

家庭住址：______________________________

户籍地址：______________________________

联系方式（固定电话）：________（移动电话）________

紧急联系人：__________　联系电话：__________

甲乙双方就建立劳动关系及其权利义务等事宜，根据《中华人民共和国劳动法》《中华人民共和国劳动合同法》及有关法律、法规及规章，在甲方已向乙方如实告知涉及劳动合同的有关情况基础上，双方本着合法、公平、平等自愿、协商一致的原则签订本劳动合同（以下简称合同），双方承诺共同信守合同所列各条款。

D12295

关注法天使

第一章　合同的前提条件[①]

第一条　甲方系在中华人民共和国注册的合法用工主体，具有用工资格。

第二条　乙方向甲方保证，在本劳动合同签订之时，与任何第三方不存在劳动关系或聘用关系，且与原用人单位之间没有任何足以影响本合同生效和履行的其他事宜。

第三条　乙方特此声明并且保证，签署和履行本合同将不会违反乙方与第三方签署的任何其他合同或协议所规定的义务，乙方未与第三方签署竞业限制协议。

第四条　乙方保证受聘于甲方后，从事甲方交付的任何工作均不会侵犯此前曾受聘单位的商业秘密及其他合法权益。如有违反，乙方将自行承担相应的法律责任。

第五条　乙方保证在签订本合同之后，应当严格履行本合同，并严格遵守法律法规的规定。

第二章　劳动合同的类型与期限

第六条　甲、乙双方选择合同类型为：____________。

1. 固定期限，自 ______ 年 ______ 月 ______ 日起至 ______ 年 ______ 月 ______ 日止，共 ______ 个月。合同期满后，双方同意继续履行的，应当重新签订固定期限合同，重新确立双方的权利义务，合同期满，双方未重新签订劳动合同的，劳动合同终止；达到无固定期限合同条件的，自动转为无固定期限合同；双方如需重新约定劳动合同期限的，在合同到期前的 30 天内订定。

2. 无固定期限，自 ______ 年 ______ 月 ______ 日起至本合同第四十四条约定的终止或解除情形出现时即行终止。

---

①请确保每位员工入职时已经与上一单位解除劳动关系，避免出现重复用工风险。（《中华人民共和国劳动合同法》第 91 条规定，用人单位招用与其他用人单位尚未解除或者终止劳动合同的劳动者，给其他用人单位造成损失的，应当承担连带赔偿责任。）因此需要出具有上一家单位盖章的《离职证明》，以及对离职状况、未承担竞业限制义务的《承诺书》，以免发生不可预测的诉讼风险。

3. 以完成一定的工作任务为期限：自______年______月______日起至__________工作任务完成时即行终止。

第七条 若乙方开始工作时间与合同订立时间不一致，则甲、乙双方的劳动关系自实际用工之日起建立，劳动合同期与试用期期限亦自实际用工之日起起算。

第三章 劳动合同试用期①

第八条 甲乙双方约定试用期自______年______月______日起至______年______月______日止，共______个月，试用期工资为：__________。若到岗之日与试用期约定上岗之日不符的，试用期提前或顺延至到岗之日。

第九条 本合同试用期内，甲方可根据其判断，随时对乙方的工作能力、工作情况、工作成绩等进行评价。如乙方试用期内不符合有关录用条件的或具有本合同第四十四条规定的情形时，甲方可解除劳动合同。

第十条 乙方向甲方保证，在本劳动合同签订之时，承诺具备以下录用条件②：

1. 学历文化：______________________________。
2. 身体状况：______________________________。
3. 工作技能：______________________________。
4. 团队精神：______________________________。
5. 资格资质：______________________________。
6. 其他：________________________________。

第四章 劳动合同工作内容与工作地点

第十一条 甲方聘用乙方从事_____工作，详见“职责描述”；

第十二条 乙方的工作地点③为__________。

①法律规定劳动合同期限3个月以上不满1年的，试用期不得超过1个月；劳动合同期限1年以上不满3年的，试用期不得超过2个月；3年以上固定期限和无固定期限的劳动合同，试用期不得超过6个月。

②（《中华人民共和国劳动合同法》第39条规定，劳动者有下列情形之一的，用人单位可以解除劳动合同：在试用期内被证明不符合录用条件的。）因此首先在劳动合同中最好约定合理的试用期，而一旦签订劳动合同，如果发现不符合录用条件的，用人单位可以单方解除劳动合同，但用人单位解除劳动合同的，需要证明劳动者不符合当初的录用条件，若用人单位无法证明，即使在试用期内也无法解除劳动合同，因此需要根据具体工种约定具体的录用条件。

③应当明确主要工作地点，并注明因工作需要可接受出差。

D12295

第十三条 乙方应认真履行甲方制定的岗位职责，按时、按质、按量完成其本职工作；未经甲方允许，乙方不得在其他单位兼职。

第十四条 甲方因生产和工作需要，依据乙方的专业、特长、工作能力和表现，需调整乙方工作岗位及其工作报酬的，原则上应协商一致，但以下情况除外：

1. 甲方因生产经营服务需要，产业、产品结构调整及工艺规程、组织机构设置等情况发生变化需调动乙方工作岗位时，乙方应予接受；

2. 甲方确因生产经营服务需要，可以临时安排乙方从事其他岗位工作，工作期限由双方协商确定；

3. 乙方因技能、身体等因素达不到生产服务、工作质量、产量等指标，不能胜任工作的。

第十五条 甲方可根据业务需要、乙方工作能力、工作表现及身体状况等因素，可依法合理调整本条中规定的乙方工作部门、工作内容及工作地点，乙方无条件服从。

第五章 工作时间与休息时间

第十六条 乙方所在岗位执行下述工时制度：____________。具体工作时间（包括错时上班）[①]由甲方制定或变更。午休时间，不计入乙方实际工作时间内。

1. 标准工时制；

2. 不定时工时制；

3. 综合计算工时制。

第十七条 乙方享有国家规定的法定节假日和婚假、产假等假期。

第十八条 甲方因工作需要安排乙方延长工作时间或节假

①所有员工保证工作日一天8小时，一周40小时的工作时间。公司实行弹性工作制，在保证完成工作任务的基础上，可申请错时上下班。

日加班的，乙方应服从甲方统一安排；甲方需按规定以加班餐费等形式支付加班加点的报酬，以保证乙方合法权益。

第十九条 乙方加班须根据甲方相关规定办理，在工作日加班的，乙方必须在事先向其部门负责人和人力资源部门负责人提出申请，由部门负责人和人力资源部门负责人核准后，方可加班。乙方未在事先提出，或者其他部门负责人、人力资源部门负责人未核准的均不属于加班，乙方自行工作的应视为单方的、自愿的行为。

第二十条 乙方所在工作岗位申请不定时工作制或综合计算工时工作制后，加班报酬按照相关法律执行。

第六章 规章制度与劳动纪律

第二十一条 乙方自觉遵守国家的法律、法规、规章和社会公德、职业道德，维护甲方的声誉和利益。

第二十二条 甲方有权制定、修改《员工手册》及其他各项规章制度。乙方应遵守国家行业从业规则、甲方的《员工手册》以及其他内部规定，并切实地完成甲方安排的工作任务，否则甲方可根据公司规章制度，给予相应的处分。甲方要求乙方认真阅读相关内容，以保证及时了解掌握甲方的各项信息。在履行本合同期间，甲方可以对其《员工手册》及其他各项规章制度进行修订，或者制定新的规章制度。

第二十三条 乙方不得从事其他任何与甲方利益冲突的第二职业或活动，并保守甲方的商业秘密和知识产权。

第二十四条 乙方应妥善保密甲方财物，乙方因任何原因离职时，均须归还甲方财物，包括但不限于电脑、软件、光盘、技术文档等。如因乙方疏忽丢失或蓄意损坏，应予以赔偿。

第二十五条 乙方违反劳动纪律和规章制度的，甲方有权

D12295

按国家和本单位的规定对乙方给予纪律处分或经济处罚，直至通知解除本合同。

第二十六条　乙方保证其向甲方提供的所有个人信息、资料、证明等均属真实、有效，否则承担相应责任。上述信息一旦变更必须在3日内以书面形式通知甲方。

第七章　劳动报酬

第二十七条　乙方在正常出勤并在规定的工作时间内保质保量完成甲方安排的工作任务后，有权获得相应的劳动报酬。

乙方所在岗位执行下述工资计发形式：＿＿＿＿＿＿＿＿。

1. 计时形式：乙方的月基本工资（若非特别说明，均为税前应发工资）为：＿＿＿元。除基本工资外，甲方可根据乙方工作表现和业绩考核情况发放绩效工资、奖金或津贴①，具体按公司制度执行。

2. 计件形式：乙方的劳动定额为＿＿＿＿＿＿，计件单价为＿＿＿。

3. 其他工资形式②：＿＿＿＿＿＿。

第二十八条　甲方于每月＿＿＿日前以人民币形式支付乙方上月劳动报酬。（甲方每月发放的劳动报酬构成包括基本工资、津贴、加班费（如有）、奖金（如有）、福利等全部劳动报酬，乙方如有异议，应当在当月劳动报酬发放后30日内书面提出，否则视为无异议。上述约定的劳动报酬支付日为法定休息日或法定节假日的，则实际支付日应为上述约定的支付日之后第1个工作日。

第二十九条　甲方有权根据其生产经营状况、经济效益及乙方的业务能力、绩效情况、乙方工作岗位、地点的变更和依法制定的劳动报酬分配办法合理调整乙方的工资待遇。

---

①比如饭补、交通补助、过节福利等可以约定在员工手册或者专门的工资福利制度中。

②如基金运营部有销售人员按照销售业绩和销售任务来提成的，可以另行约定工资形式。

第三十条 甲方根据乙方实际有效的延长的劳动时间，以乙方的基本工资为计算基数按月结算乙方的加班工资，并于次月的工资支付日按实支付。

第三十一条 乙方应依法缴纳个人所得税，甲方依法予以代扣代缴。

第八章 社会保险和福利待遇

第三十二条 甲方根据国家和当地有关规定为乙方缴纳社会保险，乙方个人缴纳部分由乙方自行承担并由甲方依法在工资内代扣代缴。乙方保证其将及时向甲方递交办理社会保险的有效凭证，如因乙方迟延递交而造成的任何后果，乙方应承担相应责任。

第三十三条 乙方患病或非因工负伤，其病假工资、疾病救济费和医疗待遇按照法律、法规及相关规定执行。

第三十四条 乙方患职业病或因工负伤的工资和医疗保险待遇按法律、法规及相关规定执行。

第三十五条 乙方的身体状况说明义务

1. 为确保员工工作岗位安排适当，保护员工身体和用人单位生产秩序，乙方有义务将其在本劳动合同签订时的身体状况如实告知甲方，不得隐瞒或拒绝告知。

2. 如果乙方在本劳动合同签订时有疾病（包括但不限于高血压、心脏病、脑血栓、糖尿病、色盲等）或者疾病病史，应当在本合同签订时告知甲方，以便甲方适当的安排或调整乙方工作岗位。本合同签订时，除上述疾病外，乙方承诺没有其他疾病或疾病病史。如果乙方在本合同签订后出现或发现上述疾病，应当立即告知甲方，以便甲方适当的调整乙方工作岗位。

第三十六条 甲方为乙方提供以下福利待遇：

D12295

五险一金。甲方将根据公司相关规定，结合乙方的工作岗位、工作地点向乙方支付或调整其他补贴及福利费用。具体标准由甲方制定。

第三十七条 培训员工、鼓励个人发展是甲方的政策之一，在本合同期间甲方可为乙方提供职业培训，乙方无正当理由应予服从。

第三十八条 甲方可根据自身经营状况、经营效益等相应地调整乙方的各项福利待遇。

第九章 劳动保护、劳动条件和职业危害防护

第三十九条 甲方建立健全生产工艺流程、操作规程、工作规范和劳动安全卫生制度及其标准。甲方对可能产生职业病危害的岗位，对乙方履行告知义务，并做好劳动过程中职业危害的预防工作，乙方应严格遵守相关操作流程与安全制度。

第四十条 甲方为乙方提供符合国家规定的劳动条件及安全卫生的工作环境，并依照企业生产经营特点及有关规定为乙方提供劳动防护用品，乙方应严格按要求穿戴劳防用品。

第四十一条 甲方对乙方进行职业技术、安全卫生、规章制度等必要的教育与培训，乙方应认真参加甲方组织的各项必要的教育培训。

第十章 劳动合同的变更、解除和终止

第四十二条 本合同订立时所依据的法律、行政法规、规章发生变化，本合同应变更相关内容。

第四十三条 订立本合同所依据的客观情况发生重大变化，致使合同无法履行的，经双方协商同意，可以变更合同相关内容或解除。

第四十四条 甲、乙双方协商一致，可以对本合同的部分条款进行变更。

第四十五条 甲方对乙方的工作岗位、工作地点或职务所作的调整，如果双方未签订书面变更合同或协议，且乙方自到岗后1个月未提出书面异议的，视为乙方同意该调整。

第四十六条 劳动合同的解除

1. 甲、乙双方经协商一致，可以解除本合同。

2. 乙方解除本合同，应当提前30日以书面形式通知甲方，辞职书呈交主管或人力资源部门，双方协商确定乙方最后工作日期。乙方在试用期内辞职的，须提前3日书面通知甲方。

3. 甲方有法律、法规规定的情形的，乙方可解除劳动合同。

4. 有下列情形之一的，甲方可以解除劳动合同，但是应当提前30日书面形式通知乙方或额外支付乙方1个月工资。

（1）乙方患病或非因工负伤，医疗期满后，不能从事原工作也不能从事由甲方另行安排的工作的；

（2）乙方不能胜任工作，经过培训或调整工作岗位仍不能胜任工作的；

（3）劳动合同订立时所依据的客观情况发生重大变化，致使原劳动合同无法履行，经双方协商不能就变更劳动合同达成协议的；

（4）甲方因兼并、分立、合资、转（改）制、企业转产、技术革新、经营方式调整、防治污染搬迁等客观情况发生重大变化或乙方的生产、工作岗位消失，致使合同无法履行的。

5. 甲方依法进行裁减人员时与乙方解除本合同。

6. 有下列情形之一的，甲方可以随时解除劳动合同且不支付经济补偿金，双方依法办理退工手续：

（1）乙方在试用期内被证明不符合录用条件的；

D12295

（2）乙方严重违反劳动纪律或甲方规章制度的；

（3）乙方严重失职、营私舞弊给甲方造成重大损害的；

（4）乙方被依法追究刑事责任或被劳动教养的；

（5）乙方被查实在应聘时向甲方提供虚假资料的；

（6）乙方与其他用人单位建立劳动关系，对完成甲方的工作任务造成严重影响或经甲方提出，拒不改正的；

（7）以欺诈、胁迫的手段或乘人之危，使甲方在违背真实意思的情况下订立劳动合同而致本合同无效的；

（8）如无特别约定的，合同签约后15天内员工未能上岗的；

（9）因乙方未能在30天内提供其被录用的相关资料，致使甲方无法办理录用及社会保险缴纳手续的；

（10）乙方被查实在应聘时向甲方提供的其个人资料是虚假的，包括但不限于：离职证明、身份证明、户籍证明、学历证明、体检证明等是虚假或伪造的；应聘前患有精神病、传染性疾病及其他严重影响工作的疾病而在应聘时未声明的；应聘前曾受到其他单位记过、留厂察看、开除或除名等严重处分，或者有吸毒等劣迹而在应聘时未声明的；应聘前曾被劳动教养、拘役或者依法追究刑事责任而在应聘时未声明的等；

（11）法律、法规规定的其他情形。

第四十七条 有下列情形之一的，劳动合同终止：

1. 劳动合同期满的；

2. 甲方被依法宣告破产的；

3. 甲方决定解散、被吊销营业执照、责令关闭或被撤销的；

4. 乙方开始依法享受基本养老保险待遇的；

5. 乙方死亡，或被人民法院宣告死亡或宣告失踪的；

6. 法律、行政法规规定的其他情形的。

第四十八条 在最后工作日前，乙方必须根据甲方的要求并配合所在部门及其他部门办理完所有的工作交接手续，包括但不限于：

1. 归还所有代表公司员工身份的证明文件，如工作证、介绍信函、员工信息卡等；

2. 归还所有公司文件、资料、记录、设备、工具、文具、通讯设备等；

3. 归还员工保管的所有公司的钥匙；

4. 向继任者或公司指派的其他同事交代清楚所有工作；

5. 与相关部门结算所有应付款项、应收款项；

6. 在甲方需要时，进行离职审计；

7. 其他根据公司规定必须移交的物品或办理的手续。

办理工作交接的程序根据甲方的要求进行。工作交接完毕，由甲方在工作交接清单上签字确认。乙方不按规定办理交接手续，造成甲方损失的，甲方有权要求乙方赔偿，且甲方有权不予结算工资。

第十一章　后合同义务

第四十九条　乙方不辞而别，或者下落不明，或者未履行第四十六条规定的义务，致使甲方无法办理或迟延办理与乙方离职相关的手续的，乙方在此不可撤销地承认其负有过错，并承担相应的责任。

第十二章　经济补偿与赔偿

第五十条　乙方未提前30天向甲方提出辞职或有其他擅自离职情形的，将在乙方办结工作交接后支付乙方的当月工资。

第五十一条　甲乙双方任何一方违反本合同规定，给对方造成损失的，应予以赔偿。

第五十二条 乙方侵占甲方财产给甲方造成损失的，乙方应返还相应财物，并赔偿甲方损失。没有法律规定或合同约定获得甲方利益的，乙方应将所获不当得利返还甲方。

第五十三条 乙方欠付甲方任何款项，或者乙方违反合同约定的条件解除劳动合同，给甲方造成任何经济损失，依照法律法规约定和合同约定应承担的赔偿责任，甲方有权从乙方的工资、奖金及津贴、补贴等（包括并不限于此）中做相应的扣除，但该扣除不得违反法律法规的规定，不够扣除的，甲方仍然有权就剩余部分向乙方追偿。

第十三章　培训服务期[1]与竞业限制

第五十四条 乙方在合同期间接受甲方提供的出资专项技术培训，约定为甲方的服务期自 ______ 年 ______ 月 ______ 日起至 ______ 年 ______ 月 ______ 日。乙方若违反本条约定，提前解除合同的，对已履行部份服务期的，按照服务期尚未履行部分所应分摊的培训费用偿付。

第五十五条 双方可另行签订《培训 / 教育协议》，约定具体服务期、赔偿标准并执行。

第五十六条 乙方应当保守甲方的商业秘密，商业秘密系指不为公众所知悉，能为甲方带来经济利益，具有实用性并经甲方采取保密措施的技术秘密和经营信息。包括但不限于下述内容：

1. 技术信息。技术信息的范围一般包括技术方案、工程设计、电路设计、制造方法、配方、工艺流程、技术指标、计算机软件、数据库、试验结果、图纸、样品样机、模型模具、操作手册、技术文档、涉及商业秘密的业务函电等。

2. 经营信息。经营信息的范围一般包括客户名单、营销计

---

①培训服务只针对特殊事项的培训，需要由公司支付一定的培训费用的，但一般的岗前培训不属于应该适用服务期的范围，因为只有需要时才适用培训服务期，无需要时则可删除，或另行签订《培训协议》。

划、采购资料、定价政策、不公开的财务资源、劳动报酬、进货渠道、产销政策、招投标中的标的及标书内容等。

3. 公司依照法律规定和有关协议约定对外应承担保密义务的事项等。

第五十七条 乙方的竞业限制期限[1]自______年______月______日起至______年______月______日止。竞业限制的范围为____________，地域为____________。在竞业限制期间甲方给予乙方一定经济补偿，具体标准为____________，支付方式为____________。若乙方违反本合同相关规定的，应支付违约金______元人民币。如果违约金不足以弥补甲方所受的实际损失的，甲方保留向乙方追偿实际损失的权利。

第十四章 劳动争议处理

第五十八条 甲、乙双方因合同而发生争议可以向甲方所在地的劳动仲裁委员会申请仲裁或向甲方所在地的人民法院提起诉讼。

第十五章 其他规定

第五十九条 甲方的规章制度（包括但不限于员工手册、岗位职责、培训协议、保密协议、安全准则等）均属合同的主要附件，其效力与合同条款等同。

第六十条 合同如与法律、法规相抵触的，或者因法律、法规的变更而不一致的，以现行有效的法律、法规为准。

第六十一条 合同未尽事宜，双方另有约定的，从约定；双方没有约定的从法律、法规和规章制度。

第六十二条 合同生效前双方签订的任何《劳动合同》自本合同签订之日起自动失效，其他之前签订的相关协议文本（包

①竞业限制条款一般适用知悉公司重大商业秘密、经营信息、技术信息的高级管理人员或高级技术人员，约定其在离职一段时间内不得从事与原单位存在竞争性的职业或自行经营与原单位存在竞争性的公司，但需要向其支付一定的经济补偿金，若不需要进行竞业限制则可以删除此条。

D12295

括但不限于《保密协议》《培训协议》《竞业限制协议》）的规定与本合同不一致的，以本合同为准。

第六十三条 乙方同意，在其处于联系障碍状态（包括但不限于乙方因病住院、丧失人身自由等情形）时，委托合同首部的“紧急状态联系人”作为乙方的受委托人，该受委托人享有接受和解与调解，代领、签收相关文书的权限。

第六十四条 甲、乙双方另行约定条款：

1.____。

2.____。

3.____。

第六十五条 合同一式三份，甲方执二份，乙方执一份，经双方签字（或盖章）后生效。

甲方：（签字或盖章）

签订日期：____

签订地点：____

乙方：（签字或盖章）

签订日期：____

签订地点：____

（三）人事档案管理办法

文本正文：http://www.fatianshi.cn/D12296

第一条　目的

为规范公司人事档案管理，方便查询和利用，遵照档案管理的相关法律法规，结合公司实际，制定本办法。

第二条　适用范围

本办法适用于公司对人事档案的管理。

第三条　人事档案的分类

根据员工从应聘——►录取试用——►转正——►离职四个环节及人事管理活动，将公司人事档案分为五类：

1. 求职人员档案；
2. 试用人员档案；
3. 转正人员档案；
4. 离职人员档案；
5. 其他人事档案。

第四条　人事档案应包括的内容

（一）求职人员档案包括的内容

资料名称	备注
求职登记表	√
个人简历	☆
学历证书复印	√
身份证书复印件	√
其他专业资格证书复印件	☆
面试评估表（测评记录）	进行面试或测评后必须有
候选人背景调查表	要求要做背景调查的员工必须有

D12296

续表

员工入职审批单	确定录用后必须有
……	……
其他资料	☆

注：带“√”为必须有的内容，带“☆”为根据实际情况而定，不作硬性规定。

（二）试用人员档案包括的内容

资料名称	备注
求职人员档案包括的内容	√
试用情况评估表	√
试用绩效面谈表	√
……	……
其他资料	☆

注：带“√”为必须有的内容，带“☆”为根据实际情况而定，不作硬性规定。

（三）转正人员档案包括的内容

资料名称	备注
试用人员档案包括的内容	√
劳动合同或聘用合同	转正时必须签订入档
员工职务异动表	√
员工工资异动表	√
绩效考核结果记录	√
员工培训情况登记表	☆
员工奖惩记录	√
……	……
其他内容	☆

注：带“√”为必须有的内容，带“☆”为根据实际情况而定，不作硬性规定。

（四）离职人员档案包括的内容

资料名称	备注
转正人员档案的全部内容	√
员工离职审批表	√
员工离职面谈表	√
员工离职交接表	√
其他内容	☆

注：带“√”为必须有的内容，带“☆”为根据实际情况而定，不作硬性规定。

（五）其他人事档案的内容

其他人事档案是将各项人事管理活动中产生除以上四种档案内容以外的资料。包括培训活动过程记录资料、绩效考核的各种过程记录资料、员工试用/转正的过程记录资料、员工考勤及休假的各种过程记录资料、员工薪酬管理的各种过程记录资料等。

第五条 人事档案的建立

（一）求职人员档案是在招聘的过程中根据《员工招聘管理办法》收集求职者应聘资料、面试资料、测评资料，并根据录用需要，填写入职审批表，建立求职人员档案。

（二）试用人员档案是在办理新员工试用、转正手续时根据《新员工试用管理办法》收集新员工试用、转正、聘用资料，在求职人员档案的基础上完善试用人员档案。

（三）转正人员档案由负责管理人事档案的人员依据员工档案所含资料的规定，收集转正员工在职期间的档案资料。如定期收集员工考核记录、培训记录等。

（四）离职人员档案是在办理离职员工手续时依据《员工离

D12296

职管理办法》收集员工离职资料，在转正员工档案的基础上完善离职人员档案。

（五）电子档案的建立

为了便于员工基础信息的查询，综合管理部需建立员工电子档案，员工电子档案包含以下内容：档案编号、姓名、部门、职位、出生年月、性别、民族、户籍、入党时间、入职时间、转正时间、劳动合同签订时间、劳动合同签订周期、社保办理时间、联系电话等。

（六）其他人事档案的建立

1. 由负责组织培训的人员将培训过程的记录资料（如培训、讲师资料，培训机构、培训签到表等）收集整理后归为员工培训档按。

2. 由负责绩效考核的人员将绩效考核的各种过程记录资料（如考核评估表、工作总结、年度考核评分登记表等）收集整理成档。

3. 由负责办理员工试用 / 转正手续及考勤的人员将员工试用 / 转正及考勤过程记录资料收集整理归档。

4. 由负责办理员工薪酬的人员将员工薪酬管理的各种过程记录资料（如调资申请 / 审批表等）收集整理成档。

第六条 人事档案的保管

（一）人事档案的保管纳入公司档案管理范围。

（二）人事档案原则上在综合管理部保管。

（三）保管档案的人员不得向无关人员传播、议论档案内容，档案需存放于专用的档案保管柜内并单独设锁，无关人员不得接触人事档案。

第七条 人事档案的查阅

因工作需要查阅人事档案的，必须按上签一级的原则，经批准后方可查阅。人事档案原则上不能借阅。

第八条 人事档案的销毁

（一）销毁人事档案并填写“档案销毁记录表”。

（二）离职人员档案需保存 3 年后方可销毁，未经录用的应聘人员档案需保存 1 年后方可销毁，其他人事档案需保存 1 年后方可销毁，兼并企业与安置有关的资料需长期保存。

（三）人事档案的销毁必须做清单记录，有总裁签字，2 人以上同时在场进行销毁。

第九条 其他规定

（一）本办法由综合管理部负责解释、修订。

（二）本办法经总裁办公会和员工大会审议通过后生效。

（三）本办法中有关条款与国家相关政策法规相抵触的，按国家政策执行。

D12296

（四）薪酬管理办法

文本正文：http://www.fatianshi.cn/D12297

第一章　总　　则

第一条　目的

为适应公司业务发展需要，建立市场化的薪酬激励约束机制，以最大限度地调动员工积极性及激励员工为公司创造更高价值，结合公司的实际情况，特制定本办法。

第二条　适用范围

本办法适用于公司全体员工。

第三条　用语解释

（一）一线部门——业务部门（项目部、基金部、风控部）；

（二）二线部门——后勤支持部门（行政部、人事部、财务部）。

第四条　基本原则

（一）必须贯彻按劳分配、奖勤罚懒和效益优先并兼顾公平的基本原则，确保在公司内部实施薪酬方案的一致性和公正性。

（二）以岗定薪，按绩取酬。在职位分类、评估和绩效管理的基础上，根据岗位的相对价值和任职者胜任能力、绩效表现支付薪酬。

（三）根据简单、容易操作的原则，公司在建立平等竞争、能者上庸者下的用人制度及相应的职务系列基础上，鼓励员工有效地进行合作，互相帮助并激励他人创造佳绩，充分实现公司目标。

（四）薪酬总量与业绩挂钩，有效控制人力资源成本，每年薪酬规划与公司人事费用预算相结合，总体保持稳定。

（五）公司员工对基金募集及项目推进有贡献的，可给予相应的奖励。具体标准按公司《基金业务管理制度（暂行）》执行。

第二章　薪 酬 构 成

第五条　薪酬结构

员工薪酬主要由固定薪酬和浮动薪酬两大部分构成，其中：

（一）固定薪酬，也称固定工资，包括：岗位工资、津贴补助（交通补助、通信补助）（员工按级别定额标准参照财务管理制度的相关规定）、福利（五险一金：养老保险、失业保险、医疗保险、工伤保险、生育保险和住房公积金）等，一般按月发放。在履行好岗位职责、遵守公司规章制度的前提下，都能足额兑现；实际发放数为应发数扣减“五险一金”和个税之后的金额。

（二）浮动薪酬，包括：绩效工资（分为两个部分：一部分为岗位工资的20%，实行考核发放；另一部分按照公司经营效益作为奖金）①、加班工资（餐补），项目提成、特别奖励等或有收益②。

（三）本办法中的薪酬不包含股权收益、合伙人收益、项目跟投收益等特定收益。

第六条　薪酬发放

（一）在完成年度绩效指标并履行好工作职责的前提下，个人在考核周期可获得的预期总收入称为“目标薪酬”，包括固定工资全部，以及浮动工资中的绩效工资部分。由于绩效工资通常结合年度考核结果兑现，因此目标薪酬在此也指“目标年薪”。

①通常与公司年度经营效益、部门及个人绩效目标完成情况挂钩。

②通常与项目落地和收益进账情况密切挂钩，体现“按劳取酬、多劳多得，上不封顶、下不保底”。

D12297

（二）目标薪酬（年薪）= 岗位工资＋津补贴 + 目标绩效

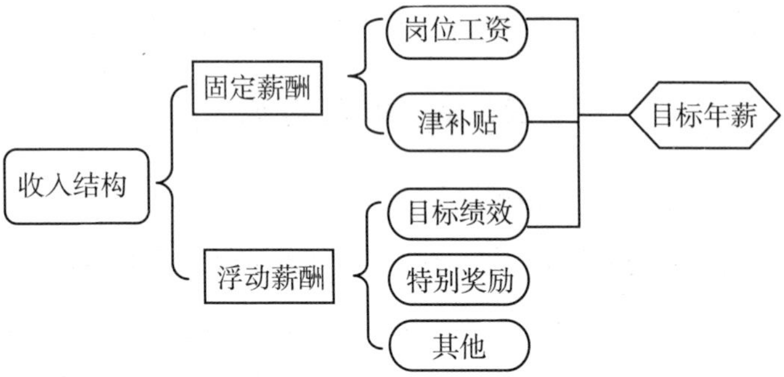

为体现效益导向和部门职能差异，一线部门的目标年薪应高于二线部门的同级职位。目标年薪的构成上，公司经营净利润的 10%~20% 作为绩效奖励，总裁及分管前台副总为 7 ∶ 3；分管中后台副总裁及一线部门负责人为 8 ∶ 2；二线部门负责人、一线部门主管及以下级别员工为 8 ∶ 2；二线部门主管及以下级别员工为 8.5 ∶ 1.5。

（三）固定月薪：保障职工基本生活的固定工资，按月发放，于次月 10 日兑现（遇节假日提前兑现）。

（四）员工出现工作不履职、或者不遵守公司管理规定等违规情况时，按制度在月薪发放时对应扣减。

（五）年度绩效工资。年度目标绩效工资属于考核性薪酬，与公司全年经营目标完成情况、部门绩效目标完成情况以及个人综合表现密切挂钩。每半年、年度结束后，根据绩考核结果和对应的工资系数，计算发放年度绩效工资 = 年目标绩效 × 考核结果系数。

第三章　薪 酬 体 系

第七条　薪酬分级

（一）薪酬级别

公司所有岗位分为六个层级分别为：一层级（A）：领导级；

二层级（B）：高管级；三层级（C）：经理级；四层级（D）：部门经理级主管级；五层级（E）：主管级专员 / 普通员工；六层级（F）：专员级临时工 / 实习生。A、B、C 岗位层级分别为五 / 四个级差（A1、A2、…A5/A4），C、D、E、F 岗位层级分为四 / 五个级差。其中，一层级（A1）档为最高级，六层（F4/F5）档为最低级。

（二）薪档标准

薪酬级别 A、B 二级各 4 档（含）以上属于公司高管薪酬，由董事会决定其薪酬发放标准；C 级各 5 档（含）以下的薪酬标准，由综合管理部会同财务部结合预算额度、历史标准、行业现状，每年初提出建议，报董事会研究审批。起薪基数一旦确定，一段时期内（原则上为 1 年）应保持稳定，特殊情况年内调整的，报请公司董事会审议。

固定目标薪资等级管理表（含20%绩效工资）

职级	对应岗位	级差（月 / 人）（单位：元）				
		1	2	3	4	5
A	总裁、副总裁	100000	80000	60000	40000	
B	总裁助理、总监	24000	20000	16000	12000	
C	部门经理	18000	16000	14000	12000	10000
D	部门主管	15000	13000	11000	9000	7000
E	专员、普通员工	9000	8000	7000	6000	5000
F	实习生					

D12297

（三）以岗定薪。公司新员工入职后，所在部门负责人应与分管领导商议后确定其工作岗位，根据岗位提出定级定档建议，由综合管理部初审，通过后报总裁办审议确定。薪酬档次确定后，即按对应薪酬标准发放。

第四章　绩 效 兑 现

第八条　公司业务部门员工于当年 1 月制定本年年度工作计划并上交总裁办，在每年年底时总裁办以本年工作计划的完成度为依据计算工作完成百分比，本年的绩效工资的发放以工作完成的百分比核算。（核算公式为：当年绩效工资 = 目标年薪绩效部分 × 年度工作计划完成百分比）

第九条　公司日常的工作部门制定工作评分表，每年底由总裁办负责对日常工作部门员工进行评分，以评分作为年底绩效工资的发放核算依据。（核算公式为：当年绩效工资 = 目标年薪绩效部分 × 总裁办评分）

第五章　特 殊 薪 酬

第十条　市场化年薪

（一）在公司扩规模的过程中，因经营管理需要，按照“市场化选聘、契约化管理”的方式引进的职业经理人，按市场化年薪制签约和发放。具体根据公司职业经理人相关制度执行。

（二）执行市场化年薪的职业经理人，每月固定工资仍然按其所在岗位的基数执行，兑现年薪时扣减已支付部分，发放差额；如年度未达到绩效目标，年薪按聘任协议约定执行。

第十一条　特别奖励

公司在主营业务拓展过程中，除向资产委托管理人收取固定基金管理费用外，获得的包括超额收益提成、股权增值等业务收入，由总裁办根据实际情况确定公司团队特别奖励及分配方案。

第六章 薪酬调整（简称调薪）（试用期不调整薪酬）

第十二条 公司遵循“以岗定薪、调岗调薪”的薪酬原则；职工除了工作职位变化对应调整薪酬等级以外，其他调薪一律通过提高或降低薪档的形式体现，加（减）薪原则上每次提高（降低）1个薪档。

第十三条 普遍调薪（简称普调），即全员性调薪，包括上调和下调，具体为：

（一）在企业取得阶段性发展成果、重大经营效益，或者出现重大经营困难、无法承担正常人事费用时，报主管部门同意后启动；

（二）在公司经营情况正常，经评估职工薪酬标准与市场平均水平偏离度较大时，报主管部门同意后启动；

（三）根据主管部门政策或要求执行普调；

（四）普调启动由综合管理部提出，经总裁办审议通过方可执行。

第十四条 奖励性调薪

（一）每个会计年度终了，公司可对全年表现突出的职工给予奖励性调薪，具体为提高下一年度薪点，以激励先进、鞭策后进；

（二）获得奖励性调薪的职工年度绩效考核等级必须在“优秀”级且该员工岗位在与公司内部薪酬体系、市场同岗位价值匹配中仍有空间；

（三）奖励性调薪的启动需由各部门负责人或公司分管领导

D12297

提出，经总裁办审议通过后执行。

第十五条　特别调薪

特别调薪包括提薪（上调）和降薪（下调）。

（一）针对个别业务骨干能为企业创造显著效益或重大价值，需要提升其薪酬市场竞争力的，可启动特别提薪；

（二）对于个别职工不能履行岗位职责或言行不当，损害公司健康经营、不利于部门和谐工作的，可启动特别降薪；

（三）特别调薪由各部门负责人提出，分管部门的公司领导及分管人力资源的公司领导批准，报总裁办审议通过后执行。

第十六条　调薪时间：普调和奖励性调薪原则上每年一次，一般安排在一季度；特别调薪不受具体时间限制。

第十七条　新员工薪酬定级

（一）有明确拟聘职位的，按照职位以岗定薪；

（二）无明确拟聘职位的，按照学历确定入职薪酬，定岗后再行调整；

（三）新职工试用期工资为对应薪酬级别的固定薪酬部分×80%+五险一金+津贴补助，不包括浮动薪酬；

（四）为了克服招聘时判断的不准确性，新进员工试用期结束时，其直接上级、人力资源部根据其工作表现、工作业绩、职位调整及未来发展再次确定其薪酬级别；

（五）定薪标准（具体细则见附件二）。

1. 员工

（1）起薪点，以具体岗位对应的薪酬宽幅下限为起薪点；

（2）任职细节

持同业同岗位、人社部、财务部、司法部等认可的初级专业资质且从事与专业资质有关的工作上浮 1 个薪级，中级资质上浮 2 个薪级；

员工视具体工作经验可上调起薪点，应届毕业生参照储备培训生按照三 / 五级薪酬为起薪点。

2. 副主管、主管、副经理、经理

（1）起薪点，以二级相对应薪酬宽幅低位值为起薪点；同一职等技术类人员按照不同专业岗位对应级别低位值为起薪点；

（2）任职细节：

正式聘任，必须由总裁办同意。其中，有专业认证要求的部门，原则上须持有公司认可的专业资质方可聘任；

拥有同业同岗位、人社部、财务部、司法部等认可的中级专业资质上浮 1 个薪级。

3. 管理类干部

（1）起薪点，以一级相对应各类管理干部薪酬宽幅为计薪基础，其中：职级 A、B 级总裁助理，项目（部门）总监级别的以该级别起薪基数为起薪点；副总以上级别的，可根据总裁办意见适当上调起薪点；总裁办可视所辖部门、板块的业务量、责权大小上浮或下调起薪点；

（2）任职细节：

正式聘任，必须由总裁办同意。其中，有专业认证要求的部门，原则上须持有公司内部认可的专业资质方可聘任 。

拥有同业同岗位、人社部、财务部、司法部等认可的高级资质上浮 1 个薪档。

第十八条 岗位变动

公司全员（含高管及中层）职务异动年薪绩效工资与特别奖励的计算与调整：

1. 任期未满根据公司安排调岗时，按任职时间（月数）计算当年绩效年薪及当期特别奖励，调动当时即作出该成员任职期间的个人绩效考核结果，按公司规定发放时间实发。新任岗

D12297

位绩效及特别奖励按新任岗位标准发放。

2. 任期未满自行离职，如任期不足 1 年的，已预发绩效部分公司不要求个人退还，但其不享受当年剩余绩效年薪及全部应发特别奖励。

3. 任期未满被公司解聘，如任期未满半年，不享受当年全部绩效年薪及特别奖励；满半年且不满 1 年，则按任职时间（月数）计算，解聘当时即应根据目标责任书考核该员工任职期间的目标完成情况，按公司规定发放时间实发，但其不享受全部应发特别奖励。如出现重大失职（包括不解聘的情况）公司有权根据情况不发或减发绩效年薪，且其不享受全部应发特别奖励。

4. 因疾病、致残终止聘用关系，按“任期未满根据公司安排调岗时”办法执行。

5. 因犯罪、重大违纪终止聘用关系，不享受绩效薪酬及全部应发特别奖励。

第七章　附　则

第十九条　本办法中有关条款与国家相关政策法规相抵触的，按国家政策执行。

第二十条　本办法经公司董事会审议通过后生效，由公司董事会负责解释。

（五）员工出差管理表单

文本正文：http://www.fatianshi.cn/D12298

1. 员工出差计划申请表

<table>
<tr><td rowspan="2">出差人</td><td>职务</td><td></td><td rowspan="2">代理人</td><td>职务</td><td></td><td rowspan="2">签认</td><td>出差人</td><td></td></tr>
<tr><td>姓名</td><td></td><td>姓名</td><td></td><td>代理人</td><td></td></tr>
<tr><td>出差地点</td><td colspan="3"></td><td>出差时间</td><td colspan="4">自______年______月______日时起至______年______月______日时止（共____日）</td></tr>
<tr><td>拟办事项</td><td colspan="8"></td></tr>
<tr><td colspan="3">主管副总批示</td><td colspan="3">部门负责人</td><td colspan="3">申请人</td></tr>
<tr><td colspan="3"></td><td colspan="3"></td><td colspan="3"></td></tr>
</table>

日期	起止地点	交通工具	交通费	住宿费	杂费	合计
合计						
合计金额（大写）	万 仟 佰 拾 元 角 分		附凭证张			

财务主管：　　　　会计：　　　　经办人：

D12298

关注法天使

2. 员工差旅费报销清单

填写日期：______年______月______日　　　　　　　　　　　　单位：元

<table>
<tr><td colspan="2">姓名</td><td colspan="2"></td><td>职务</td><td colspan="2"></td><td colspan="2">出差累计时间</td><td colspan="2"></td><td>单据张</td></tr>
<tr><td colspan="2">出差事由</td><td colspan="8"></td><td>项目</td><td>金额</td></tr>
<tr><td colspan="2">起止时间</td><td colspan="2">地点</td><td rowspan="2">车费</td><td colspan="2">起止时间</td><td colspan="2">地点</td><td rowspan="2">车费</td><td rowspan="2">住宿费</td><td rowspan="2"></td></tr>
<tr><td>起</td><td>止</td><td>起</td><td>止</td><td>起</td><td>止</td><td>起</td><td>止</td></tr>
<tr><td></td><td></td><td></td><td></td><td></td><td></td><td></td><td></td><td></td><td></td><td>膳食费</td><td></td></tr>
<tr><td></td><td></td><td></td><td></td><td></td><td></td><td></td><td></td><td></td><td></td><td>交通费</td><td></td></tr>
<tr><td></td><td></td><td></td><td></td><td></td><td></td><td></td><td></td><td></td><td></td><td>其他</td><td></td></tr>
<tr><td>备注</td><td colspan="9"></td><td>合计</td><td></td></tr>
</table>

总经理：　　　　　　　　财务主管：

部门主管：　　　　　　　出差人：

3. 员工差旅费支付明细表

填写日期：______年______月______日　　　　　　　　　　　　单位：元

<table>
<tr><td colspan="2">出差人</td><td colspan="2"></td><td colspan="2">出差日期</td><td colspan="2"></td><td colspan="3">核付金额</td><td colspan="2"></td></tr>
<tr><td colspan="2">出差事由</td><td colspan="11"></td></tr>
<tr><td colspan="2">日期</td><td colspan="2">起止间</td><td colspan="2">起止地点</td><td colspan="2">交通费</td><td rowspan="2">膳食费</td><td rowspan="2">住宿费</td><td rowspan="2">杂费</td><td rowspan="2">合计</td><td rowspan="2">工作要点</td></tr>
<tr><td>月</td><td>日</td><td>起</td><td>止</td><td>起</td><td>止</td><td>种类</td><td>金额</td></tr>
<tr><td></td><td></td><td></td><td></td><td></td><td></td><td></td><td></td><td></td><td></td><td></td><td></td><td></td></tr>
<tr><td></td><td></td><td></td><td></td><td></td><td></td><td></td><td></td><td></td><td></td><td></td><td></td><td></td></tr>
</table>

经理：　　　　财务主管：　　　　部门主管：　　　　出差人：

（六）员工日常管理工具表单

文本正文：http://www.fatianshi.cn/D12299

1. 员工考勤统计表

编号：____________　　　　填表日期：______年______月______日

姓名	所属部门	出勤天数	应出勤天数	请假					迟到早退		备注
				事假	病假	婚假	产假	其他	迟到累计时间	早退累计时间	

2. 员工请假申请单

编号：____________　　　　填表日期：______年______月______日

姓名		所属部门		填表日期	
请假类别	□ 事假　□ 病假　□ 婚假　□ 产假 □ 丧假　□ 其他（请注明）				
请假事由					
请假时间	______年______月______日至______年______月______日				
部门负责人意见					
人力资源部意见					
主管副总意见					
总经理意见					

D12299

第二部分　基金文件

一、募集说明书

适用场景：

《私募投资基金监督管理暂行办法》第8条第2款规定，资金募集过程中向投资者提供基金招募说明书的，应当报送基金招募说明书。但实践中，存在管理人未向投资者提供招募说明书的情形，但是在综合资产报送平台进行基金备案时，系统要求提交招募说明书等材料，这种情况下，管理认可如实披露在基金募集过程中未向投资者提供招募说明书，并说明资金募集的情况。

法律要点：

1. 招募书信息需要与基金合同保持一致

《私募投资基金信息披露管理办法》第13条规定，募基金的宣传推介材料（如招募说明书）内容应当如实披露基金产品的基本信息，与基金合同保持一致。如有不一致，应当向投资者特别说明。

2. 招募书应当包含的内容

《私募投资基金信息披露管理办法》第14条规定，私募基金募集期间，应当在宣传推介材料（如招募说明书）中向投资者披露如下信息：

（1）基金的基本信息：基金名称、基金架构（是否为母子基金、是否有平行基金）、基金类型、基金注册地（如有）、基金募集规模、最低认缴出资额、基金运作方式（封闭式、开放式或者其他方式）、基金的存续期限、基金联系人和联系信息、基金托管人（如有）；

（2）基金管理人基本信息：基金管理人名称、注册地 / 主要经营地址、成立时间、组织形式、基金管理人在中国基金业协会的登记备案情况；

（3）基金的投资信息：基金的投资目标、投资策略、投资方向、业绩比较基准（如有）、风险收益特征等；

（4）基金的募集期限：应载明基金首轮交割日以及最后交割日事项（如有）；

（5）基金估值政策、程序和定价模式；

（6）基金合同的主要条款：出资方式、收益分配和亏损分担方式、管理费标准及计提方式、基金费用承担方式、基金业务报告和财务报告提交制度等；

（7）基金的申购与赎回安排；

（8）基金管理人最近三年的诚信情况说明；

（9）其他事项。

文本正文：http://www.fatianshi.cn/D12300

募集说明书

一、基金的基本信息

1. 基金名称

北京____________投资（有限合伙）企业

2. 基金架构

该基金的架构为____________[①]。

3. 基金类型

该基金属于____________[②]基金。

①是否为母子基金、是否有平行基金。

②股权类基金、证券类基金等。

4. 基金注册地

____________市____________区。

5. 基金的组织形式

拟组建的基金采用合伙制形式设立，为有限合伙企业，依照《中华人民共和国合伙企业法》的规定设立。

根据《中华人民共和国合伙企业法》第6条“合伙企业的生产经营所得和其他所得，按照国家有关税收规定，由合伙人分别缴纳所得税”的规定，采取合法企业的形式有利于有效避免重复纳税的问题。

6. 基金规模

基金规模为______亿元人民币，计划由意向出资人根据拟投资项目资源储备情况和预期投资进度分步缴付到位，最低认缴额为100万元人民币，____________（管理人公司）将按照基金出资额的1%进行出资。

7. 基金存续期限

基金的存续期暂定为______年。到期后由合伙人会议决定存续期是否延长及延长的期限等事项。

8. 基金出资人的类别

基金的出资人（股东）分为普通合伙人和有限合伙人两类。

____________（管理人公司）为普通合伙人，执行合伙事务，为基金管理人；其他出资人为有限合伙人。

有限合伙人和普通合伙人的权利和义务遵照《中华人民共和国合伙企业法》和《合伙协议》的相关规定。

9. 基金运作方式

本基金为____________基金①。

10. 基金联系人及联系方式

基金联系人姓名：______________________________________

①开放式、封闭式或其他方式。

D12300

联系方式：________________________________

11. 基金托管人

基金托管人基本信息：________________________

二、基金管理人的基本情况

1. 管理人（以下简称公司）名称

__________投资管理有限公司

2. 注册地

__________市__________区

3. 成立时间

公司成立于_____年_____月_____日

4. 组织形式

公司为有限责任公司[①]。

5. 在基金业协会登记情况

登记时间：______________________________。

登记编号：______________________________。

机构类型：______________________________。

三、基金的投资信息

1. 基金的投资目标

基金的投资目标为对项目进行投资以及为达到该等投资为目的的其他形式投资，在投资收益中为投资人获取良好的回报。

2. 投资策略

基金净资产的70%以上将投资于存在并购机会的项目，基金约30%的净资产将用于对PRE-IPO项目的投资，作为基金投资的重要补充。这类项目属于快速成长性企业，基本可以确定在未来1~2年内完成上市融资，股权可以在资本市场流通退出。

本基金闲置资金的投资策略：为了最大限度提高资金使用效率，保护基金出资人利益，同时满足基金资产的流动性要求，

①管理人可以由合伙企业、有限公司或者股份公司担任。

将基金闲置资金投资于国债、金融债等金融理财品种以及进行风险低、收益稳定的新股网上申购等，以获取高于同期银行平均存款利率的稳定收益。

3. 投资方向

基金将投资方向定位为主动并购型股权投资，不限定特定行业，重点关注传统行业里业务比较稳定与成熟的公司，及时寻找或创造市场并购机会，通过参股、控股等方式主动对并购对象进行投资，实现对目标公司的控股或一定的控制，进而对其实施资本、管理以及结构重组，改善公司的治理与运营，实现公司的价值创造与提升，在其增值后再出售或者上市获利。

4. 业绩比较基准（如有）

5. 风险收益特征

本基金属于高风险高收益型基金，基金风险较高。

四、基金的募集期限

本基金募集期限自基金发售之日起原则上不超过 1 个月，具体募集期（或称认购期、发行期）由基金管理人根据相关法律法规以及本合同的规定确定并告知基金合同各方当事人。

五、基金估值政策、程序和定价模式

1. 银行存款每日计提应收利息，按本金加应收利息计入资产。

2. 股权以成本估值。

3. 固定收益类理财产品，按照固定收益率每日计提收益；定期公布单位净值的产品，按估值日前一工作日公布的单位净值进行估值，估值日前一工作日单位净值未公布的，以此前最近一个工作日单位净值计算；既无固定收益率，也不定期公布单位净值的，按成本估值。

4. 本基金投资于券商基金 / 基金公司基金 / 基金子公司专项

D12300

基金等合同约定定期公布单位净值的产品，按该产品管理人公布的估值核对日前一工作日公布的单位净值进行估值，估值核对日前一工作日单位净值未公布的，按照该产品管理人公布的此前最近一个工作日的单位净值进行估值。

5. 如有确凿证据表明按上述方法进行估值不能客观反映其公允价值的，管理人可根据具体情况与托管人商定后，按最能反映公允价值的价格估值。

相关法律法规以及监管部门有强制规定的，从其规定。如有新增事项，按国家最新规定估值。

六、基金合同的主要条款

1. 出资方式

（1）投资人条件

个人投资者：出资不少于 100 万元，具有完全民事行为能力，且能够识别、判断和承担基金相应风险；用于出资的资金为自有合法资金。

机构投资者：出资不少于 300 万元，是合法存续的法人或者非法人组织实体，且能够识别、判断和承担基金相应风险；用于出资的资金为自有合法资金。

（2）出资方式

投资人按照管理人的指令将投资款打入基金合同约定的指定账户。

2. 收益分配和亏损分担方式

（1）基金收入的构成

①股权或债权投资退出变现后的差价；

②股权投资的分红；

③银行存款利息；

④银行理财收入；

⑤已经实现的其他合法收入。

（2）收益分配程序

①管理人计算基金的可供分配利润；

②管理人确定分配红利的金额、时间；

③管理人制定收益分配方案并发送给托管人；

④托管人在收到方案之日起 5 个工作日内完成复核；

⑤管理人通知投资者；

⑥管理人实施收益分配方案。

如本基金按照基金合同约定终止的，将按照本计划清算程序向份额持有人进行分配。

（3）基金管理人业绩报酬

除本基金管理费外，基金将按照下表的比例向基金管理人支付年度业绩奖励（报酬），不足 1 年的按照实际时间比例及相应折算的股本收益率折算确定。

基金管理人业绩奖励计提办法[①]

出资份额持有人年算术平均股本收益率所在区间股本收益率所在区间	基金管理人业绩报酬占超额收益部分的比例
≤ 8%	0%
8%~15%（含）	15%
15%~25%（含）	25%
25%~35%（含）	30%
＞ 35%	40%

剩余部分基金收益按照有限合伙人的出资比例进行分配。

（4）亏损承担方式

当合伙企业经营期限届满发生亏损时，以其对合伙企业的出资弥补亏损，剩余部分按照本协议约定，由其他有限合伙人按认缴出资比例分担[②]。

①管理人业绩奖励的计提办法由管理人与投资者协商约定。

②也可以约定按照合伙人按照实缴出资比例分担。《中华人民共和国合伙企业法》第 33 条第 1 款规定：“合伙企业的利润分配、亏损分担，按照合伙协议的约定办理；合伙协议未约定或者约定不明确的，由合伙人协商决定；协商不成的，由合伙人按照实缴出资比例分配、分担；无法确定出资比例的，由合伙人平均分配、分担。”

D12300

3. 管理费标准及计提方式及其他费用承担方式

（1）基金费用的种类

①基金管理人的管理费；

②基金托管人的托管费；

③基金所持股权转让交易费用；

④基金合伙人大会费用；

⑤与基金事务相关的会计师、律师和行业专家等中介机构费；

⑥基金向合伙人送达信息通告的费用；

⑦按照国家有关规定和基金合同文件约定应在基金资产中列支的其他费用。

（2）基金管理费标准及计提方式

基金公司按照 2% 的年费率，每季度末向管理人支付本季度委托管理费。

基金公司支付的管理费，是以基金实际投资的金额和投资时间为基础计算，初始承诺出资中未实际投资的出资部分不收取管理费（投资退出后的资金不在此限定内）；第 1 年以实际投资的资金额为基数计提管理费；从第 2 年开始，以已经投资资金的资产净值为基数计提当年的管理费。

本基金的管理费原则上每季度[①]计提一次。不足一个季度的按时间比例计提。

每季度最后一个月的 25 日，由基金管理人向基金托管人发送本季度基金管理费划款指令，基金托管人复核后于当月 30 日前从基金财产中一次性支付给基金管理人。若遇法定节假日、公休假等，支付日期顺延。基金托管人的托管费基金公司按照______% 的年费率，每季度末向托管人支付本季度托管费。基金公司支付的托管费，是以基金资金实际投资的金额和投资

①也可以按年提取。

时间为基础计算，初始出资或后续扩募出资中未实际投资的部分不收取托管费；第1年以实际投资的资金额为基数计提托管费；从第2年开始，以已经投资资金的资产净值为基数计提当年的托管费。

本基金的托管费原则上每季度计提一次。不足一个季度的按时间比例计提。

每季度最后一个月的25日，由基金管理人向基金托管人发送本季度基金托管费划款指令，基金托管人复核后于当月30日前从基金财产中一次性扣划基金管理托管费。若遇法定节假日、公休假等，支付日期顺延。

上述（1）基金费用的种类中第③～⑦项费用，由基金托管人根据有关法规及相应协议规定，按费用实际支出金额列入当期费用，从基金财产中支付。

（3）不列入基金费用的项目

基金管理人和基金托管人因未履行或未完全履行义务导致的费用支出或基金财产的损失，以及处理与基金运作无关的事项发生的费用等不列入基金费用。

为募集设立本基金公司而发生的、在基金设立前的相关费用，包括但不限于律师费、文件传送费用等不列入基金费用。但与基金设立相关的律师费等属于基金费用。

其他具体不列入基金费用的项目依据有关规定执行。

（4）费用调整

基金管理人和基金托管人可根据市场变化及国家政策要求调整基金管理费率或基金托管费率。

调高基金管理费率或基金托管费率，须召开基金合伙人大会审议通过；调低基金管理费率或基金托管费率，无须召开基金合伙人大会。

D12300

基金管理人必须最迟于新费率实施日前 15 个工作日内通知基金合伙人。

（5）基金税收

基金运作过程中涉及的各纳税主体，其纳税义务按国家税收法律、法规执行。

4. 基金业务报告和财务报告提交制度

（1）信息披露的方式

除基金合伙协议另有规定外，管理人在有关披露事项的报告、报表或通知制作完毕后，以信函的形式向投资人邮寄。

（2）基金定期信息披露

管理人在基金募集完成后 15 个工作日内，向普通合伙人、有限合伙人披露基金有关的所有重大事项。

管理人每季度将该季度的资金管理报告和资金运用及收益情况表，向有限合伙人进行披露。

（3）基金临时信息披露

在实施投资项目过程中出现下列情形之一的，管理人将在获知情况后的 15 个工作日内，以临时报告书形式向所有投资人披露，并于披露之日起 20 个工作日内向投资人披露基金拟采取的应对措施：

1. 投资项目可能遭受重大损失；

2. 有可能影响投资运作的重大事件；

3. 其他法律法规规定的重大情形。

七、基金的申购与赎回安排

本基金为封闭性基金，照股权投资基金监管部门的规定，本基金无投资赎回条款。

八、基金管理人最近 3 年的诚信情况说明

基金管理人最近 3 年没有重大失信记录，未被中国证监会采取市场禁入措施，未受到行业纪律处分。

九、公司的风险管理和内部控制

1. 风险管理和内部控制的原则

健全性原则：风险管理和内部控制应当覆盖公司的各项业务、各个部门或机构和各级人员，并涵盖到决策、执行、监督、反馈等各个经营环节。

有效性原则：风险管理和内部控制应当科学、合理、有效，公司全体职员必须竭力维护风险管理和内部控制的有效执行，任何职员不得拥有超越风险管理和内部控制约束的权力。

独立性原则：公司应当在精简高效的基础上设立能充分满足公司经营运作需要的机构、部门和岗位，各机构、部门和岗位职能上保持相对独立性。财务部保持高度的独立性和权威性，负责对公司各部门内部风险管理工作进行稽核和检查。

相互制约原则：内部部门和岗位的设置应当权责分明、相互牵制，并通过切实可行的相互制衡措施来消除风险管理和内部控制中的盲点。

防火墙原则：公司与基金财产、固有财产和其他财产的运作应当分离。

成本效益原则：公司运用科学化的经营管理方法降低运作成本，提高经济效益，力争以合理的控制成本达到最佳的风险管理和内部控制效果。

适时性原则：风险管理和内部控制应具有前瞻性，公司将根据国家法律法规、政策制度等外部环境的改变和经营战略、经营方针、经营理念等内部环境的变化及时对公司风险管理和内部控制进行相应的完善。

2. 风险管理和内部控制组织体系及职能

公司内部控制组织体系是一个分工明确的组织结构，具体

D12300

而言包括如下组成部分：

监事会：作为股东会下设的机构，其主要职能是：检查公司董事会及经理层遵守有关法律法规和基金《合伙协议》规定的情况；监督公司在机构设置、管理制度、经营决策程序、风险管理和内部控制等方面的合规合法性，发现问题及时向股东会汇报；研究拟定公司的风险管理战略和政策，报股东会批准；检查公司风险管理和内部控制的完善性；检查评估公司风险管理和内部控制的执行情况；检查公司部门风险管理和内部控制完善和执行；负责组织对公司存在的重大风险隐患或出现的重大风险事故进行内部调查，并将调查结果和处理意见报告股东会，由股东会决议作出处理。

立项委员会：项目审议会是公司的初级投资决策机构，在内部控制组织体系中负责投资初选层面的风险管理。

财务部：财务部全面负责公司的风险管理和内部控制工作，对公司内部控制制度和风险管理政策的执行情况进行合规性监督检查，向公司管理层和有关机构提供独立、客观、公正的意见或建议。

各业务部门：风险控制是每一个业务部门和员工重要的责任。各部门的主管在权限范围内，对其负责的业务进行检查监督和风险控制。各个员工根据国家法律法规、公司规章制度、道德规范和行为准则、本人的岗位职责进行自律。

3. 公司关于风险管理和内部控制的声明

本公司确知建立、实施、维持和完善风险管理和内部控制是本公司董事会及管理层的责任；

本公司特别声明以上关于风险管理和内部控制的披露真实准确；

本公司承诺将根据市场环境的变化和业务的发展不断完善

风险管理和内部控制。

十、管理人的承诺

1. 公司承诺不从事违反《中华人民共和国公司法》《合伙协议》的经营活动；承诺依照恪尽职守、诚实信用、谨慎勤勉的原则管理和运用基金财产。

2. 公司承诺建立健全的内部风险控制制度，采取有效措施，防止以基金财产从事下列行为：

（1）向他人贷款或者提供担保；

（2）房地产业务；

（3）在二级市场上买入并卖出已上市的股票进行短期投资活动；

（4）对单个企业的投资超过本基金总资产的 30%；

（5）承担无限责任的投资；

（6）向其他基金管理人出资；

（7）不公平地对待公司管理的不同基金财产；

（8）依照法律、行政法规有关规定禁止的其他活动。

十一、重要声明

本文件属于____________基金的商业机密，基金保留对任何侵犯该宗商业机密或者利用该商业机密进行不正当竞争的行为进行追究、追诉和追偿的权利。

本文件仅供潜在投资人参考之用，并不直接构成任何要约，也不具有任何促使投资人购买之意向。如果投资人对本文件之内容有任何疑惑，应寻求独立的专业财务及法律意见。

D12300

二、合格投资者识别及风险匹配文件

适用场景：

本套文件适用于进行合格投资者识别以及投资者与产品风险匹配。

私募基金针对特定对象非公开募集，与公募基金相比，私募基金募集机构需履行合格投资者识别确认以及更高标准的信义义务，因此对私募基金的募集监管要求应当比公募基金更为严格。

法律要点：

1. 合格投资者的标准

《私募投资基金监督管理暂行办法》第12条规定，私募基金的合格投资者是指具备相应风险识别能力和风险承担能力，投资于单只私募基金的金额不低于100万元且符合下列相关标准的单位和个人：

（1）净资产不低于1000万元的单位；

（2）金融资产不低于300万元或者最近3年个人年均收入不低于50万元的个人。

前款所称金融资产包括银行存款、股票、债券、基金份额、资产管理计划、银行理财产品、信托计划、保险产品、期货权益等。

同时，第14条规定，下列投资者视为合格投资者：

（1）社会保障基金、企业年金等养老基金，慈善基金等社会公益基金；

（2）依法设立并在基金业协会备案的投资计划；

（3）投资于所管理私募基金的私募基金管理人及其从业人员；

（4）中国证监会规定的其他投资者。

2. 调查问卷的内容

根据《私募投资基金募集行为管理办法》第18条规定，募集机构设计投资者风险调查问卷时应建立科学有效的评估方法，确保问卷结果与投资者的风险识别能力和风险承担能力相匹配。调查问卷主要内容应包括但不限于以下方面：

（1）投资者基本信息，其中个人投资者基本信息包括身份信息、年龄、学历、职业、联系方式等信息；机构投资者基本信息包括工商登记中的必备信息、联系方式等信息；

（2）财务状况，其中个人投资者财务状况包括金融资产状况、最近3年个人年均收入、收入中可用于金融投资的比例等信息；机构投资者财务状况包括净资产状况等信息；

（3）投资知识，包括金融法律法规、投资市场和产品情况、对私募基金风险的了解程度、参加专业培训情况等信息；

（4）投资经验，包括投资期限、实际投资产品类型、投资金融产品的数量、参与投资的金融市场情况等；

（5）风险偏好，包括投资目的、风险厌恶程度、计划投资期限、投资出现波动时的焦虑状态等。

3. 风险匹配

根据《私募投资基金监督管理暂行条例》第17条规定，私募基金管理人自行销售或者委托销售机构销售私募基金，应当自行或者委托第三方机构对私募基金进行风险评级，向风险识别能力和风险承担能力相匹配的投资者推介私募基金。

关注法天使

（一）投资者基本信息表参考模板（自然人）

文本正文：http://www.fatianshi.cn/D12301

<table>
<tr><td>姓名</td><td></td><td>性别</td><td></td><td>年龄</td><td></td></tr>
<tr><td>证件类型</td><td></td><td>证件号码</td><td colspan="3"></td></tr>
<tr><td>国籍</td><td></td><td>职业</td><td colspan="3"></td></tr>
<tr><td>职务</td><td></td><td>联系方式</td><td>座机</td><td colspan="2">移动电话</td></tr>
<tr><td>邮编</td><td></td><td>电子邮箱</td><td colspan="3"></td></tr>
<tr><td>住址</td><td colspan="5"></td></tr>
<tr><td rowspan="2">资产规模</td><td colspan="3">金融资产不低于 500 万元人民币，或者最近 3 年个人年均收入不低于 50 万元人民币。</td><td>□是</td><td>□否</td></tr>
<tr><td colspan="3">* 私募基金或者资产管理计划投资者，最近 20 个交易日金融资产均不得低于人民币 300 万元，或者最近 3 年个人年均收入不低于人民币 50 万元。</td><td>□是</td><td>□否</td></tr>
<tr><td>投资经历</td><td colspan="3">具有 2 年以上证券、基金、期货、黄金、外汇等投资经历，或者具有 2 年以上金融产品设计、投资、风险管理及相关工作经历的自然人投资者，或者属于《证券提货投资者适当性管理办法》第 8 条第 1 款所规定的专业投资者的高级管理人员、获得职业资格认证的从事金融相关业务的注册会计师和律师。</td><td>□是</td><td>□否</td></tr>
</table>

续表

是否存在实际控制关系	否（　　），是（　　）请说明：
交易的实际受益人	本人（　　），他人（　　）请说明：
是否有不良诚信记录	否（　　），是（　　）请说明：
本人保证资金来源的合法性和所提供资料的真实性、有效性、准确性、完整性，并对其承担责任。 投资者签字：_____年_____月_____日 经办人签章：__________________募集机构盖章： 复核人签章：_____年_____月_____日	
* 注：私募基金投资者须符合《证券期货投资者适当性管理办法》第 14 条“一定时期”的规定。	

D12301

关注法天使

（二）投资者基本信息表参考模板（机构）

文本正文：http://www.fatianshi.cn/D12302

<table>
<tr><td>机构名称</td><td colspan="6"></td></tr>
<tr><td>*机构类型</td><td colspan="3"></td><td>机构证件类型</td><td colspan="2"></td></tr>
<tr><td>机构证件编号</td><td colspan="3"></td><td>有效期</td><td colspan="2"></td></tr>
<tr><td>机构资质证明</td><td colspan="3"></td><td>资质证书编号</td><td colspan="2"></td></tr>
<tr><td>经营范围</td><td colspan="6"></td></tr>
<tr><td>注册地址</td><td colspan="6"></td></tr>
<tr><td>办公地址</td><td colspan="6"></td></tr>
<tr><td>注册资本</td><td colspan="3"></td><td>控股股东或实际控制人</td><td colspan="2"></td></tr>
<tr><td rowspan="5">法定代表或负责人</td><td>姓名</td><td></td><td>性别</td><td></td><td>年龄</td><td></td></tr>
<tr><td>证件类型</td><td></td><td>证件号码</td><td colspan="3"></td></tr>
<tr><td>职务</td><td></td><td>电子邮箱</td><td colspan="3"></td></tr>
<tr><td>证件有效期</td><td></td><td>联系方式</td><td>座机</td><td colspan="2">移动电话</td></tr>
<tr><td>办公邮编</td><td></td><td>办公地址</td><td colspan="3"></td></tr>
</table>

续表

<table>
<tr><td rowspan="6">指定授权经办人</td><td>姓名</td><td></td><td>性别</td><td></td><td>年龄</td><td></td></tr>
<tr><td>证件类型</td><td></td><td>证件号码</td><td colspan="3"></td></tr>
<tr><td>职务</td><td></td><td>电子邮箱</td><td colspan="3"></td></tr>
<tr><td>证件有效期</td><td></td><td>联系方式</td><td>座机</td><td colspan="2">移动电话</td></tr>
<tr><td>办公邮编</td><td></td><td>办公地址</td><td colspan="3"></td></tr>
<tr><td>与该机构关系</td><td colspan="5"></td></tr>
<tr><td>是否为下列机构</td><td colspan="4">符合《证券期货投资者适当性管理办法》第8条第1款所规定的证券公司、期货公司、基金管理公司及其子公司、商业银行、保险公司、信托公司、财务公司；或在中国证券投资基金业协会登记或者备案的证券公司子公司、期货公司子公司、私募基金管理人；或者第3款所规定的合格境外机构投资者(QFII),人民币合格境外机构投资者(RQFII)。</td><td>□是</td><td>□否</td></tr>
</table>

D12302

续表

资产规模	* 私募基金或者资产管理计划投资者，最近 3 个月月末净资产均不低于人民币 1000 万元。	□是	□否
是否存在实际控制关系	否（　　），是（　　）请说明：		
交易的实际受益人	本机构（　　），其他机构或个人（　　）请说明：		
是否有不良诚信记录	否（　　），是（　　）请说明：		
本机构保证资金来源的合法性和所提供资料的真实性、有效性、准确性、完整性，并对其承担责任。 机构指定授权 经办人签字：______年______月______日 经办人签章：______________________募集机构盖章： 复核人签章：______年______月______日			
* 注 1：“机构类型”参照协会《基金行业数据集中备份接口规范（试行）》的规则适用。 * 注 2：私募基金投资者须符合《证券期货投资者适当性管理办法》第 14 条“一定时期”的规定。			

（三）投资者基本信息表参考模板（产品）

文本正文：http://www.fatianshi.cn/D12303

<table>
<tr><td>产品名称</td><td colspan="6"></td></tr>
<tr><td>产品类型</td><td colspan="2"></td><td>产品备案机构</td><td colspan="3"></td></tr>
<tr><td>成立时间</td><td colspan="2"></td><td>备案时间</td><td colspan="3"></td></tr>
<tr><td>产品备案编号</td><td colspan="2"></td><td>产品存续期</td><td colspan="3"></td></tr>
<tr><td>产品类别</td><td colspan="2"></td><td>产品规模</td><td colspan="3"></td></tr>
<tr><td>产品管理人</td><td colspan="6"></td></tr>
<tr><td>产品托管人</td><td colspan="6"></td></tr>
<tr><td rowspan="6">指定授权经办人</td><td>姓名</td><td></td><td>性别</td><td></td><td>年龄</td><td></td></tr>
<tr><td>证件类型</td><td></td><td>证件号码</td><td colspan="3"></td></tr>
<tr><td>职务</td><td></td><td>电子邮箱</td><td colspan="3"></td></tr>
<tr><td>证件有效期</td><td></td><td>联系方式</td><td>座机</td><td colspan="2">移动电话</td></tr>
<tr><td>办公邮编</td><td></td><td>办公地址</td><td colspan="3"></td></tr>
<tr><td colspan="2">与该机构/产品关系</td><td colspan="4"></td></tr>
</table>

D12303

续表

管理人名称			
机构类型		机构证件类型	
机构证件编号		有效期	
机构资质证明		资质证书编号	
经营范围			
注册地址			
办公地址			
注册资本		控股股东或实际控制人	

续表

<table>
<tr><td>是否为下列产品</td><td>为《证券期货投资者适当性管理办法》第 8 条第 1 款机构面向投资者发行的证券公司资产管理产品、基金管理公司及其子公司产品、期货公司资产管理产品、银行理财产品、保险产品、信托产品、经行业协会备案的私募基金，及第 1 款规定机构发行的其他理财产品；或者为第 3 款规定的社会保障基金、企业年金等养老基金、慈善基金等社会公益基金。</td><td>□是</td><td>□否</td></tr>
<tr><td>资产规模</td><td>* 私募基金或者资产管理计划投资者，成立规模不得低于（含）人民币 1000 万元。</td><td>□是</td><td>□否</td></tr>
<tr><td colspan="2">是否存在实际控制关系</td><td colspan="2">否（　　），是（　　）请说明：</td></tr>
<tr><td colspan="2">交易的实际受益人</td><td colspan="2">本人（　　），他人（　　）请说明：</td></tr>
<tr><td colspan="2">是否有不良诚信记录</td><td colspan="2">否（　　），是（　　）请说明：</td></tr>
<tr><td colspan="4">本管理人保证该产品资金来源的合法性和所提供资料的真实性、有效性、准确性、完整性，并对其承担责任。
机构 / 产品指定授权
经办人签字：_____年_____月_____日
经办人签章：________________________________
募集机构盖章：______________________________
复核人签章：
_____年_____月_____日</td></tr>
<tr><td colspan="4">* 注：私募基金投资者须符合《证券期货投资者适当性管理办法》第 14 条“一定时期”的规定。</td></tr>
</table>

D12303

（四）基金投资者风险测评问卷参考模板
（个人版）

文本正文：http://www.fatianshi.cn/D12304

投资者姓名：__________ 填写日期：__________

风险提示：

基金投资需承担各类风险，本金可能遭受失。同时，还要考虑市场风险、信用风险、流动风险、操作风险等各类投资风险。您在基金认购过程中应当注意核对自己的风险识别和风险承受能力，选择与自己风险识别能力和风险承受能力相匹配的私募基金。

1. 您的主要收入来源是：

A. 工资、劳务报酬

B. 生产经营所得

C. 利息、股息、转让等金融性资产收入

D. 出租、出售房地产等非金融性资产收入

E. 无固定收入

2. 您的家庭可支配年收入为（折合人民币）：

A.50 万元以下

B.50 万 ~100 万元

C.100 万 ~500 万元

D.500 万 ~1000 万元

E.1000 万元以上

3. 在您每年的家庭可支配收入中，可用于金融投资（储蓄存款除外）的比例为：

A. 小于 10%

B.10% 至 25%

C.25% 至 50%

D. 大于 50%

4. 您是否有尚未清偿的数额较大的债务，如有，其性质是：

A. 没有

B. 有，住房抵押贷款等长期定额债务

C. 有，信用卡欠款、消费信贷等短期信用债务

D. 有，亲戚朋友借款

5. 您的投资知识可描述为：

A. 有限：基本没有金融产品方面的知识

B. 一般：对金融产品及其相关风险具有基本的知识和理解

C. 丰富：对金融产品及其相关风险具有丰富的知识和理解

6. 您的投资经验可描述为：

A. 除银行储蓄外，基本没有其他投资经验

B. 购买过债券、保险等理财产品

C. 参与过股票、基金等产品的交易

D. 参与过权证、期货、期权等产品的交易

7. 您有多少年投资基金、股票、信托、私募证券或金融衍生产品等风险投资品的经验？

A. 没有经验

B. 少于 2 年

C.2 年至 5 年

D.5 年至 10 年

E.10 年以上

8. 您计划的投资期限是多久？

A.1 年以下

D12304

B.1 年至 3 年

C.3 年至 5 年

D.5 年以上

9. 您打算重点投资于哪些种类的投资品种？

A. 债券、货币市场基金、债券基金等固定收益类投资品种

B. 股票、混合型基金、股票型基金等权益类投资品种

C. 期货、期权等金融衍生品

D. 其他产品或者服务

10. 以下哪项描述最符合您的投资态度？

A. 厌恶风险，不希望本金损失，希望获得稳定回报

B. 保守投资，不希望本金损失，愿意承担一定幅度的收益波动

C. 寻求资金的较高收益和成长性，愿意为此承担有限本金损失

D. 希望赚取高回报，愿意为此承担较大本金损失

11. 假设有两种投资：

A 预期获得 10% 的收益，可能承担的损失非常小

B 预期获得 30% 的收益，但可能承担较大亏损

12. 您会怎么支配您的投资：

A. 全部投资于收益较小且风险较小的 A

B. 同时投资于 A 和 B，但大部分资金投资于收益较小且风险较小的 A

C. 同时投资于 A 和 B，但大部分资金投资于收益较大且风险较大的 B

D. 全部投资于收益较大且风险较大的

13. 您认为自己能承受的最大投资损失是多少？

A. 10% 以内

B. 10%~30%

C. 30%~50%

D. 超过 50%

本人已如实填写，并了解了自己的风险承受类型和适合购买 的产品类型。

投资者签字：______________________

日期：______________________

经办员签字：______________________

日期：______________________

募集机构（盖章）：

日期：______________________

D12304

（五）基金投资者风险测评问卷
参考模板（机构版）

文本正文：http://www.fatianshi.cn/D12305

投资者名称：____________ 填写日期：____________

本问卷旨在了解贵单位可承受的风险程度等情况，借此协助贵单位选择合适的金融产品或金融服务类别，以符合贵单位的风险承受能力。

风险承受能力评估是本公司向客户履行适当性职责的一个环节，其目的是使本公司所提供的金融产品或金融服务与贵单位的风险承受能力等级相匹配。

本公司特别提醒贵单位：本公司向客户履行风险承受能力评估等适当性职责，并不能取代贵单位自己的投资判断，也不会降低金融产品或金融服务的固有风险。同时，与金融产品或金融服务相关的投资风险、履约责任以及费用等将由贵单位自行承担。

本公司提示贵单位：本公司根据贵单位提供的信息对贵单位进行风险承受能力评估，开展适当性工作。贵单位应当如实提供相关信息及证明材料，并对所提供的信息和证明材料的真实性、准确性、完整性负责。本公司建议：当贵单位的各项状况发生重大变化时，需对贵单位所投资的金融产品及时进行重新审视，以确保贵单位的投资决定与贵单位可承受的投资风险程度等实际情况一致。

本公司在此承诺，对于贵单位在本问卷中所提供的一切信息，本公司将严格按照法律法规要求承担保密义务。除法律法规规定的有权机关依法定程序进行查询以外，本公司保证不会将涉及贵单位的任何信息提供、泄露给任何第三方，或者将相关信息用于违法、不当用途。

1. 贵单位的性质：

A. 国有企事业单位

B. 非上市民营企业

C. 外资企业

D. 上市公司

2. 贵单位的净资产规模为：

A. 500 万元以下

B. 500 万 ~2000 万元

C. 2000 万 ~1 亿元

D. 超过 1 亿元

3. 贵单位年营业收入为：

A. 500 万元以下

B. 500 万 ~2000 万元

C. 2000 万 ~1 亿元

D. 超过 1 亿元

4. 贵单位证券账户资产为：

A. 300 万元以内

B. 300 万 ~1000 万元

C. 1000 万 ~3000 万元

D. 超过 3000 万元

5. 贵单位是否有尚未清偿的数额较大的债务？如有，主要是：

A. 银行贷款

B. 公司债券或企业债券

D12305

C. 通过担保公司等中介机构募集的借款

D. 民间借贷

E. 没有数额较大的债务

6. 对于金融产品投资工作，贵单位打算配置怎样的人员力 量：

A. 一名兼职人员（包括负责人自行决策）

B. 一名专职人员

C. 多名兼职或专职人员，相互之间分工不明确

D. 多名兼职或专职人员，相互之间有明确分工

7. 贵单位所配置的负责金融产品投资工作的人员是否符合以下情况：

A. 现在或此前曾从事金融、经济或财会等与金融产品投资相关的工作超过两年

B. 已取得金融、经济或财会等与金融产品投资相关专业学士 以上学位

C. 取得证券从业资格、期货从业资格、注册会计师证书（CPA）或注册金融分析师证书（CFA）中的一项及以上

D. 本单位所配置的人员不符合以上任何一项描述

8. 贵单位是否建立了金融产品投资相关的管理制度：

A. 没有。因为要保证操作的灵活性

B. 已建立。包括了分工和授权的要求，但未包括投资风险控 制的规则

C. 已建立。包括了分工与授权、风险控制等一系列与金融产 品投资有关的规则

9. 贵单位的投资经验可以被概括为：

A. 有限：除银行活期账户和定期存款外，基本没有其他投资经验

B. 一般：除银行活期账户和定期存款外，购买过基金、保

险等理财产品，但还需要进一步的指导

C. 丰富：本单位具有相当投资经验，参与过股票、基金等产品的交易，并倾向于自己作出投资决策

D. 非常丰富：本单位对于投资非常有经验，参与过权证、期货或创业板等高风险产品的交易

10. 有一位投资者一个月内做了 15 笔交易（同一品种买卖各一次算一笔），贵单位认为这样的交易频率：

A. 太高了

B. 偏高

C. 正常

D. 偏低

11. 过去一年时间内，您购买的不同金融产品（含同一类型的不同金融产品）的数量是：

A. 5 个以下

B. 6 个至 10 个

C. 11 个至 15 个

D. 16 个以上

12. 以下金融产品，贵单位投资经验在 2 年以上的有：

A. 银行存款

B. 债券、货币市场基金、债券型基金或其他固定收益类产品

C. 股票、混合型基金、偏股型基金、股票型基金等权益类投 资品种

D. 期货、融资融券

E. 复杂金融产品或其他产品（注：本题可多选，但评分以其中最高分值选项为准。）

13. 如果贵单位曾经从事过金融产品投资，在交易较为活跃

的月份，平均月交易额大概是多少：

A. 100 万元以内

B. 100 万 ~300 万元

C. 300 万 ~1000 万元

D. 1000 万元以上

E. 从未投资过金融产品

14. 贵单位用于证券投资的大部分资金不会用作其他用途的时间段为：

A. 短期——0 年到 1 年

B. 中期——1 年到 5 年

C. 长期——5 年以上

15. 贵单位进行投资时的首要目标是：

A. 资产保值，我不愿意承担任何投资风险

B. 尽可能保证本金安全，不在乎收益率比较低

C. 产生较多的收益，可以承担一定的投资风险

D. 实现资产大幅增长，愿意承担很大的投资风险

16. 贵单位打算重点投资于哪个种类的投资品种？

A. 债券、货币市场基金、债券基金等固定收益类投资品种

B. 股票、混合型基金、偏股型基金、股票型基金等权益类投 资品种

C. 期货、融资融券

D. 复杂金融产品

E. 他产品

17. 贵单位认为自己能承受的最大投资损失是多少？

A. 10% 以内

B. 10%~30%

C. 30%~50%

D. 超过 50%

18. 假设有两种不同的投资：投资

A 预期获得 5% 的收益，有可能承担非常小的损失；投资

B 预期获得 20% 的收益，但有可能面临 25% 甚至更高的亏损

19. 您将您的投资资产分配为：

A. 全部投资于 A

B. 大部分投资于 A

C. 两种投资各一半

D. 大部分投资于 B

E. 全部投资于 B

20. 贵单位参与金融产品投资的主要目的是什么：

A. 闲置资金保值增值

B. 获取主营业务以外的投资收益

C. 现货套期保值、对冲主营业务风险

D. 减持已持有的股票

本机构已经了解并愿意遵守国家有关证券市场管理的法律、法规、规章及相关业务规则，本机构在此郑重承诺以上填写的内容真实、准确、完整。若本机构提供的信息发生任何重大变化，本机构将及时书面通知贵公司。

经办人签字：____________________

日期：____________________

机构投资者盖章：

日期：____________________

募集机构（盖章）：

日期：____________________

D12305

（六）基金产品或者服务风险等级划分参考标准

文本正文：http://www.fatianshi.cn/D12306

风险等级	产品参考因素
R1	产品结构简单，过往业绩及净值的历史波动率低，投资标的流动性很好、不含衍生品，估值政策清晰，杠杆不超监管部门规定的标准。
R2	产品结构简单，过往业绩及净值的历史波动率较低，投资标的流动性好、投资衍生品以套期保值为目的，估值政策清晰，杠杆不超监管部门规定的标准。
R3	产品结构较简单，过往业绩及净值的历史波动率较高，投资标的流动性较好、投资衍生品以对冲为目的，估值政策清晰，杠杆不超监管部门规定的标准。
R4	产品结构较复杂，过往业绩及净值的历史波动率高，投资标的流动性较差，估值政策较清晰，1倍（不含）以上至3倍（不含）以下杠杆。
R5	产品结构复杂，过往业绩及净值的历史波动率很高，投资标的流动性差，估值政策不清晰，3倍（含）以上杠杆。

注：1. 上述风险划分标准为参考因素，基金募集机构可以根据实际情况，确定评估因素和各项因素的分值和权重，建立评估分值与具体产品风险等级的对应关系，基金服务的风险等级应按照服务涵盖的产品组合的风险等级划分。

2. 基金服务指以销售基金产品为目的开展的基金推介、基金组合投资建议等活动。

3. 产品或服务的风险等级至少为五级，风险等级名称可以结合实际情况进行调整

4. R4、R5杠杆水平是指无监管部门明确规定的产品杠杆水平。

（七）投资者风险匹配告知书及投资者确认函参考模板

文本正文：http://www.fatianshi.cn/D12307

<table>
<tr><td colspan="2">投资者姓名 / 名称</td><td colspan="3"></td></tr>
<tr><td colspan="2">证件类型</td><td></td><td>证件编号</td><td></td></tr>
<tr><td>投资者风险匹配告知书</td><td colspan="4">尊敬的投资者：
根据您 / 贵机构填写的《投资者基本信息表》，依据相关法律、法规的规定，我司将您认定为专业投资者 / 普通投资者。结合您 / 贵机构填写的《风险测评问卷》以及其他相关信息，我司对您的风险承受能力进行了综合评估，现得到评估结果如下：
您 / 贵机构的风险承受能力为：________，依据我司的投资者与产品、服务风险等级匹配规则，您 / 贵机构的风险承受能力等级与我司（产品、服务风险等级）相匹配。
我司在此郑重提醒，我司向您 / 贵机构销售的产品或提供的服务将以您的风险承受能力等级和投资品种、期限为基础，若您 / 贵机构提供的信息发生任何重大变化，您 / 贵机构应当及时以书面方式通知我司。我司建议您 / 贵机构审慎评判自身风险承受能力、结合自身投资行为，认真填写投资品种、期限，并作出审慎的投资判断。
如同意我司评估结果，请在投资者确认函中签字，以示同意。
募集机构签章：______年______月______日</td></tr>
</table>

D12307

续表

<table>
<tr><td rowspan="4">投资者确认函</td><td colspan="5">尊敬的（募集机构）：
本人 / 本机构已仔细阅读贵司的《投资者类型及风险匹配告知书》，已充分知晓并理解贵司对本人 / 本机构的风险承受能力评估及产品、服务风险等级匹配结果。本人 / 本机构对该《投资者类型及风险匹配告知书》内容没有异议，愿意遵守法律、法规及贵司有关规定，通过贵司购买产品或者服务。
本人 / 本机构承诺，将及时以书面方式如实地向贵司告知本人 / 本机构的重大信息变更。
本确认函系本人 / 本机构独立、自主、真实的意思表示。特此确认。
投资者签字 / 签章：______年______月______日</td></tr>
<tr><td rowspan="3">授权经办人信息</td><td>经办人</td><td></td><td>职务</td><td></td></tr>
<tr><td>证件类型</td><td></td><td>证件号码</td><td></td></tr>
<tr><td colspan="4">经办人签字：
______年______月______日</td></tr>
</table>

（八）风险不匹配警示函及投资者确认书参考模板

文本正文：http://www.fatianshi.cn/D12308

风险不匹配警示函	尊敬的投资者（姓名 / 机构名称）资金账号： 经核实，您 / 贵机构申请购买的产品或服务风险等级为______，您当前风险等级为______，不属于最低风险承受能力的普通投资者，不存在违反准入性要求的情况。根据适当性匹配原则，该产品或者服务高于您 / 贵机构风险承受能力，我司特此向您 / 机构书面警示：购买该产品 / 服务，可能导致您 / 贵机构承担超出自身承受能力损失以及不利后果。 请您认真考虑相应风险，审慎决定购买该产品或服务，并签署投资者确认书。 募集机构盖章：______年______月______日
投资者确认书	尊敬的（募集机构）： 本人 / 本机构已收到贵司出具的《风险不匹配警示函》，对于本人 / 本机构申请购买产品 / 服务风险等级高于本人 / 本机构风险承受能力情况已知悉，并且已充分了解该产品 / 服务的风险特征和可能的不利后果。 经本人 / 本机构审慎考虑，仍坚持申请购买该产品 / 服务，并自愿承担由此可能产生的一切不利后果和损失。 该销售机构及工作人员在销售过程中，不存在直接或间接主动向本人 / 本机构推介该产品 / 服务的行为。 请抄写本确认书中字体加粗部分：

D12308

续表

投资者确认书					
	投资者签字 / 签章：______年______月______日				
	授权经办人信息	经办人		职务	
		证件类型		证件号码	
		经办人签字： ______年______月______日			

（九）投资者转化参考模板（专业转普通）

文本正文：http://www.fatianshi.cn/D12309

<table>
<tr><td>投资者姓名
/ 名称</td><td colspan="3"></td></tr>
<tr><td>证件类型</td><td></td><td>证件号码</td><td></td></tr>
<tr><td>授权经办人</td><td></td><td>职务</td><td></td></tr>
<tr><td>授权经办人
身份证号码</td><td colspan="3"></td></tr>
<tr><td>转化告知内容</td><td colspan="3">尊敬的____________（机构名称）：
本人 / 机构名称于______年______月______日经贵司认定为专业投资者，经本人 / 本机构审慎考虑，现决定自愿转化为贵司的普通投资者。该转化效力自贵司确认之日起及于所有在贵司销售的、匹配该等级普通投资者的基金产品或服务。
本人 / 机构自贵司确认转化为普通投资者之日起，适用普通投资者相关规则从事基金交易活动。
投资者（自然人签名 / 机构签章、授权代表人签名）
______年______月______日</td></tr>
<tr><td>复核结论</td><td colspan="3">我司于______年______月______日依据《证券期货投资者适当性管理办法》第 8 条第 4 项或第 5 项将该投资者认定为专业投资者。经复核，该投资者符合相关转化规定条件，且无其他不得转化情况，现对其转化为普通投资者（可注明对应等级）决定予以核准、确认。
复核人（一）：　　　　复核人（二）：
主管领导签字：　　　　募集机构签章：
______年______月______日</td></tr>
</table>

D12309

（十）投资者转化参考模板（普通转专业）

文本正文：http://www.fatianshi.cn/D12310

<table>
<tr><td colspan="2">投资者姓名 / 名称</td><td colspan="5"></td></tr>
<tr><td colspan="2">证件类型</td><td></td><td>证件号码</td><td colspan="3"></td></tr>
<tr><td colspan="2">授权经办人</td><td></td><td>职务</td><td colspan="3"></td></tr>
<tr><td colspan="2">经办人身份证号码</td><td colspan="5"></td></tr>
<tr><td>转化申请内容</td><td colspan="6">尊敬的____________（机构名称）：
本人 / 机构名称于______年______月______日经贵司认定为普通投资者，经本人 / 本机构审慎考虑，现决定自愿申请转化为贵司的专业投资者。本人 / 本机构已充分理解专业投资者与普通投资者的区别，转化为专业投资者后，将自主承担可能产生的风险和后果。本人 / 机构承诺所提供材料真实、准确、完整。
特此申请
投资者（自然人签字 / 机构签章、授权代表人签字）
______年______月______日</td></tr>
<tr><td rowspan="4">基金销售机构复核内容</td><td>专业投资者类型</td><td colspan="3">复核内容</td><td colspan="2">是否符合</td></tr>
<tr><td rowspan="3">机构投资者</td><td colspan="3">最近 1 年末净资产不低于 1000 万元人民币</td><td>□是</td><td>□否</td></tr>
<tr><td colspan="3">最近 1 年末金融资产不低于 500 万元人民币</td><td>□是</td><td>□否</td></tr>
<tr><td colspan="3">为具有 1 年以上证券、基金、期货、黄金、外汇等投资经历的除专业投资者外的法人或其他组织</td><td>□是</td><td>□否</td></tr>
</table>

续表

	自然人投资者	金融资产不低于300万元人民币，或者最近3年个人年均收入不低于30万元人民币	□是	□否
		为具有1年以上证券、基金、期货、黄金、外汇等投资经历，或者具有1年以上金融产品设计、投资、风险管理及相关工作经历的自然人投资者	□是	□否
	补充材料	是否补充提交材料，对以往投资经历、投资经验以及投资知识相关情况进行说明	□是	□否
		是否参加本销售机构举办的投资知识测试或者模拟交易	□是	□否
复核结论	我司于______年______月______日依据相关规定将该投资者认定为普通投资者。经复核，该投资者符合《证券期货投资者适当性管理办法》第11条规定的转化条件，并履行了该办法第12条规则要求，且无其他不得转化情况，我司经过审慎考虑，现批准将其转化为专业投资者（可注明对应等级）。 复核人（一）： 复核人（二）： 主管领导签字： 募集机构签章： ______年______月______日			

D12310

关注法天使

三、私募投资基金风险揭示书

适用场景：

用于揭示私募投资基金可能存在的风险。《私募投资基金监督管理暂行办法》第16条规定，私募基金管理人自行销售私募基金的，应当采取问卷调查等方式，对投资者的风险识别能力和风险承担能力进行评估，由投资者书面承诺符合合格投资者条件；应当制作风险揭示书，由投资者签字确认。《私募投资基金募集行为管理办法》第26条规定，在投资者签署基金合同之前，募集机构应当向投资者说明有关法律法规，说明投资冷静期、回访确认等程序性安排以及投资者的相关权利，重点揭示私募基金风险，并与投资者签署风险揭示书。

法律要点：

1. 风险揭示书内容

《私募投资基金募集行为管理办法》第26条第2款规定，风险揭示书的内容包括但不限于：

（1）私募基金的特殊风险，包括基金合同与中国基金业协会合同指引不一致所涉风险、基金未托管所涉风险、基金委托募集所涉风险、外包事项所涉风险、聘请投资顾问所涉风险、未在中国基金业协会登记备案的风险等；

（2）私募基金的一般风险，包括资金损失风险、基金运营风险、流动性风险、募集失败风险、投资标的的风险、税收风险等；

（3）投资者对基金合同中投资者权益相关重要条款的逐项

确认，包括当事人权利义务、费用及税收、纠纷解决方式等。

2. 特别风险揭示

若存在以下事项，应特别揭示风险：

（1）基金合同与中国基金业协会合同指引不一致所涉风险[①]；

（2）私募基金未托管[②]所涉风险；

（3）私募基金委托募集所涉风险；

（4）私募基金外包事项所涉风险；

（5）私募基金聘请投资顾问所涉风险；

（6）私募基金未在中国基金业协会履行登记备案手续所涉风险[③]。

下文所附的《私募投资基金风险揭示书》为中国证券投资基金业协会提供的揭示书模版。

文本正文：http://www.fatianshi.cn/D12311

私募投资基金风险揭示书

（格式示例如下，风险揭示书须包含但不限于以下内容）

尊敬的投资者：

投资有风险。当您 / 贵机构认购或申购私募基金时，可能获得投资收益，但同时也面临着投资风险。您 / 贵机构在作出投资决策之前，请仔细阅读本风险揭示书和基金合同、公司章程或者合伙协议（以下统称基金合同），充分认识本基金的风险收益特征和产品特性，认真考虑基金存在的各项风险因素，并充分考虑自身的风险承受能力，理性判断并谨慎作出投资决策。

根据有关法律法规，基金管理人［具体机构名称］及投资者分别作出如下承诺、风险揭示及声明：

①本书提供的基金合同范本是按协会合同指引编制的，如管理人按照实际情况进行了删减或者调整，需要在风险揭示书中进行特别提示。

②《私募投资基金监督管理暂行办法》第 21 条规定，除基金合同另有约定外，私募基金应当由基金托管人托管。

基金合同约定私募基金不进行托管的，应当在基金合同中明确保障私募基金财产安全的制度措施和纠纷解决机制。

基金合同约定部进行托管的，需要在风险揭示书中进行特别提示。

③新设基金一般都尚未在协会备案，可在揭示书中进行风险提示。

D12311

一、基金管理人承诺

（一）私募基金管理人保证在募集资金前已在中国证券投资基金业协会（以下简称中国基金业协会）登记为私募基金管理人，并取得管理人登记编码。

（二）私募基金管理人向投资者声明，中国基金业协会为私募基金管理人和私募基金办理登记备案不构成对私募基金管理人投资能力、持续合规情况的认可；不作为对基金财产安全的保证。

（三）私募基金管理人保证在投资者签署基金合同前已（或已委托基金销售机构）向投资者揭示了相关风险；已经了解私募基金投资者的风险偏好、风险认知能力和承受能力；已向私募基金投资者说明有关法律法规，说明投资冷静期、回访确认的制度安排以及投资者的权利。

（四）私募基金管理人承诺按照恪尽职守、诚实信用、谨慎勤勉的原则管理运用基金财产，不保证基金财产一定盈利，也不保证最低收益。

二、风险揭示

（一）特殊风险揭示[①]

若存在以下事项，应特别揭示风险：

1. 基金合同与中国基金业协会合同指引不一致所涉风险；

2. 私募基金未托管所涉风险；

3. 私募基金委托募集所涉风险；

4. 私募基金外包事项所涉风险；

5. 私募基金聘请投资顾问所涉风险；

6. 私募基金未在中国基金业协会履行登记备案手续所涉风险。

①具体风险应由管理人根据私募基金的特殊性阐明。

（二）一般风险揭示

1. 资金损失风险

基金管理人依照恪尽职守、诚实信用、谨慎勤勉的原则管理和运用基金财产，但不保证基金财产中的认购资金本金不受损失，也不保证一定盈利及最低收益。

本基金属于［相应评级水平］①风险投资品种，适合风险识别、评估、承受能力［相应评级水平②］的合格投资者。

2. 基金运营风险

基金管理人依据基金合同约定管理和运用基金财产所产生的风险，由基金财产及投资者承担。投资者应充分知晓投资运营的相关风险，其风险应由投资者自担。

3. 流动性风险

本基金预计存续期限为基金成立之日起至［存续期限］［包括延长期（如有）］结束并清算完毕为止。在本基金存续期内，投资者可能面临资金不能退出带来的流动性风险。

根据实际投资运作情况，本基金有可能提前结束或延期结束，投资者可能因此面临委托资金不能按期退出等风险。

4. 募集失败风险

本基金的成立需符合相关法律法规的规定，本基金可能存在不能满足成立条件从而无法成立的风险。

基金管理人的责任承担方式：

（1）以其固有财产承担因募集行为而产生的债务和费用；

（2）在基金募集期限届满（确认基金无法成立）后30日内返还投资人已交纳的款项，并加计银行同期存款利息。

5. 投资标的风险（适用于股权类）

本基金投资标的的价值取决于投资对象的经营状况，原股东对所投资企业的管理和运营，相关市场宏观调控政策、财政

①按照基金产品风险划分标准填写。

②按照投资者风险测评问卷结果填写。

D12311

税收政策、产业政策、法律法规、经济周期的变化以及区域市场竞争格局的变化等都可能影响所投资企业经营状况，进而影响本基金投资标的的价值。

6. 税收风险

契约性基金所适用的税收征管法律法规可能会由于国家相关税收政策调整而发生变化，投资者收益也可能因相关税收政策调整而受到影响。

7. 其他风险

包括但不限于法律与政策风险、发生不可抗力事件的风险、技术风险和操作风险等。

三、投资者声明

作为该私募基金的投资者，本人 / 机构已充分了解并谨慎评估自身风险承受能力，自愿自行承担投资该私募基金所面临的风险。本人 / 机构作出以下陈述和声明，并确认（自然人投资者在每段段尾“____________”内签名，机构投资者在本页、尾页盖章，加盖骑缝章）其内容的真实和正确：

1. 本人 / 机构已仔细阅读私募基金法律文件和其他文件，充分理解相关权利、义务、本私募基金运作方式及风险收益特征，愿意承担由上述风险引致的全部后果。____________

2. 本人 / 机构知晓，基金管理人、基金销售机构、基金托管人及相关机构不应当对基金财产的收益状况作出任何承诺或担保。____________

3. 本人 / 机构已通过中国基金业协会的官方网站（www.amac.org.cn）查询了私募基金管理人的基本信息，并将于本私募基金完成备案后查实其募集结算资金专用账户的相关信息与打款账户信息的一致性。____________

4. 在购买本私募基金前，本人 / 机构已符合《私募投资基金

监督管理暂行办法》有关合格投资者的要求并已按照募集机构的要求提供相关证明文件。____________

5. 本人 / 机构已认真阅读并完全理解基金合同的所有内容，并愿意自行承担购买私募基金的法律责任。____________

6. 本人 / 机构已认真阅读并完全理解基金合同第 __________ 章第 ____________ 节[①] “当事人的权利与义务” 的所有内容，并愿意自行承担购买私募基金的法律责任。____________

7. 本人 / 机构知晓，投资冷静期及回访确认的制度安排以及在此期间的权利。____________

8. 本人 / 机构已认真阅读并完全理解基金合同第 __________ 章第 ____________ 节 “私募基金的投资” 的所有内容，并愿意自行承担购买私募基金的法律责任。____________

9. 本人 / 机构已认真阅读并完全理解基金合同第 __________ 章第 ____________ 节 “私募基金的费用与税收” 中的所有内容。____________

10. 本人 / 机构已认真阅读并完全理解基金合同第 ____________ 章第 ____________ 节 “争议的处理” 中的所有内容。____________

11. 本人 / 机构知晓，中国基金业协会为私募基金管理人和私募基金办理登记备案不构成对私募基金管理人投资能力、持续合规情况的认可；不作为对基金财产安全的保证。____________

12. 本人 / 机构承诺本次投资行为是为本人 / 机构购买私募投资基金。____________

13. 本人 / 机构承诺不以非法拆分转让为目的购买私募基金，不会突破合格投资者标准，将私募基金份额或其收益权进行非法拆分转让。____________

① ____________ 部分由管理人按照基金合同实际情况填写。下同。

D12311

基金投资者（自然人签字或机构盖章）：

日期：____________________

经办员（签字）：

日期：____________________

募集机构（盖章）：

日期：____________________

四、合格投资者承诺书

适用场景：

《私募投资基金募集行为管理办法》第9条第2款规定，投资者应当以书面方式承诺其为自己购买私募基金，任何机构和个人不得以非法拆分转让为目的购买私募基金。

《私募投资基金募集行为管理办法》第18条规定，在向投资者推介私募基金之前，募集机构应当采取问卷调查等方式履行特定对象确定程序，对投资者风险识别能力和风险承担能力进行评估。投资者应当以书面形式承诺其符合合格投资者标准。

法律要点：

管理人除应当取得投资人的书面承诺外，建议要求投资人提供相应的资产证明文件。

文本正文：http://www.fatianshi.cn/D12312

合格投资者承诺书

依据《私募投资基金监督管理暂行办法》之规定，私募基金的合格投资者是指具备相应风险识别能力和风险承担能力，投资于单只私募基金的金额不低于100万元且符合下列相关标准的单位和个人：

（一）净资产不低于1000万元的单位；

（二）金融资产不低于300万元或者最近3年个人年均收入不低于50万元的个人。

前款所称金融资产包括银行存款、股票、债券、基金份额、

D12312

资产管理计划、银行理财产品、信托计划、保险产品、期货权益等。

或

（一）社会保障基金、企业年金等养老基金，慈善基金等社会公益基金；

（二）依法设立并在基金业协会备案的投资计划；

（三）投资于所管理私募基金的私募基金管理人及其从业人员；

（四）中国证监会规定的其他投资者。

本人 / 机构属于以下情形之一：

1. 本单位投资本只私募基金的金额不低于 100 万元，且净资产不低于 1000 万元；

2. 本个人投资本只私募基金的金额不低于 100 万元，且金融资产不低于 300 万元；

3. 本个人投资本只私募基金的金额不低于 100 万元，且最近三年个人年均收入不低于 50 万元；

4. 社会保障基金、企业年金等养老基金，慈善基金等社会公益基金；

5. 依法设立并在基金业协会备案的投资计划；

6. 本人为投资于所管理私募基金的私募基金管理人及其从业人员；

7. 中国证监会规定的其他投资者。

本人 / 机构承诺本人 / 机构是为自己购买私募基金，不存在以非法拆分转让为目的购买私募基金的行为。

本人 / 机构承诺在作出投资决定时，属于《私募投资基金监督管理暂行办法》规定的合格投资者。

承诺人________________________________

（签字或盖章）

日期________________________________

五、合伙协议

适用场景：

本合伙协议适用于有限合伙类型的私募基金，用于规范有限合伙型基金权利义务的合伙协议即为有限合伙基金的基金合同。

根据《中华人民共和国证券投资基金法》（以下简称《基金法》）、《中华人民共和国合伙企业法》、《合伙企业登记管理办法》、《私募投资基金监督管理暂行办法》（以下简称《私募办法》）、《私募投资基金管理人登记和基金备案办法（试行）》及《私募投资基金合同指引 3 号（合伙协议必备条款指引）》制定本合伙协议。

法律要点：

1. 声明与承诺

订明私募基金管理人、私募基金托管人及私募基金投资者的声明与承诺，并用加粗字体在合同中列明，包括但不限于：

私募基金管理人保证在募集资金前已在中国基金业协会登记为私募基金管理人，并列明管理人登记编码。私募基金管理人应当向投资者进一步声明，中国基金业协会为私募基金管理人和私募基金办理登记备案不构成对私募基金管理人投资能力、持续合规情况的认可；不作为对基金财产安全的保证。私募基金管理人保证已在签订本合同前揭示了相关风险；已经了解私募基金投资者的风险偏好、风险认知能力和承受能力。私募基金管理人承诺按照恪尽职守、诚实信用、谨慎勤勉的原则管理运用基金财产，不对基金活动的营利性和最低收益作出承诺。

私募基金托管人承诺按照恪尽职守、诚实信用、谨慎勤勉的原则安全保管基金财产，并履行合同约定的其他义务。

私募基金投资者声明其为符合《私募办法》规定的合格投资者，保证财产的来源及用途符合国家有关规定，并已充分理解本合同条款，了解相关权利义务，了解有关法律法规及所投资基金的风险收益特征，愿意承担相应的投资风险；私募基金投资者承诺其向私募基金管理人提供的有关投资目的、投资偏好、投资限制、财产收入情况和风险承受能力等基本情况真实、完整、准确、合法，不存在任何重大遗漏或误导。前述信息资料如发生任何实质性变更，应当及时告知私募基金管理人或募集机构。私募基金投资者知晓，私募基金管理人、私募基金托管人及相关机构不应对基金财产的收益状况作出任何承诺或担保。

2. 合伙协议必备条款

合伙型基金的合伙协议应当具备如下条款：

（一）【基本情况】合伙协议应列明如下信息，同时可以对变更该等信息的条件作出说明：

1. 合伙企业的名称（标明“合伙企业”字样）；

2. 主要经营场所地址；

3. 合伙目的和合伙经营范围（应含有“基金管理”“投资管理”“资产管理”“股权投资”“创业投资”等能体现私募投资基金性质的字样）；

4. 合伙期限。

（二）【合伙人及其出资】合伙协议应列明普通合伙人和有限合伙人的姓名或名称、住所、出资方式、出资数额、出资比例和缴付期限，同时可以对合伙人相关信息发生变更时应履行的程序作出说明。

（三）【合伙人的权利义务】合伙协议应列明有限合伙人与

D12313

普通合伙人的基本权利和义务。

（四）【执行事务合伙人】合伙协议应约定由普通合伙人担任执行事务合伙人，执行事务合伙人有权对合伙企业的财产进行投资、管理、运用和处置，并接受其他普通合伙人和有限合伙人的监督。合伙协议应列明执行事务合伙人应具备的条件及选择程序、执行事务合伙人的权限及违约处理办法、执行事务合伙人的除名条件和更换程序，同时可以对执行事务合伙人执行事务的报酬（包括绩效分成）及报酬提取方式、利益冲突及关联交易等事项作出约定。

（五）【有限合伙人】有限合伙人不执行合伙事务，不得对外代表合伙企业。但有限合伙人的下列行为，不视为执行合伙事务：

1. 参与决定普通合伙人入伙、退伙；

2. 对企业的经营管理提出建议；

3. 参与选择承办合伙企业审计业务的会计师事务所；

4. 获取经审计的合伙企业财务会计报告；

5. 对涉及自身利益的情况，查阅合伙企业财务会计账簿等财务资料；

6. 在合伙企业中的利益受到侵害时，向有责任的合伙人主张权利或者提起诉讼；

7. 执行事务合伙人怠于行使权利时，督促其行使权利或者为了合伙企业的利益以自己的名义提起诉讼；

8. 依法为合伙企业提供担保。

合伙协议可以对有限合伙人的权限及违约处理办法作出约定，但是不得作出有限合伙人以任何直接或间接方式，参与或变相参与超出前款规定的8种不视为执行合伙事务行为的约定。

（六）【合伙人会议】合伙协议应列明合伙人会议的召开条件、

程序及表决方式等内容。

（七）【管理方式】合伙型基金的管理人可以是合伙企业执行事务合伙人，也可以委托给其他私募基金管理机构。合伙协议中应明确管理人和管理方式，并列明管理人的权限及管理费的计算和支付方式。

（八）【托管事项】合伙企业财产进行托管的，应在合伙协议中明确托管机构的名称或明确全体合伙人在托管事宜上对执行事务合伙人的授权范围，包括但不限于挑选托管人、签署托管协议等。全体合伙人一致同意不托管的，应在合伙协议中明确约定本合伙型基金不进行托管，并明确保障投资基金财产安全的制度措施和纠纷解决机制。

（九）【入伙、退伙、合伙权益转让和身份转变】合伙协议应列明合伙人入伙、退伙、合伙权益转让的条件、程序及相关责任，有限合伙人和普通合伙人相互转变程序。

（十）【投资事项】合伙协议应列明本合伙型基金的投资范围、投资运作方式、投资限制、投资决策程序、关联方认定标准及关联方投资的回避制度，以及投资后对被投资企业的持续监控、投资风险防范、投资退出、所投资标的担保措施、举债及担保限制等作出约定。

（十一）【利润分配及亏损分担】合伙协议应列明与合伙企业的利润分配及亏损分担方式有关的事项，具体可以包括利润分配原则及顺序、利润分配方式、亏损分担原则及顺序等。

（十二）【税务承担】合伙协议应列明合伙企业的税务承担事项。

（十三）【费用和支出】合伙协议应列明与合伙企业费用的核算和支付有关的事项，具体可以包括合伙企业费用的计提原则、承担费用的范围、计算及支付方式、应由普通合伙人承担

D12313

的费用等。

（十四）【财务会计制度】合伙协议应对合伙企业的记账、会计年度、审计、年度报告、查阅会计账簿的条件等事项作出约定。

（十五）【信息披露制度】合伙协议应对本合伙型基金信息披露的内容、方式、频度等内容作出约定。

（十六）【终止、解散与清算】合伙协议应列明合伙企业终止、解散与清算有关的事项，具体可以包括合伙企业终止、解散的条件、清算程序、清算人及任命条件、清偿及分配等。

（十七）【合伙协议的修订】合伙协议应列明协议的修订事由及程序。

（十八）【争议解决】合伙协议应列明争议的解决方式。

（十九）【一致性】合伙协议应明确规定当合伙协议的内容与合伙人之间的其他协议或文件内容相冲突的，以合伙协议为准。若合伙协议有多个版本且内容相冲突的，以在中国基金业协会备案的版本为准。

（二十）【份额信息备份】订明全体合伙人同意私募基金管理人、份额登记机构或其他份额登记义务人应当按照中国基金业协会的规定办理基金份额登记（全体合伙人）数据的备份。

（二十一）【报送披露信息】订明全体合伙人同意私募基金管理人或其他信息披露义务人应当按照中国基金业协会的规定对基金信息披露信息进行备份。

文本正文：http://www.fatianshi.cn/D12313

合 伙 协 议

合同编号：__________①（_____）字第_____号

［基金全称］（有限合伙）②

合伙协议③

私募基金管理人与私募投资者声明与承诺

一、私募基金管理人声明与承诺

1. 私募基金管理人保证在募集资金前已在中国基金业协会登记为私募基金管理人，管理人登记编码为：__________。中国基金业协会为私募基金管理人和私募基金办理登记备案不构成对私募基金管理人投资能力、持续合规情况的认可；不作为对基金财产安全的保证。

2. 私募基金管理人保证已在签订本合同前揭示了相关风险；已经了解私募基金投资者的风险偏好、风险认知能力和承受能力。

3. 私募基金管理人承诺按照恪尽职守、诚实信用、谨慎勤勉的原则管理运用基金财产，不对基金活动的营利性和最低收益作出承诺。

二、私募投资者声明与承诺

1. 私募基金投资者声明其为符合《私募办法》规定的合格投资者，保证财产的来源及用途符合国家有关规定，并已充分理解本合同条款，了解相关权利义务，了解有关法律法规及所投资基金的风险收益特征，愿意承担相应的投资风险。

2. 私募基金投资者承诺其向私募基金管理人提供的有关投

①基金简称大写首字母。

②有限合伙型私募基金的组织形式为有限合伙企业。

③关于本合伙协议与工商合伙协议关系的说明：

这两个文件实际上都是合伙协议，本合伙协议是按照基金的要求编制的，内容更加翔实，对基金管理人和投资者的权利义务，如管理费的提取和基金利润分配等问题进行了规定，而工商合伙协议是按照工商要求编制的，比较简单，基本上是普通合伙企业的一般性规定。合伙协议中一般会规定：本合伙协议为《有限合伙协议》的补充协议，本合伙协议与工商有限合伙协议不一致的，以本合伙协议的约定为准。

实践中，各地工商部门都有自己的合伙协议模板，建议直接按照地方工商部门的模板文件填写。

而本合伙协议作为实际规定合伙人之间权利义务的有效法律文件。

D12313

资目的、投资偏好、投资限制、财产收入情况和风险承受能力等基本情况真实、完整、准确、合法，不存在任何重大遗漏或误导。

______年______月______日

目　　录

4.1 普通合伙人的权利义务

4.2 有限合伙人的权利义务

第五条 合伙人的陈述和保证

5.1 普通合伙人的陈述和保证

5.2 有限合伙人的陈述和保证

第六条 合伙事务的执行

6.1 执行事务合伙人

6.2 执行合伙事务

6.3 执行事务合伙人委派的代表

6.4 执行事务合伙人违约处理办法

6.5 执行事务合伙人的除名和更换

6.6 有限合伙人不执行合伙事务

6.7 责任的限制

6.8 免责保证

6.9 利益冲突

第七条 合伙人会议

7.1 年度会议和临时会议

7.2 会议召集和召开

第八条 管理方式

8.1 管理人及管理方式

8.2 管理费

第九条 资金托管

第十条 入伙、退伙及合伙权益的转让

10.1 有限合伙人入伙

10.2 有限合伙人退伙

10.3 普通合伙人入伙

10.4 普通合伙人退伙

D12313

15.2 普通合伙人费用

第十六条 财务会计制度

16.1 记账

16.2 会计年度

16.3 审计

16.4 报告

16.5 查阅会计账簿

第十七条 信息披露制度

17.1 信息披露备份平台

17.2 向全体合伙人披露的信息

17.3 信息披露禁止行为

17.4 信息披露文本

17.5 基金管理人重大事项报告

17.6 基金运作重大事项报告

17.7 披露申报所得税所需的信息

17.8 披露项目投资决策文件

17.9 风险预警资料

17.10 风险控制报告

第十八条 份额信息备份及报送备份信息

18.1 份额信息备份

18.2 报送披露信息

第十九条 终止、解散与清算

19.1 解散

19.2 清算

19.3 清算清偿顺序

第二十条 合伙协议的修订、争议解决、一致性及其他

20.1 修改协议

D12313

____________（有限合伙）

合伙协议

本［基金全称］（下称有限合伙或基金）合伙协议（下称本合伙协议）由［基金管理人全称］（作为普通合伙人）与本合伙协议附件所列明并签署本合伙协议之有限合伙人（下称有限合伙人，与普通合伙人合称合伙人或各方）签署。

本［基金全称］由［基金管理人全称］作为管理人发起，全体合伙人认购，共同设立。根据《中华人民共和国证券投资基金法》（以下简称《基金法》）、《中华人民共和国合伙企业法》、《合伙企业登记管理办法》、《私募投资基金监督管理暂行办法》（以下简称《私募办法》）、《私募投资基金管理人登记和基金备案办法（试行）》（以下简称《登记备案办法》）、《私募投资基金合同指引 3 号（合伙协议必备条款指引）》及其他相关规定，各方本着诚实信用、公平互利、平等自愿的原则，已于______年______月______日签订［基金全称］有限合伙协议》（以下简称《有限合伙协议》），各方协商一致达成本合伙协议。

第一条 定义

1.1 定义

在本协议中，除非上下文另有明确说明，下列词语分别具有本条所指含义：

1.1.1 “本协议”，指《____________（有限合伙）合伙协议》，包括其按照本协议约定所作的修订及补充。

1.1.2 “《合伙企业法》”，指由中华人民共和国第十届全国人民代表大会常务委员会第二十三次会议于2006年8月27日修订通过，自2007年6月1日起施行的《中华人民共和国合伙企业法》。

1.1.3 “合伙企业”，指____________（有限合伙）。

1.1.4 “普通合伙人”，指GP，以及按照本协议相关条款的约定继任的本合伙企业之普通合伙人。

1.1.5 “有限合伙人”，指作为有限合伙人认缴合伙企业出资并由普通合伙人决定接纳的人士，以及通过受让合伙权益而作为有限合伙人加入合伙企业的继受有限合伙人；包括在首次交割日或之前入伙的有限合伙人及后续有限合伙人。

1.1.6 “合伙人”，指普通合伙人和有限合伙人。

1.1.7 “首次交割日”，指第3.5.1条所述含义。

1.1.8 “后续募集期”，指第3.5.1条所述含义。

1.1.9 “后续交割”，指合伙企业在首次交割日后按照本协议的约定接纳新的有限合伙人认缴合伙企业出资或接纳现有有限合伙人增加认缴合伙企业的出资的行为。

1.1.10 “后续有限合伙人”，指在首次交割日后认缴出资并由普通合伙人接纳入伙的有限合伙人，或在首次交割日后增加认缴出资的现有有限合伙人，后者就其在首次交割日后的认缴出资额在本协议项下被视为“后续有限合伙人”。

D12313

1.1.11 “既存合伙人”，对于任何后续有限合伙人而言，在其之前认缴合伙企业出资的合伙人就相应的认缴出资额被视为“既存合伙人”。

1.1.12 “认缴出资额”，指某一合伙人承诺向合伙企业缴付的，并由普通合伙人决定接受的现金金额。

1.1.13 “继受有限合伙人”，指通过受让合伙权益而作为有限合伙人加入合伙企业的有限合伙人。

1.1.14 “实缴出资额”，指某一合伙人根据本协议约定实际向合伙企业缴付的现金金额，本协议明确约定不作为合伙人出资的金额除外。

1.1.15 “投资期”，指第 2.5.2 条所述含义。

1.1.16 “回收期”，指第 2.5.2 条所述含义。

1.1.17 “缴付出资通知”，指第 3.7.1 条所述含义。

1.1.18 “到账日”，指第 3.7.2 条所述含义。

1.1.19 “违约合伙人”，指根据第 3.9.1 条被普通合伙人认定为“违约合伙人”的有限合伙人。

1.1.20 “守约合伙人”，指未曾被认定为“违约合伙人”的有限合伙人。

1.1.21 “合伙费用”，指第 15.1.1 条约定的应由合伙企业自身承担的运营开支。

1.1.22 “开办费”，指合伙企业之组建、设立相关的费用，包括筹建费用，募集费用，法律、会计等专业顾问咨询费用，通信、打印、差旅费用，登记、备案费用等。

1.1.23 “管理费”，指第 8.2 条约定的作为普通合伙人向合伙企业提供日常运营及投资管理服务的对价而应由合伙企业支付给普通合伙人的报酬。

1.1.24 “认缴出资比例”，对任一合伙人而言，指在任一时点该合伙人的认缴出资在全体合伙人在该时点认缴出资总额中所占比例。

1.1.25 “投资工具”，指第 6.7 条所述含义。

1.1.26 “项目投资”，指合伙企业直接或间接实施的一项或若干项投资交易（不包括现金管理），包括但不限于对投资组合公司进行的股权投资，及 / 或法律、法规及本协议允许的其他方式的投资。

1.1.27 “现金管理”，指第 11.2 条所述含义。

1.1.28 “投资组合公司”，指合伙企业以直接或间接方式对其进行了投资并持有其股权或权益的实体。

1.1.29 “跟进投资”，指合伙企业对其投资组合公司进行的增加投资。

1.1.30 “项目投资收入”，指合伙企业项目投资变现的全部实际所得（扣除项目投资处置发生的各项税收、费用）、从投资组合公司直接或间接获得的分红、利息及其他类似收入的总额。

1.1.31 “可分配现金”，指合伙企业因项目投资、现金管理、费用收入、后续有限合伙人支付的补偿款、违约合伙人支付的滞纳金等产生的现金，以及其他归属于合伙企业的收入，扣除已经发生的合伙费用、承担合伙企业债务或责任所需款项，并扣除普通合伙人根据法律、法规的要求或合伙企业经营的需要独立决定保留的用以支付或承担合伙费用、合伙企业债务和其他义务所需款项后，可供分配的部分。

1.1.32 “投资成本”，对于任何一项项目投资而言，指其投资本金加上该项目相关的成本、费用及支出等合伙费用（包括但不限于该项目投资评估、获取、持有、管理及变现所发生的法律、审计、评估、中介及其他第三方费用，以及所有合理的差旅费、接待费，但由投资组合公司或其他第三人所报销或承

D12313

担的金额除外）。

1.1.33 “合伙权益”，指每一合伙人按照本协议的约定在合伙企业中享有的权益：对于有限合伙人而言，是指其基于出资而在合伙企业中享有的财产份额，包括收回投资成本及取得收益分配的权利；对于普通合伙人而言，除基于出资所享有的上述权益外，还包括其对合伙事务的执行及管理权以及基于本协议约定取得收益分成的权利。

1.1.34 “咨询委员会”，指根据____________组建的合伙企业的咨询机构。

1.1.35 “投资决策委员会”，指第 11.5 条所述的投资决策机构。

1.1.36 “普通同意”，指认缴出资额总和达到或超过除违约合伙人以外的有限合伙人的认缴出资额总和的 50% 的有限合伙人的同意。

1.1.37 “特别同意”，指认缴出资额总和达到或超过除违约合伙人以外的有限合伙人的认缴出资额总和的 2/3 的有限合伙人的同意。

1.1.38 “关联方”，指对于任何人而言，包括受该等人士控制的人士，控制该等人士的人以及与该等人士共同受控制于同一人士的人士；但投资组合公司不应仅因接受了合伙企业的投资而被视为本合伙企业或普通合伙人的关联方。此处的“控制”是指一方支配另一方主要商业行为或个人活动的权力，这种权力的形成可以是基于股权、投票权以及其他通常认为有支配力或重大影响力的关系。

1.1.39 “受补偿方”，指第 6.9 条（免责保证）所述含义。

1.1.40 “合伙企业成立日”，指合伙企业首次取得工商行政管理部门颁发的《营业执照》之日。

1.1.41 “中国”，指中华人民共和国，为本协议之目的，不包括香港特别行政区、澳门特别行政区和我国台湾地区。

1.1.42 “人”“人士”，指任何自然人、企业、公司等法律或经济实体。

1.1.43 “日”，指自然日。

1.1.44 “工作日”，指中国法定节假日、休息日之外的日期。

1.1.45 “季度”“半年度”“年”，分别指日历季度、日历半年度、日历年度。

1.1.46 “元”，指人民币元。

1.2 标题

在本协议中所载的各部分的标题只是为了方便参考和索引之用，并非以任何方式界定、限定或扩展或描述本协议的范围或本协议任何条文的意图。

1.3 引述

1.3.1 提及各方、条款及附件时系分别指本协议的各方、条款及附件。

1.3.2 对合伙企业项目投资及合伙企业的投资组合公司的引述分别包括合伙企业直接或通过投资工具间接进行的项目投资及通过投资工具投资的投资组合公司。

第二条 基本情况

2.1 合伙企业的名称

2.1.1 合伙企业的名称为［基金全称］（合伙企业）（以下简称合伙企业）。

2.1.2 普通合伙人可根据合伙企业的经营需要独立决定变更合伙企业的名称。普通合伙人应及时将合伙企业名称变更的情况书面通知各合伙人，并依法办理相应的企业变更登记手续。

D12313

2.2　主要经营场所

2.2.1　合伙企业注册的主要经营场所为［____________］。

2.2.2　普通合伙人可根据合伙企业的经营需要独立决定变更合伙企业的主要经营场所或增加新的经营场所。普通合伙人应及时将合伙企业注册的主要经营场所变更的情况书面通知各合伙人，并依法办理相应的企业变更登记手续。

2.3　合伙目的

2.3.1　合伙企业的目的是，根据本协议约定从事投资业务，主要通过取得、持有及处置投资组合公司权益，为合伙人获取投资回报。

2.3.2　合伙企业不得以任何形式公开募集和发行基金。

2.4　经营范围

合伙企业的经营范围为：投资管理，资产管理（依法须经批准的项目，经相关部门批准后方可开展经营活动）。（以企业登记机关最终核准的经营范围为准）。①

2.5　合伙期限

2.5.1　合伙企业的期限将持续至自首次交割日起满 5 年②之日。回收期根据本协议的约定延长的，合伙企业的期限相应顺延。合伙企业的期限可根据第十九条约定终止。

2.5.2　自首次交割日起 3 年届满之日为合伙企业的“投资期”，投资期结束后合伙企业的剩余存续期间为回收期。

2.5.3　根据合伙企业的经营需要，普通合伙人可独立决定将合伙企业的回收期延长 2 次，每次不超过 1 年，此后经普通合伙人同意和特别同意，合伙企业的回收期可继续延长。

第三条　合伙人及其出资

3.1　合伙人的组成

合伙企业由普通合伙人和有限合伙人组成，普通合伙人对

①填写基金营业执照上列明的经营范围，应含有“基金管理”“投资管理”“资产管理”“股权投资”“创业投资”等能体现私募投资基金性质的字样。

②本协议按照“3+2”年设置，管理人可以按照基金的实际情况约定其他存续期间。

合伙企业债务承担无限连带责任，有限合伙人以其认缴的出资额为限对合伙企业债务承担有限责任。

3.2 合伙人出资

序号	姓名或名称	合伙人性质	认缴数额（万元）	实缴数额（万元）	出资比例（%）	出资方式	交付期限	住所
		普通合伙人				现金		
		有限合伙人				现金		
		有限合伙人				现金		
合计					100			

3.3 投资冷静期

投资冷静期[①]：本协议签署完毕且有限合伙人缴足其全部认缴出资额后[②] 24 小时内（投资冷静期），基金管理人不得主动联系该有限合伙人。在投资冷静期届满后，基金管理人应当根据适用法律的规定指令其内部从事基金销售推介业务以外的人员以录音电话、电邮和信函等适当方式对该有限合伙人进行投资回访。在投资冷静期届满后，基金管理人根据适用法律的规定对有限合伙人进行回访确认成功前，该有限合伙人有权解除本协议。在出现前述的本协议解除情形时，本合伙企业应向该有限合伙人退回其向基金募集账户汇入的资金及对应的资金利息。未按前述规定对有限合伙人回访确认成功的，普通合伙人、基金管理人也不得以任何方式投资运作该有限合伙人缴纳的认购

①《私募投资基金募集行为管理办法》第 29 条规定，募集机构在完成合格投资者确认程序后，应给予投资者不少于 24 小时的投资冷静期，投资者在冷静期满后经过回访确认方可签署私募基金合同。PE（股权投资）和创投基金的投资冷静期可参照私募证券投资基金，或自行约定。

②私募股权投资基金、创业投资基金等其他私募基金合同关于投资冷静期的约定可以参照前款对私募证券投资基金的相关要求，也可以自行约定。

私募股权投资基金、创业投资基金等其他私募基金合同可以约定不设置投资冷静期或者约定投资冷静期自协议签署完毕起算。

D12313

关注法天使

基金款项。

3.4 总认缴出资额和目标募集规模

合伙企业的总认缴出资额为本协议附件所列的普通合伙人认缴出资额与有限合伙人认缴出资额之总和。合伙企业的目标募集规模为＿＿＿＿＿＿元，执行合伙人可独立决定调整合伙企业的目标募集规模。

每个有限合伙人认缴的合伙企业出资不应低于［＿＿＿万］元，但普通合伙人可独立决定调整此最低额度限制[①]。

3.5 首次交割和后续募集

3.5.1 在合伙企业的总认缴出资额达到［＿＿＿万］元后，普通合伙人有权独立决定宣布合伙企业的首次交割完成并向全体有限合伙人发出书面通知，通知中载明的首次交割日为合伙企业的首次交割日（首次交割日）。自首次交割日起至后续募集期届满之日止，普通合伙人可独立决定接纳新的有限合伙人认缴合伙企业出资或接纳现有有限合伙人增加认缴合伙企业的出资，并相应增加合伙企业的总认缴出资额。首次交割日起不超过［12］个月的期限为后续募集期（后续募集期）后续募集期的延长需取得咨询委员会的同意。

3.5.2 普通合伙人按照本协议约定在合伙企业成立后接纳新的有限合伙人认缴合伙企业出资的，有权代表合伙企业和其他有限合伙人签署交割相关的文件。

3.6 出资方式

所有合伙人均应以人民币现金方式对合伙企业出资。

3.7 缴付出资[②]

3.7.1 各合伙人的认缴出资额应按照普通合伙人不时发出的缴付出资通知（缴付出资通知）的要求分期缴付。每一期出资均应由各合伙人按照认缴出资比例分别缴付。首次交割日后，

---

①需要满足合格投资者的标准，根据《私募投资基金募集行为管理办法》规定，私募基金的合格投资者是指具备相应风险识别能力和风险承担能力的机构或个人：机构方面，要求净资产不低于1000万元；个人方面，要求金融资产不低于300万元或者最近3年个人年均收入不低于50万元。此外，还要求投资者投资于单只私募基金的金额不低于100万元。

②交付的期限可以山上合伙人协商约定。

普通合伙人将向合伙人发出首次缴付出资通知，要求各合伙人缴付首次出资；原则上首次出资金额为各合伙人认缴出资额的50%，具体金额以首次缴付出资通知的要求为准。首次出资缴付之后，普通合伙人可根据投资的进度和资金使用情况向合伙人发出后续的缴付出资通知，要求各合伙人缴付其余各期出资。普通合伙人预期将要求有限合伙人于首次交割日起不超过6个月的期限足额缴付全部认缴出资额，实际缴付出资的时间和金额以普通合伙人发出的缴付出资通知的要求为准。

3.7.2　普通合伙人要求合伙人缴付出资时，应向相关合伙人发出缴付出资通知，缴付出资通知应于其所载明的该期出资的缴付日期到账日之前提前至少10个工作日送达合伙人，但对于任何一次后续交割的首次出资，其到账日可由普通合伙人与相关合伙人另行约定。各合伙人应按照缴付出资通知要求将相应的出资足额缴付至缴付出资通知中载明的合伙企业的银行账户。

3.8　后续交割

3.8.1　后续有限合伙人应按照普通合伙人的要求于其首次到账日向合伙企业支付下列款项：

（1）按照以下公式缴付首期出资：

Z×（Y/X）

Z为既存合伙人截至该次后续交割为止的总实缴出资额，X为该次后续交割后合伙企业的总认缴出资额；Y为该后续有限合伙人的认缴出资额。

（2）如后续有限合伙人认缴出资时合伙企业有已经完成投资且尚未退出的项目投资（先前投资），该后续有限合伙人将参与先前投资的投资成本之分担及收益分配、亏损分担；为此，该后续有限合伙人应当就其首期出资向合伙企业支付自首次交割日起至该后续有限合伙人缴付首期出资之日止的补偿款（既存合伙人的实缴出资额系分期缴付的情况下，补偿款分段计算），即补偿款＝∑ A1/A×B×C×（时间差 / 365）；其中，A1 指既存合伙人每一期缴付出资的金额，A 指既存合伙人截至后续有限合伙人缴付首期出资时的实缴出资额之和，B 指后续有限合伙人应缴付的首期出资金额，C 指届时中国人民银行公布的当时有效的金融机构一年期贷款基准利率加 2%，时间差以公历天数计相当于既存合伙人历次缴付出资的到账日至后续有限合伙人缴付首期出资到账日的期间天数。普通合伙人可要求后续有限合伙人在缴付首期出资同时支付补偿款，或在该后续有限合伙人未来可分配现金中扣除其应支付的补偿款，但就延后支付的补偿款向合伙企业支付一定的资金占用成本，具体由普通合伙人决定。该后续有限合伙人在按照上述约定对合伙企业进行补偿后，其在该等先前投资中分担的投资成本及对该等投资享有的分配比例按照假设其在首次交割日即认缴出资并按期缴付各出资而确定，各既存合伙人的分配比例相应调整。如普通合伙人根据其独立判断认为符合合伙企业的最大利益，普通合伙人有权决定豁免该等补偿款。

3.8.2 后续有限合伙人不参与其认缴出资时合伙企业已经退出的项目投资的投资成本之分担及收益分配、亏损分担。

3.8.3 后续有限合伙人应就其在后续交割中的认缴出资额承担自首次交割日起根据本协议约定计算的管理费，并按照假设其在首次交割日即认缴出资并按期缴付各出资而分担其他合伙费用。

3.8.4 后续有限合伙人缴付的首期出资及相应的补偿款由合伙企业向普通合伙人支付管理费及相应补偿款后相应划分给既存合伙人。就划分给既存合伙人的部分，普通合伙人可根据其独立判断决定是否向既存合伙人支付。如就上述划分进行了支付，则自上述支付日起，就扣除补偿款的支付金额而言，相应合伙人的实缴出资额应相应调减，并相应调增该合伙人的认缴出资余额。后续有限合伙人支付的补偿款不作为其对合伙企业的出资，不减少其认缴出资余额或者增加其记账账户金额。既存合伙人根据本条所获得支付不构成其从合伙企业取得分配。

3.9　逾期缴付出资

3.9.1　如任何有限合伙人未在缴付出资通知要求的到账日或之前缴付出资，普通合伙人有权给予该有限合伙人10个工作日的宽限期，在该宽限期内，该有限合伙人应就逾期缴付的金额支付每日0.05%的滞纳金。如该有限合伙人在前述宽限期内仍未履行其出资义务并支付相应滞纳金，普通合伙人有权认定该有限合伙人为“违约合伙人”。普通合伙人亦有权独立决定不给予前述宽限期而直接认定该有限合伙人为“违约合伙人”。本条项下的滞纳金应在普通合伙人和守约合伙人之间根据其认缴出资比例分配。

3.9.2　对于首期出资的违约合伙人，普通合伙人有权在认定违约合伙人后独立决定将该违约合伙人除名，且普通合伙人有权要求该有限合伙人支付相当于其认缴出资额30%的违约金，如违约金不足以弥补合伙企业的损失的，该有限合伙人应继续赔偿。

3.9.3　对于后续出资的违约合伙人，普通合伙人有权在认定违约合伙人后独立决定对该违约合伙人采取如下一项或多项措施：

（1）该违约合伙人无权再作为合伙人缴付后续出资，其认缴出资额相应减少，违约合伙人对本协议项下所有由有限合伙人同意的事项均失去表决权并且其认缴出资额不应被计入表决

D12313

基数，并且代表该违约合伙人的咨询委员会成员（如有）应被视为自动去职；

（2）普通合伙人有权将违约合伙人的尚未缴付的认缴出资额转让给其指定的守约合伙人（前提是该守约合伙人同意认缴）或第三方，或自行认缴相应出资，或相应缩减合伙企业的总认缴出资额；

（3）将违约合伙人实缴出资部分所对应的合伙权益以普通合伙人决定的价格全部或者部分出售给普通合伙人善意选定的主体。上述转让价款将由合伙企业代为收取，并优先用于支付普通合伙人或者合伙企业为处理违约合伙人违约事宜而发生的费用或者开支，以及合伙企业因该等违约而筹措资金以弥补资金缺口而产生的成本等；

（4）自违约合伙人发生逾期缴付出资情形之日起，如合伙企业有现金分配，普通合伙人有权仅支付可供分配给违约合伙人的现金的50%，保留其余50%的现金。上述保留的现金可用于支付违约合伙人违约日后应支付的管理费、其他合伙费用及其他因其违约行为引起且经普通合伙人判定合理的费用及给合伙企业带来的损失。但，如违约合伙人在其认缴出资额按照上述约定被缩减之前完全补救履行了出资义务及逾期付款滞纳金的支付义务，则自违约日起至违约合伙人补救履行完毕之日所扣留的现金分配应在补救履行完毕后支付给违约合伙人。

第四条　合伙人的基本权利义务

4.1　普通合伙人的权利义务

4.1.1　普通合伙人的权利

（1）根据本协议主持基金的经营管理工作（包括但不限于代表合伙企业进行股权投资；处理有关本基金的诉讼、仲裁或其他争议、纠纷；保管本基金所有经营档案与账簿，决定本基金所采用的会计方法和准则；代表本基金办理银行账户、证券账户等相关金融投资运营中的手续等），并对外代表本基金。在不损害其他合伙人利益的前提下有权根据项目的具体情况和有限合伙人的投资背景，授权投资决策委员会在其授权范围内办理本基金的相关事宜；

（2）拟定基金的基本管理制度和具体规章制度；

（3）依法召集、主持、参加合伙人大会和其他合伙人会议，并行使相应的表决权；

（4）决定投资决策委员会委员和主任人选；

（5）设立投资决策委员会，召集、召开投资决策委员会会议；并按约定的议事规则由投资决策委员会作出依据本协议应由其作出的投资和退出决策；

（6）按照本协议约定享有合伙利益的分配权；

（7）企业清算时，按本协议约定参与企业剩余财产的分配；

（8）聘任或解聘为行使本基金的委托管理权而进行的项目投资或项目退出所必需的会计师事务所、律师事务所，评估机构、投资顾问等中介机构（不包括聘请对基金进行年度审计或专项审计的注册会计师事务所）；

（9）法律、法规及本协议规定的其他权利。

4.1.2 普通合伙人的义务

（1）按照本协议和委托管理协议的约定勤勉尽职，维护合伙财产的统一性、完整性、安全性和保值增值；

（2）定期向有限合伙人报告合伙事务的执行情况及本基金的经营和财务状况；

（3）不得以其在本基金中的财产份额出质；不得以本合伙企业的名义或以本合伙企业的财产对外（包括其他合伙人）举债

D12313

及对外担保；

（4）遵守本协议关于竞业禁止和关联交易的相关约定；

（5）当合伙财产不足以清偿债务时，承担无限连带责任；

（6）非因基金管理人未能按照本协议约定勤勉尽责履行管理职责，当合伙企业经营期限届满发生亏损时，以其对合伙企业的出资弥补亏损，剩余部分按照本协议约定，由其他有限合伙人按认缴出资比例分担[①]；

（7）对本合伙企业中的合伙事务和投资组合等相关事务予以保密；

（8）向有限合伙人如实并毫不迟疑的披露其已经、正在和将来直接或间接参与设立或管理的任何其他与本合伙企业性质相似的企业的信息；

（9）配合本基金或本基金之授权机构定期和不定期对普通合伙人进行履职评估和基金净值评估；

（10）法律、法规及本协议规定的其他义务。

4.2　有限合伙人的权利义务

4.2.1　有限合伙人的权利

（1）监督普通合伙人对合伙事务的执行情况；

（2）参与决定合伙人的入伙与退伙；

（3）对本基金的经营管理提出合理化建议；

（4）有权了解本基金的经营状况和财务状况，对涉及自身利益的情况查阅本基金会计账簿等财务资料及其他相关经营资料；

（5）依法请求召开、参加或委派代理人参加合伙人会议（在普通合伙人怠于履行职责时，自行召集和主持合伙人会议），并行使相应的表决权；

（6）依照法律、法规及本协议的约定转让其在本基金中的

①也可以约定按照合伙人按照实缴出资比例分担。《中华人民共和国合伙企业法》第33条第1款规定：“合伙企业的利润分配、亏损分担，按照合伙协议的约定办理；合伙协议未约定或者约定不明确的，由合伙人协商决定；协商不成的，由合伙人按照实缴出资比例分配、分担；无法确定出资比例的，由合伙人平均分配、分担。”

财产份额和权益；

（7）对其他合伙人拟转让的在合伙企业中的财产份额和权益或当本协议规定的其他情形出现时，享有优先购买权，除非本协议另有约定；

（8）依照法律、法规及本协议的约定将其在本基金中的财产份额和权益出质；

（9）本基金存续期间，可以自营或者同他人合作经营与本基金相竞争的业务，但对有限合伙人所进行的可能与本企业相竞争的投资活动或有限合伙人向本企业提供商业机会的投资活动，有限合伙人与本企业应秉承诚实信用原则对该投资事项进行友好合作、公平协商，充分披露，有限合伙人不得与本企业进行恶意竞争，有限合伙人在遵循上述原则基础下，可以单独投资或同本合伙企业联合投资；

（10）有权与本基金进行交易，但该等交易需经参与交易之当事合伙人之外的本基金其他合伙人一致表决通过；

（11）在本基金中的利益受到侵害时，有权向有责任的合伙人主张权利或提起诉讼、仲裁；

（12）在普通合伙人或基金管理人怠于行使权利时，有权督促其行使权利或为本基金的利益以自己的名义提起诉讼、仲裁；

（13）按照本合伙协议约定享有合伙利益的分配权；

（14）企业清算时，按本协议约定参与企业剩余财产的分配；

（15）对其他有限合伙人与本基金之间发生的关联交易行使表决权；

（16）法律、法规及本协议规定的其他权利。

4.2.2 有限合伙人的义务

（1）按本协议有关约定按期缴付出资，遵守出资要求并承担相应的出资责任，同时按照本协议的约定维护合伙财产的统一性；

（2）不得恶意从事损害本基金利益的投资活动；

（3）对本基金的债务以其认缴出资额为限承担有限责任；

（4）对本基金中的合伙事务和投资组合等相关事宜予以保密；

（5）除按本协议约定行使相关权利外，不得干预本基金的项目投资与退出决策；

（6）法律、法规及本协议规定的其他义务。

4.2.3　不视为执行合伙事务的行为

有限合伙人不执行合伙事务，不得对外代表合伙企业。但有限合伙人的下列行为，不视为执行合伙事务[①]：

（1）参与决定普通合伙人入伙、退伙；

（2）对企业的经营管理提出建议；

（3）参与选择承办合伙企业审计业务的会计师事务所；

（4）获取经审计的合伙企业财务会计报告；

（5）对涉及自身利益的情况，查阅合伙企业财务会计账簿等财务资料；

（6）在合伙企业中的利益受到侵害时，向有责任的合伙人主张权利或者提起诉讼；

（7）执行事务合伙人怠于行使权利时，督促其行使权利或者为了合伙企业的利益以自己的名义提起诉讼；

（8）依法为合伙企业提供担保。

第五条　合伙人的陈述和保证

5.1　普通合伙人的陈述和保证

普通合伙人在此陈述和保证：

（1）普通合伙人为依照中国法律成立并有效存续的实体，普通合伙人及其授权代表已经取得签订本协议和履行本协议项

①《中华人民共和国合伙企业法》第68条。

下义务所需的全部授权和批准手续，代表其在本协议上签字的人为其合法有效的代表；

（2）普通合伙人签订和履行本协议项下的义务不会违反其营业执照、有限合伙协议或其他类似组织性文件的规定；不会违反任何法律、法规、规章或任何政府授权或批准，也不会违反其作为当事人一方的其他任何协议或合同；

（3）普通合伙人应按照本协议的约定妥善履行职责；

（4）普通合伙人将按照本协议的约定向合伙企业及时、足额缴付出资；

（5）合伙企业存续期间，普通合伙人不会采取任何行动主动解散或终止。

5.2　有限合伙人的陈述和保证

有限合伙人在此陈述和保证：

（1）其系具有完全民事行为能力的中国籍自然人，或依据中国法律成立并有效存续、其股东及直接、间接权益持有人全部为中国境内人士的实体，其具备认缴合伙企业出资、作为有限合伙人加入合伙企业的主体资格；

（2）其签订本协议已按其内部程序作出有效决议并获得充分授权（如适用），代表其在本协议上签字的人为其合法有效的代表；

（3）签订本协议不会导致其违反法律、法规、其章程或其他组织性文件（如适用）、对其具有法律约束效力的任何规定或其在其他协议项下的义务；

（4）其符合《私募投资基金监督管理暂行办法》关于私募基金的合格投资者的要求；

（5）其缴付至合伙企业的出资来源合法；

（6）其向合伙企业和普通合伙人或其关联方提交的有关其

D12313

主体资格和法律地位等资料或信息真实、准确，如该等资料或信息发生变化，其将尽早通知普通合伙人；

（7）其已获得普通合伙人或其关联方此前向其提交的募集文件并仔细阅读了该等文件的内容，其理解参与本合伙企业可能承担的风险并有能力承担该等风险；

（8）其系根据自己的独立意志判断决定参与本合伙企业，其认缴合伙企业出资并不依赖于普通合伙人或其关联方提供的法律、投资、税收等任何建议；

（9）其已仔细阅读本协议并理解本协议条款之确切含义，不存在重大误解情形。

第六条　合伙事务的执行

6.1　执行事务合伙人

6.1.1　执行事务合伙人应具备的条件为：系合伙企业的普通合伙人。符合上述规定条件的人士当然担任合伙企业之执行事务合伙人①，且合伙企业仅可在普通合伙人依本协议约定退伙、被除名或更换时更换执行事务合伙人。

6.1.2　全体合伙人签署本协议即视为普通合伙人被选定为合伙企业的执行事务合伙人。

6.2　执行合伙事务

6.2.1　为执行合伙事务，普通合伙人：

（1）对合伙企业的运营、合伙企业投资业务及其他事务的管理和控制拥有排他性的权力，应为合伙企业作出所有投资及投资退出的决策，并可对本协议约定普通合伙人有权独立决定的事项独立作出决定而无须进一步取得其他合伙人的同意；

（2）为实现合伙目的及履行本协议，拥有完全的权力和授权代表合伙企业缔结合同及达成其他约定、承诺，管理及处分合伙企业的财产，从事所有其他必要的行动，并对合伙企业产

①有2个以上普通合伙人的，需要明确约定执行事务合伙人。

生约束效力；

（3）应为正常管理合伙企业事务投入所需的时间和精力，并安排其代理人、顾问或雇员在其管理和执行上述事务时提供必要的协助；

（4）应履行《中华人民共和国合伙企业法》规定的普通合伙人应履行的职责，各方在此确认普通合伙人有完全的权力和授权履行该等职责；

（5）根据《中华人民共和国合伙企业法》的规定接受有限合伙人对其执行合伙事务情况的监督。

6.2.2　第 6.2.1 条项下普通合伙人独占及排他的权力包括但不限于：

（1）决定、执行合伙企业的投资及其他业务；

（2）代表合伙企业取得、拥有、管理、维持和处分合伙企业的财产；

（3）采取为维持合伙企业合法存续、以有限合伙企业身份开展经营活动所必需的一切行动；

（4）开立、维持和撤销合伙企业的银行账户和证券账户，开具支票和其他付款凭证；

（5）聘用专业人士、中介及顾问机构对合伙企业提供服务；

（6）选聘合伙企业财务报表的审计机构；

（7）订立与合伙企业日常运营和管理有关的协议；

（8）签订与组建投资工具相关的协议；

（9）处分合伙企业因正常经营业务而持有的不动产、知识产权及其他财产权利；

（10）聘任合伙人以外的人担任合伙企业的经营管理人员；

（11）在合伙人被分配返还实缴出资额后减少合伙人的认缴和实缴出资额；

D12313

（12）为合伙企业的利益代表合伙企业提起诉讼或应诉，进行仲裁；与争议对方进行妥协、和解等，以解决合伙企业与第三方的争议；

（13）根据国家税务管理规定处理合伙企业的涉税事项；

（14）代表合伙企业对外签署、交付和执行文件；

（15）采取为实现合伙目的、维护或争取合伙企业合法权益所必需的其他行动。

6.2.3　全体有限合伙人通过签署本协议向普通合伙人进行一项不可撤销的特别授权，授权普通合伙人代表全体及任一有限合伙人在下列文件上签字：

（1）普通合伙人根据第 14.3.2 条对本协议的修订；

（2）合伙企业的审批、登记、备案文件；

（3）为完成符合本协议约定的合伙人入伙、退伙、合伙权益转让、合伙人增加认缴出资额、调减或转让违约合伙人的认缴出资额等普通合伙人有权单独决定的事项的文件；

（4）为完成根据本协议应由特定比例之有限合伙人通过之事项，普通合伙人凭相关的书面决议或有限合伙人表决证明，即可代表全体有限合伙人签署本协议的修订及相关文件。

6.3　执行事务合伙人委派的代表

6.3.1　执行事务合伙人应以书面通知合伙企业的方式指定或更换其委派的代表，负责具体执行合伙事务。

6.3.2　执行事务合伙人更换委派代表时应办理相应的企业变更登记手续。

6.4　执行事务合伙人违约处理办法

执行事务合伙人应基于诚实信用原则为合伙企业谋求利益。若因执行事务合伙人的故意不当或重大过失行为，致使合伙企业受到损害，执行事务合伙人应承担赔偿责任。

6.5　执行事务合伙人的除名和更换

6.5.1　如因执行事务合伙人故意不当或重大过失行为，致使合伙企业受到重大损失，经按照本协议约定的仲裁程序裁决执行事务合伙人存在上述情形，并经全体有限合伙人一致同意，可将执行事务合伙人除名。合伙人在决定除名执行事务合伙人同时，可决定接纳继任的执行事务合伙人，如没有继任的执行事务合伙人，则合伙企业进入清算程序。

6.5.2　执行事务合伙人的更换应履行如下程序：

（1）合伙人在作出将执行事务合伙人除名的决定同时经特别同意作出接纳继任的执行事务合伙人的决定；

（2）继任的执行事务合伙人签署书面文件确认同意受本协议约束并履行本协议规定的应由执行事务合伙人履行的职责和义务。

6.5.3　执行事务合伙人被除名的，合伙企业将除名通知送达被除名执行事务合伙人之日为除名生效日。自除名生效日起，执行事务合伙人退出合伙企业，停止执行合伙事务，在合伙企业有继任的执行事务合伙人的情况下，被除名的执行事务合伙人应向继任的执行事务合伙人交接合伙事务。

6.6　有限合伙人不执行合伙事务

有限合伙人不执行合伙事务，不得对外代表合伙企业。任何有限合伙人均不得参与管理或控制合伙企业的投资业务及其他以合伙企业名义进行的活动、交易和业务，或代表合伙企业签署文件，或从事其他对合伙企业形成约束的行为。

6.7　责任的限制

6.7.1　普通合伙人及其关联方不应被要求返还任何合伙人的出资，亦不对有限合伙人的投资收益保底；所有出资返还及投资回报均应源自合伙企业的可用资产。

D12313

6.7.2　除非由于故意不当或重大过失行为，普通合伙人及其管理人员不应对因其作为或不作为所导致的合伙企业或任何有限合伙人的损失负责。

6.8　免责保证

各合伙人同意，普通合伙人及其管理团队、雇员，及其聘请的代理人、顾问等人士，以及咨询委员会成员（以下合称受补偿方），为履行其对普通合伙人或合伙企业的各项职责、处理合伙企业委托事项而产生的责任及义务均及于合伙企业。如受补偿方因履行本协议约定职责或办理本协议约定受托事项遭致索赔、诉讼、仲裁、调查或其他法律程序，合伙企业应补偿受补偿方因此产生的损失和费用，但以下情形除外：（1）经有权法院终审裁决或第 20.2.2 条约定的仲裁机构的最终裁决认为该等损失、费用以及相关的法律程序是由于受补偿方的故意不当或重大过失所引起；（2）该等损失、费用以及相关的法律程序是由于受补偿方之间的纠纷或争议引起。

6.9　利益冲突

有限合伙人在此同意并认可，普通合伙人及关联方现有及未来可能从事的投资和投资管理业务或募集任何新的集合投资工具不因普通合伙人管理本合伙企业而受到任何限制，或构成普通合伙人在本协议项下的违约。普通合伙人从事的投资管理等活动不应被视为从事与本合伙企业相竞争的业务或被视为对本协议有任何违反。有限合伙人在此放弃就上述普通合伙人及其关联方从事的投资管理等活动而追究普通合伙人任何责任的权利，无论是为该有限合伙人自身利益还是为合伙企业利益。

第七条　合伙人会议

7.1　年度会议和临时会议

7.1.1　合伙人会议分为年度会议和临时会议。

7.1.2　自首次交割日后第一个年度结束时起，合伙企业每年召开一次年度会议，其内容为沟通信息及普通合伙人向有限合伙人报告投资情况。年度会议不应讨论合伙企业拟议投资项目，并且有限合伙人不应通过此会议对合伙企业的管理及其他活动施加控制。

7.1.3　根据合伙企业经营的需要，合伙人可召集临时会议讨论如下事项，普通合伙人亦可在召集年度会议时将下述事项提交会议审议：

（1）根据第 2.5.3 条约定决定回收期的延长；

（2）在发生第 6.6.1 条约定情形时，决定除名及更换普通合伙人；

（3）根据第 10.6.1 条批准普通合伙人将其持有的合伙权益转让给非关联方；

（4）根据第十九条决定合伙企业提前解散及清算；

（5）决定普通合伙人提交合伙人会议讨论的其他事宜。

7.1.4　合伙人会议所讨论的事项，本协议对相关事项所需的同意数有明确约定的，获得相应的同意后可作出决议，其他事项应经普通同意后作出决议。

7.2　会议召集和召开

7.2.1　年度会议由普通合伙人经提前 15 日向有限合伙人发出会议通知而召集。

7.2.2　临时合伙人会议由会议召集人提前 15 日向全体合伙人发出会议通知而召集。临时合伙人会议一般由普通合伙人召集和主持，但合伙人讨论第 7.1.3 条第（2）项事项时，合计持有有限合伙人认缴出资额 1/2 以上的有限合伙人可召集临时会议并推举 1 名有限合伙人主持会议。

7.2.3　年度会议和临时会议的会议通知应为书面形式，且

D12313

应至少包含如下内容：

（1）会议的时间、地点；

（2）会议议程、事项和相关资料；

（3）联系人和联系方式。

临时会议可以由合伙人以现场及/或非现场方式参加并表决，非现场方式包括电话会议、视频会议等一种或几种全体参会合伙人均可有效获取信息的方式，对于属普通合伙人召集临时会议讨论的事项，普通合伙人亦可决定不召集会议，而以书面形式征求有限合伙人意见，书面表示同意的合伙人的数量达到本协议约定的同意数的，可形成有效决议。

第八条　管理方式

8.1　管理人及管理方式

合伙企业的管理人是合伙企业执行事务合伙人，管理人对合伙企业的管理方式为自主管理。

8.2　管理费

8.2.1　作为普通合伙人向合伙企业提供的日常运营及投资管理服务的对价，在自首次交割日起的合伙企业存续期限内，合伙企业应每年向普通合伙人支付管理费。

8.2.2　投资期内，合伙企业每年应支付的管理费为合伙人认缴出资额总和的2%；投资期结束后，合伙企业每年应支付的管理费为合伙企业账面记载的合伙企业尚未变现的项目投资的投资成本之和的2%①；为避免疑问，投资期结束后，如某一付费年度的开始之日后有项目投资变现退出，则自下一个付费年度起，管理费基数相应调减。

8.2.3　管理费按年度支付，于每年度开始后10日内支付该年度的管理费（如遇法定节假日，则提前至此前的最后1个工作日）。首个支付期间为首次交割日至首次交割日所在年度的最

①行业惯例，可以有管理人自行约定。

后 1 日，支付期限为首次交割日后 3 个工作日之前；最后一期管理费的支付期间为合伙企业期限（包括延长后的期限）的最后一个年度开始之日至合伙企业期限届满之日。

8.2.4 在发生后续交割的情况下，合伙企业应就后续有限合伙人的认缴出资额向普通合伙人追加支付自首次交割日起计算的管理费。

第九条 资金托管[①]

9.1.1 合伙企业委托____________作为资金托管人（托管机构），对合伙企业账户内的全部现金实施托管。

9.1.2 普通合伙人有权独立决定托管事宜，包括但不限于挑选或者更换托管人、签署托管协议，并在决定后及时通知有限合伙人。

9.1.3 合伙企业发生任何现金支出时，均应遵守与托管机构之间的托管协议规定的程序。

9.1.4 经全体合伙人一致同意不进行托管的，应当签署无托管协议，并明确保障私募基金财产安全的制度措施和纠纷解决机制。

第十条 入伙、退伙及合伙权益的转让

10.1 有限合伙人入伙

合伙企业可按照第 3.5 条和第 3.8 条约定接纳新的有限合伙人入伙。新的有限合伙人加入合伙企业，应签署书面文件确认其同意受本协议约束。

10.2 有限合伙人退伙

10.2.1 除非依据本协议约定转让其持有的合伙权益从而退出有限合伙，有限合伙人无权要求退伙或提前收回出资。

10.2.2 如有限合伙人发生《中华人民共和国合伙企业法》规定被视为当然退伙的情形，对于该有限合伙人拟退出的合伙

①《私募投资基金监督管理暂行办法》第 21 条规定，基金合同约定私募基金不进行托管的，应当在基金合同中明确保障私募基金财产安全的制度措施和纠纷解决机制。

D12313

权益，普通合伙人和其他守约合伙人按照本协议第 10.5.4 项规定享有和行使优先受让权；普通合伙人和其他守约合伙人放弃优先受让权的，合伙企业总认缴出资额相应减少。

10.3　普通合伙人入伙

____________公司担任合伙企业的普通合伙人期间，除非____________公司根据第10.6条的约定将其合伙权益全部转让给继任的普通合伙人，否则合伙企业不接纳新的普通合伙人入伙。

10.4　普通合伙人退伙

10.4.1　普通合伙人在此承诺，除非根据第 10.6 条的约定将其合伙权益全部转让给继任的普通合伙人，在合伙企业按照本协议约定解散或清算之前，普通合伙人始终履行本协议项下的职责；在合伙企业解散或清算之前，不要求退伙；其自身亦不会采取任何行动主动解散或终止。

10.4.2　普通合伙人发生《中华人民共和国合伙企业法》规定的当然退伙的情形时，除非合伙企业立即接纳了新的普通合伙人，否则合伙企业解散、进入清算程序。

10.5　有限合伙人合伙权益的转让

10.5.1　除非本协议另有约定，任何有限合伙人转让其在合伙企业当中的权益，均应符合本协议第 10.5 条的约定。

10.5.2　拟转让合伙权益的有限合伙人（转让方）申请转让其持有的全部或部分合伙权益的，应向普通合伙人提出书面申请，当下列条件全部满足时方为一项“有效申请”：

（1）权益转让不会导致合伙企业违反《中华人民共和国合伙企业法》或其他有关法律、法规的规定，或由于转让导致合伙企业的经营活动受到额外的限制；

（2）权益转让不会导致对本协议的违反；

（3）拟议中的受让方（“拟议受让方”）已向合伙企业作出第 4.2 条项下的陈述和保证，且已向普通合伙人提交关于其同意受本协议约束、承继转让方相应义务的承诺函；

（4）该等申请于拟转让日期之前至少 30 日送达普通合伙人；

（5）拟议受让方已提供普通合伙人认为适宜要求的其他文件、证件及信息；

（6）转让方及 / 或拟议受让方已书面承诺承担该次转让引起的合伙企业及普通合伙人所发生的所有费用。

若普通合伙人根据其独立判断认为拟议中的转让符合合伙企业的利益，则可决定放弃本协议第 10.5.2 条第（4）、（5）、（6）项规定的条件，认可一项有关合伙权益转让的申请为“有效申请”。

10.5.3　当一项有关合伙权益转让的申请成为有效申请时，普通合伙人有权并且应当独立作出同意或不同意的决定；但如果有限合伙人向其关联方转让合伙权益并承诺对受让方的后续出资承担连带保证责任，或有限合伙人向现有守约有限合伙人转让合伙权益，普通合伙人不应不合理地否决。

10.5.4　对于普通合伙人同意转让的合伙权益（有限合伙人向关联方转让的情形除外），同等条件下普通合伙人有权自行或指定第三方第一顺序优先受让，转让方以外的其他守约合伙人有权第二顺序优先受让。如普通合伙人同意某一项转让合伙权益的有效申请并放弃优先受让权，应向全体有限合伙人发出书面通知，该等书面通知发出后 15 日内其他守约合伙人有权经书面通知普通合伙人行使优先受让权，行使优先受让权的守约合伙人之间根据其认缴出资比例确定受让份额；上述 15 日期限内守约合伙人未行使优先受让权的，转让方可向拟议受让方转让。

D12313

关注法天使

10.6 普通合伙人合伙权益的转让

10.6.1 普通合伙人可独立决定将其持有的合伙权益转让给其关联方；经全体有限合伙人一致同意，普通合伙人可将其持有的合伙权益转让给非关联方。除上述外，普通合伙人不应以其他任何方式转让其持有的合伙权益。

10.6.2 如根据本协议第6.6条的规定，合伙企业决定将原普通合伙人强制除名并决定接纳继任的普通合伙人，则继任的普通合伙人应收购普通合伙人持有的全部合伙权益（为避免疑问，包括普通合伙人按照本协议约定取得收益分成的权利），并且转让价格应经普通合伙人及受让方均接受的独立第三方进行评估确定。

10.6.3 如普通合伙人按照第10.6.2条约定向继任的普通合伙人转让合伙权益，在继任的普通合伙人付清全部受让价款之前：原普通合伙人有权就除名生效日或之前所进行的投资获得被除名前根据本协议有权分配的收益，但不参与除名生效日后所进行的投资的收益分配和亏损分担，亦无须承担除名生效日后发生的本协议约定应由普通合伙人承担的费用或支出。

10.7 合伙权益出质

合伙人以其在合伙企业中的财产份额出质的，须经其他合伙人一致同意；未经其他合伙人一致同意，其行为无效，由此给善意第三人造成损失的，由行为人依法承担赔偿责任。[①]

10.8 有限合伙人和普通合伙人身份转换

除非法律另有规定或本协议另有明确约定，有限合伙人不能转变为普通合伙人，普通合伙人亦不能转变为有限合伙人。

第十一条 投资事项

11.1 投资领域和投资目标

合伙企业将重点关注____________。

①《中华人民共和国合伙企业法》第25条。

11.2　投资方式[①]

（1）合伙企业的投资方式包括股权投资、与股权相关的投资及其他符合法律、法规规定的投资。

（2）合伙企业可将待投资、待分配及费用备付的现金资产以存放银行、购买国债及其他固定收益类产品或及其他符合法律、法规规定的安全方式（现金管理）进行管理。

11.3　投资限制

（1）合伙企业不得投资于任何可能导致合伙企业承担无限责任的企业；

（2）未经咨询委员会同意，合伙企业对同一投资组合公司的投资不得超过______万元[②]。

11.4　举债和担保限制

11.4.1　未经普通合伙人同意并征求咨询委员会的意见，合伙企业不得举借融资性债务或为投资组合公司提供担保。

11.4.2　合伙企业不得为投资组合公司以外的人士提供担保。

11.5　投资决策

普通合伙人应组建投资决策委员会，经执行事务合伙人授权后，对项目投资的立项、投资及退出进行专业决策。

11.6　关联方

11.6.1　关联方认定标准：本协议中提及“关联”关系是指合伙企业的普通合伙人或者投资决策委员会委员与被投资实体有如下关系：①控制该实体的法人或其他组织；②该实体直接或间接控制的除本基金以外的法人或其他组织；③与该实体受同一控制的法人或其他组织；④该实体的高级管理人员及其关系密切的家庭成员；⑤第④项所述关联自然人直接或间接控制的，或担任董事、高级管理人员的，除本基金以外的法人或其他组织。

①投资方式需要服务好管理人登记的类型。

②通常也可以规定单个投资项目的股权比例不得超过50%或者投资金额不得超过基金规模的20%。

D12313

11.6.2　关联方投资的回避制度：除非经除普通合伙人之外的合伙人一致同意，本基金不得与普通合伙人、投资决策委员会委员或其关联方进行交易，因劳动关系、管理关系形成的与本基金进行的关联交易除外。

经全体合伙人一致同意对关联方进行投资的，对该关联方的相关决策，关联人（与关联方有关联关系的普通和合伙人或者投资决策委员会委员）应当回避表决。

11.6.3　普通合伙人或其任何员工在任何时候均不得以自己或其关联人名义收受被投资企业或其关联方的任何形式的利益输送，包括但不限于顾问费、咨询费、股份赠送或投资入股等。如涉及上述任何形式的利益输送，应全部归入基金收入，但已通过的投资决议同意普通合伙人员工对被投资项目进行跟随投资的除外。

11.7　投资后的管理

合伙企业对投资组合公司进行投资后，普通合伙人应使合伙企业对投资组合公司进行持续监控，并在适宜的时机实现投资变现。

11.8　投资工具

出于法律、税务、监管或其他考虑因素，或者为使合伙企业的投资更为可行、有利、方便，普通合伙人可独立决定设立由合伙企业及投资合作方（如有）共同出资的以一项或若干项特定投资为目的投资工具（投资工具），以实施符合本协议约定的投资。但普通合伙人不应仅因投资工具的设立或运营而导致合伙企业承担更多支付给普通合伙人的管理费或收益分成。

11.9　遵守法律法规和监管规定

法律、法规或有权监管部门对合伙企业的投资运作有其他规定的，合伙企业应遵守所适用的相关规定。

第十二条　投资决策委员会

12.1　投资决策委员会的组成

投资决策委员会由______[①]名委员组成。其成员由普通合伙人决定。有限合伙人应尊重投资委员会的决定，不干预基金的投资和退出决策。

12.2　投资决策委员会的职权

合伙企业下设立投资决策委员会。投资决策委员会经过执行事务合伙人授权，根据本协议获得对本合伙企业相关投资和退出决策的最终决策权。

12.3　投资决策委员会议事规则

投资决策委员会议事规则由普通合伙人制定。

第十三条　利润分配及亏损负担

13.1　资本账户

13.1.1　普通合伙人应为每个合伙人建立一个账户（资本账户）。普通合伙人应于每季度的最后一个自然日对各合伙人的资本账户余额按以下原则进行调整。

13.1.2　每季度末，各合伙人的资本账户的增项为：(1) 该季度内该合伙人的实缴出资额；(2) 该季度内该合伙人根据本协议规定应享有的收益。合伙人的资本账户的减项为：(1) 该季度内已分配给该合伙人的现金或其他非现金分配的价值；(2) 该季度内该合伙人应承担的合伙费用和本合伙企业的亏损。各合伙人的资本账户还应针对根据本协议的约定进行其他特别调整（如需）。

13.2　现金分配

13.2.1　合伙企业因项目投资产生的可分配现金，应在合伙企业收到相关款项后60日内进行分配；因现金管理收益或其他

①一般由3~9名成员组成，人数为奇数。

D12313

收入产生的可分配现金，应按年分配，或根据普通合伙人的独立决定进行更频繁的分配。

13.2.2 合伙企业因项目投资产生的可分配现金，在参与该项目的各合伙人之间按照其各自在该项目投资的投资成本中的实缴出资比例进行分配，其中按照普通合伙人的分配比例计算的部分分配给普通合伙人，其他每个有限合伙人按其分配比例分配的部分按照如下方式进行进一步分配①：

（1）首先，按照该有限合伙人在该项目投资成本所分摊实缴出资比例（“本项目投资成本分摊比例”）分配给该有限合伙人，直至其累计获得的分配总额等于以下二者之和：

①该有限合伙人在所有其参与的已变现项目投资中分摊的投资成本（含部分变现项目未收回的余额部分）；

②已发生的合伙费用（已计入投资成本的部分除外）中该有限合伙人分摊的部分乘以该有限合伙人参与的所有已变现项目投资的投资成本之和占该有限合伙人参与的所有本合伙企业的项目投资的投资成本总额的比例而得的金额；

（2）其次，20%分配给普通合伙人，80%分配给该有限合伙人，直至该有限合伙人根据本第②项累计获得的分配金额等于其根据上述第①项获得的累计分配金额；

（3）之后，30%分配给普通合伙人，70%分配给该有限合伙人。

普通合伙人按照上述第（2）（3）项分配的款项为“收益分成”。

13.2.3 合伙企业因现金管理产生的可分配现金，根据合伙人的认缴出资比例分配。

13.2.4 合伙企业因第 3.8.1 条下的补偿款产生的可分配现金，按照第 3.8.3 条的约定分配；因第 3.9.1 条下的滞纳金产生

①分配方式不唯一，由普通合伙人和有限合伙人协商确定。

的可分配现金，按照第 3.9.1 条约定分配；本协议未作明确约定的其他可分配现金，在所有合伙人之间按其认缴出资比例分配。

13.3 非现金分配

13.3.1 在合伙企业清算完毕之前，普通合伙人应尽其合理努力将合伙企业的投资变现、避免以非现金方式进行分配；但如无法变现或根据普通合伙人的独立判断认为非现金分配更符合全体合伙人的利益，可以以非现金方式进行分配。如任何分配同时包含现金和非现金，在可行的情况下，每一合伙人所获分配中现金与非现金的比例应相同。

13.3.2 除具有公开市场价格的资产外，所有根据第 8.3.1 条以非现金方式分配的资产价值应按照独立第三方专业机构的评估而确定；该专业机构的聘请应经普通合伙人提议并经咨询委员会同意。

13.4 回拨机制

合伙企业终止清算时，如果对于任何一个有限合伙人而言（违约合伙人除外，下同）该有限合伙人累计收到的分配金额不足其实缴出资额（不足部分下称实缴出资差额），且普通合伙人已收到收益分成分配，则普通合伙人应按照实缴出资差额金额向合伙企业返还款项并由合伙企业向该有限合伙人进行分配。但普通合伙人应返还的收益分成的上限为该等收益分成扣除其及其投资者应缴和实缴税费后的余额。

13.5 亏损分担

受限于第 4.1.2 条的约定，合伙企业的亏损由所有合伙人按其认缴出资比例分担。

第十四条 税务承担

根据《中华人民共和国合伙企业法》及有关法律法规或其

D12313

他规范性文件之规定，合伙企业的合伙人应各自依法缴纳所得税；若有关法律法规或其他规范性文件规定合伙企业有义务就其向各合伙人支付的任何款项代扣代缴所得税或其他税收，则合伙企业在依法代扣代缴后将余额支付给有关合伙人。

第十五条　费用和支出

15.1　合伙费用

15.1.1　合伙企业应负担所有与合伙企业之设立、运营、终止、解散、清算等相关的费用（合伙费用），包括但不限于：

（1）开办费，包括但不限于募集费用、法律、会计、税务、打印、通讯、差旅、备案登记和其他政府规费等与合伙企业的设立和筹建以及募集相关的所有成本和费用。合伙企业承担开办费的上限为200万元，超过部分由普通合伙人承担；

（2）合伙企业直接或间接发生的、与已完成或已通过立项程序但未最终完成的项目投资、现金管理相关的所有费用和支出，包括但不限于其评估、获取、持有、管理及变现所发生的法律、审计、评估、中介及其他第三方费用，以及所有合理的差旅费、接待费；

（3）为投资而组建投资工具所发生的费用；

（4）管理费；

（5）合伙企业日常运营和管理的法律、会计和审计、税务、评估及其他第三方顾问费用；

（6）合伙企业之财务报表及报告费用，包括制作、印刷和发送成本；

（7）合伙人会议、投资决策委员会会议、咨询委员会会议费用以及与合伙企业运营有关的其他会议费用；

（8）政府部门对合伙企业、合伙企业的收益或资产、合伙企业交易和运作所收取的税、费及其他费用；

（9）合伙企业为维持合法存续而发生的登记、备案、年检等工商、审计、税务相关的费用；

（10）向托管机构支付的费用；

（11）由合伙企业发起或针对合伙企业的诉讼、仲裁或其他司法或行政程序的费用，与该等诉讼、仲裁或程序相关的律师费，以及行使由此产生的任何支出；

（12）合伙企业向受补偿方直接或间接支付的补偿，或合伙企业应付的保险费；

（13）在符合本协议约定前提下所进行的举债及偿还的相关费用及为偿还上述债务而支付的利息、费用和其他支出；

（14）合伙企业清算、解散相关的费用；

（15）其他未明确列出，但合伙企业发生的与合伙企业的业务和运营有关的费用。

15.1.2　合伙费用由合伙企业支付，普通合伙人或其关联方为合伙企业垫付合伙费用的，合伙企业应予报销；首次交割日之前，普通合伙人或其关联方垫付的开办费等费用，由合伙企业在具备支付条件后立即予以报销或返还。

15.2　普通合伙人费用

合伙企业发生的下列费用由普通合伙人自行或安排其关联方承担：

（1）普通合伙人的日常支出，包括向其各自的董事、管理人员和/或雇员直接支付的人事开支，包括工资、奖金和福利等费用；

（2）与合伙企业的管理相关的办公场所租金、办公设施费用及其他日常办公经费；

（3）普通合伙人发生的与合伙企业的设立、运营、终止、解散、清算等无关的差旅费、会议费、接待费等费用。

D12313

第十六条　财务会计制度

16.1　记账

普通合伙人应当在法定期间内维持符合有关法律、法规规定的会计账簿，作为向有限合伙人提交财务报表的基础依据。

16.2　会计年度

合伙企业的会计年度与日历年度相同；首个会计年度自合伙企业成立日起到当年的 12 月 31 日。

16.3　审计

16.3.1　合伙企业应于每一会计年度结束之后，由独立审计机构对合伙企业的财务报表进行审计。

16.3.2　普通合伙人聘任、解聘或更换审计机构后，应及时书面告知有限合伙人。

16.4　报告

16.4.1　自首次交割日后的第一个完整季度起，普通合伙人应按季度向有限合伙人提交季度财务报告，季度报告于当季结束后 30 日内提交，内容为该季度未经审计的季度财务报表，并包括合伙企业当季的投资、退出、分配等信息。但每年的第四季度结束后，普通合伙人将按照第 16.4.2 条提交年度报告，无需再单独提交当季的季度报告。

16.4.2　在首次交割日后第一个完整年度结束后，普通合伙人应于每年 4 月 30 日前向有限合伙人提交年度报告，内容为上一年度投资活动总结及上一年度经审计的年度财务报表，并包括合伙企业当年的投资、退出、分配等信息。

16.4.3　对于受合伙企业与投资组合公司或投资合作方达成之保密协议限制或由于法律、法规限制不能披露的信息，普通合伙人无须向有限合伙人提供。

16.5　查阅会计账簿

有限合伙人在提前10个工作日书面通知的前提下，有权在正常工作时间内的合理时限内亲自或委托代理人为了与其持有的合伙权益直接相关的正当事项查阅合伙企业的会计账簿，费用由其自行承担，但不得影响合伙企业的正常运营。有限合伙人在行使本条项下权利时应遵守合伙企业不时制定或更新的保密程序和规定。

第十七条　信息披露制度

17.1　信息披露备份平台

基金管理人应当按照规定通过中国基金业协会指定的私募基金信息披露备份平台报送信息。

17.2　向全体合伙人披露的信息

（1）合伙协议；

（2）招募说明书等宣传推介文件（如有）；

（3）基金销售协议中的主要权利义务条款（如有）；

（4）基金的投资情况；

（5）基金的资产负债情况；

（6）基金的投资收益分配情况；

（7）基金承担的费用和业绩报酬安排；

（8）可能存在的利益冲突；

（9）涉及私募基金管理业务、基金财产、基金托管业务的重大诉讼、仲裁；

（10）中国证监会以及中国基金业协会规定的影响投资者合法权益的其他重大信息。

17.3　信息披露禁止行为

基金管理人披露基金信息，不得存在以下行为：

（1）公开披露或者变相公开披露；

D12313

（2）虚假记载、误导性陈述或者重大遗漏；

（3）对投资业绩进行预测；

（4）违规承诺收益或者承担损失；

（5）诋毁其他基金管理人、基金托管人或者基金销售机构；

（6）登载任何自然人、法人或者其他组织的祝贺性、恭维性或推荐性的文字；

（7）采用不具有可比性、公平性、准确性、权威性的数据来源和方法进行业绩比较，任意使用“业绩最佳”“规模最大”等相关措辞；

（8）法律、行政法规、中国证监会和中国基金业协会禁止的其他行为。

17.4　信息披露文本

基金管理人向境内投资者募集的基金信息披露文件应当采用中文文本，应当尽量采用简明、易懂的语言进行表述。同时采用外文文本的，基金管理人应当保证两种文本内容一致。两种文本发生歧义时，以中文文本为准。

17.5　基金管理人重大事项报告

基金管理人发生以下重大事项的，基金管理人应当在 10 个工作日内向全体合伙人报告：

（1）基金管理人的法定名称、住所发生变更；

（2）管理人的法定代表人、执行事务合伙人（委派代表）、实际控制人发生变更的；

（3）基金管理人主要股东、出资结构或关键雇员发生变化；

（4）基金管理人发生破产、清算、营业执照被吊销或任何其他使其不具有管理基金的资格或能力的事项；

（5）基金管理人、实际控制人、高管人员涉嫌重大违法违规行为或正在接受监管部门或自律管理部门调查的；

（6）可能损害投资者利益的其他重大事项。

17.6　基金运作重大事项报告

基金运行期间，发生以下重大事项的，基金管理人应当在 5 个工作日内向全体合伙人报告：

（1）基金名称、注册地址、组织形式发生变更的；

（2）投资范围和投资策略发生重大变化的；

（3）变更基金管理人或托管人的；

（4）触及基金止损线或预警线的；

（5）管理费率、托管费率发生变化的；

（6）基金收益分配事项发生变更的；

（7）基金触发巨额赎回的；

（8）基金存续期变更或展期的；

（9）基金发生清盘或清算的；

（10）发生重大关联交易事项的；

（11）涉及私募基金管理业务、基金财产、基金托管业务的重大诉讼、仲裁；

（12）任何有可能影响到基金资产安全的违法违规或受处罚情况；

（13）任何有可能影响到基金资产安全的法律、法规和政策的重大调整；

（14）其他有可能使基金资产遭受重大损失的事项，包括但不限于：基金资产或所投资项目重大损失（分别超过基金总认缴出资额或项目投资总额的 10%）；

（15）提起或被提起涉及基金和基金管理人的重大诉讼、仲裁或其他行政措施；

（16）与基金资产有关的关联交易；

（17）被投资企业发生重大经营困难或有足够证据证明其技

D12313

术或产品开发失败；

（18）被投资企业或其主要经营管理人员牵连到任何诉讼和仲裁程序，或被司法或行政机关对其财产进行限制；

（19）基金托管人不当行为或失误等；

（20）其他影响投资者利益的其他重大事项。

17.7　披露申报所得税所需的信息

在有限合伙人提出要求后10个工作日内，提交申报所得税所需的信息。

17.8　披露项目投资决策文件

在每一投资项目投资决策作出并完成资金拨付后30日内向基金合伙人提交该项目投资决策全套文件。

17.9　风险预警资料

应基金合伙人要求及时提交履职评估、基金净值评估以及其他基于风险预警需要加强监管所需的资料。

17.10　风险控制报告

对于各类投资的风险控制，普通合伙人应该制定具体的方案，向年度合伙人会议报告，在获得合伙人会议批准后在本年度实施。

第十八条　份额信息备份及报送备份信息

18.1　份额信息备份

全体合伙人同意基金管理人、份额登记机构或其他份额登记义务人应当按照中国基金业协会的规定办理基金份额登记（全体合伙人）数据的备份。

18.2　报送披露信息

全体合伙人同意私募基金管理人或其他信息披露义务人应当按照中国基金业协会的规定对基金信息披露信息进行备份。

第十九条　终止、解散与清算

19.1　解散

当下列任何情形之一发生时，合伙企业应被解散并清算：

（1）合伙人经特别同意决定合伙企业提前解散；

（2）合伙企业期限届满；

（3）合伙企业的投资全部变现、普通合伙人决定合伙企业解散；

（4）普通合伙人根据本协议约定退伙或被除名，且合伙企业没有接纳新的普通合伙人；

（5）合伙企业被吊销营业执照；

（6）出现《中华人民共和国合伙企业法》规定的其他解散原因。

19.2　清算

19.2.1　各合伙人在此同意指定普通合伙人担任清算人。所有合伙企业未变现的资产由清算人负责管理。

19.2.2　清算期结束时未能变现的非现金资产按照本协议约定的原则进行分配。

19.3　清算清偿顺序

19.3.1　合伙企业期限届满或终止清算时，合伙财产在支付清算费用、缴纳所欠税款、清偿合伙企业债务后剩余的可分配部分，按照本协议第四条约定的原则进行分配。

19.3.2　合伙企业财产不足以清偿合伙债务的，由普通合伙人向债权人承担连带清偿责任。

第二十条　合伙协议的修订、争议解决、一致性及其他

20.1　修改协议

20.1.1　受限于第 20.1.2 条约定，对本协议的修改，应经全体合伙人一致同意。

20.1.2　尽管有第 20.1.1 条约定，普通合伙人可独立决定就下列事项修改本协议：

（1）普通合伙人根据本协议的约定有权自行决定的事项；

（2）对本协议可能存在的笔误作出修正。

20.1.3　在根据本第 20.1 条进行修改后，普通合伙人应立即向所有有限合伙人发送该修改内容的副本。

20.2　争议解决

20.2.1　本协议适用中国法律。

20.2.2　因本协议引起的及与本协议有关的一切争议，首先应由相关各方之间通过友好协商解决，如相关各方不能协商解决，则应提交［中国国际经济贸易仲裁委员会］，按该会当时有效的仲裁规则在［北京］仲裁解决，仲裁庭由 3 名仲裁员组成。仲裁裁决是终局的，对相关各方均有约束力。除非仲裁庭有裁决，仲裁费应由败诉一方负担。败诉方还应补偿胜诉方的律师费等支出。

20.3　一致性

当合伙协议的内容与合伙人之间的其他协议或文件内容相冲突的，以合伙协议为准。若合伙协议有多个版本且内容相冲突的，以在中国基金业协会备案的版本为准。本协议附件为本协议不可分割的组成部分，与本协议具有同等法律效力。

20.4　可分割性

如本协议的任何条款或该条款对任何人或情形适用时被认定无效，其余条款或该条款对其他人或情形适用时的有效性并不受影响。

20.5　保密

20.5.1　本协议各方均应对因协商、签署及执行本协议而了解的其他各方的商业秘密承担最高级别的保密责任。

20.5.2　有限合伙人并应对其通过报告、合伙人会议及其他方式所了解到的合伙企业及其普通合伙人、投资业务、投资组合公司、投资合作方的商业、法律、财务等信息承担最高级别的保密责任，未经普通合伙人事先书面许可，不得向任何第三人或公众泄露也不得从中牟利。

20.5.3　为进行合伙企业的资金募集，或因合伙企业正常运营需要，普通合伙人在与信息接收方订立保密协议的前提下可向信息接收方披露合伙企业的信息。

20.5.4　在合伙企业正常运营过程中，在法律、法规、监管规定、证券交易规则有明确规定或有权政府部门、司法机关、证券监管部门、证券交易所要求的情况下，普通合伙人为履行相应的信息披露义务可披露合伙企业或合伙人的信息；如普通合伙人为履行该等信息披露义务需合伙人进一步提供信息，合伙人应积极配合。

20.5.5　在法律、法规、监管规定有明确规定或有权政府部门、司法机关所要求的情况下，有限合伙人为履行相应的信息披露义务可披露合伙企业的信息。

20.6　通知

20.6.1　本协议项下任何通知、要求或信息传达均应采用书面形式，交付或发送至下列地址，即为完成发送或送达：

（1）给合伙企业的通知发送至：

地址：____

电话：____

收件人：______________________________________

（2）给各合伙人的通知发送至附件所列的地址。

任何一方可经提前 3 个工作日向合伙企业发出通知而变更地址。

D12313

20.6.2　除非有证据证明其已提前收到，否则：

（1）在派专人交付的情况下，通知于送至第 20.6.1 条所述的地址之时视为送达；

（2）在通过邮资预付的挂号邮件、航空邮件或快递发出的情况下，通知于邮寄后 5 个工作日视为送达；

（3）在以传真发送的情况下，通知于发件人传真机记录传输确认时视为送达。

20.7　签署文本

本协议正本由各方分别签署后合成一份完整版本，可根据需要签署若干份。各份具有同等法律效力。

20.8　协议生效

本协议经各方签署后生效。

各合伙人于开头所列日期签署本协议：

普通合伙人：____

（盖章）

有限合伙人：（打印名称）

（盖章）

有限合伙人：（打印名称）

（签字）

有限合伙人：（打印名称）

（签字）

附件：

合伙人名录

合伙人名称或姓名	住所	证件名称及编号	认缴出资额
普通合伙人			
			______万元
有限合伙人			

合伙人信息

名称或姓名	地址	邮编	电话	传真	收件人
普通合伙人					
有限合伙人					

D12313

六、契约型基金合同

适用场景：

本合同适用于契约型的私募基金，用于规范契约型基金的管理人和投资人权利义务的基金合同。

根据《中华人民共和国证券投资基金法》《中华人民共和国合伙企业法》《合伙企业登记管理办法》《私募投资基金监督管理暂行办法》（以下简称《私募办法》）《私募投资基金管理人登记和基金备案办法（试行）》及《私募投资基金合同指引 1 号（契约型私募基金合同内容与格式指引）》制定本合伙协议。

法律要点：

1. 声明与承诺

订明私募基金管理人、私募基金托管人及私募基金投资者的声明与承诺，并用加粗字体在合同中列明，包括但不限于：

私募基金管理人保证在募集资金前已在中国基金业协会登记为私募基金管理人，并列明管理人登记编码。私募基金管理人应当向投资者进一步声明，中国基金业协会为私募基金管理人和私募基金办理登记备案不构成对私募基金管理人投资能力、持续合规情况的认可；不作为对基金财产安全的保证。私募基金管理人保证已在签订本合同前揭示了相关风险；已经了解私募基金投资者的风险偏好、风险认知能力和承受能力。私募基金管理人承诺按照恪尽职守、诚实信用、谨慎勤勉的原则管理运用基金财产，不对基金活动的营利性和最低收益作出承诺。

私募基金托管人承诺按照恪尽职守、诚实信用、谨慎勤勉的原则安全保管基金财产，并履行合同约定的其他义务。

私募基金投资者声明其为符合《私募办法》规定的合格投资者，保证财产的来源及用途符合国家有关规定，并已充分理解本合同条款，了解相关权利义务，了解有关法律法规及所投资基金的风险收益特征，愿意承担相应的投资风险；私募基金投资者承诺其向私募基金管理人提供的有关投资目的、投资偏好、投资限制、财产收入情况和风险承受能力等基本情况真实、完整、准确、合法，不存在任何重大遗漏或误导。前述信息资料如发生任何实质性变更，应当及时告知私募基金管理人或募集机构。私募基金投资者知晓，私募基金管理人、私募基金托管人及相关机构不应对基金财产的收益状况作出任何承诺或担保。

2. 合同名称

基金合同的名称中须标识“私募基金”“私募投资基金”字样。

3. 托管事项

私募基金进行托管的，私募基金管理人、基金托管人以及投资者三方应当根据要求共同签订基金合同；基金合同明确约定不托管的，应当根据本指引要求在基金合同中明确保障私募基金财产安全的制度措施、保管机制和纠纷解决机制。

4. 合同调整需要特别说明

对于指引有明确要求的，基金合同中应当载明本指引规定的相关内容。在不违反《中华人民共和国证券投资基金法》《私募办法》以及相关法律法规的前提下，基金合同当事人可以根据实际情况约定指引规定内容之外的事项。指引某些具体要求对当事人确不适用的，当事人可对相应内容作出合理调整和变动，但管理人应在风险揭示书中向投资者进行特别揭示，并在基金合同报送中国基金业协会备案时出具书面说明。

D12314

5. 必备条款

契约型基金合同应当含有以下条款：

（1）私募基金的基本情况

（2）私募基金的募集

（3）私募基金的成立与备案

（4）私募基金的申购、赎回与转让

（5）当事人及权利义务

（6）私募基金份额持有人大会及日常机构

（7）私募基金份额的登记

（8）私募基金的投资

（9）私募基金的财产

（10）交易及清算交收安排

（11）私募基金财产的固执和会计核算

（12）私募基金的费用与税收

（13）私募基金的收益分配

（14）信息披露与报告

（15）风险揭示

（16）基金合同的效力、变更、解除与终止

（17）私募基金的清算

（18）违约责任

（19）争议的处理

（20）其他事项

文本正文：http://www.fatianshi.cn/D12314

契约型基金合同

目　录

D12314

第一节　前　　言

1. 订立本合同的依据、目的和原则

（1）根据《中华人民共和国合同法》《中华人民共和国证券投资基金法》《私募投资基金监督管理暂行办法》《私募投资基金管理人登记和基金备案办法（试行）》及其他相关法律法规和行业自律规则的有关规定，本合同各方经友好协商，在平等、自愿、互利和诚实信用的基础上，特订立本合同，以兹信守。

（2）本基金合同订立的目的是明确投资者、管理人和托管人的权利、义务及职责，规范基金的运作，确保委托财产的安全，保护当事人各方的合法权益。

（3）本基金合同订立的原则是平等自愿、诚实信用、充分保护本合同各方当事人的合法权益。

2. 投资者自签订基金合同之日起成为基金合同的当事人，且自其持有的全部基金份额退出基金或被转让给其他合格投资者之日起，投资者不再是基金的份额持有人和基金合同的当事人。中国证券投资基金业协会接受本基金的备案并不表明其对基金的价值和收益作出实质性判断或保证，也不表明投资于基金没有风险。

3. 本基金合同是规定各当事人之间权利义务关系的基本法律文件，其他与本基金相关的涉及各当事人之间权利义务关系的任何文件或表述，如与本基金合同有冲突，均以本基金合同为准。

4. 若因法律法规的制定或修改导致本基金合同的内容与届时有效的法律法规的规定存在冲突，应当以届时有效的法律法规的规定为准，各方当事人应及时对本基金合同进行相应变更和调整。

第二节 释　　义

在本合同项下，除非文义另有所指，下列词语具有以下含义：

1. 基金、本基金、本私募基金：指____________私募基金。

2. 本基金合同、基金合同、本合同：指投资者、管理人及托管人签署的《____________私募（投资）基金基金合同》、其附件及对该合同及附件的任何修订和补充。

3. 认购风险申明书：指《____________私募（投资）基金认购风险申明书》。

4. 基金文件：指本基金合同和认购风险申明书的统称。

5. 管理人、基金管理人：指____________________________。

6. 托管人、基金托管人：指____________________________。

7. 代销机构：指取得基金销售业务资格且受管理人委托代为办理本基金份额销售的机构。

8. 募集机构：指管理人及代销机构的统称。

9. 注册登记机构：指接受管理人委托，为本基金办理基金份额注册登记业务的机构。

10. 外包服务机构：指接受管理人委托，根据管理人与其签订的外包服务协议约定的服务范围，为本基金提供外包服务的机构。

11. 投资者、基金份额持有人、份额持有人：指签署本合同并按本合同约定交付认购 / 申购资金、取得基金份额的投资者。

12. 合格投资者：指符合《私募投资基金监督管理暂行办法》第 12 条、第 13 条规定的单位和个人投资者。

13. 基金财产：指本基金项下的所有财产，包括但不限于：（1）投资者认购或申购本基金份额而交付的投资本金；（2）管理

D12314

人因基金财产的管理、运用、处分或者其他情形而取得的财产。基金财产独立于管理人、托管人的固有财产及其所管理、托管的其他资产。

14. 基金份额、份额：指用于计算、衡量投资者获取本基金财产权益，并承担相应风险的计量单位。基金成立时，每份基金份额的初始销售面值为人民币 1 元。

15. 投资本金：就每个投资者而言，指该投资者按照本基金合同约定认购 / 申购基金份额时交付的、经管理人确认认购 / 申购成功并进入托管账户的资金。1 份基金份额对应的初始投资本金为 1 元，在获得分配投资本金时其对应的投资本金余额相应减少。

16. 投资本金余额：就某一日期对于每一份基金份额而言，系指下列 A 项与 B 项之间的差额，其中：A 指基金成立日该份额对应的初始投资本金金额；B 指自基金成立日（含该日）至该日（不含该日）的期间内，该份额已获分配的投资本金数额。

17. 基金财产净值：指本基金资产总值减去负债后的价值。

18. 基金份额净值：T 日基金份额净值＝ T 日基金财产净值 ÷T 日基金份额总数（T 日为估值核对日）。

19. 托管账户：指基金托管人为本基金在具有基金托管资格的商业银行开立的银行结算账户。

20. 募集账户：指管理人自行或委托外包服务机构开立的专用于接收、存放初始销售期间（或开放日 / 开放期）投资者交付的认购 / 申购资金的人民币资金账户。

21. 初始销售期、初始销售期间：指本基金的初始销售期限。管理人可根据基金份额的认购情况，决定延长或缩短初始销售期间，并在管理人网站公告。

22. 存续期、存续期限：指基金成立日（含）起至本基金终止日（不含）的期间。

23. 开放日 / 开放期：指管理人正式受理基金申购或赎回业务的工作日，包括固定开放日和临时开放日。

24. 基金成立日、合同生效日：指本合同约定的基金成立条件均获满足后，管理人宣布的本基金成立之日。

25. 基金终止日、合同终止日：指本基金 / 本合同根据本合同约定终止之日。

26. 认购：指在初始销售期间，投资者按照本合同的约定购买本基金份额的行为。

27. 申购：指在基金成立后的开放日（或开放期），投资者按照本合同的约定购买本基金份额的行为。

28. 赎回：指在基金成立后的开放日（或开放期），投资者按照本合同的规定将基金份额兑换为现金的行为。

29. 基金业协会、中国基金业协会：指中国证券投资基金业协会。

30. 中国证监会：指中国证券监督管理委员会。

31. 不可抗力：指本合同当事人不能预见、不能避免、不能克服，且在本合同签署之后发生的，使本合同当事人无法全部履行或无法部分履行本合同的任何事件，包括但不限于洪水、地震及其他自然灾害、战争、骚乱、火灾、政府征用或没收、法律法规变化、相关交易所非正常暂停或停止交易以及非当事人所引起或能控制的计算机系统、通讯系统、网络系统、电力系统故障或其他突发事件等情形。

32. 工作日：指上海证券交易所和深圳证券交易所的正常交易日。

33. 元：指人民币元。

34.《暂行办法》：指《私募投资基金监督管理暂行办法》。

D12314

35.《募集办法》：指《私募投资基金募集行为管理办法》。

36. 法律法规：指中国现行有效并公布实施的法律、行政法规、规章、司法解释及监管部门的决定、通知等。

37. 中国：指中华人民共和国，为本合同之目的，不包括香港特别行政区、澳门特别行政区及我国台湾地区。

38. 投资单元：指在基金募集期（或每个开放期）投资人在相同时段参与的份额视为一个独立的投资单元。

39. 投资期限：指每个投资单元的投资期限。

第三节　声明与承诺

一、管理人的声明与承诺

1. 管理人已在基金业协会登记为私募基金管理人（管理人登记编码为：____________）；

2. 管理人声明：基金业协会为管理人和本基金办理登记备案不构成对管理人投资能力、持续合规情况的认可，不作为对基金财产安全的保证；

3. 私募基金管理人保证已在签订本合同前揭示了相关风险；

4. 管理人已经了解投资者的风险偏好、风险认知能力和承受能力，对投资者的财务状况进行了充分评估；

5. 管理人承诺按照恪尽职守、诚实信用、谨慎勤勉的原则管理和运用基金资产，但不对基金活动的营利性和最低收益作出承诺。

6. 管理人承诺已向投资者明确介绍托管人所承担的职责与义务，未对托管人所承担的责任进行虚假宣传，不以托管人名义或利用托管人的商誉进行非法募集资金、承诺投资收益等违规活动。

二、托管人的声明与承诺

1. 托管人承诺按照恪尽职守、诚实信用、谨慎勤勉的原则安全保管基金财产，并履行本合同约定的其他义务。

2. 托管人对基金财产的保管，并非对基金财产本金或收益的保证或承诺。托管人不保证基金资产本金不受损失或取得最低收益，亦不承担本基金的投资风险。管理人违背基金合同或相关法律文件的约定、处理基金事务不当使基金财产受到损失的，托管人不承担任何责任。

3. 托管人对本基金投资行为相关的尽职调查、风险评估、投资决策、投后管理或其投资回报不承担任何责任。托管人不承担任何因管理人投资所产生的有关责任，也不承担本基金投资产生的任何风险及损失。

三、投资者的声明与承诺

1. 投资者承诺其为符合《暂行办法》规定的合格投资者；

2. 投资者保证财产的来源及用途符合国家有关规定，投资者已充分理解本合同全部条款，了解相关权利、义务，了解法律法规及所投资基金的风险收益特征，愿意承担相应的投资风险，且投资事项符合其决策程序的要求；

3. 投资者承诺其向募集机构提供的有关投资目的、投资偏好、投资限制和风险承受能力等基本情况真实、完整、准确、合法，不存在任何重大遗漏或误导。前述信息资料如发生任何实质性变更，应当及时书面告知募集机构；

4. 投资者承诺委托资金的来源及用途合法，不得非法汇集他人资金参与本基金；

5. 投资者知晓，管理人、托管人及相关机构不应对私募财产的收益状况作出任何承诺或担保；

6. 投资者有完全及合法的权利委托管理人和托管人进行委

D12314

托财产的投资管理和托管业务，没有任何其他限制性条件妨碍管理人和托管人对该委托财产行使相关权利且该权利不会为任何其他第三方所质疑。

第四节　基金的基本情况

一、基金的名称

____

二、运作方式[①]

本基金为开放式基金。

三、发行总规模

本基金发行总规模为不低于______万元，且不超过______万元。

四、投资目标

在控制风险的前提下，追求本基金财产的增值。

五、投资范围

本基金认购资金全部用于______________________________。

六、存续期限

1. 本基金的预计存续期限为______个月，自本基金成立之日起算。

2. 基金预计存续期限内，基金财产全部变现完毕的，本基金提前终止。

3. 特别地，本基金预计存续期限届满时，基金财产未全部变现完毕的，本基金将自动延期至基金财产全部变现之日止。

4. 为免歧义，本款第 2 项以及第 3 项所述的事项无须基金份额持有人大会决议通过。

七、初始销售面值

本基金份额的初始销售面值为人民币 1.00 元 / 份。

①具体载明封闭式、开放式或者其他方式。

八、托管机构

本基金的托管人为________________________________。

九、外包服务机构

本基金的外包服务机构为____________（外包业务登记编码为：____________）。

十、其他

本基金存续期间不设置结构化安排。

第五节　私募基金的募集

一、基金份额的募集期限、募集机构和募集方式、募集对象

1. 募集期限

本基金募集期限自基金发售之日起原则上不超过 1 个月，具体募集期（或称认购期、发行期）由基金管理人根据相关法律法规以及本合同的规定确定并告知基金合同各方当事人。同时，基金管理人有权根据本基金销售的实际情况延长或缩短募集期，此类变更适用于所有销售机构。延长或缩短募集期的相关信息通过约定方式告知基金份额持有人，即视为履行完毕延长或缩短募集期的程序。基金管理人发布通知提前结束募集的，本基金自通知之时起不再接受认购申请。

2. 募集机构和募集方式

本基金的募集机构为直销机构（基金管理人）和基金管理人委托的销售机构（以下简称代销机构）。基金管理人可以根据需要增加、变更基金销售机构。

基金管理人及其委托的代销机构不得向合格投资者之外的单位和个人募集资金，不得通过报刊、电台、电视、互联网等公众传播媒体或者讲座、报告会、分析会和布告、传单、手机

D12314

短信、微信、博客和电子邮件等方式，向不特定对象宣传推介。基金管理人及其委托的代销机构的募集行为应当持续符合《私募投资基金募集行为管理办法》的规定。

基金管理人委托代销机构销售本基金的，应当以书面形式签订基金销售协议，并将协议中关于基金管理人与代销机构权利义务划分以及其他涉及投资者利益的部分在投资者签署本基金合同时一并提供给基金投资者。基金代销机构负责向投资者说明相关内容。如基金销售协议与投资者在签署本基金合同时所接收的材料中关于基金销售的内容不一致的，以投资者签署本基金合同时所接收到的材料为准。

3. 基金份额的募集对象①

（1）具备相应风险识别能力和风险承担能力，投资于单只私募基金的金额不低于 100 万元且符合下列相关标准的单位和个人：

1）净资产不低于 1000 万元的单位；

2）金融资产不低于 300 万元或者最近 3 年个人年均收入不低于 50 万元的个人。 前款所称金融资产包括银行存款、股票、债券、基金份额、资产管理计划、银行理财产品、信托计划、保险产品、期货权益等。

（2）社会保障基金、企业年金等养老基金、慈善基金等社会公益基金、依法设立并在基金业协会备案的投资计划、投资于所管理私募基金的私募基金管理人及其从业人员以及中国证监会规定的其他合格投资者。

基金管理人及其委托的代销机构应当在完成合格投资者确认程序后签署本基金合同。

①《契约型私募投资基金合同内容与格式指引》第 17 条。

二、基金的认购事项

1. 合格投资者人数上限

本基金的份额持有人人数规模上限为 200 人[①]。基金管理人在募集期限每个工作日可接受的人数限制内，按照“时间优先、金额优先”的原则确认有效认购申请。超出基金人数规模上限的认购申请为无效申请。

通过代销机构进行认购的，人数规模控制以基金管理人和代销机构约定的方式为准。

2. 认购费用

本基金不收取认购费。

3. 认购申请的确认

认购申请确认后不得撤销。销售机构受理认购申请并不表示对该申请成功的确认，而仅代表销售机构确实收到了认购申请。认购的确认以基金份额登记机构的确认结果为准。

4. 认购份额的计算方式

认购份额 = 认购金额 ÷ 面值

认购份额保留到小数点后 2 位，小数点后第 3 位四舍五入，由此产生的误差计入基金财产。

5. 募集期限内投资者资金的管理

募集期限内，投资者的认购资金应存入本基金募集结算专用账户，在基金初始销售行为结束前，任何机构和个人不得动用，投资者认购资金所产生的利息（以同期人民银行公布的活期利率计算）计入基金财产。

三、基金份额认购金额、付款期限

1. 认购和持有限额

基金投资者认购本基金，以人民币转账形式交付。基金不接受现金方式认购，在直销机构认购的投资者须将认购资金从

①根据《基金业协会关于私募基金登记备案相关问题解答（三）》，现阶段，基金业协会建议，私募基金合格投资者数量累计不超过 200 人，以有限责任公司或者合伙企业形式设立的，投资者人数累计不超过 50 人。

D12314

在中国境内开立的自有银行账户一次性全额划款至募集结算专用账户，在代销机构认购的投资者按代销机构的规定缴付资金。

投资者在募集期限的认购金额不得低于100万元人民币①，并可多次认购，募集期限追加认购金额应为10万元人民币的整数倍。

2. 认购申请的款项支付

认购采用全额交款方式，若资金在规定时间内未全额到账则认购不成功，即为无效申请，已交付的委托款项将退回基金投资者指定的资金账户，不计利息。

四、投资者冷静期及投资者回访确认②

1. 投资冷静期③的设置

（1）本基金为基金投资者设置不少于24小时的投资冷静期，募集机构在投资冷静期内不得主动联系投资者；

（2）投资冷静期自基金合同签署完毕且投资者交纳认购基金的款项后起算。

2. 回访确认④

（1）募集机构应当在投资冷静期满后，指令本机构从事基金销售推介业务以外的人员以录音电话、电邮、信函等适当方式进行投资回访。回访过程不得出现诱导性陈述。

（2）募集机构在投资冷静期内进行的回访确认无效。

（3）回访应当包括但不限于以下内容：

①确认受访人是否为投资者本人或机构；

②确认投资者是否为自己购买了本基金以及投资者是否按照要求亲笔签名或盖章；

③确认投资者是否已经阅读并理解基金合同和风险揭示的内容；

④确认投资者的风险识别能力及风险承担能力是否与本基

①《基金业协会关于私募基金登记备案相关问题解答（二）》，目前证监会正在制定合格投资者认定标准。在证监会有关规定出台之前，协会建议私募基金管理人向符合以下条件的投资者募集资金：

（1）个人投资者的金融资产不低于500万元人民币，机构投资者的净资产不低于1000万元人民币；

（2）具备相应的风险识别能力和风险承担能力；

（3）投资于单只私募基金的金额不低于100万元人民币。

②私募股权投资基金、创业投资基金等其他私募基金合同关于投资冷静期的约定可以参照前款对私募证券投资基金的相关要求，也可以自行约定。

私募股权投资基金、创业投资基金等其他私募基金合同可以约定不设置投资冷静期或者约定投资冷静期自协议签署完毕起算。

③《私募投资基金募集行为管理办法》第29条规定，在完成合格投资者确认程序后，募集机构应给予投资者不少于一天的投资冷静期，投资者在冷静期满后方可签署私募基金合同。

④《私募投资基金募集行为管理办法》第30条规定，私募基金管理人应当在投资者签署基金合同后，指令本机构的非基金推介业务人员以录音电话、电邮等适当方式进行回访，回访过程不得出现诱导性陈述，须客观确认合格投资者的身份及投资决定。未经回访确认，私募基金管理人不得签署基金合同。

基金合同可以约定，经回访确认程序的合同方可生效。

金风险等级相匹配；

⑤确认投资者是否知悉投资者承担的主要费用及费率，投资者的重要权利、本基金信息披露的内容、方式及频率；

⑥确认投资者是否知悉未来可能承担投资损失；

⑦确认投资者是否知悉投资冷静期的起算时间、期间以及享有的权利；

⑧确认投资者是否知悉纠纷解决安排。

（4）基金投资者在募集机构回访确认成功前有权解除基金合同。出现前述情形时，募集机构应当按合同约定及时退还基金投资者的全部认购款项。

（5）未经回访确认成功，投资者交纳的认购基金款项不得由募集账户划转到基金托管账户，基金管理人不得投资运作投资者交纳的认购基金款项。

3. 基金投资者属于以下情形的，募集机构可以不设置投资冷静期和不进行回访确认：

（1）社会保障基金、企业年金等养老基金，慈善基金等社会公益基金；

（2）依法设立并在中国基金业协会备案的私募基金产品；

（3）受国务院金融监督管理机构监管的金融产品；

（4）投资于所管理私募基金的私募基金管理人及其从业人员；

（5）投资者为专业投资机构的；

（6）法律法规、中国证监会和中国基金业协会规定的其他投资者。

五、募集结算专用账户[①]

1. 基金管理人委托基金外包服务机构开立基金募集结算专用账户，用于统一归集私募基金募集结算资金、向投资者分配

①《契约型私募投资基金合同内容与格式指引》规定私募基金管理人应当将私募基金募集期间客户的资金存放于私募基金募集结算专用账户（第14条）。根据《基金法》第60条的规定，基金募集期间募集的资金应当存入专门账户，在基金募集行为结束前，任何人不得动用。

D12314

收益、给付赎回款项以及分配基金清算后的剩余基金财产等。

2. 募集结算资金从投资者资金账户划出，到达本基金托管资金账户之前，属于投资者的合法财产。

3. 募集结算专用账户是外包服务机构接受基金管理人委托代为提供基金服务的专用账户，并不代表外包服务机构接受投资者的认购或申购资金，也不表明外包服务机构对本基金的价值和收益作出实质性判断或保证，也不表明投资于本基金没有风险。在募集结算专用账户的使用过程中，基金管理人应就其自身操作不当等原因所造成的损失承担相关责任，外包服务机构对于基金管理人的投资运作不承担任何责任。

4. 募集结算专用账户信息如下：

账户名：__________证券基金外包募集专户（__________基金）

账号：______________________________

开户行：______________________________

大额支付号：______________________________

5. 募集结算专用账户监督机构

__________证券股份有限公司作为外包服务机构，为本基金募集结算专用账户提供管理服务，对募集结算资金专用账户实施监督。基金管理人与外包服务机构不再另行订立账户监督协议，账户监督事项以双方签订的外包服务协议的约定为准。

第六节　基金的成立与备案

一、基金合同签署的方式

本基金采用纸质方式签署相关合同。

二、基金成立的条件

本基金募集期结束后，符合下列条件的，基金管理人将全部募集资金划入托管账户，基金托管人核实资金到账情况后，出具募集资金到账确认函，基金成立：

1. 基金份额持有人人数不超过 200 人；

2. 基金的初始资产合计不低于 ______ 万元人民币，中国证监会另有规定的除外。基金托管人的职责自基金成立后开始。

三、基金的备案

基金管理人在募集完成后 20 个工作日内[①]，向基金业协会办理基金备案手续。若基金备案失败，按照募集失败的方式处理。

基金备案完成前，不得进行投资运作。

四、募集失败的处理方式

基金募集期限届满，不能满足基金设立条件的，基金管理人应当承担下列责任：

1. 以其固有财产承担因募集行为而产生的债务和费用；

2. 在募集期限届满后 30 个工作日内返还基金投资者已缴纳的款项，并加计银行同期活期存款利息。

第七节　私募基金的申购、赎回和转让

一、基金份额的开放日

管理人可根据市场情况设置开放日，开放日允许申购、不允许赎回。具体以基金管理人公告为准。

二、基金份额的申购

1. 申购资格

合格投资者可按照本合同约定及募集机构的要求申请申购基金份额。

2. 申购价格

申购基金份额的，每份基金份额申购价格按面值计算。

临时开放日参与的，申购价格为面值。

①《私募基金募集行为管理办法》第 11 条规定，私募基金管理人应当在私募基金募集完毕后 20 个工作日内，通过私募基金登记备案系统进行备案，并根据私募基金的主要投资方向注明基金类别，如实填报基金名称、资本规模、投资者、基金合同（基金公司章程或者合伙协议，以下统称基金合同）等基本信息。

D12314

3. 金额要求

投资者在私募基金存续期开放期申购基金份额的，首次购买金额应不低于100万元人民币（不含申购费）且符合合格投资者标准，投资者追加申购的应以［10］万元人民币（不含申购费）的整数倍递增。

4. 申购费率

本基金不收取申购费用。

申购费率为______%，申购费由募集机构收取；募集机构有权对个别投资人的申购费进行减免。

5. 申购基金份额的计算

净申购金额＝申购金额 /（1+ 申购费率）

申购费用＝净申购金额 × 申购费率

申购份额＝净申购金额 ÷ 申购价格

6. 基金份额的申购方式

拟申购基金份额的投资者应当于开放日前的第［10］个工作日至开放日前［5］个工作日期间（［T-10 ～ T-5］，T为当期开放日），向募集机构提交书面申购申请，并向募集账户交付申购资金。

7. 申购申请的确认

管理人于开放日后3个工作日内对于截至T日已经回访确认成功的申购申请进行确认。截至［开放日15:00］仍未回访确认成功的申购申请，视为申购失败，募集机构应于开放日后［______］个工作日内将该投资者的全部申购款项退还投资者。

三、赎回

本基金项下的赎回仅指当第 i 期投资单元届满时，管理人安排基金份额强制赎回。本基金不接受违约赎回。强制赎回后的款项支付详见本合同“基金份额的收益分配”章节。

四、拒绝或暂停申购的情形及处理

1. 在如下情形下，管理人可以拒绝接受投资者的申购申请：

（1）根据市场情况，管理人无法找到合适的投资品种，或存在其他如接受申购申请可能对基金业绩产生负面影响的其他情形；

（2）因基金持有的某个或某些证券进行权益分派等原因，使管理人认为短期内接受申购可能会影响或损害现有基金份额持有人利益的情形；

（3）管理人认为接受某笔或某些申购申请可能会影响或损害其他基金份额持有人利益的其他情形；

（4）法律法规规定、经监管部门认定的或本合同约定的管理人可拒绝接受申购的其他情形。

管理人决定拒绝接受某些投资者的申购申请时，申购款项将退回投资者账户。

2. 在如下情形下，管理人可以暂停接受投资者的申购申请：

（1）因不可抗力导致无法受理投资者的申购申请的情形；

（2）相关交易场所交易时间临时停市，导致管理人无法计算当日基金资产净值的情形；

（3）发生本合同规定的暂停基金资产估值的情形；

（4）法律法规规定或经中国证监会认定的其他情形。

管理人决定暂停接受全部或部分申购申请时，应当以公告的形式告知投资者。在暂停申购的情形消除时，管理人应及时恢复申购业务的办理并以公告的形式告知投资者。

五、基金份额的非交易过户

非交易过户是指不采用申购、赎回等交易方式，将一定数量的基金份额按照一定的规则从某一基金份额持有人账户转移到另一基金份额持有人账户的行为。非交易过户包括继承、捐

D12314

赠、司法强制执行以及基金份额登记机构认可、符合法律法规的其他类型。办理非交易过户必须提供基金份额登记机构要求提供的相关资料，接收划转的主体必须是依法可以持有本基金份额的合格投资者。

继承是指基金份额持有人死亡，其持有的基金份额由其合法的继承人继承；捐赠指基金份额持有人将其合法持有的基金份额捐赠给福利性质的基金会或社会团体；司法强制执行是指司法机关依据生效司法文书将基金份额持有人持有的基金份额强制划转给其他自然人、法人或其他组织。办理非交易过户必须提供基金份额登记机构要求提供的相关资料，对于符合条件的非交易过户申请按基金份额登记机构的规定办理，并按基金份额登记机构规定的标准收费。

六、基金份额的冻结与解冻

本基金的基金份额冻结与解冻包括但仅限于人民法院、人民检察院、公安机关及其他国家有权机构依法要求的基金份额冻结与解冻事项，以及基金份额登记机构认可、符合法律法规的其他情况下的冻结与解冻事项。基金注册登记账户或基金份额被冻结的，被冻结基金份额所产生的权益一并冻结，法律法规、中国证监会或法院判决、裁定另有规定的除外。

七、基金的质押

在不违反届时有效的法律法规的条件下，基金份额登记机构可以办理基金份额的质押业务或其他业务，公布并实施相应的业务规则。

八、基金份额的转让

本基金份额持有人可以通过以下两种方式办理基金份额转让业务，但均应满足在转让期间及转让后，持有基金份额的合格投资者数量合计不得超过200人：

1. 基金份额持有人可通过现时或将来法律、法规或监管机构允许的方式办理基金份额转让业务，其转让地点、时间、规则、费用等按照相关办理机构的规则执行。

2. 以基金份额持有人与基金管理人约定的方式进行基金份额转让：

（1）转让程序

①转让方、受让方、管理人签订基金份额转让协议；

②受让方如是本基金的新进投资者，还需符合合格投资者等相关规定，并签订本基金合同，受让方是否为合格投资者的资格审核职责由基金管理人承担；

③管理人将基金份额转让协议交由份额登记机构，并同时抄送本基金托管人；

④受让方将基金份额转让款划转至本产品募集结算专用账户；

⑤份额登记机构根据转让协议办理转让份额的过户，并同时将转让款划转至转让方指定收款账户。

（2）基金份额转让协议至少要包含的内容：

①转让方名称、身份信息、联系信息，购买基金的时间、份额数量；

②受让方名称、身份信息、联系信息；

③双方的银行结算账户信息；

④转让标的（要注明协会备案编码）、价格（管理人、转让方、受让方三方共同协商确定）、份额数量，转让款总额；

⑤交收方式（受让方将受让款全额划款至产品募集结算专用账户，由份额登记机构依据转让协议核实资金到账情况，并根据管理人确认的转让信息办理转让款、份额的交割）；

⑥转让方、受让方、管理人三方签字盖章确认，转让协议

D12314

方可生效。

采取第二种转让方式进行基金份额转让所引起的纠纷由基金管理人、基金份额转让方、基金份额受让方负责解决。基金托管人和份额登记机构不负责监督本基金的份额转让也不承担因份额转让而引起的任何责任。

第八节　当事人及权利义务

一、投资者

投资者的详细情况见本合同签署页。

二、管理人

名称：________________________________

住所：________________________________

法定代表人：________________________________

通信地址：________________________________

邮政编码：________________________________

联系人：________________________________

联系电话：________________________________

传真电话：________________________________

电子邮箱：________________________________

网站：________________________________

三、托管人

名称：________________________________

办公地址：________________________________

邮政编码：________________________________

注册资本：________________________________

存续期间：________________________________

法定代表人：________________________________

联系电话：________________________________

网站：________________________________

四、基金权益

本基金设定为均等份额。除私募基金合同另有约定外，每份份额具有同等的合法权益。

五、管理人①的权利与义务

1. 管理人的权利

（1）按照基金合同约定，独立管理和运用基金财产；

（2）按照基金合同约定，及时、足额获得管理费及业绩报酬（如有）；

（3）按照有关规定和基金合同约定行使因基金财产投资所产生的权利；

（4）根据基金合同及其他有关规定，监督基金托管人，对于基金托管人违反基金合同或有关法律法规规定、对基金财产及其他当事人的利益造成重大损失的，应当及时采取措施制止；

（5）基金管理人为保护投资者权益，可以在法律法规、监管规则规定范围内，根据市场情况对本基金的认购、申购业务规则（包括但不限于基金总规模、单个投资者首次认购、申购金额、每次申购金额及持有的本基金总金额限制等，但不包括上调认购费、申购费费率、调整开放日）进行调整；

（6）以私募基金管理人的名义，代表私募基金与其他第三方签署基金投资相关协议文件、行使诉讼权利或者实施其他法律行为；

（7）法律法规、中国证监会及基金业协会规定的和基金合同约定的其他权利。

2. 管理人的义务

（1）应当确保本基金的合法合规性［包括但不限于募集、

①存在2个以上（含2个）管理人共同管理私募基金的，所有管理人对投资者承担连带责任。管理人之间的责任划分由基金合同进行约定，合同未约定或约定不清的，各管理人按过错承担相应的责任。

D12314

设立、聘请投资顾问（如有）、投资运作、收益分配、终止清算等环节的合法合规性]；

（2）应当履行私募基金管理人登记和私募基金备案手续；

（3）按照诚实信用、勤勉尽责的原则履行受托人义务，管理和运用基金财产；

（4）制作调查问卷，对投资者的风险识别能力和风险承担能力进行评估，向符合法律法规规定的合格投资者非公开募集资金；

（5）制作风险揭示书，向投资者充分揭示相关风险；

（6）配备足够的具有专业能力的人员进行投资分析、决策，以专业化的经营方式管理和运作基金财产；

（7）建立健全内部制度，保证所管理的私募基金财产与其管理的其他基金财产和私募基金管理人的固有财产相互独立，对所管理的不同财产分别管理，分别记账、分别投资；

（8）不得利用基金财产或者职务之便，为本人或者投资者以外的人牟取利益，进行利益输送；

（9）自行担任或者委托其他机构担任基金的基金份额登记机构，委托其他基金份额登记机构办理注册登记业务时，对基金份额登记机构的行为进行必要的监督；

（10）管理人有权委托外包服务机构为其提供外包服务，并对其代理行为进行必要的监督和检查；具体的外包服务范围及双方权利义务，以管理人与外包服务机构另行签署的外包服务协议为准；

（11）按照基金合同约定接受投资者和托管人的监督；

（12）以管理人的名义，代表投资者利益行使诉讼权利或者实施其他法律行为；

（13）按照基金合同约定及时向托管人提供非证券类资产凭

证或股权证明（包括股东名册和工商部门出具并加盖公章的权利证明文件）等重要文件（如有）；

（14）按照基金合同约定负责基金会计核算并编制基金财务会计报告；

（15）按照基金合同约定计算并向投资者报告基金份额净值；

（16）根据法律法规、监管规则、自律规则的规定及基金合同的规定，对投资者进行信息披露，揭示私募基金财产运作情况，包括编制和向投资者提供基金定期报告；

（17）确定基金份额申购、赎回价格，采取适当、合理的措施确保基金份额交易价格的计算方法符合法律法规的规定和合同的约定；

（18）保守商业秘密，不得泄露私募基金的投资计划或意向等，法律法规另有规定的除外；

（19）保存基金投资业务活动的全部会计资料，并妥善保存有关的合同、交易记录及其他相关资料，保存期限自基金清算终止之日起不得少于法律及法规及相关监管规则要求的期限；

（20）公平对待所管理的不同基金财产，不得从事任何有损基金财产及其他当事人利益的活动；

（21）按照基金合同的约定确定基金收益分配方案，及时向投资者分配收益；

（22）组织并参加基金财产清算小组，参与基金财产的保管、清理、估价、变现和分配；

（23）建立并保存投资者名册；

（24）面临解散、依法被撤销或者被依法宣告破产时，及时报告基金业协会并通知托管人和投资者；

（25）法律法规、中国证监会及基金业协会规定的和基金合同约定的其他义务。

D12314

六、托管人的权利与义务

1. 托管人的权利

（1）按照基金合同的约定，及时、足额获得托管费；

（2）依据法律法规规定和基金合同约定，监督管理人对基金财产的投资运作，对于管理人违反法律法规规定或基金合同约定、对基金财产及其他当事人的利益造成重大损失的情形，有权拒绝执行，并报告相关监管机构；

（3）按照基金合同约定，依法保管私募基金财产；

（4）法律法规、中国证监会及基金业协会规定的和基金合同约定的其他权利。

2. 托管人的义务

托管人应就本基金履行下列义务：

（1）安全保管基金财产；

（2）具有符合要求的营业场所，配备足够的、合格专职人员，负责基金财产托管事宜；

（3）对所托管的不同基金财产分别设置账户，确保基金财产的完整与独立；

（4）除依据法律法规规定和基金合同的约定外，不得为托管人及任何第三人谋取利益，不得委托第三人托管基金财产；

（5）按规定开立和注销基金财产的托管账户、证券账户等投资所需账户；

（6）复核基金份额净值；

（7）根据本合同“信息披露”章节的约定办理与基金托管业务有关的信息披露事项；

（8）按照基金合同约定，根据管理人或其授权人的资金划拨指令，及时办理清算、交割事宜；

（9）公平对待所托管的不同基金财产，不得从事任何有损基金财产及其他当事人利益的活动；

（10）保守商业秘密，除法律法规规定和基金合同约定外，不得向他人泄露本基金的有关信息；

（11）根据相关法律法规要求的保存期限，保存与私募基金管理业务活动相关的合同、协议、凭证等文件的原件或复印件；

（12）根据相关法律法规要求的保存期限，保存私募投资基金投资业务活动的会计资料，并妥善保存有关合同、交易记录及其他资料的原件或复印件；

（13）根据本合同约定监督管理人的投资运作，发现管理人的投资指令违反法律法规的规定及基金合同约定的，应当拒绝执行，立即通知管理人；发现管理人依据交易程序已经生效的投资指令违反法律法规的规定及基金合同约定的，应当立即通知管理人；托管人的监督职责范畴，具体以本合同约定为准；

（14）按照基金合同约定制作相关账册并与管理人核对；

（15）法律法规、中国证监会及基金业协会规定的和基金合同约定的其他义务。

七、投资者的权利与义务

1. 投资者的权利：

（1）取得基金财产收益；

（2）取得清算后的剩余基金财产；

（3）按照基金合同的约定申购、赎回和转让基金份额；

（4）根据基金合同的规定，参加或申请召集基金份额持有人大会，行使相关职权；

（5）监督管理人、托管人履行投资管理及托管义务的情况；

（6）按照基金合同约定的时间和方式获得基金信息披露资料；

（7）因管理人、托管人违反法律法规或基金合同的约定导

D12314

致合法权益受到损害的，有权得到赔偿；

（8）法律法规、中国证监会及基金业协会规定的和基金合同约定的其他权利。

2. 投资者的义务：

（1）认真阅读基金合同，保证投资资金的来源及用途合法；

（2）接受合格投资者认定程序，如实填写风险识别能力和承担能力问卷，如实承诺资产或者收入情况，并对其真实性、准确性和完整性负责，承诺为合格投资者；

（3）以合伙企业、契约等非法人形式汇集多数投资者资金直接或者间接投资于私募基金的，应向管理人充分披露上述情况及最终投资者的信息，但符合《暂行办法》第13条规定的除外；

（4）认真阅读并签署风险揭示书；

（5）按照基金合同约定缴纳基金份额的认购、申购款项，承担基金合同约定的管理费、托管费及其他相关费用；

（6）按基金合同约定承担基金的投资损失；

（7）向管理人或募集机构提供法律法规规定的信息资料及身份证明文件，配合管理人或募集机构的尽职调查与反洗钱工作；

（8）保守商业秘密，不得泄露基金的投资计划或意向等；

（9）不得违反基金合同的约定干涉管理人的投资行为；

（10）不得从事任何有损基金及其投资者、管理人管理的其他基金及托管人托管的其他基金合法权益的活动；

（11）法律法规、中国证监会及基金业协会规定和基金合同约定的其他义务。

第九节　私募基金份额持有人大会[①]及日常机构

①基金份额持有人大会可以设立日常机构。

一、基金份额持有人大会的组成

基金份额持有人大会由全体基金份额持有人组成。本基金的基金份额持有人大会不设日常机构。

二、基金份额持有人大会的召开事由

本基金存续期间，发生下列任一情形的，应当召开基金份额持有人大会：

（1）管理人被依法取消资产管理资格或管理人失联超过20个工作日；

（2）托管人被依法取消资产托管资格或托管人失联超过20个工作日；

（3）决定修改基金合同的重要内容，本条款指的重要内容包括如下条款：

①决定延长基金合同期限，但根据本合同明确约定的条件延长期限的情形除外；

②决定提前终止基金合同，但根据本合同约定的提前终止条件提前终止的情形除外；

③决定更换管理人、托管人；

④决定提高管理人、托管人的报酬标准；

（4）管理人认为应由基金份额持有人大会决定的其他事宜；

（5）法律法规、中国证监会、基金业协会规定及本合同约定的其他应当召开基金份额持有人大会的事项。

针对前款所列事项，基金份额持有人以书面形式一致表示同意的（包括通过签署补充协议的方式），可以不召开基金份额持有人大会直接作出决议，并由全体基金份额持有人在决议文件上签名、盖章。

D12314

基金份额持有人大会不得直接参与或者干涉基金的投资管理活动。

三、基金份额持有人大会的召集

1. 管理人召集

除法律法规规定或本合同另有约定外，基金份额持有人大会由管理人召集。

单独或合计持有基金份额总数20%以上（含20%）的基金份额持有人认为有必要召开基金份额持有人大会的，可向基金管理人提出书面提议。基金管理人应当自收到书面提议之日起10日内决定是否召集，并书面告知提出提议的基金份额持有人代表。基金管理人决定召集的，应当自出具书面决定之日起30日内召开；管理人决定不召集、或不能召集的，应通知基金份额持有人。

2. 基金份额持有人召集

（1）单独或合计持有基金份额总数20%以上（含20%）的基金份额持有人认为有必要召开基金份额持有人大会的，有权自行召集。

（2）基金份额持有人依法自行召集基金份额持有人大会的，应于会议召开前10个工作日通知管理人、注册登记机构和托管人，管理人或注册登记机构应于收到前述通知之日起10个工作日内向上述基金份额持有人提供基金份额持有人的名单。

3. 托管人召集

如出现管理人被依法取消私募基金管理人资格资格或管理人失联的情形时，托管人有权召集基金份额持有人大会。

四、通知

1. 召开基金份额持有人大会，召集人最迟应于会议召开前10个工作日通知全体基金份额持有人。基金份额持有人大会通知应至少载明以下内容：

（1）会议召开的时间、地点和出席方式；

（2）会议拟审议的主要事项、议事程序和表决方式；

（3）代理投票授权委托书的内容要求（包括但不限于授权代表身份、代理权限和代理有效期限等）、送达的期限、地点；

（4）会务联系人姓名、电话及其他联系方式；

（5）出席会议者必须准备的文件和必须履行的手续；

（6）召集人需要通知的其他事项。

2. 采取通讯方式开会并进行表决的情况下，由召集人决定通讯方式和书面表决方式，并在会议通知中说明本次基金份额持有人大会所采取的具体通讯方式、委托的公证机关（如有）及其联系方式和联系人、表决的截止日期、书面表决意见的寄交时间和收取方式等事项。

五、召开方式

1. 基金份额持有人大会的召开方式包括现场方式和通讯方式，具体召开方式由召集人决定。

2. 现场开会的，基金份额持有人应亲自或委派授权代表出席会议并按本合同约定行使表决权，授权代表参会前应向召集人出具授权委托书。管理人、托管人的授权代表应当列席会议。

3. 以通讯方式开会的，基金份额持有人应当以书面方式进行表决。基金份额持有人出具书面表决意见并送达给基金管理人的（在托管人召集会议的情形下，应送达给托管人），视为出席了会议。

六、基金份额持有人大会召开的条件

1. 现场开会

代表会议召开日基金份额总数2/3以上（含2/3）的基金份额持有人（或代表）出席会议，现场会议方可举行。未能满足

D12314

上述条件的情况下，召集人应另行确定并通知基金份额持有人重新开会的时间和地点。

2. 通讯方式开会

出具书面意见的基金份额持有人持有的基金份额占会议召开日基金份额总数 2/3 以上（含 2/3）的，通讯会议方可举行。未能满足上述条件的情况下，则召集人应另行确定并通知基金份额持有人重新开会的时间。

七、议事程序

1. 现场方式

（1）会议由管理人授权出席会议的代表主持召开。在管理人未能召集会议的情况下，由出席会议的基金份额持有人所代表的基金份额 2/3 以上多数（不含 2/3）选举产生 1 名代表作为该次基金份额持有人大会的主持人。

（2）会议主持人应当在会议开始后宣布在出席会议的基金份额持有人中选举两名基金份额持有人的授权代表担任监票人。

（3）会议主持人宣读提案，出席会议的基金份额持有人讨论并进行表决。

（4）监票人应当在基金份额持有人表决后立即进行清点并由大会主持人当场公布计票结果。如果会议主持人对于提交的表决结果有怀疑，可以对所投票数进行重新清点；如果会议主持人未进行重新清点，而出席会议的基金份额持有人对会议主持人宣布的表决结果有异议，有权在宣布表决结果后立即要求重新清点，会议主持人应当立即重新清点并公布重新清点结果。重新清点仅限一次。

（5）会议主持人应指定专人制作会议纪要，会议纪要应详细记录大会召开的时间、地点、出席人名单、议题和大会讨论和通过或否决的决议，并由会议主持人签名。

2. 通讯方式

（1）召集人在公证机关的监督下按照会议通知规定的方式收取基金份额持有人的书面表决意见。

（2）召集人在所通知的表决截止日期次日在公证机关监督下统计全部有效表决并形成决议。符合会议通知约定的书面表决意见视为有效表决。表决意见模糊不清或相互矛盾的视为弃权表决，但应当计入出具书面意见的基金份额持有人所代表的基金份额总数。

（3）如托管人以视频会议的方式召集份额持有人会议，可不聘请公证机关进行监督。

八、表决

1. 基金份额持有人大会不得对未在会议通知载明的事项进行表决。

2. 基金份额持有人所持每份基金份额享有 1 票表决权。

3. 基金份额持有人大会决议须经出席会议的基金份额持有人所持表决权的 2/3 以上（含 2/3）通过，本合同另有约定的除外。

4. 基金份额持有人大会采取记名方式进行投票表决。

5. 基金份额持有人大会的各项提案或同一项提案内并列的各项议题应当分开审议、逐项表决。

九、基金份额持有人大会决议的效力

基金份额持有人大会决议自通过之日起生效，并自生效之日起对全体基金份额持有人、基金管理人以及基金托管人均有约束力。特别地，如基金管理人 / 基金托管人未列席基金份额持有人召集的基金份额持有人大会，则该等决议自书面通知至基金管理人 / 基金托管人之日起，对基金管理人 / 基金托管人有约束力。

D12314

十、基金份额持有人大会决议的披露

基金份额持有人大会决定的事项，应通过在基金管理人网站公告或电子邮件、传真等形式通知全体基金份额持有人和其他相关当事人。

第十节　基金份额的登记

管理人委托______代为办理本基金的注册登记业务，并与该公司签订了服务协议，但基金管理人依法应承担的注册登记职责不因委托而免除。注册登记机构对本基金的投资运作不承担任何责任，不保证基金一定盈利，也不保证最低收益。

基金份额登记机构应履行如下注册登记职责：

1. 配备足够的专业人员办理本基金份额的登记业务；

2. 严格按照法律法规和本合同规定的条件办理本基金份额的登记业务；

3. 根据法律法规、监管规则的要求保存基金份额持有人名册及相关的认购、申购与赎回等业务记录；

4. 对基金份额持有人的基金账户信息负有保密义务，因违反该保密义务对投资者或基金带来的损失，须承担相应的赔偿责任，但司法强制检查情形、法规法规、监管规则和本合同另有约定的其他情形除外；

5. 接受管理人的监督；

6. 法律法规及中国证监会规定的和本合同约定的其他义务。

全体基金份额持有人同意管理人、注册登记机构应当按照中国基金业协会的规定办理基金份额登记数据的备份。

第十一节　基金的投资

一、投资目标

在控制风险的前提下，追求本基金财产的增值。

二、投资范围、投资策略及投资限制

1. 投向

本基金全部认购资金均用于____________。与上述投资相关的事宜，由管理人与____________签订《____________协议》进行约定。

本基金财产中的闲置资金可投资于高流动性低风险的金融产品，具体包包括：银行存款、开放式货币市场基金、____________。

私募基金在中国基金业协会完成备案后方可进行投资运作。

2. 增信措施①

____

3. 投资标的简介

____

三、投资禁止行为

本基金财产禁止从事下列行为：

1. 承销证券；

2. 从事承担无限责任的投资；

3. 利用基金资产为基金投资者之外的任何第三方谋取不正当利益、进行利益输送；

4. 从事内幕交易、操纵证券价格及其他不正当的证券交易活动；

5. 法律法规、中国证监会、基金业协会以及本合同规定禁止从事的其他行为。

四、投资经理的指定及变更

本基金投资经理由管理人负责指定。

①请在此列明抵押、质押、保证、资金监管等保障措施。

D12314

本基金投资经理为：____________。

投资经理简历如下：____________。

管理人根据业务需要变更投资经理的，应在3个工作日内通知全体投资者和托管人。

五、其他

本基金进行投资时，管理人可以以管理人的名义代表本基金与交易对手方签订投资协议，管理人应在各类投资协议中明确是代表本基金投资；投资协议为格式文本无法修改的，管理人应与各交易相关方（包括但不限于委贷银行、信托公司、标的企业、交易对手方等）拟定补充协议或向其出具说明函，明确原投资协议与本基金的直接关系。管理人未提供符合以上约定的投资协议、补充协议或说明函的，托管人有权拒绝执行划款指令，由此造成的损失由管理人负责。

六、投资单元

1. 投资单元的设置

本基金根据参与基金的时间的不同，设立不同的投资单元，每一期投资单元对应投资周期均为______个自然月。

第 *i* 期的投资单元收益计算起始日、业绩比较基准由管理人在第 *i* 期申购前公示，第 *i* 期投资单元届满日为收益计算起始日起______个自然月后对应日的前一日（遇节假日顺延）。第 *i* 期投资单元届满后管理人将根据本合同约定安排该期投资单元的份额强制退出，无须投资者另行提出赎回申请。第一期投资单元的收益计算起始日为基金成立日。

2. 投资单元的管理

管理人按投资单元进行单独管理，相对独立运用、计算和分配。注册登记机构为每个单元的份额建立独立份额名册，管理人、托管人为不同单元的份额建立与之对应的独立账目，独立核算。

3. 投资单元的业绩比较基准

管理人根据投资人参与金额规模不同，针对每个投资单元中设置不同的业绩比较基准，初始业绩比较基准档位表如下：

参与金额（万元）	第 i 期投资单元预期业绩比较基准（单利）
【______】≤参与金额＜【______】	______%
【______】≤参与金额	______%

如第 i 期投资单元的投资收益达到业绩比较基准的情形下，该期投资单元的当期收益 = 投资人持有第 i 期投资单元的份额总数 × 第 i 期投资单元对应的业绩比较基准 ×T / 365。

其中 T 为投资人持有第 i 期投资单元基金份额的实际天数；

管理人可在每一期开放投资单元份额申购前，对投资单元的业绩比较基准进行公示；管理人未公示的，以本合同的初始业绩比较基准档位表为准。

投资人在多次参与同一期投资单元的基金份额的，其份额数量将合并计算，享受按照合并后的份额数量对应的业绩比较基准。

特别提示：本条所列示的“业绩比较基准”“业绩比较基准收益”等并不代表本基金投资人最终实际取得的收益，也不构成本基金管理人和托管人对投资人本金和收益的任何承诺和保证。投资人认购 / 申购本基金仍存在可能导致本基金的投资人不能获得收益甚至面临本金受损的风险，是管理人、托管人向投资人保证其资产本金不受损失或者保证其取得最低收益的承诺。

第十二节　基金的财产

一、基金财产的保管与处分

1. 金财产独立于管理人、托管人的固有财产，并由托管人

D12314

保管，管理人、托管人不得将基金财产归入其固有财产。

2. 除本款第 3 项约定的情形外，管理人、托管人因基金财产的管理、运用或者其他情形而取得的财产和收益归入基金财产。

3. 管理人、托管人可以按本合同的约定收取管理费、托管费以及本合同约定的其他费用。管理人、托管人以其固有财产承担法律责任，其债权人不得对基金财产行使请求冻结、扣押和其他权利。管理人、托管人因依法解散、被依法撤销或者被依法宣告破产等原因进行清算的，基金财产不属于其清算财产。

4. 基金财产产生的债权不得与不属于基金财产本身的债务相互抵销。非因基金财产本身承担的债务，管理人、托管人不得主张其债权人对基金财产强制执行。上述债权人对基金财产主张权利时，管理人、托管人应明确告知基金财产的独立性。

5. 管理人、托管人不得违反法律法规的规定和基金合同约定擅自将基金资产用于抵押、质押、担保或设定任何形式的优先权或其他第三方权利。

6. 托管人仅负责保管本基金项下托管账户内的现金资产。对于本基金项下未由其保管且未受其实际控制的其他资产（包括现金类资产与非现金类资产），托管人不承担保管职责，且对其安全性和完整性不承担任何责任。管理人负责保管本基金对外投资过程中形成的股权、债权、收益权等非现金资产及相关权利凭证，并应及时将相关权利凭证的复印件加盖公章后交付托管人。管理人应对本基金项下非现金资产及其权利凭证的安全和完整负责。除基金合同另有约定外，管理人不得在该等非现金资产或其权利凭证之上设置抵押、质押或其他权利负担。

7. 本基金项下，管理人代表本基金与交易对手签订投资协议、开立相关账户及办理相关登记手续，并按照投资协议的约定行使相关权利和履行相关义务。托管人对于基金对外投资而产生的风险不承担任何责任。管理人未按投资协议约定行使相关权利、履行相关义务或处分基金财产不当而使基金财产遭受损失的，托管人亦不承担任何责任。

二、基金财产相关账户的开立和管理

1. 托管账户的开设和管理

（1）托管人按照规定在商业银行开立与本基金有关的资金账户，管理人应配合托管人办理账户开立事宜并提供相关资料。

（2）托管账户的开设和管理由托管人负责。本基金的一切货币收支活动，包括但不限于对外投资、支付退出金额、支付基金收益、收取申购款，均需通过该账户进行。

（3）托管账户的开立和使用，限于满足开展基金业务的需要。托管人和管理人不得假借本基金的名义开立其他任何银行账户；亦不得使用本基金的任何银行账户进行本基金业务以外的活动。

（4）托管账户的管理应符合《人民币银行结算账户管理办法》、《现金管理暂行条例》《支付结算办法》和中国人民银行利率管理的有关规定以及其他有关规定。

2. 其他账户的开设和管理

因投资运作而需要开立的其他账户，由托管人或管理人根据有关法律法规的规定开立。如该等账户是由管理人负责开立的，管理人开立此类账户后需及时通知托管人，且应保证该账户专款专用。

3. 开立的上述基金财产账户与管理人、托管人、募集机构和注册登记机构自有的财产账户以及其他基金财产账户相独立。

4. 对于非由托管人管理的账户，托管人不承担保管职责。

D12314

第十三节　交易及清算交收安排

本基金财产因投资交易所发生的资金清算交收，全部由基金托管人负责办理。

本基金管理人应确保基金托管人在执行基金管理人发送指令时，有足够的头寸进行交收。基金财产的资金头寸不足时，基金托管人有权拒绝基金管理人发送的划款指令。基金管理人在发送划款指令时应充分考虑基金托管人的划款出来所需要的合理时间。在资金头寸充足的情况下，基金托管人对基金管理人符合法律法规、本合同的指令无合理理由不得拖延或拒绝执行。如由于基金托管人的过错导致基金财产无法按时支付投资交易清算款项，由此造成的直接损失由基金托管人承担。

对委托财产的资金账目，以基金管理人与基金托管人的约定方式核对，确保相关各方账目相符。

第十四节　基金财产的估值和会计核算

一、基金财产的估值

1. 估值目的

基金财产估值目的是客观、准确地反映基金财产的价值。

2. 估值时间

本基金的估值核对日为基金成立后（每个自然季度最后一个工作日）。

3. 估值对象

基金所拥有的股权 / 债权 / 收益权[①]、银行存款本息以及其他基金资产及负债。

4. 估值方法[②]

（1）银行存款每日计提应收利息，按本金加应收利息计

①请根据实际投向进行选择。

②如基金具体投资品种不在以下范围内的，应相应补充估值方法。

入资产。

（2）股权以成本估值。

（3）固定收益类理财产品，按照固定收益率每日计提收益；定期公布单位净值的产品，按估值日前一工作日公布的单位净值进行估值，估值日前一工作日单位净值未公布的，以此前最近一个工作日单位净值计算；既无固定收益率，也不定期公布单位净值的，按成本估值。

（4）本基金投资于券商基金 / 基金公司基金 / 基金子公司专项基金等合同约定定期公布单位净值的产品，按该产品管理人公布的估值核对日前一工作日公布的单位净值进行估值，估值核对日前一工作日单位净值未公布的，按照该产品管理人公布的此前最近一个工作日的单位净值进行估值。

（5）如有确凿证据表明按上述方法进行估值不能客观反映其公允价值的，管理人可根据具体情况与托管人商定后，按最能反映公允价值的价格估值。

（6）相关法律法规以及监管部门有强制规定的，从其规定。如有新增事项，按国家最新规定估值。

5. 估值程序

管理人于每个估值核对日的次工作日交易结束后计算估值核对日的基金份额净值并以传真方式或管理人和托管人认可的其他方式发送给托管人。托管人对净值计算结果复核后盖章并以传真方式或管理人和托管人认可的其他方式传送给管理人。

T 日基金份额净值 NAVT ＝ T 日基金资产净值 ÷T 日基金份额总数。

基金份额净值的计算，保留到小数点后 3 位，小数点后第 4 位四舍五入，由此产生的误差计入基金财产。

D12314

6. 估值错误的处理

如管理人或托管人发现基金资产估值违反本合同订明的估值方法、程序及相关法律法规的规定或者未能充分维护投资者利益时，应立即通知对方，共同查明原因，协商解决。

当基金资产估值出现错误时，管理人和托管人应当立即予以纠正，并采取合理的措施防止损失进一步扩大。当基金资产估值错误偏差达到基金财产净值的0.5%时，管理人应该立即报告投资者，并说明采取的措施，立即更正。如管理人和托管人对基金资产净值的计算结果，虽然多次重新计算和核对尚不能达成一致时，为避免不能按时披露基金资产净值的情形，以管理人的计算结果对外披露，由此给投资者和基金财产造成的损失，托管人予以免责。

估值错误的责任人应当且仅对由于该估值错误遭受损失的直接当事人的直接损失承担赔偿责任。因估值错误而获得不当得利的当事人负有及时返还不当得利的义务。

由于一方当事人提供的信息错误，另一方当事人在采取了必要合理的措施后仍不能发现该错误，进而导致基金财产净值计算错误造成投资者的损失，以及由此造成以后估值核对日基金财产净值计算顺延错误而引起的投资者的损失，由提供错误信息的当事人一方负责赔偿。

7. 暂停估值的情形

（1）基金管理人或基金托管人遇法定节假日或因其他原因暂停营业时；

（2）因不可抗力或其他情形致使管理人、托管人无法准确评估基金财产价值时；

（3）中国证监会认定的其他情形。

8. 特殊情况的处理

（1）管理人按本合同约定的估值方法进行估值时，所造成的误差不作为估值错误处理。

（2）由于不可抗力原因，或由于证券交易所、登记结算机构、注册登记机构等发送的数据错误，管理人和托管人虽然已经采取必要、适当、合理的措施进行检查，但未能发现错误的，由此造成的基金财产估值错误，管理人和托管人可以免除赔偿责任。但管理人和托管人应当积极采取必要的措施减轻或消除由此造成的影响。

二、基金的会计政策

1. 管理人为本基金的主要会计责任方。

2. 本基金的会计年度为公历年度的 1 月 1 日至 12 月 31 日。

3. 基金核算以人民币为记账本位币，以人民币元为记账单位。

4. 会计制度执行国家有关会计制度。

5. 本基金单独建账、独立核算。

6. 管理人及托管人各自保留完整的会计账目、凭证并进行日常的会计核算，按照本合同约定编制会计报表。

7. 托管人定期与管理人就基金的会计核算、报表编制等进行核对并以书面方式确认。

第十五节　基金的费用与税收

一、基金费用的种类

1. 除非份额持有人另行支付或本合同另有约定，基金财产运作过程中发生的下列费用（基金费用）由基金财产承担：

（1）管理人的管理费；

（2）托管人的托管费；

D12314

（3）外包服务机构的外包服务费；

（4）管理人的业绩报酬（如有）；

（5）与基金设立及运作相关的资产评估师费、会计师费、律师费等聘请中介机构的费用；

（6）文件或账册的制作费、印刷费及其他费用；

（7）银行账户的资金结算汇划费、账户维护费；

（8）基金财产开立账户需要支付的费用；

（9）基金终止时的清算费用；

（10）为解决因基金财产及基金事务产生的纠纷而产生的费用，包括但不限于诉讼费、仲裁费、律师费、拍卖费及其他形式的资产处置费等费用；

（11）基金财产管理、运用及处分过程中发生的税费（如有）；

（12）按照国家有关法律法规规定和本合同约定，可以在基金资产中列支的其他费用。

2. 管理人负责上述各项费用的核算工作，并应妥善保管上述费用的相关单据、凭证。除非特别说明，上述费用均在发生时或根据相关的合同约定由管理人指令托管人从托管账户中支付，并按实际支出金额列入当期费用。管理人或托管人如以固有财产先行垫付基金费用的，有权根据实际发生额（以发票为准）从基金财产中优先获得补偿；尽管有本条款约定，托管人不承担垫付任何基金费用的义务。

3. 本节第一条第 1 项（6）所述之费用由开户银行自动扣划，无需管理人向托管人出具划款指令。

二、费用计提方法、计提标准和支付方式

1. 管理人的管理费

每个投资单元单独计算管理费。

基金管理人按基金合同提供管理服务，收取管理费。管理费费率为______%。

计算方法：

$H = E \times t \div 365$

H 为托管人每日应计提的该期基金管理费。

E 为该期基金委托本金。

t 为管理费费率。

每个投资单元管理费每日计提，每一期届满后的五个工作日内，由托管人根据管理人出具的划款指令从基金托管账户扣除并支付至管理人指定账户。

管理人指定的接收管理费的银行账户信息如下：

账户名称：____

银行账号：____

开户行____

2. 托管人的托管费

每个投资单元单独计算托管费。

基金托管人按基金合同提供托管服务，收取托管费。托管费费率为______%。

计算方法：

$H = E \times t \div 365$

H 为托管人每日应计提的该期基金托管费。

E 为该期基金委托本金。

t 为托管费费率。

每个投资单元托管费每日计提，每一期届满后的 5 个工作日内，由托管人根据管理人出具的划款指令从基金托管账户扣除并支付至托管人指定账户。

托管人指定的接收托管费的银行账户信息如下：

账户名称：____

账号：______________________________

开户行：______________________________

3. 外包服务机构的外包服务费

每个投资单元单独计算外包服务费。

外包服务机构按相关协议提供外包服务，收取外包服务费。外包服务费费率为______%。

计算方法：

$H = E \times t \div 365$

H 为托管人每日应计提的该期基金外包服务费；

E 为该期基金委托本金；

t 为外包服务费费率。

每个投资单元外包服务费每日计提，每一期届满后的 5 个工作日内，由托管人根据管理人出具的划款指令从基金托管账户扣除并支付至外包服务机构指定账户。

外包服务机构指定的接收外包服务费的银行账户信息如下：

账户名称：______________________________

账号：______________________________

开户行：______________________________

4. 管理人的业绩报酬

管理人针对每个投资单元单独计算业绩报酬。

投资单元的基金财产在扣除相关费用对投资人进行收益分配，如投资者获得的收益已达到按照该期投资单元业绩比较基准计算的收益，超过该部分的收益则全部作为管理人的业绩报酬。

5. 管理费、托管费、业绩报酬等基金费用若遇法定节假日、休息日或不可抗力致使无法按时支付的，顺延至最近可支付日支付。

三、不列入基金业务费用的项目

1. 管理人和托管人因未履行或未完全履行义务导致的费用支出或基金财产的损失。

2. 管理人和托管人处理与基金运作无关的事项发生的费用。

3. 其他根据相关法律法规、中国证监会及基金业协会的有关规定不得列入基金费用的项目。

四、基金的税收

1. 管理人和托管人根据国家法律法规规定，履行纳税义务。

2. 份额持有人从基金财产中获得的各项收益，由份额持有人根据国家法律法规的规定，自行办理纳税申报并履行纳税义务。管理人不代扣代缴企业所得税和个人所得税（法律另有规定的除外）。

第十六节　基金份额的收益分配

一、基金份额的概述

本基金的每个投资单元有管理人单独进行管理，相对独立运用、计算和分配。注册登记机构为每期项目认购 / 申购资金的份额建立独立份额名册，托管人为注册登记的不同期项目认购 / 申购资金份额建立与之对应的独立账目，独立核算。

二、可供分配收益的构成

每个投资单元可供分配收益的构成为该投资单元收入减去全部应由该投资单元基金财产承担的税赋和费用后，可向委托人分配的收益。

三、收益分配方案的确定与通知

1. 本基金存续期内按照本合同约定进行收益分配。基金收益分配方案由管理人拟定，由管理人通知份额持有人。

D12314

2. 收益分配程序：

（1）管理人计算基金的可供分配利润；

（2）管理人确定分配红利的金额、时间；

（3）管理人制定收益分配方案并发送给托管人；

（4）托管人在收到方案之日起 5 个工作日内完成复核；

（5）管理人通知投资者；

（6）管理人实施收益分配方案。

3. 如本基金按照基金合同约定终止的，将按照本计划清算程序向份额持有人进行分配。

四、基金本金及收益的计算和分配

1. 每个投资单元期限届满日为本金及收益分配基准日。具体而言为每个投资单元期限届满日，该投资单元登记在册的委托人享受该投资单元的本金及收益分配。管理人于本金及收益分配基准日起 10 个工作日内向托管人发送该投资单元投资收益及本金划付指令，托管人收到划款指令后于 1 个工作日内划入募集账户或清算账户。若遇法定节假日、休息日或不可抗力致使无法按时支付的，顺延至最近可支付日。

2. 委托人的投资收益计算公式为：

第 i 期投资单元单个委托人投资收益 = 单个委托人的委托资金 × 该单个委托人所持有的基金份额对应的业绩比较基准 ×T÷365。

［T 指第 i 期投资单元收益计算起始日（含）至第 i 期投资单元届满日（含）的期间天数］

3. 管理人在此特别说明：

（1）关于业绩比较基准的相关表述，并不意味着管理人保证投资者取得相应数额的收益，也不意味着管理人保证投资本金不受损失。

（2）投资有风险，投资者仍可能会面临无法取得收益甚至损失本金的风险。

（3）收益分配基准日与实际到账日可能存在一定的时间间隔。

五、收益分配原则

本基金收益分配应遵循下列原则：

1. 本基金每个投资单元同类份额的每一份额享有同等分配权；

2. 按照委托人持有第 *i* 期投资单元基金份额数量占第 *i* 期投资单元基金份额总数的比例分配当期基金财产，所分配的投资收益以各委托人按第 *i* 期投资单元约定的业绩比较基准计算的收益为限；

3. 管理人不承诺投资收益，也不承诺委托财产不受损失；

4. 法律法规或监管机构另有规定的从其规定。

六、基金财产的分配顺序

在收益分配基准日，管理人按照以下顺序以该投资单元该日基金财产中货币形式财产向各方进行分配：

1. 支付本投资单元应承担的各项费用（不包括业绩报酬），包括但不限于：

a. 基金运作中应承担的各项税费（如有）；

b. 支付本合同“基金的费用与税收”中约定的由委托财产承担的各项费用；

c. 按照国家有关规定和本合同约定，可以在基金资产中列支的其他费用。

2. 投资单元届满日、基金终止日时，在付清前款所列费用后，首先向第 *i* 期投资单元份额持有人分配按照业绩比较基准计算的剩余收益及本金，如不足，以第 *i* 期投资单元基金财产为限，按照持有第 i 期投资单元份额数量占第 i 期投资单元基金份额总数的比例分配基金财产，且分配收益不超过该类份额的剩余预期收益及本金；若该等分配后仍有剩余可分配金额的，则作为管理人的业绩报酬。

3. 在任一投资单元届满日、基金终止日，出现 2 个以上投资单元对应的基金财产不足以支付份额持有人按照业绩比较基准计算的剩余收益及本金，且无法区分基金财产对应期限的；基金财产优先用于分配本金，不足的，使各份额获得同等本金分配；基金财产分配完本金仍有剩余的，使各份额按同等收益率分配收益。

4. 基金财产分配时所发生的银行转账或其他手续费用由投资人自行承担。

七、收益分配方案的确定与通知

管理人应在收益分配基准日起 5 个工作日内根据本节规定拟定基金收益分配方案，并告知委托人及托管人。管理人在其网站上公告前述收益分配方案即视为履行了告知义务。

第十七节　信息披露

一、信息披露义务人

本私募基金的信息披露义务人为管理人，除非本合同另有约定，管理人应承担《私募投资基金信息披露管理办法》规定的信息披露义务人的全部职责。

二、管理人的信息披露

（一）管理人的信息披露的内容和频率

1. 基金成立公告

管理人应在本基金成立后 5 个工作日内在管理人网站就本基金的成立进行公告。

2. 季度报告

自基金成立之日起，管理人于每季度结束之日起 10 个工作日内向投资者披露基金净值、主要财务指标以及投资组合情况等信息。管理人应于每季度结束之日起 7 个工作日内将上述待披露信息发送给托管人，托管人应于 3 个工作日内完成复核。

3. 年度报告

自基金成立之日起，管理人于每个自然年度结束之日起 4 个月内向投资者披露本私募基金年度报告，报告应包括如下内容：

（1）报告期末本私募基金净值和基金份额总额；

（2）本私募基金的财务情况；

（3）本私募基金投资运作情况和运用杠杆情况（如有）；

（4）本私募投资基金投资者账户信息，包括实缴出资额、未缴出资额以及报告期末所持有基金份额总额等；

（5）投资收益分配和损失承担情况；

（6）管理人取得的管理费和业绩报酬，包括计提基准、计提方式和支付方式。

私募基金成立不满 3 个月的，不编制当期的私募基金年度报告。管理人应于每个自然年度结束之日起 70 个工作日内编制完成本私募基金年度报告，并发送给托管人，托管人应于收到本私募基金年度报告之日起 10 个工作日内完成复核。

4. 净值报告

管理人应于基金存续期间内每季度结束后的 5 个工作日内向投资者披露最近估值核对日的基金份额净值。

5. 临时报告

发生以下重大事项的，管理人应当及时向投资者披露：

（1）本私募基金名称、注册地址、组织形式发生变更的；

D12314

（2）投资范围和投资策略发生重大变化的；

（3）变更本私募基金管理人或托管人的；

（4）管理人的法定代表人、执行事务合伙人（委派代表）、实际控制人发生变更的；

（5）触及本私募基金止损线或预警线（如有）的；

（6）管理费率、托管费率或本合同约定的其他费率发生变化的；

（7）本私募基金收益分配事项发生变更的；

（8）本私募基金触发巨额赎回的；

（9）本私募基金存续期变更或展期的；

（10）本私募基金发生清盘或清算的；

（11）本私募基金发生重大关联交易事项的；

（12）本私募基金管理人、实际控制人、高管人员涉嫌重大违法违规行为或正在接受监管部门或自律管理部门调查的；

（13）涉及私募基金管理业务、基金财产、基金托管业务的重大诉讼、仲裁；

（14）影响投资者利益的其他重大事项。

6. 清算报告

管理人应于基金终止后作出处理基金事务的清算报告，经托管人复核后向投资者进行披露。全体投资者同意管理人可出具未经审计的清算报告。

7. 其他

管理人应承担相关法律法规、监管规则以及《私募投资基金信息披露管理办法》要求的其他信息披露义务。

（二）管理人的信息披露的方式

本基金的信息披露，管理人可选择下列任何一种或多种方式进行：

（1）管理人网站

在管理人网站上披露定期报告、临时报告等有关本基金的信息。

（2）邮寄服务

管理人向份额持有人邮寄定期报告、临时报告等有关本基金的信息。份额持有人在本合同签署页填写的通信地址为送达地址。通信地址如有变更，份额持有人应当及时通知管理人。

（3）传真、电子邮件

如份额持有人留有传真号、电子邮箱等联系方式的，管理人也可通过传真、电子邮件等方式将报告信息通知份额持有人。

（三）披露信息的备份

全体份额持有人同意管理人按照基金业协会的规定对基金披露的有关信息进行备份。

三、托管人的信息披露

（一）托管人的信息披露的内容

（1）托管人托管业务部门负责人变动；

（2）托管人发生涉及基金托管业务的重大诉讼或者仲裁；

（3）相关法律法规、监管规则以及《私募投资基金信息披露管理办法》明确要求由托管人独立承担的其他信息披露义务。

（二）托管人的信息披露的方式

托管人可选择下列任何一种或多种方式进行信息披露：

（1）在托管人网站上披露；

（2）托管人委托管理人向投资者披露。

如托管人选择委托管理人进行披露，管理人应按照托管人的要求向投资者进行披露。

（三）净值披露

托管人有权在其网站上披露本基金的净值，但管理人是本

D12314

基金的信息披露责任方，托管人不承担披露本基金净值的义务。

第十八节　风险揭示

1. 本基金管理人已单独编制风险揭示书，私募基金投资者应充分了解并谨慎评估自身风险承受能力，并作出自愿承担风险的陈述和声明。

2. 管理人已在基金合同中向投资者说明有关法律法规，重点揭示了管理人在管理、运用或处分财产过程中，私募基金可能面临的风险，包括但不限于：

（1）私募基金的特殊风险，包括基金合同与中国基金业协会合同指引不一致所涉风险、基金未托管所涉风险、基金委托募集所涉风险、外包事项所涉风险、聘请投资顾问所涉风险、未在中国基金业协会登记备案的风险等；

（2）私募基金的一般风险，包括资金损失风险、基金运营风险、流动性风险、募集失败风险、投资标的的风险、税收风险等。

第十九节　基金合同的效力、变更、解除与终止

一、基金合同的成立与生效

1. 基金合同的成立

基金合同是约定合同当事人之间权利义务关系的法律文件。投资者认购、参与本基金的，可采用电子签约方式或纸质版合同签约方式签署合同。

采用电子签约方式签署合同的投资者，本合同在上传到指定电子交易系统前须经管理人加盖公章、托管人加盖合同专用章以及各方法定代表人或法定代表人授权的代理人签字或盖章。投资者为法人的，其法定代表人或授权人在指定的电子交易系

统中点击确认本合同之日起，本合同成立。投资者为自然人的，经投资者本人或授权的代理人在指定的电子交易系统点击确认本合同之日起，本合同成立。

采用纸质版合同签约方式签署合同的投资者，投资者为法人的，本合同经投资者加盖公章、管理人加盖公章和托管人加盖合同专用章且各方法定代表人或法定代表人授权的代理人签字之日起成立；投资者为自然人的，本合同经投资者本人签字或授权的代理人签字、管理人加盖公章、托管人加盖合同专用章以及双方法定代表人或法定代表人授权的代理人签字或盖章之日起成立。

2. 基金合同的生效

在募集期签署本合同，且其募集资金足额到达托管账户的投资人，其合同自基金成立之日起生效；在开放日申购参与本基金，签署本合同，且其申购资金足额到达托管账户的投资人，其合同生效日以申购资金到达托管账户日与申购份额确认之日孰晚为准。

3. 基金合同自生效之日起对投资者、管理人、托管人具有同等的法律约束力。投资者承诺认可并同意接受本基金电子合同文本与纸质版文本具有同等法律效力，认可并同意接受电子签约方式具备法律效力。投资者一经确认电子合同文本，不得以任何理由主张电子合同文本或电子签名或电子签约方式无效。

二、基金合同的期限

基金合同的存续期限与本私募基金的存续期限一致，自生效之日起算；但本基金合同生效期届满后基金财产的清算、违约责任、争议的处理等条款继续有效。

三、基金合同的变更

1. 以下合同变更事项可由管理人自行决定：

D12314

（1）投资经理的变更；

(2)基金份额认购 / 申购的原则、时间、业务规则等设置(不包括上调认购费、申购费费率、开放日的变更等涉及投资者权利、义务的条款)；

（3）法律法规、中国证监会、基金业协会规定及本合同约定的可以由管理人自行决定的其他事项。

2. 以下合同变更事项可由管理人和托管人协商一致后决定：

（1）调低管理人、托管人的报酬标准；

（2）因法律法规、中国证监会、基金业协会的相关规定发生变化而需要对基金合同进行变更；

（3）对本合同的修改，对基金份额持有人利益无实质性不利影响或不会导致本合同当事人权利义务关系发生变化；

（4）法律法规、中国证监会、基金业协会规定可由管理人和托管人协商决定的其他事项。

3. 除上述第 1 项、第 2 项约定的情形以及根据本基金合同约定需要召开基金份额持有人大会决定的事项外，基金合同的变更应获得管理人、托管人及所有份额持有人一致书面同意。

4. 基金合同发生变更、补充的，管理人应当按照基金业协会的要求及时向基金业协会报告。

四、基金的终止

发生下列任一情形的，本基金终止：

1. 基金预计存续期限届满而未延期的；

2. 基金份额持有人大会决定终止的；

3. 管理人、托管人职责终止，在 6 个月内没有新管理人、新托管人承接的；

4. 法律法规和本合同规定的其他情形。

五、基金合同的解除

根据本合同约定适用投资冷静期及回访确认机制的投资者在募集机构回访确认成功前有权以下述任一种方式解除基金合同：（1）向募集机构提交经投资者签署的书面函件要求解除合同或撤销认购 / 申购申请；（2）向募集机构指定邮箱发送电子邮件要求解除合同或撤销认购 / 申购申请；或（3）在募集机构进行回访确认时明确表示要解除合同或撤销认购 / 申购申请。但《募集办法》第 32 条列明的投资者不享有本条款规定的解除权。

第二十节　私募基金的清算

一、清算日

本合同终止后，应当按照法律法规和本合同的有关约定对基金财产进行清算。本合同终止日即基金财产清算之日。

二、基金财产清算小组

1. 基金财产清算小组成员由管理人、托管人组成。清算小组可以聘用必要的工作人员。

2. 基金财产清算小组负责基金财产的保管、清理、估价、变现和分配。基金财产清算小组可以依法进行必要的民事活动。

三、基金财产清算的程序

1. 基金合同终止后，由清算小组统一接管基金财产；

2. 清算小组根据基金财产的情况确定清算期限；

3. 清算小组对基金财产进行清理和确认；

4. 对基金财产进行变现；

5. 制作清算报告；

6. 对基金剩余财产进行分配。

四、清算费用

清算费用是指基金财产清算小组在进行基金清算过程中发

D12314

生的所有合理费用，清算费用由基金财产清算小组优先从基金财产中支付。清算费用包括但不仅限于：

1. 聘请会计师、律师，以及其他工作人员所发生的报酬；

2. 基金财产的保管、清理、估价、变现和分配产生的费用；

3. 信息披露所发生的费用；

4. 诉讼仲裁所发生的费用；

5. 其他与清算事项相关的费用。

除交易所、登记结算机构、开户银行等自动扣缴的费用外，所有清算费用由管理人向托管人出具指令，由托管人复核后办理支付。

五、基金清算剩余财产的分配

管理人依据基金财产清算的分配方案，将基金财产清算后的全部剩余资产扣除基金财产清算费用后，按照本合同“基金份额的申购、赎回”及“基金份额的收益分配”章节约定进行分配。

自基金终止日至基金财产向份额持有人实际分配之日的期间，基金财产产生且未被列入基金清算财产的存款利息，用于支付基金财产清算、分配期间产生的银行手续费等，若有结余，归管理人所有；若不足，由管理人支付。

六、基金财产清算报告的告知安排

管理人应于合同终止日后20个工作日内编制清算报告并传真给托管人。托管人于收到清算报告后5个工作日内完成复核并回传管理人。管理人应按照本合同约定的时间和方式告知份额持有人。

七、基金财产清算账册及文件的保存

基金财产清算账册及有关文件应由管理人按照相关法律法规、监管规则的要求保存。

八、基金财产相关账户的注销

基金财产清算完毕后，托管人按照规定注销基金财产的托管账户及其他投资所需账户，管理人应给予必要的配合。

第二十一节 违约责任

一、违约责任

当事人违反本合同，应当承担违约责任，给合同其他当事人造成损失的，应当承担赔偿责任。管理人、托管人在履行各自职责的过程中，违反法律法规规定或本合同约定，给基金财产或基金份额持有人造成损失的，应当分别对各自的行为依法承担赔偿责任，但不因各自职责以外的事由与其他当事人承担连带赔偿责任。

二、免责条款

1. 管理人及 / 或托管人不对下列情形下基金财产遭受的损失承担任何责任：

（1）基金管理人及 / 或基金托管人按照中国证监会、基金业协会的规定或当时有效的法律法规作为或不作为而造成的损失等；

（2）在没有故意或重大过失的情况下，基金管理人由于按照本合同规定的投资原则而行使或不行使其投资权而造成的损失等；

（3）托管人对因基金对外投资产生的存放或存管在托管人以外机构的基金财产由于该等机构或该机构会员单位等本合同当事人外第三方的欺诈、疏忽、过失或破产等原因给基金财产造成的损失等；

（4）管理人对因基金对外投资产生的存放或存管在托管人以外机构的基金资产，在谨慎挑选并要求保证基金财产安全的

D12314

前提下，就该机构对基金财产的安全保管义务及该机构或该机构会员单位等本合同当事人外第三方的欺诈、疏忽、过失或破产等原因给基金财产造成的损失等；

（5）托管人不负责本基金投资项目的审核义务，对管理人的任何投资行为（包括但不限于其投资策略、决定）及其投资回报不承担任何责任。由于本基金的设计安排、管理、运作模式而产生的任何经济责任和法律责任，托管人不予承担。托管人对托管账户之外的资产不行使保管职责，包括但不限于：基金初始销售期间存放于募集账户的资金；由于基金收益分配及清算而已经从托管账户划拨出的资金；由于投资从托管账户划拨出的资金及所购买的资产等。托管资产离开托管账户后发生损失的，托管人不承担任何责任。由于非托管人的过错致使其保管的资产发生毁损或灭失的，托管人不承担赔偿责任。

（6）不可抗力；

（7）法律法规规定及本合同约定的其他情况。

2. 份额持有人理解基金财产的投资、运作、托管面临本合同认购风险申明书中列举的各类风险，管理人及托管人就委托财产面临的上述固有风险免于承担责任。

3. 本合同签署之后发生的不可抗力事件导致合同当事人无法全部履行或部分履行本合同的，任何一方当事人不承担违约责任，但是，各方当事人应当在合理范围内勤勉尽责，以降低此类事件对基金财产和其他当事人的影响。

三、违约处理

1. 在发生一方或多方违约的情况下，在最大限度地保护基金份额持有人利益的前提下，本合同能够继续履行的应当继续履行。非违约方当事人在职责范围内有义务及时采取必要的措施，防止损失的扩大。没有采取适当措施致使损失进一步扩大的，不得就扩大的损失要求赔偿。非违约方因防止损失扩大而支出的合理费用由违约方承担。

2. 本合同所指“损失”均为直接损失。

3. 本合同任何一方未经其他方事先书面同意，不得使用其他方的商标、标识、商业信息等知识产权，否则守约方有权解除本合同并向违约方追究责任。

4. 基金托管人仅承担法律法规规定以及本合同约定的相关责任及义务。如基金管理人对基金托管人所承担的责任进行虚假宣传，或以基金托管人名义或利用基金托管人商誉进行非法募集资金、承诺投资收益等违规活动，基金托管人有权向管理人追究违约责任和侵权责任。

第二十二节　争议的处理

一、法律适用

本合同的订立、生效、履行、修改、终止及对本合同项下条款的解释，均适用中国法律。

二、争议处理

各方当事人同意，因本合同而产生的或与本合同有关的一切争议，合同当事人应尽量通过协商、调解途径解决。经友好协商未能解决的，应提交____________国际经济贸易仲裁委员会[①]，根据该会当时有效的仲裁规则在深圳进行仲裁。仲裁裁决是终局性的，并对各方当事人具有约束力，除裁决另有约定外，仲裁费由败诉方承担。

争议处理期间，合同当事人仍应履行本合同规定的义务，继续忠实、勤勉、尽责地履行基金合同约定的义务，维护基金份额持有人的合法权益。

①也可以选择诉讼，仲裁的保密性较高。

D12314

第二十三节　其他事项

1. 基金合同的解除或终止，不影响基金财产的清算条款、违约责任条款、争议的处理条款的效力。

2. 本合同约定的管理人 / 托管人接收款项或支付款项的日期若不是工作日，顺延至其后的第 1 个工作日。

3. 基金合同中约定的通信地址或联络方式即为管理人处理基金事务过程中与投资者联系的通信地址或联络方式；投资者通讯地址或联络方式发生变化，应及时以书面文件形式通知管理人；若投资者未及时将有关变化及时通知管理人，投资者应对由此而造成的影响和损失负责。

4. 投资者认购的划出账户与接受本基金分配的划入账户，必须为以投资者名义开立的同一个账户。若因特殊原因导致投资者接受本基金分配的划入账户信息发生变化，投资者应及时到管理人处办理变更手续，并出具符合法律法规规定的书面说明，否则投资者应对由此而造成的影响和损失负责。

5. 本合同如有未尽事宜，由合同各方当事人按有关法律法规、中国证监会、基金业协会的规定协商解决。各方当事人对本合同的任何有效修改、补充均是本合同的有效组成部分，与本合同具有同等的法律效力。

6. 认购风险申明书为本合同的组成部分，和本合同具有同等法律效力。

7. 各当事人申明：在签署本合同时，各当事人已仔细阅读本合同，对本合同所有条款均无异议，并对当事人之间的法律关系及有关权利、义务和责任条款的法律含义有准确无误的理解。

8. 本合同一式三份，各方各执一份，每份正本具有同等法律效力。

（投资者应务必确保填写的资料正确有效，如因填写错误导致的任何损失，管理人和托管人不承担任何责任）

投资者请填写：

（一）投资者信息

1. 自然人

姓名：____

证件名称：□身份证　□军官证　□护照

证件号码：____________________________________

通信地址：____________________________________

邮编：____

联系电话：____________________________________

电子邮箱：____________________________________

投资者授权之代理人：__________________________

证件名称：□身份证　□军官证　□护照

证件号码：____________________________________

通信地址：____________________________________

邮编：____

联系电话：____________________________________

电子邮箱：____________________________________

2. 法人或其他组织

名称：____

营业执照号码：________________________________

组织机构代码证号码：__________________________

法定代表人：__________________________________

住所：____

邮编：____

联系人：______________________________________

联系电话：____________________________________

电子邮箱：____________________________________

（二）投资者账户

投资者认购的划出账户与接受本基金分配的划入账户，必须为以投资者名义开立的同一个账户。

账户信息如下：

账户名称：____________________________________

账号：____

开户银行名称：________________________________

（三）认购的份额类别及数量

份额数量：______份

（本页无正文，______私募基金基金合同为签署页）

投资者：______________________________________

法定代表人或授权签字人：______________________

管理人：______________________________________

法定代表人或授权代理人：______________________

托管人：______________________________________

法定代表人或授权代理人：______________________

签署日期：______年______月______日

七、私募基金账户监督协议

适用场景：

《私募投资基金募集行为管理办法》第 13 条规定，私募基金管理人应当与监督机构签署监督协议，监督机构负责对募集结算资金专用账户实施有效监督。私募基金账户监督协议也是基金备案的必备文件之一。

法律要点：

1. 连带责任

监督协议中须明确反洗钱义务履职、责任划分及保障投资者资金安全的连带责任条款。《私募投资基金募集行为管理办法》第 18 条规定，监督机构应当按照法律法规和账户监督协议的约定，对募集结算资金专用账户实施有效监督，承担保障私募基金募集结算资金划转安全的连带责任。

2. 账户间的协调

应当协调好募集账户、监督账户、托管账户、投资账户之间的关系。

文本正文：http://www.fatianshi.cn/D12315

私募基金账户监督协议

甲方（管理人）：____________________

注册地址：____________________

法定代表人 / 执行事务合伙人：____________________

D12315

乙方（账户监督机构）：________________________

注册地址：________________________

法定代表人：________________________

甲方作为私募基金管理人，委托乙方作为账户监督机构，对甲方管理的相关私募基金产品所对应的由乙方开立的基金募集结算资金专用账户进行监督；乙方作为募集结算资金专用账户开立机构和账户监督机构。为明确甲乙双方的权利义务，经各方友好协商一致，达成本协议。

本协议所称“募集结算资金专用账户”，是指甲方委托乙方开立的用于统一归集私募基金募集结算资金、向投资者分配收益、给付赎回款项以及分配基金清算后的剩余基金财产等的银行账户；本协议所称“原募集账户[①]”，是指基金合同中约定的投资人的入资账户；本协议所称的“资金存管账户”，是指本基金用于证券投资的银行存管账户。

一、账户监督适用条件 / 账户监督范围及账户监督内容

本协议所约定的账户监督服务不溯及既往，即乙方自本协议生效之日起承担对符合条件的基金履行账户监督职责。

对于甲方管理的基金，在同时满足以下条件的情况下，乙方对其募集专户进行监督：

（1）甲方已在中国证券投资基金业协会（以下简称中国基金业协会）登记成为私募基金管理人；

（2）基金原募集账户的资金已经转入由乙方开立和日常管理的募集结算资金专用账户。

满足上述条件的基金，自款项从投资者资金账户进入募集结算资金专用账户之后或自款项从银行资金存管账户进入募集结算资金专用账户之后，乙方开始履行监督职责。

①仅适用于存在基金合同中约定的投资人的其他入资账户的情形。基金合同可以直接将监督账户约定为募集账户。

乙方监督投资者认、申购款项进入募集结算资金专用账户后，募集结算资金专用账户向资金存管账户的划出，以及赎回、清盘等资金由募集结算资金专用账户向投资者资金账户的划出；并按照基金合同约定对募集资金收益的划出进行监督；由基金募集结算资金专用账户向投资者资金账户划付的赎回、清盘等资金，乙方监督资金按原路径返还。投资者办理基金份额协议过户、非交易过户且相应的资金未经过募集专户进行结算的，受让方持有的基金份额进行赎回、分红、清盘时，乙方以甲方提供的投资者资金账户信息为准，从募集结算资金专用账户向投资者进行支付。

二、甲方权利义务

1. 甲方确保其管理的相关基金产品满足账户监督适用条件，除基金合同或者代理销售协议约定且所使用的在乙方监督范围内的募集结算资金专用账户、原募集账户外，不存在任何其他同类性质及用途的账户。

2. 甲方应当提前及时向乙方提供其管理的相关基金产品（满足账户监督适用条件，需要由乙方对其募集结算资金专用账户的全部或部分进行监督）的基金合同、基金托管协议（如有）、基金行政服务协议、所需要监督的具体账户信息、基金代销机构所使用的募集结算资金专用账户信息（如有）以及投资人用于接收赎回或清盘款等款项的账户信息等乙方履行监督职责的必要数据、文件、信息，并保证所提供数据、文件、信息的真实性、准确性、完整性和有效性；若前述数据、文件、信息有任何变更，甲方应提前［3］个工作日书面通知乙方。

3. 如认购、申购基金的基金委托人需变更投资者资金账户的，甲方应提前［3］个工作日以书面方式告知乙方，并按照乙方要求及时提供相关证明材料。甲方若未履行该等义务，由此导致的损失（包括但不限于由此造成乙方未能履行监督责任导致的任何损失）与乙方无关。

4. 甲方若拟修改基金合同、基金行政服务协议等法律文件中与乙方履行监督职责相关条款，需事前与乙方协商一致并书面签订本协议的补充协议，否则甲方对基金合同的修改对乙方不具有约束力，且乙方有权单方解除对相关基金监督的职责。由此发生的任何损失由甲方自行负责，若乙方因此遭受损失的则有权向甲方要求赔偿。

5. 甲方不得终止、限制或改变乙方对为履行账户监督职责所需要的必要操作权限，不得从事其他可能改变、影响、限制乙方履行账户监督职责的行为，不得与任何第三方签署影响乙方履行账户监督职责的文件，否则由此产生的任何责任或损失由甲方自行承担，与乙方无关。

6. 甲方不得要求乙方违背基金合同约定的资金划款路径进行资金划付。

7. 乙方对划款金额、路径提出异议的，甲方应在乙方要求的时间内向乙方进行书面解释或说明。

8. 本协议生效期间，甲方管理的满足账户监督适用条件的基金实际使用不在乙方监督范围内的募集结算资金专用账户，甲方须保证已委托其他监督机构履行对该账户的监督职责，该监督机构与乙方互不承担连带责任。

9. 甲方与资金存管账户签订的协议需提供一份原件给乙方，并在乙方备案。

三、乙方权利义务

1. 甲方按照国家法律、行政法规和行业自律规则需要向金融监管部门和行业自律组织规定备案监督机构信息的，乙方应予以配合，但所提供的材料不应超过国家法律、行政法规和行业自律规则规定的范围。

2. 乙方根据甲方、甲方委托的销售机构提供的数据，履行账户监督职责。如因甲方、甲方委托的销售机构提供的数据不真实、不准确或不及时导致乙方无法履行监督责任的，由此产生的责任与损失与乙方无关。

3. 若乙方根据甲方、甲方委托的销售机构提供的数据发现资金的转移与数据记载不符的，应立即通知甲方、甲方委托的销售机构，并要求甲方、甲方委托的销售机构在限定时间内更改或提供书面说明。若乙方发现甲方或甲方委托的销售机构违反基金合同约定使用募集资金，有权向中国证券投资基金业协会或监管机构进行报告。

4. 乙方应当配置具有资金管理经验和证券、基金从业资格的业务人员、建立符合行业规范的技术系统，履行本协议约定的账户监督机构的职责。

5. 乙方的账户监督职责仅限于本协议明确约定的内容，与私募基金募集和私募基金募集结算资金专用账户使用相关的反洗钱责任、销售适用性、合格投资者适当性确认职责等由甲方自行负责，乙方不承担相关职责。

6. 通过甲方直销渠道或通过使用乙方开立的账户作为代销募集专户的代销渠道未成功认、申购的募集资金的退回、因投资者办理基金份额协议过户、非交易过户等涉及所监督账户募集结算资金划转的，甲方应当在上述情况发生后的［3］个工作日内向乙方提供相关的业务凭证及书面说明，乙方对募集结算资金划转路径、金额、时间等进行核对。乙方发现前款信息不完整或者不一致的，应当要求甲方予以书面解释或更正。

7. 对甲方管理的满足账户监督适用条件的基金使用的在乙方监督范围内的直销募集专户、代销募集专户因法律法规或有

D12315

关司法机关、监管机构要求等乙方不可控因素而进行的划款，乙方不承担任何监督责任。

8. 甲方修改基金合同、基金行政服务协议相关条款，使基金不再符合本协议第一条所述的任何一种适用条件的，自上述修改发生之日起，乙方对该基金募集结算资金专用账户的监督职责自动解除，由此产生的损失与乙方无关；经乙方事先书面同意，甲方修改基金合同、基金行政服务协议相关条款，使基金对本协议第一条所述的适用条件的适用情况有调整的，自上述修改发生之日起，乙方对该基金募集结算资金专用账户的监督职责范围和监督内容按照最新适用的监督条件进行调整；产品存续期间，由甲方开立并管理的“原募集账户”变更为由乙方开立并管理的募集结算资金专用账户的，变更日及之前发起认申购申请的确认份额及变更日注册登记系统登记在册的存量份额的赎回、分红、清盘资金由募集结算资金专用账户向投资者账户支付时，乙方以甲方提供的投资者资金账户信息为准进行支付，同时乙方以甲方提供的投资者资金账户信息为准履行资金划付路径的监督职责；甲方管理的符合监督适用条件的基金终止且清算完结的，乙方对该募集结算资金专用账户的监督职责自动解除。

9. 乙方应按照基金合同、基金行政服务协议及甲方书面指令履行资金划转、数据传输及各类通知义务，若乙方未及时进行资金划转、数据传输及通知，则乙方承担由此产生的全部责任和损失。

10. 若甲方要求乙方违反基金合同约定的资金划转路径进行资金操作的，乙方有权拒绝甲方该项要求。

11. 产品存续期间“原募集账户”由甲方开立并管理的账户变更为由乙方开立并管理的账户的，变更日及之前发起认申购申请的确认份额及变更日注册登记系统登记在册的存量份额的赎回、分红、清盘资金由募集结算资金专用账户向投资者账户支付时，投资者资金账户以甲方向乙方提供的信息为准，对于因甲方向乙方提供的投资者账户信息与投资者认申购时实际打款账户信息不一致导致的相关损失或责任由甲方承担，与乙方无关。

四、本协议的终止

（一）出现下述任一情况，乙方有权选择单方终止本协议：

1. 甲方未按照本协议约定变更基金合同中与乙方履行本协议项下的监督职责相关的条款的；

2. 甲方违反本协议约定且在乙方指定的时限内拒绝纠正的；

3. 因国家法律、行政法规、自律规则对私募基金募集结算资金专用账户监督的相关规定发生修订或变更加重乙方义务、限制乙方权利的或其他导致乙方无法按照本协议约定继续履行监督人职责的；

4. 乙方发生无法继续履行监督责任的其他情形的。

（二）出现下述任一情况，甲方有权选择单方终止本协议：

1. 乙方未经甲方授权或者指令，私自操作或者划转募集结算资金专用账户中的基金资产的；

2. 乙方将募集结算资金专用账户中资产与其他资产管理类产品的资产或乙方自有资产混同的；

3. 乙方未能及时按照本协议要求进行正确的划款操作的，导致甲方或者相关基金产品损失的。

（三）符合下列情形之一的，本协议终止：

（1）经各方协商一致；

（2）甲方不再具备法律法规或监管要求的从事私募基金管理业务的资格；

（3）乙方不再具备法律法规或监管要求的私募基金账户监督机构的资格。

五、服务费用[①]

乙方为甲方管理的满足账户监督适用条件的基金提供账户监督服务，暂不收取服务费用。

六、不可抗力

因出现火灾、地震、瘟疫、罢工、战争、社会动乱等不能预见、避免或克服等不可抗力情形，或因出现无法控制和不可预测的系统故障、设备故障、通信故障、电力故障、网络黑客攻击等异常事故，导致各方无法履行本协议约定的义务的，发生不可抗力的一方不承担违约责任，但应及时通知其他方且承担关于不可抗力的举证义务。

七、违约责任

本协议签署后，任何一方如不能按本协议的约定履行义务，则被视为违约，违约方应赔偿守约方因此遭受的全部直接损失，包括但不限于守约方进行调查、准备、抗辩所支出的所有费用。

八、争议解决

对于因本协议的订立、内容、履行和解释或与本协议有关的争议，合同当事人应通过协商、调解途径解决。不愿或者不能通过协商、调解解决的，任何一方均有权将争议提交深圳国际仲裁院根据该会届时有效的仲裁规则进行仲裁，仲裁的地点在深圳市。仲裁裁决是终局的，对当事人均有约束力。除仲裁庭另有裁判外，仲裁费用由败诉方承担。

九、其他

1. 本协议一式两份，双方各执一份，具有同等效力。本协议由双方法定代表人 / 执行事务合伙人（委派代表）或其授权代表签字或盖章并加盖公章或合同专用章后生效。

①不同监督机构的费率不同。

2. 除本协议另有约定外，对本协议的变更，需双方协商一致后签署补充协议。

3. 未经其他方书面同意，任何一方不得转让本协议项下权利义务。

甲方（管理人）：______________________________

法定代表人 / 执行事务合伙人（委派代表）（或授权代表人）：

签订日期：______年______月______日

乙方（账户监督机构）：深圳前海微众银行股份有限公司

法定代表人（或授权代表人）：____________________

签订日期：______年______月______日

八、托管协议

适用场景：

《中华人民共和国证券投资基金法》第 50 条规定，公开募集基金应当由基金管理人管理，基金托管人托管。第88条规定，除基金合同另有约定外，非公开募集基金应当由基金托管人托管。

《私募投资基金监督管理暂行办法》第 21 条规定，除基金合同另有约定外，私募基金应当由基金托管人托管。

基金合同约定私募基金不进行托管的，应当在基金合同中明确保障私募基金财产安全的制度措施和纠纷解决机制。

法律要点：

1. 托管人资格

基金托管人由依法设立的商业银行或者其他金融机构担任。

2. 托管人条件

担任基金托管人需要满足以下条件：

（1）净资产和风险控制指标符合有关规定；

（2）设有专门的基金托管部门；

（3）取得基金从业资格的专职人员达到法定人数；

（4）有安全保管基金财产的条件；

（5）有安全高效的清算、交割系统；

（6）有符合要求的营业场所、安全防范设施和与基金托管业务有关的其他设施；

（7）有完善的内部稽核监控制度和风险控制制度；

（8）法律、行政法规规定的和经国务院批准的国务院证券监督管理机构、国务院银行业监督管理机构规定的其他条件。

3. 基金托管人与基金管理人不得为同一机构，不得相互出资或者持有股份

4. 基金托管人职责

托管人应当履行下列职责：

（1）安全保管基金财产；

（2）按照规定开设基金财产的资金账户和证券账户；

（3）对所托管的不同基金财产分别设置账户，确保基金财产的完整与独立；

（4）保存基金托管业务活动的记录、账册、报表和其他相关资料；

（5）按照基金合同的约定，根据基金管理人的投资指令，及时办理清算、交割事宜；

（6）办理与基金托管业务活动有关的信息披露事项；

（7）对基金财务会计报告、中期和年度基金报告出具意见；

（8）复核、审查基金管理人计算的基金资产净值和基金份额申购、赎回价格；

（9）按照规定召集基金份额持有人大会；

（10）按照规定监督基金管理人的投资运作；

（11）国务院证券监督管理机构规定的其他职责。

5. 违规行为

基金托管人发现基金管理人的投资指令违反法律、行政法规和其他有关规定，或者违反基金合同约定的，应当拒绝执行，立即通知基金管理人，并及时向国务院证券监督管理机构报告。

基金托管人发现基金管理人依据交易程序已经生效的投资指令违反法律、行政法规和其他有关规定，或者违反基金合同

D12316

约定的，应当立即通知基金管理人，并及时向国务院证券监督管理机构报告。

文本正文：http://www.fatianshi.cn/D12316

托管协议

第一章　协议当事人

本托管协议由以下各方当事人于______年______月______日在____________签署：

甲方（委托人）：［基金名称］合伙企业（有限合伙）

注册地址：____

委派代表：____

联系电话：____

乙方（托管人）：______________________________________

地址：____

法定代表人：____

联系人：____

联系电话：____

邮编：____

丙方（管理人）：______________________________________

联系人：____

电话：____

住所：____

固定电话：____

邮编：____

第二章　释　　义

2.1　本协议中除非另有所指，下列词语具有以下含义：

"协议各方"指本协议各方当事人。

"本合伙企业"指［基金全称］合伙企业（有限合伙），即甲方。

"合伙人"指届时作为合伙企业出资持有者而登记于合伙企业合伙人名册的各方投资人。

"普通合伙人"指以其全部资产对合伙企业债务承担无限连带责任的投资人。

"管理人"指本合伙企业提供日常营运及投资管理服务的主体，即丙方。

"有限合伙人"指合伙企业的有限合伙人，以其认缴的出资额为限对合伙企业债务承担有限责任。

"委派代表"指甲方委派的有权签字人和指令签发人。

"《合伙协议》"指［基金名称］合伙企业（有限合伙）《合伙协议》及相关补充协议。

"《托管协议》"指本协议及相关补充协议。

"合伙企业资产"指合伙企业拥有的合伙人出资、各类投资项目的股权或债权及其产生的收益、银行存款本息以及其他资产的价值总和。

"托管人"指乙方。

"托管账户"指以甲方名义在乙方托管业务系统中开立的账户，用于记录托管资产的资金余额、收付明细及利息等。

"资金账户"指在具有证券投资基金托管业务资格的商业银

D12316

行为资产托管业务开立的账户，用于办理委托资产中资金的集中存放与收付。

“划款指令”指丙方及其授权代表向乙方发出的关于托管账户和证券资金账户之间划付资金、从托管账户向合伙人账户划付资金、从托管账户支付管理费用以及其他投资交易指令等的书面文件和双方约定的其他指令发送形式。

“会计年度”指始于每一公历年度的 1 月 1 日，终于该年度的 12 月 31 日的合伙企业会计年度。合伙企业的首个会计年度应自合伙企业成立之日起计，并于成立当年的 12 月 31 日结束。

“工作日”指乙方对公业务的通常开门营业日，不包括星期六、星期日及其他法定节假日。

“本协议”指本托管协议。

“送达或视为送达”指当面送达并由接收方签收；或以快递、挂号信件发出时，在收件方签收挂号信件视为送达。

“过错”指对某项法律职责或合同职责的有意识、故意的或过失的违反行为，该等职责基于合同或法律规定而产生。

“中国”指中华人民共和国（为本协议之目的，未包括香港特别行政区、澳门特别行政区及我国台湾地区）。

2.2　本协议所有附件构成本协议的组成部分并具有本协议正文同等的法律效力。本协议的标题仅为方便检索而设，不用作对本协议规定的解释或理解，或以任何方式影响本协议的规定。

第三章　协议订立的目的、依据与原则

3.1　鉴于甲方依据《合伙协议》的约定委托执行事务合伙人丙方担任甲方的执行事务合伙人，对外代表合伙企业管理和运作合伙企业资产，同时为保障资产安全，委托乙方作为合伙

企业资产的托管人，各方经友好协商，依据《中华人民共和国合伙企业法》《中华人民共和国合同法》《私募投资基金合同指引3号（合伙协议必备条款指引）》等中国有关法律法规和《合伙协议》有关规定订立本托管协议；

3.2 订立本协议的目的是明确协议各方在合伙企业资产的保管、合伙企业资产的投资运作和监督、合伙企业资产日常划付等事宜中的权利、义务和责任，确保合伙企业资产的安全，保护合伙企业及合伙人的合法权益。

3.3 为充分发挥协议各方在资金、信息、人才方面的优势，经协议各方友好协商，本着平等自愿、诚实信用原则达成本协议。

3.4 本协议各方均声明并保证，各自具有充分的权利、授权及法定权利签署本协议，及履行在本协议项下的全部义务、签署和履行本协议已经获得充分的授权。

第四章 当事人承诺与声明

4.1 甲方的承诺与声明

4.1.1 甲方为根据有关法律法规合法成立并有效存续的合伙企业（有限合伙），已依法履行企业登记等手续，并向相关管理部门办理了备案等其他规定手续。

4.1.2 甲方保证，丙方作为甲方的执行事务合伙人，享有法定权利和全体合伙人或合伙人会议或合伙协议的充分授权代表甲方管理托管资产，并有完全及合法的授权安排乙方进行资产的托管，该项委托不会为其他合伙人和任何第三方所质疑，乙方依据丙方签署的指令或通知执行的任何行为对全体合伙人均具有约束力。

4.1.3 甲方保证托管资产的来源合法。

D12316

4.1.4　甲方保证提供给乙方的一切信息均为完整、准确、合法，没有任何遗漏或误导。

4.1.5　甲方在此声明，甲方充分了解合伙企业拟进行的投资的风险。

4.1.6　甲方保证按照法律、法规规定的课税依据确定托管资产的应纳税额，具体税率以合伙企业注册地税务机关当时的税收政策为准，并依法进行代扣代缴，相关纳税责任由甲方自行承担。托管人不负责个税代扣代缴复核工作。

4.2　丙方的承诺与声明

4.2.1　丙方根据有关法律法规合法成立并有效存续，已依法履行企业登记等手续；保证在募集资金前已在中国基金业协会登记为私募基金管理人，管理人登记编码为：[______]。

4.2.2　丙方保证，丙方作为甲方的执行事务合伙人，享有法定权利和全体合伙人或合伙人会议或合伙协议的充分授权代表甲方管理托管资产，并有完全及合法的授权安排乙方进行资产的托管，该项委托不会为其他合伙人和任何第三方所质疑，乙方依据丙方签署的指令或通知执行的任何行为对全体合伙人均具有约束力。

4.2.3　丙方保证提供给乙方的一切信息均为完整、准确、合法，没有任何遗漏或误导。

4.2.4　丙方保证其工作人员严格遵守有关法律及职业道德规范，按照合伙协议以及相关法律法规，管理合伙企业财产。

4.2.5　丙方承诺按照恪尽职守、诚实信用、谨慎勤勉的原则管理运用合伙企业财产，不对有限合伙活动的营利性和最低收益[①]作出承诺。

4.2.6　丙方保证在管理、运用甲方财产时，应根据本协议的约定，接受乙方的监督。

---

①《基金业协会关于私募基金登记备案相关问题解答（一）》：私募基金不得违规承诺保底保收益。基金业协会正在制定私募基金相关业务规范。

4.2.7　丙方保证及时、准确、完整的编制合伙企业管理报告。

4.3　乙方的承诺与声明

4.3.1　乙方根据国家法律法规，有合法从事资产托管业务的资格。

4.3.2　乙方保证其工作人员严格遵守有关法律及职业道德规范，不挪用甲方的托管资产，不将托管资产用于抵押、担保或资金拆借，不将本托管资产用于本协议规定以外的其他任何用途和目的。

4.3.3　乙方承诺按本协议约定方式安全保管托管资产。

4.3.4　乙方保证提供给甲方、丙方的一切信息均为完整、准确、合法，没有任何遗漏或误导。

4.3.5　乙方对合伙企业资产的托管并非对本合伙企业本金或收益的保证或承诺，乙方不承担合伙企业投资风险。

4.3.6　乙方对投资收益的收回不承担监督职责，对现金资产划转至被投资企业账户后至丙方将投资本金及收益以现金形式划回托管账户期间的投资状况不承担任何托管及监督职责。

乙方仅在本协议约定的范围内进行资产托管和业务监督。甲方理解并同意乙方对丙方投资运作、投资变更、投资收回等行为的监督仅基于丙方向乙方提供的相关信息，对于丙方未经通知乙方作出的任何行为或向乙方提供的信息不准确、不完整而产生的任何后果，乙方不承担任何责任。

4.4　甲方不设固定存续期限 / 甲方的存续期限为［______］个月，自合伙企业成立日起算。

第五章　当事人权利与义务

5.1　甲方依据本协议享有如下权利与义务

5.1.1　甲方的权利有：

D12316

（1）委托丙方管理和运作合伙企业资产；

（2）委托乙方担任合伙企业的托管人；

（3）享有合伙企业财产的所有权；

（4）取得合伙企业的投资收益；

（5）检查乙方对合伙企业货币资产的托管运作情况；

（6）获取合伙企业业务及财务状况的资料；

（7）依据本协议约定更换托管人；

（8）授权丙方根据本协议和《合伙协议》的有关规定代表甲方向乙方发出划款指令；

（9）本协议和法律法规规定的其他权利。

5.1.2　甲方的义务有：

（1）从本协议生效后，按照本协议的约定，及时与乙方办理合伙企业托管资产移交手续；

（2）按照本协议规定及时、足额地向乙方支付托管费；

（3）定期对外接受年度审计、工商年检；

（4）在合法合规前提下，应乙方要求提供开展托管业务各项必须的协助；

（5）任何因合伙企业业务性质或范围发生重大变化，因合伙人认缴出资或合伙人发生变动等直接导致影响乙方托管业务的重大事项，应提前以书面形式征得乙方同意，且提供有关文件，否则不得变更；

（6）及时向乙方提供托管业务所需的合伙人决议，丙方的决议和决定，《合伙协议》及其补充协议等文件；

（7）将本托管协议中乙方履行的职责向全体合伙人进行完整的披露，并确保《合伙协议》等各项法律文件与本协议没有冲突；如上述文件与本托管协议不一致，应尽快与其他方协商以达成一致，以本托管协议为准；

（8）如本合伙企业项下资产被有权机构采取包括查封、冻结、扣划等在内的强制性措施，甲方应采取合理措施，包括但不限于依法向有权机构提出抗辩、异议；乙方对此不承担任何责任，若乙方因此遭受任何损失，均有权向责任人全额追偿。

（9）法律、法规规定的及《合伙协议》、本协议约定的其他义务。

5.2　乙方根据本协议享有以下权利和义务

5.2.1　乙方的权利：

（1）接受甲方的委托，根据本协议及相关附件的约定，在甲方授权范围内行使对托管资产的保管权；

（2）根据法律法规规定和本协议监督丙方的投资运作行为，监督管理人对基金财产的投资运作，对于丙方违反法律法规规定或本协议约定、对合伙企业财产及其他合伙人的利益造成重大损失的情形，有权拒绝执行，并报告相关监管机构；

（3）根据本协议规定按期收取托管费；

（4）托管人有权依照法规规章或监管政策向管理人或合伙人就本协议提出修改建议，在三方书面确认后执行。

（5）法律、法规规定的及本协议约定的其他权利。

5.2.2　乙方的义务：

（1）以诚实信用、勤勉尽责的原则履行托管人的义务，安全保管甲方货币资产；乙方对甲方资产的托管并非对甲方投资本金或收益的保证或承诺，乙方不承担甲方的投资风险；

（2）配备足够的、合格的、熟悉托管业务的专职人员，负责甲方托管事宜；

（3）确认与执行丙方授权代表签发的有效划款指令，审核、办理托管资产和财产的收付，核对托管资产交易记录、资金和财产账目，负责办理托管账户名下的资金往来；

（4）根据本协议约定，采取适当合理措施对丙方的投资管理行为进行监督。对丙方签发的违反本协议有关规定的划款指令，不予执行并及时向丙方发出书面提示，若丙方在规定时间内未予调整或合理处理，则有权向甲方全体合伙人报告；乙方的监督职责范畴，具体以本协议约定为准；

（5）保证甲方托管资产与乙方自有资产之间以及与乙方其他托管资产之间相互独立；

（6）对任何与甲方投资有关的会计记录、账册和档案进行保存，保存期限自合伙企业终止清算之日起不得少于法律及法规及相关监管规则要求的期限；

（7）根据《合伙协议》，在甲方期限届满或甲方提前终止后协助进行甲方的清算；

（8）法律、法规及本协议约定的其他义务。

5.3　丙方根据本协议享有以下权利和义务

5.3.1　丙方的权利

（1）根据本协议及合伙协议的规定，对本合伙企业资产进行管理、运用。

（2）根据本协议的有关规定向托管人发出划款指令；

（3）就乙方的选聘与撤换向甲方提出建议；

（4）法律法规规章和合伙协议约定的其他权利。

5.3.2　丙方的义务

（1）以诚实信用、勤勉尽责的原则协助甲方进行项目调研、决策、投资、变现以及合伙企业的日常运营；

（2）根据本协议的约定接受乙方的监督；

（3）在本合伙企业存续期内披露任何与本协议有关的乙方的信息，应提前书面通知乙方；

（4）在合法合规的前提下，应乙方要求提供开展托管业务各项必要的协助；

（5）丙方在管理和运用本合伙企业资产的过程中应当遵守相关的法律法规。因自身过错导致本合伙企业资产损失的，承担直接损失的赔偿责任；

（6）经合伙人合理要求的与甲方业务相关的其他事项；

（7）法律法规规定的其他义务。

第六章　合伙企业资产的保管

6.1　合伙企业财产的保管与处分

6.1.1　合伙企业财产独立于管理人、托管人的固有财产，并由托管人保管。管理人、托管人不得将合伙企业财产归入其固有财产。

6.1.2　除本条第 3 款规定的情形外，管理人、托管人因合伙企业财产的管理、运用或者其他情形而取得的财产和收益归入合伙企业财产。

6.1.3　管理人、托管人可以按本协议的约定收取管理费、托管费以及本协议约定的其他费用。管理人、托管人以其固有财产承担法律责任，其债权人不得对合伙企业财产行使请求冻结、扣押和其他权利。管理人、托管人因依法解散、被依法撤销或者被依法宣告破产等原因进行清算的，合伙企业财产不属于其清算财产。

6.1.4　合伙企业财产产生的债权不得与不属于合伙企业财产本身的债务相互抵销。非因合伙企业财产本身承担的债务，管理人、托管人不得主张其债权人对合伙企业财产强制执行。上述债权人对合伙企业财产主张权利时，管理人、托管人应明确告知合伙企业财产的独立性。

6.1.5　乙方、丙方不得违反法律法规的规定和本协议约定

D12316

擅自将合伙企业财产用于抵押、质押、担保或设定任何形式的优先权或其他第三方权利。

6.1.6　乙方仅负责保管本基金项下托管账户内的现金资产。对于本基金项下未由其保管且未受其实际控制的其他资产（包括现金类资产与非现金类资产），乙方不承担保管职责，且对其安全性和完整性不承担任何责任。丙方负责保管本基金对外投资过程中形成的股权、债权、收益权等非现金资产及相关权利凭证，并应及时将相关权利凭证的复印件加盖公章后交付乙方。丙方应对本基金项下非现金资产及其权利凭证的安全和完整负责。除本协议另有约定外，丙方不得在该等非现金资产或其权利凭证之上设置抵押、质押或其他权利负担。

6.1.7　丙方代表合伙企业与交易对手签订投资协议、开立相关账户及办理相关登记手续，并按照投资协议的约定行使相关权利和履行相关义务。乙方对于合伙企业对外投资而产生的风险不承担任何责任。丙方未按合伙企业或本协议约定行使相关权利、履行相关义务或处分基金财产不当而使合伙企业财产遭受损失的，乙方亦不承担任何责任。

6.2　合伙企业财产相关账户的开立和管理

6.2.1　银行账户的开设和管理

（1）托管人应负责本合伙企业有关的银行账户的开设和管理，管理人应配合托管人办理开立账户事宜并提供相关资料。

（2）托管人在商业银行开设托管账户，保管本合伙企业的银行存款。该账户的开设和管理由托管人负责，本合伙企业对本协议约定投资内的一切货币收支活动，包括但不限于投资、支付退出金额、支付合伙人投资收益、收取参与款，均需通过该账户进行。管理人在确定托管账户名称时应考虑满足三方存管、银行间市场开户要求等需要。

（3）托管账户的开立和使用，限于满足开展托管业务的需要。

（4）托管账户的管理应符合《人民币银行结算账户管理办法》《现金管理暂行条例》《支付结算办法》和中国人民银行利率管理的有关规定以及其他有关规定。

6.2.3　其他账户的开设和管理

因业务发展而需要开立的其他账户①，应由托管人或管理人根据有关法律法规的规定开立。新账户按有关规则管理并使用。如该等账户是由管理人负责开立的，管理人开立此类账户后需及时通知托管人，且应保证该账户专款专用。证券账户和期货账户的持有人名称应当符合证券、期货登记结算机构的有关规定。

对于非由托管人管理的账户，托管人不承担保管职责。

第七章　划款指令的发出、确认和执行

7.1　交易清算授权

管理人应事先向托管人提供书面授权通知（下称授权通知）正本，指定有权向托管人发送投资指令的被授权人员，授权通知包括被授权人的名单、权限、预留印鉴和签章样本。授权通知应加盖管理人公司公章并注明生效时间，托管人在收到授权通知当日以录音电话的方式向管理人进行确认。授权通知经托管人确认后于授权通知载明的生效时间生效。但如托管人收到授权通知的日期晚于授权通知载明的生效时间，则授权通知自托管人确认收到该授权通知之日生效。

7.2　投资指令的内容

投资指令是在管理合伙企业财产时，管理人向托管人发出的资金划拨及其他款项支付的指令。管理人发给托管人的指令

①基金账户可能还会开立募集账户用于归集募集的资金，新三板账户用于投资新三板挂牌企业，证券投资账户用于证券投资。

D12316

应写明款项事由、到账时间、金额、收款账户信息等，加盖预留印鉴并由被授权人签章。采用电子划款指令的，管理人应与托管人就指令发送的签字、内容、方式、有效性等方面另行签订协议。

7.3　投资指令的发送、确认和执行的时间和程序

指令由“划款指令”确定的有权发送人（下称被授权人）代表管理人用传真、电子邮件（为免歧义，本节所指“电子邮件方式”均指以电子邮件发送扫描件方式）或其他托管人和管理人认可的方式向托管人发送。管理人有义务在发送指令后与托管人以录音电话的方式进行确认。[①]传真以获得收件人（托管人）确认该指令已成功接收之时视为送达收件人（托管人）。因管理人未能及时与托管人进行指令确认，致使资金未能及时清算所造成的损失，托管人不承担责任。托管人依照“划款指令”规定的方法对指令进行表面审慎验证确认指令有效后，方可执行指令。

对于被授权人依照“划款指令”发出的指令，管理人不得否认其效力。管理人应按照相关法律法规以及本协议的规定，在其合法的经营权限和交易权限内发送划款指令，发送人应按照其授权权限发送划款指令。管理人在发送指令时，应为托管人留出执行指令所必需的时间。管理人发送有效划款指令的截止时间为每1个工作日的15：00。如投资管理人要求当天某一时点到账，则交易结算指令需提前2个工作小时发送。管理人在上述截止时间之后发送的划款指令，托管人尽力配合执行，但不保证划款成功。由管理人原因造成的指令传输不及时、未能留出足够划款所需时间，致使资金未能及时清算所造成的损失由管理人承担。

托管人收到管理人发送的划款指令后，应对划款指令进行

---

①因为托管协议一般由托管行提供格式合同，管理人签署时应当注意管理人的义务，避免因为己方疏忽产生责任。

形式审查，复核无误后应在规定期限内及时执行，不得延误。为免歧义，托管人的形式审查义务仅限于：（1）确认划款指令要素（限于日期、金额、收款人名称、账号、开户行、用途）齐全，指向的交易内容符合本合同约定；（2）确认划款指令上加盖的印鉴和被授权人的签字 / 签章与授权通知中预留印鉴和签章样本表面相符。前述审查原则适用于本合同项下所有划款指令传真件或电子邮件。托管人不对划款指令中加盖的印鉴及被授权人签字 / 签章的真实性、有效性负责，因管理人提交的划款指令中加盖的印鉴或被授权人签字 / 签章不真实、无效产生的责任或给基金资产带来的损失由资产管理人承担，与托管人无关。

若存在异议或不符，托管人立即与管理人指定人员进行电话联系和沟通，暂停指令的执行并要求管理人重新发送经修改的指令。托管人有权要求管理人以传真或电子邮件形式提供相关交易凭证、投资协议或其他有效会计资料（上述资料应加盖管理人公章），以确保托管人有足够的资料来判断指令的有效性。托管人待收齐相关资料并判断指令有效后重新开始执行指令。管理人应在合理时间内补充相关资料，并给托管人执行指令预留必要的执行时间。管理人应保证其提交的上述文件资料的真实、合法、完整和有效，托管人不负责审查该等文件资料的真实性、合法性、完整性和有效性。

管理人向托管人下达指令时，应确保本合伙企业银行账户有足够的资金余额，对管理人在没有充足资金的情况下向托管人发出的指令，托管人可不予执行，并立即通知管理人，托管人不承担因为不执行该指令而造成损失的责任。

管理人应将银行间同业拆借中心的成交通知单加盖印鉴或签名后传真给托管人。在本合伙企业财产申购 / 认购开放式基金时，管理人应在向托管人提交划款指令的同时将经有效签章的

D12316

基金申购 / 认购申请书以传真形式送达托管人。

7.4　托管人依照法律法规暂缓、拒绝执行指令的情形和处理程序

托管人发现管理人发送的指令违反《基金法》、本协议或其他有关法律法规的规定时，不予执行，并应及时以书面形式通知管理人纠正，管理人收到通知后应及时核对，并以书面形式对托管人发出回函确认，由此造成的损失由管理人承担。

7.5　管理人发送错误指令的情形和处理程序

管理人发送错误指令的情形包括指令发送人员无权或超越权限发送指令及交割信息错误，指令中重要信息模糊不清或不全等。托管人在履行监督职能时，发现管理人的指令错误时，有权拒绝执行，并及时通知管理人改正。

7.6　更换被授权人的程序

管理人撤换被授权人员或改变被授权人员的权限，必须提前至少 1 个交易日，使用传真、电子邮件或其他管理人和托管人认可的方式向托管人发出加盖管理人公章和法人代表签名的书面变更通知，同时电话通知托管人，托管人收到变更通知当日通过录音电话方式向管理人确认。被授权人变更的通知须列明新授权的起始日期。被授权人变更通知，自管理人收到托管人以电话方式或其他管理人和托管人认可的方式确认时开始生效。变更授权文件的有效日以被授权人变更的通知上列明新授权的起始日期与托管人确认日期孰晚原则确认。管理人在此后 3 日内将被授权人变更通知的正本送交托管人。变更通知书书面正本内容与托管人收到的传真件 / 电子邮件不一致的，以托管人收到的传真 / 电子邮件为准。

7.7　投资指令的保管

投资指令若以传真形式发出，则正本由管理人保管，托管

人保管指令传真件或电子邮件。当两者不一致时，以托管人收到的指令传真件或电子邮件为准。

7.8 相关责任

托管人正确执行管理人生效的划款指令，合伙企业财产发生损失的，托管人不承担任何形式的责任。在正常业务受理渠道和指令规定的时间内，因托管人存在过错而未能及时或正确执行符合本协议规定的划款指令而导致合伙企业财产受损的，托管人应承担相应的责任，但托管人如遇到不可抗力的情况除外。

如果管理人的划款指令存在事实上未经授权、欺诈、伪造或未能按时提供划款指令人员的预留印鉴和签章样本或发送划款指令时提交的文件资料不真实、不合法、不完整或失去效力等非托管人原因造成的情形，只要托管人根据本协议相关规定履行形式审核职责，托管人不承担因执行有关指令或拒绝执行有关指令而给管理人或合伙企业财产或任何第三人带来的损失，全部责任由管理人承担，但托管人未按合同约定尽形式审核义务执行划款指令而造成损失的情况除外。

第八章 托管人的监督职责

8.1 甲方根据《合伙协议》中的规定，编制《投资运作监督事项表》，明确各项投资监督内容，经协议三方确认后作为乙方实施投资监督的依据。乙方设置专门的监督岗位，配备专门的监督人员仅就《投资运作监督事项表》中约定的事项对丙方的投资运作进行监督，乙方按照《投资运作监督事项表》的约定履行了相应义务即完成了本协议项下的监督义务，对管理人的其他职责和行为不承担监督义务。

8.2 受监督手段所限，托管人仅对《投资运作监督事项表》

D12316

列明的场内品种投资进行盘后监督，而非实时监督、管控。因管理人未依照《投资运作监督事项表》进行投资给基金财产或者基金份额持有人造成财产损失的，托管人不承担任何责任。

8.3 对于场外品种的投资，托管人将在划款前根据本协议第七章对相应的划款指令、投资申请书、投资协议等管理人所提供的材料是否符合《投资运作监督事项表》进行核查。场外投资是指除直接或者间接投资于中国金融期货交易所、上海期货交易所、大连商品交易所、郑州商品交易所挂牌交易的期货产品，以及上海证券交易所、深圳证券交易所、全国中小企业股份转让系统挂牌交易及银行间市场的各种金融产品以外的产品。

8.4 托管人在投资监督职责范围内，发现产品运作中有不符合合同约定或者达到合同约定的条件时，托管人拟定《业务提示函》通过电子邮件的方式通知管理人。

8.5 托管人仅负责保管本基金项下托管账户内的现金资产，对于本基金项下未由其保管且未受其实际控制的其他资产（包括现金类资产与非现金类资产），托管人不承担保管职责，且对其安全性和完整性不承担任何责任。

8.6 托管人对于本基金投资收益分配承担的复核职责仅限于：对收益分配的总金额进行复核，对于投资收益的分配顺序、在不同类别投资者之间分配的金额是否符合合同约定不承担复核义务。

8.7 对于需要外部市场公共数据支持才可以实现的投资监督，托管人不承担保证外部数据的真实、完整、准确的责任，因外部数据提供商提供数据存在瑕疵导致基金财产的损失，托管人不承担任何责任。

8.8 全体投资人确认，托管人的投资监督职责以本合同约定为限，且托管人投资监督的准确性和完整性受限于证券经纪商及其他中介机构提供的数据和信息，合规投资的最终责任在管理人。

8.9 托管人对管理人投资运作的监督，以投资政策及经管理人与托管人核对确认的核算估值结果为根据。

8.10 根据托管协议，丙方对乙方及时执行丙方符合本协议约定的托管资产管理运用指令、根据丙方指令办理清算交收、安全保管合伙企业财产、开设合伙企业托管账户、对合伙企业财产进行分账管理、是否动用合伙企业财产等行为进行监督和核查。若丙方发现乙方擅自挪用合伙企业财产、未对合伙企业财产实行分账管理、未执行或无故延迟执行丙方符合本协议约定的托管资产管理运用指令、泄露合伙企业投资信息等违反托管协议的行为，应及时以书面形式通知乙方限期纠正。乙方收到通知后应及时核对并以书面形式给丙方发出回函说明情况，及时改正。

第九章 会计核算、资产估值和审计

9.1 乙方根据相关法规制度的要求，以保管人名义对托管财产独立建账、独立核算，指定专门人员负责本保管财产会计核算与账册保管。所有会计原始凭证原件由甲方保管，乙方保管加盖甲方公章的复印件并据此建账。

9.2 会计核算制度

乙方根据《企业会计准则》等的有关规定对保管财产进行会计核算和估值，对于上述规定中未明确的会计事项，由甲、乙双方另行书面协商确定。

9.3 财产估值

财产估值对象包括管理、运用保管财产而形成的各类资产。

D12316

9.3.1　估值日

估值日为每季度最后 1 个工作日。

托管资产净值指托管资产的资产总值减去负债后的价值。

托管资产份额净值指计算日托管资产净值除以计算日托管资产份额总数后的价值。托管资产的资产份额净值的计算采用四舍五入的方法保留到小数点后 3 位，法律、法规另有规定的从其规定。

受托人在估值日的下一工作日公布估值日的财产净值。如果由于证券交割清算制度变化等政策原因造成不能按上述规定日期估算的，则根据相应政策调整，乙方不承担责任。

9.3.2　估值方法

1. 银行存款每日计提应收利息，按本金加应收利息计入资产。

2. 有限合伙份额以成本列示，实际收到收益时计入收入。

3. 股权投资以成本列示，实际收到收益时计入收入；上市后按交易所有价证券的相关估值方法估值。

4. 持有回购以成本列示，按商定利率在回购期间内逐日计提应收利息。

5. 固定收益类理财产品，按照固定收益率每日计提收益；定期公布单位净值的产品，按估值日前一工作日公布的单位净值进行估值，估值日前一工作日单位净值未公布的，以此前最近一个工作日单位净值计算；既无固定收益率，也不定期公布单位净值的，按成本估值。

6. 如存在上述估值约定未覆盖的投资品种，管理人可根据具体情况，在与托管人商议后，按最能反映该投资品种公允价值的方法估值。

如有确凿证据表明按上述方法进行估值不能客观反映其公

允价值的，管理人可根据具体情况与托管人商定后，按最能反映公允价值的价格估值。

9.3.3　账务核对

（1）每季度最后一个工作日的下一个工作日由乙方向丙方传真加盖业务章的资产估值表作为估值核对的依据，丙方确认无误后加盖有效用章（甲方印章）回传乙方；

（2）每年年初 5 个工作日内由乙方向丙方传真加盖业务章的上一月的资产负债表、利润表等财务报表，丙方确认无误后加盖有效用章于收到财务报表后 3 个工作日内回传乙方保管；

（3）双方账务核对有不一致的，应及时沟通并共同查明原因、调整账务。对于双方在账务处理中意见无法统一的，应先以丙方意见为准进行账务处理和公告，如涉合伙人利益的，由丙方负责对合伙人进行信息披露，并确定调整方案，如乙方认为丙方处理结果有损于合伙人利益且违反有关法律法规的，应及时通知丙方。丙方对账务处理结果承担全部责任。

第十章　合伙企业有关文件档案的保存及会计核算

10.1　在本协议有效期内，甲方和乙方应各自建立严密的内控制度，完整保存各自取得的企业的所有原始凭证、记账凭证、原始单据、企业账册、交易记录、持有人名册和合同等文件，保存期限自合伙企业终止清算之日起不得少于法律及法规及相关监管规则要求的期限。

10.2　以甲方名义签署的一切与甲方投资业务有关的合同、协议、章程、决议、备忘录等法律文件及其附件的复印件（加盖甲方公章），应由乙方负责保管不低于法定年限，丙方可以保留其作为协议签署方而应持有的合同正本。

10.3　如果甲方变更托管人，乙方有义务将其保管的第 10.2 条所述文档移交甲方或甲方指定的继任托管人，丙方有义务协助甲方和继任托管人接收甲方的有关文件。

10.4　甲方清算账册及有关文件由乙方保存，保存期限自合伙企业终止清算之日起不得少于法律及法规及相关监管规则要求的期限。

10.5　甲方清算后的账册保管由甲方清算委员会作出决议并决定账册保管及其他相关费用的列支。

10.6　甲方和乙方分别建立和保管适合履行其职能并满足其内部管理需要的业务台账。

10.7　本有限合伙企业会计核算主会计人由甲方担任。甲方应以本有限合伙企业为独立核算主体进行会计核算。会计核算资料原件由甲方保管。甲方应当向乙方提交本合伙企业财务报告的副本或复印件（加盖甲方公章）。

10.8　合伙企业会计账册的建立和核对

乙方和丙方应以甲方为核算主体按照约定的同一记账方法和会计处理原则为甲方资产单独建立会计账册、设置会计科目进行核算，乙方对丙方的会计核算进行复核；

乙方托管不同企业和资产的会计账册应完全分开，单独编制和保管；

乙方和丙方的企业会计账册应每季度核对，发现不符的应及时查明原因并纠正，双方账册记录应保持一致。

10.9　合伙企业财务报表的编制与复核

10.9.1　企业财务报表至少应包括资产负债表、利润表等。企业财务报表由丙方负责按有关规定编制，乙方负责复核丙方编制的企业财务报表。

企业资产负债表、利润表、由乙方和丙方每年度编制和复核1次。

10.9.2　乙方在收到丙方编制的企业财务报表后，进行独立的复核。核对不符时，应及时通知丙方并共同查找原因，进行调整，直至双方数据完全一致。核对无误后，乙方和丙方应在核对过的企业财务报表上加盖双方业务章，并在规定时间内提交甲方。

10.10　乙方和丙方有义务协助甲方对外接受甲方年度审计、工商年检等。

第十一章　合伙企业的收益分配

本合伙企业存续期内由执行事务合伙人决定收益分配事宜，具体以《合伙协议》为准。

第十二章　合伙企业的费用

12.1　甲方承担的费用包括以下种类：

合伙企业费用，是指合伙企业运营过程中自身所需的各类开支，即应由合伙企业最终承担的各种费用，包括但不限于与合伙企业设立、运营、终止、解散、清算等相关的下列费用：

（1）合伙企业设立的相关费用；

（2）合伙企业财务报表及报告的费用；

（3）合伙企业的会计、审计、顾问、律师费用；

（4）合伙人会议费用；

（5）行政规费和税费；

（6）诉讼费和仲裁费；

（7）合伙企业入伙、退伙产生的合理费用；

（8）保管费；

（9）托管人的托管费；

D12316

468 - 469

（10）管理人的管理费；

（11）其他费用。

12.2　托管人托管费费率为______%[①]，本合伙企业的托管费按前一日基金财产净值的______%年费率计提。托管费的计算方法如下：

H＝E×______%÷当年天数

H为每日应计提的托管费

E为前1日的基金财产净值

托管费的计提日为有限合伙成立日和每年有限合伙成立日之对日，由管理人向托管人发送托管费划付指令，托管人复核后于3个工作日内从委托资产中支付给托管人。托管费以会计年度为计算单位，托管费设置最低值，最低值为每年______万元；有限合伙在每年的最后1个自然日或有限合伙终止日进行检查核对，如全年托管费不足______万元（如当年运作不足1年的，按当年存续天数／当年天数×______万元），则在最后1个自然日或有限合伙终止日补提，补提金额为已计提托管费与最低值的差额。

12.3　管理人管理费费率为______%，本基金的管理费按前1日基金财产净值的______%年费率计提。管理费的计算方法如下：

H＝E×______%÷当年天数

H为每日应计提的管理费

E为前一日的基金财产净值

管理费的计提日为有限合伙成立日和每年有限合伙成立日之对日，由管理人向托管人发送管理费划付指令，托管人复核后于3个工作日内从委托资产中支付给托管人。管理费以会计年度为计算单位，管理费设置最低值，最低值为每年______万

①不同托管人的托管费率不一致，根据基金规模由管理人和托管人协商确定。

元；有限合伙在每年的最后1个自然日或有限合伙终止日进行检查核对，如全年管理费不足______万元（如当年运作不足一年的，按当年存续天数/当年天数×______万元），则在最后一个自然日或有限合伙终止日补提，补提金额为已计提管理费与最低值的差额。

12.4 不列入合伙企业费用的项目

执行合伙人因违背本合伙协议导致的费用支出，以及处理与本合伙企业事务无关的事项发生的费用不列入合伙企业费用。

12.5 合伙企业税费

合伙企业运作过程中所涉及的税务问题，按照国家的有关法律、法规和政策办理。对于法律、法规和政策没有明文规定的合伙企业税务问题，由甲方负责按照政府部门的相关规定、通知或执行事务合伙人的书面通知办理。

第十三章 合伙企业终止与清算

13.1 甲方因《合伙企业法》《合伙协议》规定的各项原因而终止，协议各方按以下程序办理相关事宜。

13.2 方解散时，甲方应予公告，并依照《合伙企业法》《合伙协议》的规定在企业解散事由出现后15日内组织清算小组对甲方财产进行清算。甲方清算小组按照《合伙企业法》《合伙协议》的规定组成。甲方清算小组可以聘请必要的工作人员。甲方清算小组在成立后2日内应当通告甲方全体合伙人，并书面通知乙方。

13.3 甲方清算小组接管甲方财产后，负责甲方财产的保管、清理、估价、变现和分配。乙方对甲方资产的托管职责即告终止，但乙方仍有义务协助清算小组完成清算复核和划款工作。

13.4　清算小组应于甲方解散后20个工作日内编制甲方财产清算报告，并交乙方复核，乙方复核无误后由清算小组向乙方发出清算划款指令，乙方复核无误后根据指令将应付管理费、应付托管费、应付合伙人出资和收益等分别划至指定账户后，将剩余货币资产一次性划入甲方指定账户，乙方协助甲方办理托管账户销户、账户资料退还等手续。上述指定账户应由甲方在正式清算之前至少10日书面提供给乙方，作为乙方划款时核对的依据。

13.5　甲方清算账册及有关文件由乙方保存，保存期限自合伙企业终止清算之日起不得少于法律及法规及相关监管规则要求的期限。

第十四章　禁止行为与违约责任

14.1　禁止行为：

14.1.1　乙方不得违反本协议约定为自己或任何第三方牟取利益而损害甲方的合法利益。

14.1.2　乙方不得拖延或拒绝执行丙方的符合本协议规定且合法合规的划款指令，但因甲方托管账户余额不足、被司法机关或其他有权机关冻结等非乙方原因造成的情况及乙方遇不可抗力情况除外。

14.1.3　乙方不得违规动用或处分甲方资产，除非依据甲方的符合本协议及有关指定文件规定的划款指令或本协议另有规定。

14.1.4　除根据甲方有关指令或法律法规有关信息披露的规定及相关监管机关、司法机关另有要求的外，乙方不得对外披露甲方的任何与此托管业务相关的信息。

14.1.5　甲方或丙方不得编造虚假交易记录、财务信息及其他资料。

14.1.6　甲方或丙方不得违反相关法律法规或借用乙方信用募集资金。

14.1.7　本协议任何一方未经对方事先书面同意，不得使用对方的商标、标识、商业信息等知识产权，否则守约方有权解除本协议并向违约方追究责任。

14.1.8　本基金的基金托管人仅承担法定的以及本协议约定的相关责任及义务，基金管理人不得对基金托管人所承担的责任进行虚假宣传，更不得以基金托管人名义或利用基金托管人商誉进行非法募集资金、承诺投资收益等违规活动，否则托管人有权向管理人追究违约责任和侵权责任。

14.2　违约责任：

14.2.1　由于本协议当事人的过错，造成本协议不能履行或不能完全履行，由有过错的一方承担违约责任；如各方均有过错，根据实际情况，由各方分别承担各自应负的违约责任。

14.2.2　本协议当事人违反本协议给另一方或甲方资产造成实际损失的，应承担相应的赔偿责任，赔偿范围以实际发生的损失为准。

14.2.3　对于甲方、丙方的违规行为，乙方有权立即终止本协议，对造成乙方损失的，乙方保留追偿的权利。

14.3　免责条款

14.3.1　托管人不对下列情形下合伙企业财产遭受的损失承担任何责任：

（1）托管人按照中国证监会、基金业协会的规定或当时有效的法律法规作为或不作为而造成的损失等；

（2）托管人对因合伙企业对外投资产生的存放或存管在托管人以外机构的合伙企业财产由于该等机构或该机构会员单位

D12316

等本合同当事人外第三方的欺诈、疏忽、过失或破产等原因给合伙企业财产造成的损失等；

（3）托管人不负责本合伙企业投资项目的审核义务，对管理人的任何投资行为（包括但不限于其投资策略、决定）及其投资回报不承担任何责任。由于本合伙企业的设计安排、管理、运作模式而产生的任何经济责任和法律责任，托管人不予承担。托管人对托管账户之外的资产不行使保管职责，包括但不限于：合伙企业初始销售期间存放于募集账户的资金；由于基金收益分配及清算而已经从托管账户划拨出的资金；由于投资从托管账户划拨出的资金及所购买的资产等。托管资产离开托管账户后发生损失的，托管人不承担任何责任。由于非托管人的过错致使其保管的资产发生毁损或灭失的，托管人不承担赔偿责任。

（4）法律法规规定及本协议约定的其他情况。

14.3.2　本协议签署之后发生的不可抗力事件导致合同当事人无法全部履行或部分履行本合同的，任何一方当事人不承担违约责任，但是，各方当事人应当在合理范围内勤勉尽责，以降低此类事件对基金财产和其他当事人的影响。

第十五章　保　　密

15.1　本协议的任何一方兹承诺对关于各方的业务和事务（包括对于各方而言，任何投资或潜在投资）的任何及所有信息保密，且不披露任何该等信息。任何一方进一步承诺不为本协议以外的目的利用该等保密信息，但前提是，该方可向由其任命或雇佣的雇员、董事、管理人员、顾问、代理人或其他人员在为实现本协议目的所必需的范围内披露该等信息，在该等情况下，该方应确保其雇员、董事、管理人员、顾问、代理人或其他人员被告知本协议项下的保密义务并遵守该等义务。

15.2　本章不应适用于下列信息：

（1）该等信息已是或成为公众可获知的信息（不构成对本第 14.1 条的违反）；

（2）由一方向另一方提供时，根据一般业务过程中的书面记录证明已由接收方所知的信息，但披露方仍书面要求接收方保密的除外；

（3）一方从另一方以外的其他方（且该等其他方无保密义务）处得到或获取的信息，但披露方仍书面要求接收方保密的除外，或由接收方独立开发的信息；

（4）法律、法规、具有管辖权的法院或政府主管机构要求披露的信息；

（5）另一方已书面同意向某一特定的接收方披露的信息，前提是该等接收方应作出相同的保密承诺。

第十六章　信息披露

16.1　合伙企业的信息披露义务人为管理人，除本协议另有约定外，管理人应承担相关法律法规、监管规则以及《私募投资基金信息披露管理办法》规定的信息披露义务人的全部职责。

16.2　托管人的信息披露

16.2.1　托管人的信息披露的内容

（1）托管人托管业务部门负责人变动；

（2）托管人发生涉及基金托管业务的重大诉讼或者仲裁；

（3）相关法律法规、监管规则以及《私募投资基金信息披露管理办法》明确要求由托管人独立承担的其他信息披露义务。

16.2.2　托管人的信息披露的方式

托管人可选择下列任何一种或多种方式进行信息披露：

（1）在托管人网站上披露；

D12316

（2）托管人委托管理人向投资者披露。

如托管人选择委托管理人进行披露，管理人应按照托管人的要求向投资者进行披露。

16.2.3　净值披露

托管人有权在其网站上披露本基金的净值，但管理人是本基金的信息披露责任方，托管人不承担披露本基金净值的义务。

第十七章　不可抗力

17.1　如果本协议任何相关方因“不可抗力”事件无法履行其义务，则在“不可抗力”事件影响履行义务期间，依情况可以解除合同或者免除部分或全部责任。“不可抗力”指同时符合以下条件的任何事件：

（1）超出受影响一方之控制；

（2）不可预见，或者虽可预见但不可避免；

（3）发生在本协议生效日之后；

（4）妨碍该方履行全部或部分本协议项下的义务；

（5）不可抗力事件包括但不限于自然灾害、地震、台风、水灾、火灾、战争、暴乱、流行病、政府行为、罢工、停工、停电、通讯失败、联网系统故障或失灵、系统故障、设备故障、相关交易所非正常暂停或停止交易以及非当事人所引起或能控制的其他突发事件等情形。

17.2　声称遭受“不可抗力”事件影响的一方应在该不可抗力事件发生之日起 7 日内告知其他方，并在不可抗力事件结束之日起的 10 个工作日之内，将证明不可抗力事件发生及对该方履行本协议项下义务造成影响的有效证据提供给本协议的其他方。声称遭受“不可抗力”事件影响的一方应运用一切合理努力消除、减轻该等“不可抗力”事件的影响。若任何一种“不可抗力”事件发生，各方应立即开始协商以解决“不可抗力”事件对本协议的影响，但遭遇“不可抗力”一方无须承担违约责任。若该等“不可抗力”事件的影响自发生之日起持续超过30日的，且对本协议之履行产生重大不利影响，协议各方通过协商不能达成一致意见的，协议各方均有权通知其他方终止本协议。

第十八章　托管人的更换

18.1　除本协议期限届满而托管关系自动终止外，如发生下列情况，乙方应当退任：

（1）乙方被清算，破产或者被接管；

（2）乙方违反法律法规或违反托管协议给甲方造成重大损失的；

（3）法律法规或托管协议约定的其他情形。

18.2　发生下列情形之一的，乙方有权辞任：

（1）甲方或丙方违反法律法规、合伙企业章程和本协议的约定进行操作，经托管人书面通知仍不纠正。

（2）发生其他可能会对托管资产安全或正常运行产生重大不利影响的重大事件，托管人与甲方及丙方协商后一致认为托管人辞任有利于保证本合伙企业的稳健运行。

乙方因上述第（1）项原因辞任的，应以书面传真方式通知甲方及丙方，说明辞任的决定和理由。乙方因上述第（2）项原因辞任的，乙方与甲方、丙方应当联合签署书面声明，表明乙方辞任的决定和原因，并由甲方向合伙企业投资人人进行解释和说明。

乙方辞任的，甲方应该在90个工作日内找到合适的托管人替换现任托管人。现任托管人应该协助完成替换的相关交接工

D12316

关注法天使

作。托管人按上述程序辞任不视为违约。

18.3　托管人更换程序

（1）原托管人退任或辞任，甲方确认新任托管人后，应以书面方式通知原托管人进入托管人更换程序的具体时间。

（2）自进入托管人更换程序之日起，托管资产停止运作，相关账户冻结，现任托管人对本合伙企业资产和文件资料进行清理，提供清单；甲方和托管人对托管资产进行确认后，现任托管人与新任托管人办理托管资产移交手续。上述更换程序应自托管人更换程序之日起30日内完成，因甲方或丙方的过错造成的延误可顺延。

（3）自启动更换托管人程序和托管资产投资运作停止、资产冻结之日起，原托管人仍应对托管资产承担保管等项工作，并继续计收托管费至全部资产移交完成前1日止。

第十九章　争议的处理

19.1　有关本协议的签署和履行而产生的任何争议及对本协议项下条款的解释，均适用中华人民共和国（在此不包括香港特别行政区、澳门特别行政区及我国台湾地区）法律法规及司法解释；

19.2　任何因本协议而产生的或与本协议有关的争议，各方首先应通过友好协商予以解决；若协商不成，应提交____________仲裁委员会[①]，按该会当时有效的仲裁规则仲裁解决。仲裁裁决是终局的，对各方均有约束力。除非仲裁庭另有裁决，仲裁费应由败诉一方负担。

第二十章　协议的效力及其他事项

20.1　本协议自各方当事人的法定代表人（负责人）或授

①也可以约定诉讼解决。

权代理人签字或盖章并加盖各方公章或合同专用章之日起生效，有效期为______年，经协议各方同意可以延期。

20.2　对本协议条款在操作上的细化可由三方另行约定实施细则，该等细则自三方以书面文件认可之日起自动构成本协议不可分割的组成部分，对协议各方都有不可撤销的约束力。

20.3　如国家法律法规规章或监管政策等发生变化，托管人有权依照该法规规章或监管政策要求单方更改相关条款或终止本协议，其他当事人对此无异议。

20.4　除本协议第20.3条约定外，其他对本协议的修改、变更及补充，须由本协议各方协商一致，订立书面补充协议后方才生效。补充协议为本协议之不可分割的组成部分，在相同事项的规定上，如果补充协议与本协议存在冲突，以补充协议为准。

20.5　本协议以中文签署，一式六份，甲方执二份，乙方持二份，丙方持二份，均为正本，具有同等的法律效力。

20.6　甲方应确保《合伙协议》不与本协议等其他文件发生冲突，若三方无法就相关冲突达成一致的，则以本托管协议为准。

第二十一章　托管协议的修改和终止

21.1　除本协议第19.3条约定外本托管协议的任何修改或补充，须经本协议各方当事人一致书面通过。

21.2　本协议因下列原因终止：

（1）委托人经提前30日向托管人发出书面通知可终止本协议，但该等书面通知应附委托人关于终止本协议的书面决议；

（2）托管人按照本协议第17.2条的约定提出辞任，须提前30日以书面形式向委托人提出终止本协议，委托人收到该等通知后应尽快确定新的托管人，并在找到新的托管人之后书面通知托管人，该等书面通知发出之日，本协议可提前终止；委托人在收到该等通知后 90 日期满，本协议自然终止；

（3）本合伙企业经营期满，本协议自然终止；

（4）托管人解散、依法被撤销、破产或由其他方接管其资产，本协议自然终止；

（5）委托人解散、依法被撤销、破产或由其他方接管其资产，本协议自然终止；

（6）托管协议到期。

21.3　本协议终止后，托管人应将本合伙企业银行托管账户内的资金本息余额划转到本合伙企业划款指令指定的银行账户，该等付款指令应由丙方代表签署并按照本协议约定附相关证明文件。在按上述方式转出之前，托管人保证本合伙企业银行托管账户内的资金不得用于任何支付目的。

第二十二章　通　　知

22.1　本协议项下任何通知、要求或信息传达除另有明确约定均应采用传真方式，发送至下列通信地址，即为完成发送或送达：

1. 给甲方的通知发送至：

地址：______________________________

邮编：______________________________

电话：______________________________

传真：______________________________

收件人：____________________________

2. 给乙方的通知发送至：

地址：______________________________

电话：____

传真：____

3. 给丙方的通知发送至：

地址：____

邮编：____

电话：____

传真：____

收件人：____

甲方（基金）（盖章）：__________合伙企业（有限合伙）

委派代表（或授权代理人）：________________________

乙方（托管人）（盖章）：

法定代表人（或授权代理人）：______________________

丙方（管理人）（盖章）：__________基金管理有限公司

法定代表人（或授权代理人）：______________________

D12316

九、无托管协议

适用场景：

适用于投资者在基金合同中一致约定不进行托管的情形，也可以在基金合同中明确约定保障私募基金财产安全的制度措施和纠纷解决机制。

法律要点：

1. 基金合同明确约定

基金全体合伙人在基金合同中明确约定不进行托管。

2. 保障私募基金财产安全的制度措施和纠纷解决机制

基金合同约定私募基金不进行托管的，私募基金管理人应建立保障私募基金财产安全的制度措施和纠纷解决机制。

3. 账户监督协议

管理人应当与监督机构签署账户监督协议，明确对私募基金募集结算资金专用账户的控制权、责任划分及保障资金划转安全的条款。监督机构应当按照法律法规和账户监督协议的约定，对募集结算资金专用账户实施有效监督，承担保障私募基金募集结算资金划转安全的连带责任。

文本正文：http://www.fatianshi.cn/D12317

无托管协议

本协议由［管理人］与以下各位［基金］的合伙人签订：

有限合伙人一：________________________________

营业执照号码 / 身份证号码：______________________

有限合伙人二：______________________

营业执照号码 / 身份证号码：______________

鉴于：

［基金名称］（以下简称基金）系依法成立的合伙企业，基金管理人是__________（以下简称管理人），由管理人负责办理基金在中国证券投资基金业协会的备案。

经基金全体合伙人一致同意，基金不进行托管。

根据《私募投资基金监督管理暂行办法》规定，基金无托管，应当明确保障私募基金财产安全的制度措施和纠纷解决机制。

各方经协商一致，达成如下协议：

第一章　基金无托管

第一条　本基金产品无托管，不与任何银行签署托管协议，但须与银行、有资质的券商或资产管理机构签署募集资金结算专用账户监督协议。[①]各合伙人严格遵守本协议约定的基金财产安全的制度措施和纠纷解决机制，确保基金财产的安全与独立。

第二章　基金财产安全的制度措施

第二条　基金在__________开立资金募集结算资金专用账户，并与__________签署资金监管协议[②]，所有合伙企业往来资金一律汇付至该账户上，并委托基金管理人对合伙企业资金进行管理。

第三条　合伙企业委托基金管理人办理上述账户的开立与注销事宜。

第四条　基金管理人负责管理合伙企业相关证照、网银、U

①私募股权类基金不强制要签署托管协议，证券类必须签署托管协议。

②《私募投资基金募集行为管理办法》第13条规定，募集机构应当与监督机构签署账户监督协议，明确对私募基金募集结算资金专用账户的控制权、责任划分及保障资金划转安全的条款。监督机构应当按照法律法规和账户监督协议的约定，对募集结算资金专用账户实施有效监督，承担保障私募基金募集结算资金划转安全的连带责任。

D12317

盾和银行预留印鉴。

第五条 基金管理人建立健全合伙企业内部风险控制、监察与稽核、财务管理及人事管理等制度，保证所管理的基金财产与其他管理财产和基金管理人的固有财产相互独立，对所管理的不同财产分别管理、分别记账，进行投资，确保本合伙企业财产的完整与独立。

第六条 除依据法律法规、本协议及其他有关规定外，基金管理人不得为自己及任何第三人谋取利益，不得委托第三人管理合伙企业账户及财产。

第七条 按照法律法规及监管机构的有关规定，基金管理人应保存合伙企业业务活动有关的协议、协议、凭证等文件资料。

第八条 基金管理人应公平对待所管理的不同财产，不得从事任何有损合伙企业财产及其他当事人利益的活动。

第九条 保守商业秘密。除法律法规、本协议及其他有关规定另有要求外，协议各方不得向他人泄露。

第十条 基金合伙人有权查阅合伙企业的账户信息和银行流水，基金管理人应予以配合。其他合伙人对账户信息和银行流水有异议的，基金管理人应于3个工作日内予以书面说明，确有错误的，5个工作日内予以纠正。

第十一条 基金合伙人根据法律法规及本协议的规定监督执行事务合伙人的管理运作，发现执行事务合伙人违反本协议或各方签署的合伙协议约定的，立即通知基金管理人并及时报告中国证券投资基金业协会。

第十二条 基金管理人应严格遵守各方签署的《合伙/入伙协议》中关于资金使用、分配和保管的相关约定，严格遵守合伙企业投资决策委员会的相关决策。

第三章　合伙企业财产的保管与处分

第十三条　基金管理人因合伙企业财产的管理、运用或者其他情形而取得的财产和收益归入合伙企业财产。按照《合伙/入伙协议》约定用于合伙企业日常经营的管理费，由基金管理人支配，其他财产根据投资决策委员会决策用于项目投资。

第十四条　基金管理人以其固有财产承担法律责任，其债权人不得对基金管理人财产行使请求冻结、扣押和其他权利。基金管理人因依法解散、被依法撤销或者被依法宣告破产等原因进行清算的，合伙企业财产不属于其清算财产。

第十五条　合伙企业财产产生的债权不得与不属于合伙企业财产本身的债务相互抵销。非因合伙企业财产本身承担的债务，基金管理人不得主张其债权人对合伙企业财产强制执行。上述债权人对合伙企业财产主张权利时，基金管理人应明确告知合伙企业财产的独立性。

第四章　违约责任

第十六条　协议一方违反本协议，应当承担违约责任，给其他方造成损失的，应当承担赔偿责任；如属本协议当事人双方或多方当事人的违约，根据实际情况，由违约方分别承担各自应负的违约责任；因共同行为给其他方造成损害的，应当承担连带赔偿责任。

第十七条　一方依据本合同向另一方赔偿的损失，仅限于直接损失。

第五章　纠纷解决机制

第十八条　有关本协议的签署和履行而产生的任何争议及对本协议项下条款的解释，均适用中华人民共和国法律法规（为

D12317

本协议之目的，在此不包括香港特别行政区、澳门特别行政区及我国台湾地区法律法规），并按其解释。

第十九条 各方当事人同意，因本协议而产生的或与本协议有关的一切争议，应先交合伙人会议由协议当事人尽量通过协商途径解决。经友好协商未能解决的，任何一方均可向____________仲裁委员会提起仲裁，仲裁裁决是终局的，对相关各方均有约束力。

第二十条 争议处理期间，协议当事人应恪守各自的职责，继续忠实、勤勉、尽责地履行本协议规定的义务，维护合伙企业及全体合伙人的合法权益。

第二十一条 本协议在各方签章后生效，一式_____份，各方各执一份，均具有同等法律效力。

基金管理人（盖章）：________________________________

法定代表人 / 负责人 / 执行事务合伙人或委托代理人(签字)：

____

有限合伙人一（签章）：______________________________

有限合伙人二（签章）：______________________________

______年______月______日

十、资产委托管理协议

适用场景：

在管理人担任有限合伙企业普通合伙人的情形下，可以不单独签署《资产委托管理协议》，在管理人不是基金合伙人，基金委托有管理人资格的管理人对基金资产进行管理运营的情况下，管理人与基金应当签署《资产委托管理协议》。

《私募投资基金监督管理暂行办法》第 8 条第 3 款规定，采取委托管理方式的，应当报送委托管理协议。委托托管机构托管基金财产的，还应当报送托管协议。

法律要点：

1. 内容与基金合同保持一致

基金合同是约定基金份额持有人基本权利义务的协议，资产委托管理协议是约定管理人与基金之间权利义务的协议，其中关于管理费的提取、收益分配和亏损承担等会有重合，这些内容需要保持一致。

2. 明确约定管理人的权利、义务与责任

在管理人不是基金合伙人，基金委托有管理人资格的管理人对基金资产进行管理运营的情况下，管理人与基金签署的《资产委托管理协议》是约束双方权利义务最重要甚至是唯一的协议。必须明确约定管理人的权利义务与责任，以保障基金份额持有人的合法权益。

D12318

资产委托管理协议

本资产委托管理协议（以下简称本协议）由下列双方于_____年______月______日签订：

委托方（基金）：[基金名称] 有限合伙

统一社会信用代码：________________________________

受托方（管理人）：[管理人名称] 有限公司

统一社会信用代码：________________________________

管理人编号：______________________________________

鉴于：

1. 委托方为对在中国境内经营的实体进行适用法律所允许的股权及准股权投资、实现资本增值而设立；

2. 管理人已经在中国证券投资基金业协会登记，并取得了管理人登记编号；

3. 根据委托方合伙协议及其随后经合伙人会议决议后不时作出的修订，委托方应任命管理人向委托方提供日常运营及投资管理服务；

4. 管理人愿意按照委托方合伙协议及其随后经合伙人会议决议后不时作出的修订向委托方提供该等管理服务。

鉴此，经双方友好协商一致，委托方和管理人达成如下协议，以资双方共同遵守。

第一章　定　　义

1. 在本协议中下列词语或词组应根据如下定义进行解释：

1.1 “委托资产”指在本协议项下委托方授权管理人管理的

现金和其他资产以及此后在管理人的商业运营中从该等资产中转化或衍生的任何其他资产，包括但不限于资产、请求权和任何性质的权利。

1.2 “投资组合公司”指任何由委托方根据管理人的选择而进行股权投资的公司。

1.3 “管理费”指根据本协议第八章约定的将由委托方向管理人支付的管理费。

1.4 “有限合伙协议”指由委托方合伙人于______年______月______日订立的有关设立委托方之《[基金名称]（有限合伙）合伙协议》。

1.5. “营业执照”指由国家工商行政管理局颁发给委托方的营业执照，载明委托方为一家组织形式为有限合伙企业的股权投资企业，其经营范围及出资情况如有限合伙协议的约定。

1.6 “投资”指委托方对投资组合公司的任何股权投资。

1.7“托管方”指委托方指定的资产托管商业银行［托管行名称］。

2. 在本协议中，各个章节的标题仅为方便和查阅的目的而加入本协议内，不应影响本协议的解释或意义。

第二章 生 效

本协议应自以下条件均得以满足之日（下称生效日）起生效：

1. 委托方已经获发营业执照，合法成立；

2. 本协议双方的授权代表已经签署了本协议。

D12318

第三章　权利和义务

1. 委托方的权利

1.1　委托方享有包括但不限于委托资产的所有权、处置权、收益权以及追偿权。

1.2　委托方的有限合伙人有权调查、了解管理人所可以了解的与委托资产有关的一切信息。管理人应当充分协助委托方的有限合伙人获得该等信息。管理人不能拒绝委托方的有限合伙人合理的知情要求。

1.3　委托方的有限合伙人有权监督与委托资产有关的运营、财务等一切状况。委托方的有限合伙人在必要时有权对委托资产进行审计。因管理人过错造成委托方遭受的实际损失或评估后的预计损失超过委托资产总额的10%①时，委托方的有限合伙人有权向管理人发出整改通知，并要求管理人切实予以履行。

1.4　在委托方持续存在的任何时候或其全部清算后的2年②内，委托方的各有限合伙人在日常工作时间内，可以全面检查、审计并且复印管理人依本协议保管的所有委托方的账册。前项检查必须在5个工作日前通知管理人。

1.5　委托方各有限合伙人拥有对管理人提供的基金管理服务进行全面审议的权利，审议内容包括但不限于其服务范围、服务质量、委托管理协议的条款是否适当、管理人向各有限合伙人提供的基金资料是否真实有效等，并根据审议结果要求管理人进行基金管理服务的及时改善。

2. 委托方的义务

2.1　委托方应保证委托资产的真实、合法。

2.2　委托方应将委托资产完整的委托给管理人进行管理。

2.3　委托方在资产委托管理过程中，应积极配合管理人的

①可以由管理人与基金自行约定。

②可以有管理人与基金自行约定。

工作。

3. 管理人的权利

基于本协议的约定，为了委托方的最大利益并在委托方的授权范围内，管理人应享有处理下列事务的权力：

3.1 根据委托方确认的投资重点和经营准则执行投资政策和实现投资目标。

3.2 根据委托方与托管银行签订的《托管协议》，向托管银行发出向投资项目汇出资金的指令。

3.3 按照合理商业判断和依照《有限合伙协议》的相关约定制定、实施项目退出方案。

3.4 按照投资程序，在管理人认为为达到本协议之目的所必需时进行谈判、签署及履行的合同、协议及承诺的一切内容应当符合一般商务交易惯例且不应当损害委托方利益，但如果签署担保书及承诺函或其他可能给委托方带来重大风险或责任的法律文件应经合伙人会议书面一致同意确认。

3.5 管理对外关系以及按照委托方的合伙人会议的授权签署经济合同和其他企业文件。

3.6 执行投资决策委员会根据投资程序制定的投资决策。

3.7 代表委托方且为委托方的利益以委托方的名义签订关于委托方投资、退出的合同和协议，及其他管理委托方资产而必需或有利于委托方的其他合同。

3.8 管理人可以聘请合适的专业人士担任管理人的投资顾问。

4. 管理人的义务

4.1 自本协议生效之日起，依照法律法规及本协议的规定负责委托方的日常运营并管理委托方的资产，在对委托方进行日常运营、管理委托方资产及代表委托方从事有关经营活动时，必须诚实信用、恪尽职守，并运用一个专业机构所应具有的注

D12318

意、技能和谨慎。

4.2　配备足够的具有项目投资、企业管理和资本运营经验的专业人员进行投资分析、决策，以专业化的经营方式管理和运营委托方财产。

4.3　建立健全内部风险控制、监察与稽核、财务管理及人事管理等制度，保证委托方资产的安全。按照我国法律法规制定委托方的会计制度和会计核算方法，建立独立的委托方资产会计账簿，并进行核算，确保委托方资产独立于管理人的自有资产和其他资产。

4.4　管理人管理运作委托方资产所产生的债权，不得与管理人自身的债务相互抵销。管理人因管理不同委托人资产所产生的债权债务不得相互抵销。

4.5　委托方资产或利益受到侵犯或损害时，采取诉讼或其他必要的法律行动保护委托方的利益，代表委托方以委托方的名义行使相关诉讼权利和采取其他合理适当的法律手段以保护委托方资产及利益。

4.6　及时向委托方各有限合伙人报告与委托方资产相关的重大事项，包括委托方资产或所投资项目重大损失、管理人组织结构及管理人员的重大变化、托管方不当行为或失误等。

4.7　根据有关法律法规的规定，代理委托方办理税务登记并缴纳应付的各项税费。

4.8　不得以委托资产及受托管理的委托方其他业务为自己及任何第三人谋取非法利益，未经委托方全体有限合伙人的一致同意，不得委托第三人管理或运作委托资产及其他业务。

4.9　代表委托方向委托方的合伙人发出要求其及时支付其向委托方认缴的缴款通知；负责履行《有限合伙协议》的相关约定，向未及时缴纳认缴出资的违约合伙人执行惩罚条款。

4.10　若投资组合公司发生重大经营困难或有足够证据证明其技术或产品开发失败，管理人应立即采取一切必要的措施，制止损失的进一步扩大，并立即将处理结果向委托方各有限合伙人汇报。管理人应当在获悉投资组合公司或其主要经营管理人员卷入任何诉讼和仲裁程序，或被司法或行政机关对其财产进行限制之日起5个工作日内书面通知委托方各有限合伙人，并应根据事项影响程度及时做好相应应对措施。

4.11　投资组合公司如为管理人的关联方或在委托方投资退出时受让方为管理人的关联方时，管理人应当事先将关联关系向委托方各有限合伙人披露，并应当遵循公平、合理的商业原则。管理人的关联方与委托方对同一项目同时进行投资时，管理人关联方的投资条件不得优于委托方的投资条件，管理人应确保委托方实际享有管理人关联方所享有的投资条件。关联方系指管理人直接或间接控制的企业，或直接或间接控制管理人的企业和个人，或与管理人共同受控制于同一企业或个人的企业。

4.12　保守委托方商业秘密，除法律法规、本管理协议另有规定或者司法机关、监管机构强制性要求之外，在有关信息成为公开信息之前，不得向任何第三方泄露。

4.13　托管银行违反相关托管协议造成委托方资产损失时，应为委托方利益向托管银行追偿。

4.14　及时收取委托方投资所产生的股息、资本利得、及其他收益并及时将其汇入委托方在托管方处设立的专门账户；负责及时按照有限合伙协议的约定向委托方合伙人分配利润。

4.15　每季度开始后的15个日历日内（第一个季度除外）按时向各有限合伙人提供上一季度的包括但不限于如下材料（以下材料须加盖管理人的公章）：

D12318

（1）合伙企业的运营报告，包括但不限于投资组合公司的财务信息、重大事项，对投资组合公司的价值评估分析以及合伙企业重大事项通报材料，该等信息应真实、准确、全面；

（2）合伙企业的财务报表（资产负债表、利润表、现金流量表）；

（3）银行对账单复印件。

4.16　每年度4月30日前按时向各有限合伙人提供包括但不限于如下材料（以下材料须加盖管理人的公章）：

（1）合伙企业的年度运营报告，包括但不限于投资组合公司的财务信息、重大事项通报、对外投资重新估值以及反映各个合伙人在基金中的投资、利润和损失的财务明细表，该等信息应真实、准确、全面；

（2）合伙企业上一年度审计报告；

（3）合伙企业年度资金使用计划；

（4）托管方对合伙企业的年度资产托管报告（加盖托管方公章）；

（5）投资组合公司的审计报告。

4.17　管理人应建立严密的内控制度，完整保存合伙企业的所有原始凭证、记账凭证、原始单据、企业账册、交易记录、持有人名册、股权凭证和合同等文件至少10年[①]；以合伙企业名义签署的一切与合伙企业投资业务有关的合同、协议、章程、决议、备忘录等法律文件及其附件的复印件（加盖合伙企业公章），管理人应负责保管至少10年[②]；合伙企业清算账册及有关文件由管理人保存至少10年[③]。

4.18　管理人应在本协议终止时向经委托方合伙人会议一致表决同意的第三方移交前述委托方资产业务的记录、账册、报表。

---

①《私募投资基金管理人内部控制指引》第26条规定，私募基金管理人应当保存私募基金内部控制活动等方面的信息及相关资料，确保信息的完整、连续、准确和可追溯，保存期限自私募基金清算终止之日起不得少于10年。

②《私募投资基金管理人内部控制指引》第26条规定，私募基金管理人应当保存私募基金内部控制活动等方面的信息及相关资料，确保信息的完整、连续、准确和可追溯，保存期限自私募基金清算终止之日起不得少于10年。

③《私募投资基金管理人内部控制指引》第26条规定，私募基金管理人应当保存私募基金内部控制活动等方面的信息及相关资料，确保信息的完整、连续、准确和可追溯，保存期限自私募基金清算终止之日起不得少于10年。

4.19　管理人应当向委托方的各合伙人提供其股东和董事以及经营团队的名单，并在上述名单发生变更之前通知各合伙人，其主要成员的变更将依照《有限合伙协议》相关约定执行。

5. 管理人兹此陈述并保证：

5.1　其系根据中国相关法律法规合法设立并有效存续的企业，有签署及履行本协议的民事权利能力及民事行为能力。

5.2　其持有一切在日常经营的过程中履行其在本协议项下的职责和义务所需的一切执照和许可和 / 或其已申请且将获得必要的授权及同意。

5.3　其将按照从事创业投资的专业标准和技能，尽其善意管理人之职责，审慎、尽职、勤勉地为委托方提供服务，提供委托方的投资收益，减少委托方的投资损失。

5.4　在管理人所能控制的范围内对一切申报材料、文件的真实性负责。

5.5　管理人承诺其在委托期内不得违反忠诚义务，不以任何形式从事有损于委托方利益或与委托方利益相冲突之任何活动。

5.6　管理人应遵循委托方的合伙人会议所采行的决议或行为准则，《有限合伙协议》中对管理人的职责另有约定的，管理人还应履行《有限合伙协议》项下的义务。

第四章　委托方资产管理

1. 管理人从事委托资产管理活动应遵循充分利用技术进步、经验及相关资源的投资策略，使委托方的投资得到长期的资本收益。管理人应在遵循法律法规和政策的前提下，实现委托方利益的最大化并在有效控制风险的基础上实现收益性、流动性与风险性相匹配的目标。

D12318

2. 股权资产管理①

2.1　委托方资金投出后，管理人应在1个月内向全体合伙人提交被投资企业的包括但不限于如下资料复印件，并加盖管理人的公章：

（1）股权凭证或经工商认可的投资证明文件。

（2）投资协议、增资扩股协议或股权转让协议。

（3）股东会、董事会决议。

（4）章程（修改）和工商变更资料等。

（5）托管银行划款至被投资企业的划款凭证复印件。

未在上述时间内提交材料的，管理人应将原由告知全体合伙人，并且应在最长不超过2个月内取得前述资料提交给全体合伙人。

2.2　在投资完成后，若被投资企业发生股权变更或其他重大事项，管理人应在1个月内向全体合伙人提交被投资企业的包括但不限于如下资料复印件，并加盖管理人的公章：

（1）股权凭证或经工商认可的投资证明文件。

（2）增资扩股协议、股权转让协议或并购协议。

（3）章程（修改）和工商变更协议等。

（4）股东会、董事会决议。

未在上述时间要求内提交材料的，管理人应将原由告知全体合伙人，并且应在最长不超过2个月内取得前述资料提交给全体合伙人。

2.3　在项目退出前，管理人应向全体合伙人提交书面的项目退出方案，并经委托方投资决策委员会决议，项目退出方案包括但不限于如下内容：退出方式、退出价格及其依据、退出时间、预期收益。

2.4　在项目退出后，管理人应向全体合伙人提交包括但不

①管理人应当注意并认真履行对基金合伙人的义务。

限于如下资料的复印件，并加盖管理人的公章：

（1）股权转让协议（如有）。

（2）被投资企业的股东会、董事会决议（如有）。

（3）收益分配方案（应载明本次拟分配收益总额、分配对象、分配原则和计算公式、分配时间、分配方式等内容）。

3. 现金管理

3.1　保本并有固定收益产品的投资款项的划拨管理：

（1）资金闲置期间，只可投资于保本并有固定收益的低风险产品，以规避投资风险，实现良好的投资效益，为合伙人创造满意的投资回报。

（2）资金划拨流程：管理人将划款指令提交托管银行，托管银行根据托管协议审核无误后方可划款。

3.2　投资组合公司股权投资款项的划拨管理：

（1）资金划拨流程：管理人须提前向委托方投资决策委员会提交申请材料；委托方投资决策委员会在5个工作日内进行审查；审查后，委托方作出同意或不同意的书面意见，并反馈至管理人；管理人持委托方的书面同意意见和划款指令提交托管银行；托管银行根据托管协议审核无误后方可划款。

（2）管理人向委托方投资决策委员会提交的申请材料如下：

①尽职调查报告。

②投资建议书。

③被投资企业股东会或董事会决议（如有）。

④与该项投资相关的协议或决议（如有）。

⑤划款指令。

3.3　管理费的划拨：

（1）资金划拨流程：管理人须提前向委托方投资决策委员会提交申请材料；委托方投资决策委员会在5个工作日内进行审查；

D12318

审查后，委托方作出同意或不同意的书面意见，并反馈至管理人。

（2）管理人向委托方投资决策委员会提交的申请材料如下：

①管理费的计算说明；

②划款指令。

3.4　其他费用

（1）在《有限合伙协议》中有明确费用的，委托方应根据《有限合伙协议》相关约定及相关原始票据指令托管银行进行审核划拨。

（2）在《有限合伙协议》中未约定的委托方费用，须经全体合伙人一致通过确认，由托管银行根据合伙人会议决议进行审核划拨。

3.5　现金流入

（1）投资款项的回收：托管银行根据经委托方投资决策委员会确认的项目退出方案进行审核确定。

（2）非投资款项的回收：管理人应向全体合伙人进行书面通报，通报内容包括但不限于现金的来源、数额。

3.6　收益分配

管理人按照《有限合伙协议》的约定制作分配方案，并提前将分配方案告知全体合伙人。管理人按照分配方案执行收益分配。

第五章　违约责任

1. 管理人或其聘用、委任的人员执行合伙事务，违反本协议及《有限合伙协议》约定的任何义务，或者将应当归委托方的利益据为己有的，或者采取其他手段侵占委托方财产的，应将该利益和财产退还委托方，并应以所侵占的利益或财产为基数，按银行同期贷款利率的两倍向委托方支付占用费。同时，管理人应向有限合伙人承担违约责任，每出现一次上述行为应当向全体有限合伙人支付违约金人民币______万元，如由此给委托方或者其他合伙人造成损失的，管理人还应当赔偿所有相关损失及委托方或者其他合伙人为此而额外支出的相关费用，包括但不限于：律师费、诉讼费、财务审计费等。

2. 当管理人出现本条前述违约行为时，除应当承担前述违约责任外，由缴纳出资不低于人民币______万元（包含人民币______万元）的有限合伙人提议可要求立即召开合伙人会议讨论。如管理人拒绝或拖延召开合伙人会议，该有限合伙人可自行召集，并在该会议上讨论决定解除对管理人的委托①，选择替任管理人。

①《中华人民共和国合同法》第410条规定，委托合同的任何一方当事人可以随时解除委托合同，即当事人拥有对合同的任意解除权。

第六章　终止和续展

1. 除非本协议另有约定或本协议的双方另行达成一致，本协议期限始于生效日并终于该委托方的存续期限的届满之日，除非根据本协议的其他规定提前终止。

2. 如果本协议的一方破产、资不抵债、被解散或进入清算程序，自愿进行清算或被接管人接管，或发生其他解散事宜，则本协议项下的委托管理关系立即终止。

3. 出现下列情况，委托方可以解除本协议：

3.1　管理人与委托方依照本协议或《有限合伙协议》的约定解聘；

3.2　委托方和管理人协商一致；

3.3　管理人的实质控制股东发生变更；

3.4　若委托方经过评估后预计损失将要达到委托资产总额的40%以上时；

D12318

3.5　委托方有证据证明管理人未能尽其善意管理人的职责，或者管理人与其他第三方恶意串通处置委托方委托资产，使委托资产遭受损失或存在遭受重大损失的潜在风险，委托方有权解除本协议，且管理人应承担相关责任和委托方损失；

3.6　管理人在本协议期间，其代理行为违反中国法律、法规和规章的；

3.7　管理人因法院或仲裁机构的裁决，而无法或不再具备本协议履行能力的。

4. 如果本协议的一方实质性地违反了本协议（下称违约方），并且在收到对方（下称守约方）发出的载明其违约及要求其弥补的通知后30个日历日内拒绝或未能依据守约方在通知中的要求予以改正时，则守约方有权立即终止本协议，并由违约方赔偿守约方的全部损失。

5. 因管理人有欺诈、违法行为、不作为、违约、过失或违反其在本协议项下的义务而致使委托方蒙受经济损失时，委托方有权通过提前30个日历日书面通知管理人终止本协议，并且管理人应向委托方赔偿由于其前述不当行为而给委托方造成的经济损失，如委托方有任何未支付给管理人的款项，委托方均有权予以扣留。

6. 在委托方终止或解散后本协议对管理人的任命将自动终止。

7. 在本协议终止时，管理人应按委托方的指示将由其管理的、属于委托方或委托方的分支机构的或同他们的业务有关的一切账册、记录、登记册、信函、文件和财产移交给委托方，并采取一切必要的措施将所有原先管理人在代表委托方及其分支机构时以管理人或委托方的分支机构的名义拥有的或处分的一切资产交付给委托方各有限合伙人。

第七章 管 理 费

1. 委托方应向管理人支付基本管理费，作为管理人对委托方基金资产提供管理及其他服务的基本酬劳。

基本管理费每半年计提一次，以每年的______月______日和______月______日为计提基数确定日，计提基数确定日当日委托方基金资产的______%为管理人的基本管理费，由委托方于计提基数确定日后的______日内支付给管理人。

2. 委托方利用基金资产投资的项目完成后，所获得的投资收益在扣除此前项目应当承担的合理的委托方的费用和上述基本管理费后的余额为项目收益，项目收益的______%属于管理人的效益管理费[①]，在项目收益的具体数额确定后的______日内由委托方支付给管理人。

①可以由管理人与基金约定其他的分配方式。

第八章 保 密 义 务

本协议的任何一方在本协议的存续期间或本协议终止后均不得向任何人披露其在执行本协议的过程中掌握的任何关于商业、投资（包括任何潜在及事实上的）、财务或其他方面的秘密资料或信息，除非取得有关各方的授权或应有司法管辖权的法院、证券交易所或其他的监管机构的要求而披露，并且任何一方应尽一切努力以防止前述披露行为。本协议的终止，不影响保密条款的效力。如本协议同被宣布无效、被解除或终止，双方应继续持续履行本条款规定的各项保密义务。

第九章 通 知

依据本协议发出的任何通知应采用书面形式并以中文书就，并且应通过邮资已付的快递方式邮寄或通过传真致下述之地址发往另一方，任何传真发送的通知应以接收方收到接收确认为准。

D12318

委托方：______________________________

联系地址：____________________________

联系人：______________________________

电话：________________________________

传真：________________________________

管理人：______________________________

联系地址：____________________________

联系人：______________________________

电话：________________________________

传真：________________________________

第十章　争 议 解 决

若有因本协议而产生或与本协议有关的争议应通过友好协商解决。在一方提出协商解决的要求后30个日历日内，协商解决不成时，任何一方有权将该争议提交____________仲裁委员会[①]依据《中华人民共和国仲裁法》和该委员会届时有效的仲裁规则进行仲裁。由北京仲裁委员会作出的仲裁裁决是终局的，对争议双方均具有约束力。双方同意在法律允许的范围内对裁决放弃一切异议或抗辩。

第十一章　适 用 法 律

本协议应适用中华人民共和国法律，并依中华人民共和国法律解释。

第十二章　不 可 抗 力

1. 不可抗力的定义

“不可抗力”事件指生效日后出现的、对受影响方而言是其

①也可约定诉讼解决。

所无法预料、不能避免和不能克服的所有超越其控制范围的事件。该等事件应包括法律和税收政策的重大变更，或政府或公共机构的行为，或无法预料、不能防止或不能控制的任何其他事件，该等事件致使该方无法履行本协议或导致本协议的目的无法实现。

2. 不可抗力的后果

2.1　如果发生不可抗力事件，一方受本协议项下的上述事件影响的合同义务在不可抗力引起的延误期内应中止履行。

2.2　宣称发生不可抗力的一方应迅速书面通知对方，并在其后的30日内向对方提供此种不可抗力发生及其持续时间的充分证据。宣称发生不可抗力的一方还应尽一切合理的努力消除或减轻不可抗力事件的影响。

2.3　发生不可抗力事件时，双方应立即互相协商以寻找一个公平的解决方法并应尽一切合理的努力尽量使该等不可抗力的后果最小化。

3. 如不可抗力导致的本协议无法履行累计超过60日时，则双方均有权解除本协议。

第十三章　其　　他

1. 本协议任何部分的无效或无法执行均不影响本协议其他部分的有效性或可执行性。

2. 本协议项下的权利及救济并不排除法律所规定的权利和救济。

3. 延迟行使或未能行使本协议中的权利及救济，并不构成对本协议中的所有权利或救济或部分权利或救济的放弃。单独或部分行使本协议中的权利或救济不应妨碍本协议中的权利或救济的进一步行使或行使本协议中的其他权利或救济。

D12318

4. 本协议关于管理人的职责、投资策略和重点及资金安排、投资限制、投资程序、投资决策、管理人在投资方面的权利、管理费、利润分配和税务处理等如与委托方之《有限合伙协议》相冲突或不一致，则以《有限合伙协议》为准。本协议未作约定、而《有限合伙协议》有约定的，则以《有限合伙协议》为准。《有限合伙协议》未作约定，而本协议有约定的，则以本协议为准。

5. 除非取得对方的事先的书面同意，本协议的任何一方不得转让或出让其在本协议项下的全部或部分权利、义务及利益。

6. 本协议正本 1 式 3 份，双方各持 1 份，其余用作登记 / 备案之用。所有正本具有同等法律效力；遇有登记机关的登记需要，本协议可在更多份文本上签署，而如此签署的所有文本应构成 1 份协议，对本协议双方有约束力。

有鉴于此，委托方和管理人特此促使其经合法授权的代表在本协议之首列明的日期签署本协议。

委托方（盖章）：

授权代表签字：____________________________________

管理人（盖章）：

授权代表签字：____________________________________

签字日期：______年______月______日

第三部分　投资文件

一、项目调查资料清单

适用场景：

基金进行投资钱一般需要对项目进行第三个方面的尽职调查，包括法律尽职调查、财务尽职调查和业务尽职调查，不同尽职调查的侧重点不一样。一份完备的尽职调查清单，能够保证对项目的全方面了解，为投资决策的作出提供准备客观的依据。

法律要点：

1. 股东主体的适格性

需要查阅公司工商登记档案资料、股东名册、自然人股东身份证明、自然人股东无犯罪记录证明等资料，并经查询全国企业信用信息公示系统（http：//gsxt.saic.gov.cn），需要确认自然人股东是否具有中国国籍，且在中国境内有住所，是否具有完全民事行为能力及完全民事权利能力。

关于股东适格性的核查，需要核查的法律、法规与规范性文件主要包括以下：《中华人民共和国公司法》《中华人民共和国公务员法》《中国共产党党员领导干部廉洁从政若干准则》《中共中央纪委教育监察部关于加强高等学校反腐倡廉建设的意见》《关于严禁党政机关和党政干部经商、办企业的决定》《关于进一步制止党政机关和党政干部经商、办企业的规定》以及《关于"不准在领导干部管辖的业务范围内个人从事可能与公共利益发生冲突的经商办企业活动"的解释》等法律法规中所规定的不适合担任股东的情形，确认自然人股东是否具备法律、法规和规范性文件规定的担任股份公司股东的主体资格。

2. 出资的合法合规性问题

核查公司历次出资的缴纳、非货币资产评估和权属转移情况（如有）、验资情况。

对于非货币资产评估的所有程序必须完备，包括但不限于非货币资产的权属证明文件、评估文件、验资报告、权属转移文件等。核查出资履行程序、出资形式及相应比例等是否符合当时有效法律法规的规定。

特别需要重点核查的是国有资产出资的问题，国有资产出资是否履行了必要审批或备案手续。国有资产为非货币资产的，是否履行了相应的评估手续及财产转移手续。国资退出时，是否履行了审批手续，是否履行了招拍挂的手续。

需要查阅的法律法规有《中华人民共和国企业国有资产法》《中华人民共和国公司法》《中华人民共和国证券法》《企业国有资产监督管理暂行条例（国务院令第 378 号）》《企业国有产权转让管理暂行办法》（国资委、财政部 3 号令）《关于企业国有产权转让有关问题的通知》（国资发产权〔2004〕268 号）《国有资产评估管理办法》（国务院令第 91 号）《企业国有资产评估管理暂行办法》（国务院国资委第 12 号令）《行政单位国有资产管理暂行办法》（财政部令第 35 号）《事业单位国有资产管理暂行办法》（财政部第 36 号令）。除上述法律法规等规范性文件外，还需要查阅当地国资委发布的相关行政法规。

3. 公司（含子公司）设立及历次变更情况

核查公司是否存在或曾经存在股权代持的情形，若存在，请核查股权代持的形成、变更及解除情况以及全部代持人与被代持人的确认情况。

核查公司是否存在影响公司股权明晰的问题以及相关问题

的解决情况，以及公司现有股权是否存在权属争议纠纷情形。

核查公司历次股权转让是否依法履行必要程序、是否合法合规、有无纠纷及潜在纠纷。

4. 董监高核的任职资格问题

有下列情形之一的，不得担任公司的董事、监事、高级管理人员：

（1）无民事行为能力或者限制民事行为能力；

（2）因贪污、贿赂、侵占财产、挪用财产或者破坏社会主义市场经济秩序，被判处刑罚，执行期满未逾5年，或者因犯罪被剥夺政治权利，执行期满未逾5年；

（3）担任破产清算的公司、企业的董事或者厂长、经理，对该公司、企业的破产负有个人责任的，自该公司、企业破产清算完结之日起未逾3年；

（4）担任因违法被吊销营业执照、责令关闭的公司、企业的法定代表人，并负有个人责任的，自该公司、企业被吊销营业执照之日起未逾3年；

（5）个人所负数额较大的债务到期未清偿。公司违反上述规定选举、委派董事、监事或者聘任高级管理人员的，该选举、委派或者聘任无效。董事、监事、高级管理人员在任职期间出现本条第一款所列情形的，公司应当解除其职务。

公司的董事、监事、高管最近24个月内是否存在重大违法违规行为。

5. 业务资质问题

公司是否具有经营业务所需的全部资质、许可、认证、特许经营权；公司是否存在超越资质、经营范围、使用过期资质的情况。

6. 环境保护问题

公司所属行业不属于重污染行业。公司建设项目的环保合规性，包括且不限于公司建设项目的环评批复、环评验收及“三同时”验收等批复文件的取得情况；公司是否需要办理排污许可证以及取得情况；结合公司的业务流程核查公司日常环保合规情况，是否存在环保违法和受处罚的情况。

公司所属行业属于重污染行业。

（1）关于公司建设项目，请核查公司建设项目的环评批复、环评验收及“三同时”验收等批复文件的取得情况。建设项目未完工或尚未取得相关主管部门的验收文件的，请核查环评批复文件中的环保要求的执行情况。

（2）关于污染物排放，请结合公司的业务流程核查公司是否存在污染物排放，若存在污染物排放，请核查公司的排污许可证取得和排污费缴纳情况，公司是否属于污染物减排对象，公司的排放是否符合标准，是否遵守重点污染物排放总量控制指标。

（3）关于公司的日常环保运转，请核查：公司有关污染处理设施是否正常有效运转；公司的环境保护责任制度和突发环境应急预案建设情况；公司是否存在公司工业固体废物和危险废物申报和处理情况；公司是否有禁止使用或重点防控的物质处理问题。

（4）公司是否被环保监管部门列入重点排污单位名录，是否依法公开披露环境信息。公司是否存在环保事故、环保纠纷或潜在纠纷、是否存在处罚等；公司曾受到处罚的，是否构成重大违法行为，以及公司的相关整改情况。

7. 安全生产

公司是否需要并取得相关部门的安全生产许可，建设项目安全设施验收情况；公司日常业务环节安全生产、安全施工防护、风险防控等措施；公司报告期以及期后是否发生安全生产方面的事故、纠纷、处罚。

8. 诉讼或仲裁

公司存在未决诉讼或仲裁的，公司诉讼、仲裁的具体事由和进展情况；诉讼、仲裁事项对公司经营的具体影响，若存在不利影响，公司应披露所采取的措施。

9. 知识产权

是否存在权利瑕疵、权属争议纠纷或权属不明的情形，公司相对应的解决措施及其有效性；公司在知识产权方面是否存在对他方的依赖，是否影响公司资产、业务的独立性。存在知识产权纠纷的诉讼或仲裁的，分析公司持续经营能力的影响。

10. 关联方及关联交易

（1）详细核查公司的关联方

一方控制、共同控制另一方或对另一方施加重大影响，以及两方或两方以上同受一方控制、共同控制或重大影响的，构成关联方。控制，是指有权决定一个企业的财务和经营政策，并能据以从该企业的经营活动中获取利益。共同控制，是指按照合同约定对某项经济活动所共有的控制，仅在与该项经济活动相关的重要财务和经营决策需要分享控制权的投资方一致同意时存在。

重大影响，是指对一个企业的财务和经营政策有参与决策的权力，但并不能够控制或者与其他方一起共同控制这些政策的制定。

下列各方构成企业的关联方：

①该企业的母公司。②该企业的子公司。③与该企业受同一母公司控制的其他企业。④对该企业实施共同控制的投资

方。⑤对该企业施加重大影响的投资方。⑥该企业的合营企业。⑦该企业的联营企业。⑧该企业的主要投资者个人及与其关系密切的家庭成员。主要投资者个人，是指能够控制、共同控制一个企业或者对一个企业施加重大影响的个人投资者。⑨该企业或其母公司的关键管理人员及与其关系密切的家庭成员。关键管理人员，是指有权力并负责计划、指挥和控制企业活动的人员。与主要投资者个人或关键管理人员关系密切的家庭成员，是指在处理与企业的交易时可能影响该个人或受该个人影响的家庭成员。⑩该企业主要投资者个人、关键管理人员或与其关系密切的家庭成员控制、共同控制或施加重大影响的其他企业。

（2）关联方资金（资源）占用

报告期内公司是否存在控股股东、实际控制人及其关联方占用公司资源（资金）的情形，若存在，是否可以归还及归还时间。

11. 同业竞争

控股股东、实际控制人及其控制的其他企业的经营范围以及主要从事业务，是否与公司从事相同、相似业务，相同、相似业务（如有）的情况及判断依据；该等相同、相似业务（如有）是否存在竞争；同业竞争的合理性解释，同业竞争规范措施的执行情况，公司作出的承诺情况。

12. 人员、资产、业务的匹配性

核查公司的员工人员与社会保险缴纳情况，是否存在大量未缴纳社保的情况。如有，请了解公司是否愿意规范。

公司是否拥有生产经营所必需的资产，相关资产的权属情况。如房屋所有权、土地使用权是否已经取得，如未取得，需要核查办理相关权证是否存在实质性障碍。

公司特殊工种岗位的员工是否取得相关的个人资质，是否存在挂靠资质的情况。

（1）财务关注要点：

①财务报表

a. 内外账财务报表：民营企业因税务及其他方面考虑多设置内外账。内账系公司真实财务状况，通常根据收付实现制及现金流水等做账；外账系公司为税务考虑设置的报税报表，通常根据发票情况入账。建议收集企业最近两年一期的所得税纳税申报表和内账财务报表。对于两年一期的所得税纳税申报表，收集 20______年度、20______年度汇算清缴的所得税纳税申报表及 20______年一期的所得税纳税申报表（直接扫描税务局盖章的纳税申报表）；对于两年一期的内账财务报表，如若企业因保密等考虑不愿提供，可以先行通过签订保密协议的方式处理。通过内外账财务报表，可以初步估计税务成本。

b. 合并财务报表和母公司财务报表：对于拥有子公司的企业，建议收集最近两年一期的合并财务报表和母公司财务报表，若企业未编制合并报表，则需要收集母公司及重要子公司最近两年一期的财务报表，包括最近两年一期的所得税纳税申报表及内账财务报表。

②净资产

净资产不足问题：财务报表收集后，分析母公司最近一期的所得税纳税申报财务报表，关注所有者权益金额与其注册资本的关系。如果母公司最近一期的财务报表中反映的所有者权益小于注册资本，则股改存在障碍。通常需要释放一定的利润或者其他方式补足净资产。即股改时点必须确保母公司所有者权益金额不小于其注册资本。

③关联交易与关联往来

a. 关联交易：了解公司与关联方（合并报表范围外其他关联

公司）之间的关联交易情况，重点关注关联采购与关联销售情况，包括关联采购与销售的金额、占比以及价格公允性，其中关联方范围详见法律部分描述。

b. 关联往来：统计公司最近一期末关联往来余额情况，通常通过其他应收款、其他应付款以及预付账款了解。关联方占用公司款项必须在申报前予以解决。

④财务核算基础

a. 收入、成本核算原则与方法：了解公司收入成本核算方式，部分企业以开票或者收付实现制确认收入结转成本，通常需要根据权责发生制予以调整。

b. 财务核算软件：了解公司财务核算软件，是否存在手工账情况。如果存在手工账情况，需要先行规范转化为电子账。

c. 发票情况：了解企业发票开具情况，包括采购、销售发票情况。同时了解企业是否存在虚开票以及买票等情况。

d. 现金流与个人卡：了解企业是否存在个人卡，通过个人卡收款付款情况。

e. 采供销单据：了解企业仓库账情况，了解采供销单据留存及流转情况，确认是否存在仓库进销存账。

⑤税务情况

a. 税收优惠政策：了解企业的税收优惠政策，包括流转税和所得税。

b. 征税方式：了解企业的征税方式，核定征收或者查账征收。挂牌新三板最近一期必须为查账征收。

c. 个人所得税：了解企业是否存在个人所得税未代扣代缴情况，特别是报告期内存在分红的企业。

d. 税务成本：存在内外两套账的情况下，通常会以外账为基础进行一定的调整。了解企业对于税务成本的考虑。

⑥报表科目

a. 长期股权投资：通过财务报表长期股权投资科目企业是否存在子公司、合并企业以及联营企业。

b. 资本公积：根据财务报表资本公积科目了解每笔资本公积的形成情况。

c. 其他应收款：根据财务报表其他应收款科目了解是否存在股东及其他关联方是否存在占用公司资金情况，以及利息相关情况。

d. 固定资产：重点关注公司房产是否办理产权证，重大固定资产是否及时计提折旧。

e. 在建工程：重点关注在建工程中的土地是否有产权证，是否存在长期挂账未转固定资产，进而未计提折旧情况。

f. 无形资产：重点关注无形资产的产权情况，包括土地使用权以及专利等产权情况；对于存在政府补助的土地等，了解政府补助的形式，是直接减免还是先缴后返。

g. 预付账款：关注是否存在大额预付款长期挂账，是否存在关联方占款、是否存在费用因未开票而长期未入账、是否存在资产未开票长期未入账转固等。

h. 其他应付款：重点关注是否存在民间资金借贷以及利息情况；关注其他应付关联方情况，是否可与其他应收关联方对抵等。

i. 应收应付票据：关注是否存在没有真实交易背景的票据融资，如果存在必须确保基准日已经解付完毕，不存在兑付风险。

j. 营业外收入：通过该科目关注政府补助情况，了解政府补助的合规性。

k. 营业外支出：通过该科目了解行政处罚等事项，关注报告期内是否存在行政处罚等。

1. 存货情况：关注公司存货账面和实际情况，基准日确保账面金额与实际金额相符。

（2）业务关注要点：

①主要产品或服务情况：为反映企业主要产品及服务情况，了解企业主营业务，建议统计企业最近两年一期的不同类别产品或服务的收入、成本及毛利率情况。此处通常以企业内账合并财务报表层面数据为基准。

②企业客户：了解企业主要市场与客户情况，统计最近两年一期的前 5 位客户的销售占比情况，了解是否存在主要客户依赖以及客户集中度。

③销售模式：了解企业的销售模式，包括代销、直销等情况，统计不同销售模式下的收入占比。

④供应商：了解公司主要材料与供应商情况；统计最近两年一期的前 5 位供应商的采购占比情况，了解是否存在主要供应商依赖以及供应商集中度。

⑤竞争对手：了解公司产品的市场竞争情况与主要竞争对手，特别关注同类型的上市公司以及挂牌公司。

⑥核心技术及专利情况：了解企业的核心技术及专利情况，其中专利情况可在专利网上查询。对于技术和专利情况，重点了解其先进性和竞争优势。

（一）法律尽职调查资料清单

文本正文：http://www.fatianshi.cn/D12319

填表说明：

1. 在尽职调查过程中，如果目标公司根据本清单已提供给我们的文件所载事实有变动，或目标公司收到了新的有关文件，请目标公司及时向我们提供有关事实变动的说明及有关文件的副本。

2. 对于清单中的有些要求，如果目标公司没有现成的文件，可提供叙述性的书面材料并加盖公司公章。

3. 若清单中的有关文件根本不存在或不适用，请说明无此类文件或不适用。

4. 本清单所要求提供的文件，均包括附件及对该等文件进行的修改和补充。

5. 若清单中不同序号所涉及的文件相同，则可只在一处提供文件，而在另一处注明“请见 ×× 序号的文件”。

6. 如果某一序号下文件较多，请编制清单，以便于核对查询。

7. 请目标公司在收集、准备和提供文件时，同步填写、更新本清单中相应位置并反馈给我们，并请目标公司根据收集、准备和提供文件的情况注明：“已提供该项目全部文件”，“已提供该项目部分文件，其余部分待补充提供”，“正在收集、准备文件，待补充提供”，或者“无此类文件”。

D12319

序号	材料名称	序号	公司回复/说明（请于提供的文件中标明“序号”）
	1. 基本情况		
1.1	公司营业执照、开户许可证		
1.2	最新章程及章程修正案		
1.3	最新股东名册		
1.4	最新董事和管理人员名册		
1.5	最新验资报告		
1.6	政府审批、执照或许可证，包括但不限于互联网及通信行业经营许可相关审批核准文件（如有）		
1.7	所有政府认证（如高新技术企业证书、双软企业证书等）、所有行业质量体系认证（含 ISO 质量管理体系认证等）		
1.8	公司全套工商档案		
	2. 股东及股权结构		
2.1	公司的股权结构图及组织结构图，其中股权结构图应说明全部关联利益实体（含其直接或间接参股、控股，或与公司由同一主体拥有或实际控制的法人或法人主体）		

续表

序号	材料名称	序号	公司回复/说明（请于提供的文件中标明“序号”）
2.2	股份或股权上设置质押或其他担保权益的所有文件（如有）		
2.3	请确认股份是否存在权属争议情况		
2.4	请说明公司的管理层股东是否控制其他企业、在其他企业持股或担任董事、监事和高管职务，以及该等企业是否从事与公司相竞争的业务		
2.5	请提供限定或限制股东权利的任何其他协议，包括对转让股份和投票权的限制以及所有现存的委托投票书或对股东权利的放弃（如承诺函）(如有)		
3. 关联交易及同业竞争			
3.1	企业关联方情况说明：含公司股东；公司任何参股、控股、实际控制或与公司由同一主体拥有或实际控制的法人活非法人主体；公司的联营主体；公司的全体董事、监事、高管及其近亲属		

D12319

续表

序号	材料名称	序号	公司回复/说明（请于提供的文件中标明“序号”）
3.2	前述关联方与公司之间是否存在或可能任何关联交易及是否或可能从事任何相同或近似行业或业务而存在同业竞争情况的说明(如有)		
4. 合同和协议			
4.1	请介绍每一集团实体的业务模式、经营流程和主要盈利模式，包括但不限于开发、推广、销售、维护等步骤以及业务往来等		
4.2	拟交易总价值为人民币［100万元］或以上的合同如有；		
4.3	其他对公司经营及业务存在或可能存在重大影响的合同（如有）		
5. 动产及不动产			
5.1	使用的房产的清单，以及对该房产营业用途的简单说明		
5.2	所拥有的、对其业务具重要性的任何设备和其他有形资产的清单		

续表

序号	材料名称	序号	公司回复/说明（请于提供的文件中标明“序号”）
5.3	全部动产或不动产上所附任何担保权益说明，含任何抵押、质押、留置、限制权、优先权、先买权等第三方权利或权益等，以及相关文件		
6. 知识产权			
6.1	拥有或许可给他人使用的或被许可使用的所有著作权、商标、服务标志、专利和其他知识产权的清单及证件		
6.2	拥有或许可给他人使用的或被许可使用的所有专有技术、商业秘密、技术、技术信息和计算机软件的清单		
6.3	使用的所有互联网域名清单		
6.4	与第三方签订的关于技术开发和合作的所有协议		
7. 债务安排			
7.1	短期和长期债务清单		

续表

序号	材料名称	序号	公司回复/说明（请于提供的文件中标明“序号”）
7.2	作为担保方对公司含股东、董事、高管的任何个人债务提供担保的情况说明及相关文件，及对外向任何第三方提供担保的相关合同的清单（如有）		
7.3	贷款协议（如有）		
8. 税务			
8.1	企业所执行的税种、税率及税收优惠政策（含起止时间）的说明		
8.2	企业税收缴纳情况，及是否存在或可能存在任何税务相关的非常规检查、稽查、处罚及追缴、补缴情况的说明（如有）		
8.3	企业享有的其他财政或行业补贴、奖励情况的说明（如有）		

续表

序号	材料名称	序号	公司回复/说明（请于提供的文件中标明“序号”）
9. 雇佣事项			
9.1	劳动协议、雇佣协议、解聘协议以及所有其他与劳动聘用有关的书面文本		
9.2	全部高管及核心人员所签署的劳动合同、保密协议及不竞争协议（如有）		
9.3	适用的社会保险缴纳情况		
9.4	已为员工投保的任何商业保险及证明文件		
9.5	在过去3年中，相关各级劳动主管、监察机关、社保监管机关、行业协会等就用工及社保情况进行的任何年检、调查或审查		
9.6	请说明是否存在使用劳务派遣员工的情况，并就派遣用工情况作详细说明及提供相应证明文件，含派遣人员数量、劳务派遣用工比例、供应商情况说明、劳务派遣合同签署情况等		

D12319

续表

序号	材料名称	序号	公司回复/说明（请于提供的文件中标明“序号”）
9.7	过去3年里所有威胁将要进行的、正在进行的以及已决的公司劳动关系相关的包括但不限于仲裁、诉讼、投诉、争议、限期纠正、禁令、处罚等事项的情况说明		
	10. 诉讼		
10.1	最近［3］年中所有威胁将要进行的、正在进行的以及结案的正对公司及其董事、监事、高管及其他核心人员诉讼、仲裁及执行程序的案件（如有）		
10.2	最近［3］年中所有未决、威胁将要进行或已决的针对公司及其董事、监事、高管及其他核心人员的政府和行政调查、询问、行政处罚和仲裁的总结（如有）		
10.3	公司面临或可能面临的任何政府、行业监管程序及政策的不利变化或影响		

（二）财务尽职调查文件清单

文本正文：http://www.fatianshi.cn/D12320

填表说明：

1. 在尽职调查过程中，如果目标公司根据本清单已提供给我们的文件所载事实有变动，或目标公司收到了新的有关文件，请目标公司及时向我们提供有关事实变动的说明及有关文件的副本。

2. 对于清单中的有些要求，如果目标公司没有现成的文件，可提供叙述性的书面材料并加盖公司公章。

3. 若清单中的有关文件根本不存在或不适用，请说明无此类文件或不适用。

4. 本清单所要求提供的文件，均包括附件及对该等文件进行的修改和补充。

5. 若清单中不同序号所涉及的文件相同，则可只在一处提供文件，而在另一处注明“请见 ×× 序号的文件”。

6. 如果某一序号下文件较多，请编制清单，以便于核对查询。

7. 请目标公司在收集、准备和提供文件时，同步填写、更新本清单中“公司回复 / 说明”一栏的内容并反馈给我们，该栏目中请目标公司根据收集、准备和提供文件的情况注明：“已提供该项目全部文件”，“已提供该项目部分文件，其余部分待补充提供”，“正在收集、准备文件，待补充提供”，或者“无此类文件”。

D12320

	材料名称	序号	公司回复 / 说明（请于提供的文件中标明“序号”）
1.1	请提供公司最近3个会计年度的审计报告（如有）、会计报表（资产负债表、利润表和现金流量表）、税务代理报告（如有）及其他外部中介机构出具的咨询报告（如有）		
1.2	请提供公司的财务管理、运营管理、行政人事管理等内部控制制度（包括财务管理制度、会计制度、薪酬管理制度、劳动管理制度、资产管理制度等）		
1.3	请提供公司最近3个会计年度的资产负债表、损益表及其明细。其明细包括但不限于： - 收入明细表 - 成本、费用明细表 - 资产明细表 - 负债明细表		
1.4	请提供公司会计记账的原则，包括但不限于各种类型收入确认时点及方法，销售折扣或折让政策、成本费用确认的时点及方法		
1.5	请提供公司经营模式、定价和结算原则以及主要客户收入合同		
1.6	请提供目前的现金及所有银行账户余额情况，如有限制性资金，请提供相应资料		

续表

	材料名称	序号	公司回复 / 说明（请于提供的文件中标明“序号”）
1.7	请提供公司最近 3 年相关的财务指标，包括：资产负债率、流动比率、净资产收益率、综合毛利率、应收账款周转率、存货周转率等比较，如有异动（超过 30% 变动）请说明原因		
1.8	请提供公司所拥有的或正在购置的无形资产及固定资产清单及相关权属文件，以及关于购买年限、原值、使用年限、是否用作抵押等情况的介绍文件		
1.9	请提供用作抵押的无形资产或固定资产的相关合同和文件		
1.10	请提供贷款合同，如有担保事宜请一并提供相关文件		
1.11	请确认公司目前是否存在或有负债或者其他未支付的承诺		
1.12	请提供目标公司的个人股东现行有效的身份证明文件，并请说明此等人士是否为目标公司的实益拥有人，分红比例以及已分红相关文件		
1.13	请提供目标公司组织机构代码证、税务、外汇（如涉及）、海关（如涉及）等登记证书；自设立以来如为任何目的作出过资产评估或专项审计等，请提供相关评估报告、审计报告		

D12320

续表

	材料名称	序号	公司回复 / 说明（请于提供的文件中标明“序号”）
1.14	请提供公司社会保险登记证、住房公积金登记证（如无登记证的，请提供开户证明），以及公司为员工缴纳社会保险和住房公积金的情况说明（包括应参保人数与实际参保人数、缴纳基数、缴费比例等）、有关部门出具的缴纳情况证明、催缴保费通知书等		
2	税收		
2.1	公司是否适用任何税收政策和 / 或税收优惠、政府奖励、财政补贴，请提供说明文件，及获取该等优惠政策的任何政府批准文件： 包括但不限于任何认定具备享受减免税资格的批复和批准证书，任何政府部门同意提供“先征后返”、财政补贴等待遇的批准文件、通知等。 请说明公司是否具有税收优惠相关的资质（包括但不限于高新技术企业、软件企业、技术先进性服务企业等），如是，请提供有关证书及正在适用的税收优惠情况、纳税证明材料等。 公司近 3 年是否依法纳税、有无未缴纳税金及被主管税务机关处罚的说明		

续表

	材料名称	序号	公司回复 / 说明（请于提供的文件中标明“序号”）
2.2	请提供最近 3 个会计年度的各税种的纳税申报及缴纳记录		
3	关联方交易		
3.1	请提供公司的关联方清单，及说明其与公司之间有无正在进行的、未履行完毕的关联交易或已经履行完毕但有争议的关联交易情况（包括但不限于购销商品、买卖有形或无形资产、收购兼并、提供或接受劳务、代理、租赁、管理（如委托经营）、提供资金、许可协议、担保抵押、关键管理人员报酬等）		
3.2	请提供关联交易的相应的合同 / 协议、公司决策 / 决议文件和关联方同意关联交易的决议文件		
3.3	公司和关联方是否存在避免同业竞争的安排（如有），请提供有关文件		

D12320

关注法天使

（三）业务尽职调查文件清单

文本正文：http://www.fatianshi.cn/D12321

填表说明：

1. 在尽职调查过程中，如果目标公司根据本清单已提供给我们的文件所载事实有变动，或目标公司收到了新的有关文件，请目标公司及时向我们提供有关事实变动的说明及有关文件的副本。

2. 对于清单中的有些要求，如果目标公司没有现成的文件，可提供叙述性的书面材料并加盖公司公章。

3. 若清单中的有关文件根本不存在或不适用，请说明无此类文件或不适用。

4. 本清单所要求提供的文件，均包括附件及对该等文件进行的修改和补充。

5. 若清单中不同序号所涉及的文件相同，则可只在一处提供文件，而在另一处注明“请见 ×× 序号的文件”。

6. 如果某一序号下文件较多，请编制清单，以便于核对查询。

7. 请目标公司在收集、准备和提供文件时，同步填写、更新本清单中“公司回复 / 说明”一栏的内容并反馈给我们，该栏目中请目标公司根据收集、准备和提供文件的情况注明：“已提供该项目全部文件”，“已提供该项目部分文件，其余部分待补充提供”，“正在收集、准备文件，待补充提供”，或者“无此类文件”。

	材料名称	序号	公司回复 / 说明（请于提供的文件中标明"序号"）
1.1	公司商业模式介绍（包括目标市场、经营模式、核心产品、销售渠道等）		
1.2	公司行业现状介绍（包括行业现状、公司行业地位和业务现状等）		
1.3	公司过去 3 年各月的经营数据（包括订单量、订单金额，毛收入等相关指标）		
1.4	公司目前的组织结构和各部门的人数		
1.5	员工的培训和薪酬绩效体系介绍		
1.6	公司年度业务目标计划（包括交易额、毛利率、各项成本、净利率等）		
1.7	公司管理层过去 3 年的流动情况、薪资水平和目前核心团队的背景简历		
1.8	公司商业模式介绍（包括目标市场、经营模式、核心产品、销售渠道等）		
1.9	公司行业现状介绍（包括所在行业现状、公司行业地位和业务现状等）		
1.10	公司过去 3 年各月的经营数据（包括订单量、订单金额，毛收入等相关指标）		
1.11	公司目前的组织结构和各部门的人数		

D12321

二、投资框架协议

适用场景：

在签署正式投资协议之前，投资方与投资标的一般会先行签署投资框架协议，投资框架协议主要在于确定投资方的投资意向和主要的投资条款，双方可以约定框架协议的法律效力，鉴于在签署投资框架协议时，投资方尚未开展对投资标的的尽职调查。

法律要点：

1. 交易结构

交易结构是投资协议的核心条款，解决的是以多少钱买多少股权的问题，投资人基于投资标的的基本情况以及上次融资的估值，与投资标的公司初步协商确定本轮投资的估值，进而确定投资额及所占股权比例。

2. 交割条件

鉴于投资人尚未取得投资标的详细的尽调报告，因此，投资人约定一系列交割条件作为实现交易结构的前提条件。

3. 优先性权利

占据优势地位的投资人一般会要求优先认购权、反稀释权等优先性权利，以保障投资后的权益最大化。

4. 排他性权利

由于投资谈判的深入，投资人需要对投资标的进行尽职调查，这个过程会产生诸如资金、人力等成本，因此，投资人会要求有一定时间的排他期，在排他期内不允许投资标的公司接触其他投资人。

5. 投资框架协议的约束力可以由投资人与投资标的协商约定。

文本正文：http://www.fatianshi.cn/D12322

投资框架协议

合同编号:（20______）________号

为讨论之目的，本投资框架协议（下称本协议）列明了有关［基金名称］拟议投资［被投公司名称］有限公司的主要商业条款。本协议的条款和条件受限于尽职调查结果。除非且直至各方签署了最终交易文件，本协议并无施加法律约束力之意图（除“非约束性”条款项下列明的除外条款），亦未为任何一方创设签署最终交易文件的义务。

<table>
<tr><td>目标公司</td><td>____________有限公司（下称公司，与其子公司及/或其他关联方合称公司集团）。</td></tr>
<tr><td>投资方</td><td>____________投资管理中心（下称有限合伙）及/或其关联方（下称____________）。</td></tr>
<tr><td>交易结构</td><td>____________将认购公司新增注册资本，占公司已发行总股份[①]的______%（交割后完全稀释的基础上）（下称拟议交易），拟议交易完成后公司股权比例如下所示：
<table><tr><td></td><td></td></tr><tr><td></td><td></td></tr><tr><td></td><td></td></tr><tr><td></td><td></td></tr><tr><td></td><td></td></tr><tr><td></td><td></td></tr></table>____________，____________
（以下合称现有股东）。</td></tr>
</table>

①适用于股份公司，如果投资标的为有限公司，表述为占公司股权的______%。

D12322

续表

购买价款	按照______万元人民币的公司集团交易前估值，______获得______%公司股份的总对价为______万元人民币（下称投资额）。前述估值仅是__________根据目前了解的公司集团信息和数据进行的初步测算，可能根据__________尽职调查的情况调整。
交割条件	交割前至少需要完成惯常的交割条件，包括但不限于通过尽职调查得出令__________满意的结论、签署股东协议、公司章程等惯常的交易协议、创始人及关键雇员应与公司签署至少3年的雇佣协议，且其在公司期间及离开公司后2年内不得从事或为他人经营与公司竞争的业务①、完成最终交易文件规定的其他交割条件。
陈述、保证、承诺和赔偿条款	公司及现有股东应在最终交易文件项下就公司集团情况作出惯常的陈述、保证和承诺；__________应在最终交易文件项下作出其在同类交易中惯常的陈述、保证和承诺。最终交易文件应就任何一方违反其陈述、保证或承诺的情形或其他在__________完成尽职调查后发现的特定事项约定相应的赔偿条款。
优先认购权	______有权按其持股比例优先认购新增注册资本。如其他享有优先认购权的股东放弃行使其优先认购权，______有权购买其放弃认购的全部或部分新增资本。
转让限制	未经__________事先书面同意，创始人不得向任何第三方转让公司股权；现有股东向任何第三方转让公司股权时，__________有权按其持股比例优先购买该等转让股权。如其他享有优先购买权的股东放弃行使其优先购买权，__________有权购买其放弃购买的全部或部分股权。 创始人向任何第三方转让公司股权时，__________有随售权②。

①涉及竞业禁止条款，应当在劳动合同中作出明确约定，详见第一部分／六／1劳动合同模板。

②随售权（Tag-Along Right）又称随卖权、参售权、共同出售权或跟随权，指权利人（通常是少数股东）有权要求参与到其他股东（通常是多数股东）拟出售股权的交易中，以相同价格和条件按其股权比例出售其股权。

续表

其他权利	受限于__________对公司现有文件的审阅， __________至少应当享有： __________有权任命 1 名董事，以及在此类投资中财务投资人惯常享有的公司集团重大事项否决权①； 按完全棘轮②计算的反稀释权； 如发生售出事件，__________有权优先取得下列较高者（1）公司届时公平市场价格乘以__________届时持有的公司股权比例；（2）投资额的按每年 15% 以复利计息所得的金额。如__________获得的分配低于投资额的按每年 15% 以复利计息所得的金额，则创始人及 / 或公司同意以其从该等售出事件中所得收益为限，以货币形式向__________补足差额； 投资额按每年 15% 以复利计息所得的金额的清算优先权； 若公司拟以比本协议或最终交易协议更优惠的条款或者条件募集任何资本（无论以股权或者债权的方式），则__________有权享有该等优惠条款或者条件； 信息权、登记权等其他财务投资人惯常拥有的权利。
排他期	各方同意，自本协议签订之日起__________（__________）天内（排他期），__________有权全面且排他地接触公司集团及其管理层以进行尽职调查及完成并签署最终交易文件。在排他期内，未经__________事先书面同意，公司、现有股东或其任何关联方、董事、高级管理人员、代表或代理不得直接或间接地就出售公司集团任何股份、业务或资产：(1)同任何第三方进行任何形式的讨论或谈判；（2）与任何第三方签署协议或订立安排；（3）向任何第三方提供信息或采取任何行动以引诱任何第三方进行询价或发出提议，（4）在签订本协议后立即终止与任何第三方就对公司集团任何形式的投资或业务或资产的出售进行的讨论、谈判或接触。

①委派董事及否决权是比较重要的权利。会影响公司的经营决策，标的公司应当慎重考虑。

②完全棘轮条款是指投资人过去投入的资金所换取的股份全部按新的最低价格重新计算。

为了使完全棘轮条款不至于太过严厉，有几种修正方式：

1. 只在后续第一次融资（B 轮）才适用。

2. 在本轮投资后的某个时间期限内（比如 1 年）融资时才适用。

3. 采用“部分棘轮”（Partial ratchet）的方式，比如“半棘轮”或者“2/3 棘轮”，但这样的条款都很少见。

D12322

关注法天使

①也可约定仲裁管辖。

续表

保密	本协议的规定及本协议存在的事实是保密的，除非适用的法律法规要求或经其他各方事先书面同意，任何一方不得直接或间接地披露、泄露、透露、公开或以其他方式告知任何人本协议的任何规定及其存在的事实；但是每一方可为完成拟议交易之目的向有必要知悉本协议规定的职员、雇员和顾问进行披露，前提是依赖该除外规定的一方应对其作出披露的人士履行前述保密义务负责。
管辖法律	中华人民共和国法律。
争议解决	如各方对本协议的解释或履行产生争议，各方应将相关争议提交__________人民法院诉讼①。
非约束性	本协议为拟议交易部分主要投资条款的提示性摘要，目的是作为各方进一步谈判和讨论的基础和框架，除标题为“排他期”“保密”“管辖法律”“争议解决”和“非约束性”的章节项下之条款外，本协议的其他章节及条款对各方均无法律约束力。

本协议由以下各方于______年______月______日签署，特此为证。

[基金名称]（盖章）

[被投公司名称]（盖章）

____________（签字）

三、股权转让协议

适用场景：

适用于通过受让目标公司股东股权形式实现股权投资的情形。

法律要点：

1. 股权明晰

应当确认股权转让方持有的股权合法完整、不存在权利瑕疵或者潜在纠纷。

2. 程序合法

转让方转让股权应当履行合法的程序。国有股权需要获得上级准管部门批准并经合法程序转让。股权转让前，转让事项应当经过公司内部股东会决议通过，出公司章程另有约定外，需要经公司股东 1/2 以上同意。向公司股东之外第三人转让股权的，不能损害其他股东的优先购买权。《中华人民共和国公司法》第 71 条规定："股东向股东以外的人转让股权，应当经其他股东过半数同意。股东应就其股权转让事项书面通知其他股东征求同意，其他股东自接到书面通知之日起满三十日未答复的，视为同意转让。其他股东半数以上不同意转让的，不同意的股东应当购买该转让的股权，不购买的，视为同意转让。

经股东同意转让的股权，在同等条件下，其他股东有优先购买权。两个以上股东主张行使优先购买权的，协商确定各自的购买比例；协商不成的，按照转让时各自的出资比例行使优先购买权。"

D12323

3. 转让价款和付款方式

转让价款的确定需要合法合理，不能损害国家利益或者第三人利益。付款方式需要具有可操作性，预留办理工商变更等程序性事项的时间。

文本正文：http://www.fatianshi.cn/D12323

股权转让协议

______年______月______日，以下各方签署了本协议。

甲方（转让方）①：________________________

身份证号码：________________________

乙方（受让方）②：________________________

公司名称：________________________

住所：________________________

丙方（公司）：________________________

公司名称：________________________

住所：________________________

（转让方和受让方单称一方，合称各方）

鉴于：

1. 丙方③系依据《中华人民共和国公司法》等相关法律规定设立并合法存续的有限责任公司。公司注册资本为人民币______万元，法定代表人为____________，统一社会信用代码：____________，甲方持有丙方______% 股权。

2. 本协议签署之日，甲方已按相关法律、法规及《公司章

①需要核实转让方的股东资格。结合公司章程、股东名册、出资证明、股份证书、国家企业信用信息公示系统等综合认定股东资格，确保转让标的为转让方所有。

②受让方可以是公司原股东也可以是公司股东之外的第三人。针对公司内部股东之间的转让，只需要核查是否符合公司章程及《中华人民共和国公司法》第 71 条的规定，除公司章程另有规定的外，应当经其他股东过半数同意；针对第三人的转让，除上述规定外，还要审查是否侵犯其他股东的优先购买权。

③要保证转让标的基本情况客观真实。

程》之规定，按期足额缴付了全部出资，并合法拥有其在丙方所持股权对应的全部、完整的权利①，所持股权不存在任何（包括但不限于）留置权、抵押权及其他第三者权益或者处于司法程序等情形。

3. 甲方同意将其持有的丙方______% 的股权转让给乙方，并且该转让意向已获得病房股东会批准，其他股东均已声明放弃优先购买权②；乙方同意受让上述甲方总共持有丙方______% 的股权（下称股权转让）。

各方经过友好协商，就甲方将其持有的丙方股权转让给乙方相关事宜，达成如下股权转让协议书，以资遵守：

一、股权转让

1. 转让内容

1.1　甲方同意将其持有的丙方______% 的股权，全部转让给乙方，乙方同意以本协议约定的转让价格受让前述股权。

1.2　上述股权转让完成后，丙方的股权结构如下：

股东名称 / 姓名	出资额（人民币 / 万元）	股权比例（%）
合计		

2. 转让价格及支付方式③

2.1　乙方受让甲方所持丙方______% 股权的价格为人民币______元整④（大写：______元）（转让价款）,上述价格均包含该转让股权所对应的全部股东权益。该等股东权益依附于股权的所有现时和潜在的权益，包括丙方所拥有的全部动产和不动产、有形和无形资产。

①应当充分了解所转让股权的权利状态：1. 涉及国有资产的，是否已经经过了审批程序；2. 是否存在出资不实、虚假出资等情况；3. 是否存在股权代持情形；4. 审查是否存在质押、担保或者被司法机关保全等情形。

②股东对外转让公司股权前，应当征求其他股东意见，其他股东在同等条件下，明确表明放弃优先购买权后，才能向股东之外的第三人转让。如果涉及国有资产或者外资企业股权的还应当取得前置审批。

③支付条款是股权转让协议的核心条款之一，支付方式应当具备可操作性，需要明确约定对价的支付方式、支付时间等。

④转让价款需合理合法：1. 有的工商部门不接受零对价转让。2. 国有股权需要经过公开拍卖、招投标或者协议转让等合法方式确定；3. 关联公司之间的股权转让，需要符合会计准则和税务相关规定。

D12323

关注法天使

3. 乙方应自本协议第二条所述的交割条件满足或经乙方以书面形式予以豁免后10个工作日之内（“交割”，交割之日称交割日），将转让价款汇入公司事先指定的银行账户：

账号：______________________________

户名：______________________________

开户行：____________________________

二、付款和交割的前提条件①

乙方支付本协议第一条第2款的转让价款应以下列条件（交割条件）全部满足或乙方书面同意豁免该条件为前提条件：

1. 丙方和转让方配合乙方在本协议签署后15个工作日内完成管理、业务、技术、知识产权、流程、合规性、许可、财务及法律方面的尽职调查，且乙方对尽职调查结果满意，尽职调查中发现的问题已按乙方要求适当解决或已确定解决方案；

2. 丙方和转让方已向乙方提供自公司设立以来的经审计的财务报表②；

3. 丙方和转让方已经签署包括本协议在内的有关本协议所涉交易的交易文件（交易文件），并向乙方交付了其作为一方的经签署的交易文件；

4. 完成交易文件项下的事项所有必要的公司治理文件及法律文件，包括但不限于股权转让所需的全部工商变更文件、股东会决议均已签署和准备完毕；

5. 公司股东会通过决议批准股权转让，决议应至少包括如下内容；

5.1　批准股权转让相关事宜；

5.2　转让方放弃对乙方根据本协议以转让价款购买的注册资本的优先受让权等其他类似权利；

5.3　同意公司章程根据股权转让情况作出相应修改。

---

①规定负捐和交割的条件可减小投资方的潜在风险。

②受让方应当认真重点关注目标企业的财务、税务及经营情况。

6. 丙方已就股权转让及本协议涉及的其他内容等相关事项相应修改并签署了公司新章程或章程修订案（下称新章程）；

7. 为本次股权转让及实施其他交易文件项下的交易须获得的由第三方作出的所有同意均已获得，且该等同意均为合法有效；

8. 丙方和转让方已向乙方提供一份完整的公司商业计划及未来 12 个月的财务预算方案；

9. 截至交割日，除本协议约定外，丙方和转让方的股权上没有发生任何实质变动（如法律、税务或市场环境等变动），以致对公司的财务状况、前景、经营业绩、一般营业状况、股权、业务或主要资产的价值造成重大的不利影响，也没有发生过任何可能导致该等变动的事件、事实；

10. 丙方和转让方签订了服务期不少于交割后 5 年的劳动合同和离职后期限不少于 2 年的保密、竞业限制及知识产权归属协议[1]；公司已与列于附件一的公司关键人员（包括但不限于公司各部门主管及以上级别人员、技术人员和研发人员，统称关键员工）签署了服务期不少于交割后 3 年的劳动合同和离职后期限不少于 2 年的保密、竞业限制及知识产权归属协议；

11. 截至交割日，不存在任何会对乙方和公司进行本次交易或交易合法性，或对公司的经营或处境产生不利影响的重大政府调查、处罚、强制措施、诉讼或其他争议程序；

12. 丙方和转让方在本协议第四条作出的陈述与保证在本协议签署之日及交割日均保持真实、准确、完整且不具误导性，并未被违反；

13. 丙方和转让方应确保交割条件尽快得到满足，且在任何情况下不迟于本协议签署后的10日内得到满足。本协议签署后，如有任何交割条件未能在本协议签署后的 10 日内得到满足或被

①保密、竞业限制及知识产权协议对于目标公司的意义重大，尤其是其资产运营的企业。

D12323

书面豁免（视情形而定），则乙方有权选择随时以书面通知方式终止本协议。

三、相关手续的办理

1. 转让方应促使公司、公司应尽最大努力尽快完成（但最晚不应迟于交割日后20个工作日）公司股权转让、新章程等事项的相关工商变更登记手续。公司的有关变更、备案等工商登记手续的履行迟延不影响乙方按股权转让后在公司的出资比例享有权利和承担义务。

2. 前述工商登记变更等事宜由公司具体办理，手续所需费用全部由公司承担。在办理上述手续时，乙方应给予协助。

四、陈述和保证

1. 在签约日甲方的陈述和保证[①]的范围如下：

1.1　甲方为丙方合法股东，具备法律证明文件和完整的股东权益，不存在任何股权争议和股东责任。

1.2　甲方所转让的股权，是甲方在丙方的真实出资，依法可以转让的股权，甲方各自拥有完全的处分权。股权变更后，无任何事实上的、法律上的和公司章程上的争议和限制。

1.3　甲方保证对所转让的股权，没有设置任何抵押、质押或担保，并免遭任何第三人的追索。

1.4　甲方履行本协议不会违反自身与任何第三人签订的协议，不会违反本身作出的任何承诺或者保证。

1.5　甲方保证，在各方完成股权转让后，乙方应合法拥有丙方______%股权。

2. 在签约日乙方的陈述和保证的范围如下：

2.1　乙方系依法设立并合法存续的有限责任公司。

2.2　乙方购买股权的资金来源合法有据，有相应的支付能力。

①尽管投资之前可能会进行一定的尽职调查等工作，但是无法对目标公司、股权等状况作出全面的了解，因此需要转让方在协议中对其所提供的公司信息真实性及公司资产的真实状况等作出陈述与保证，以便在发生问题时追究违约方责任。

3. 在签约日丙方的陈述和保证的范围如下：

3.1　丙方对公司的股权转让各项事宜，已经分别获得丙方各股东及相应权力机构的批准。

3.2　甲方履行本协议已经获得授权。

3.3　丙方履行本协议不会违反自身与任何第三人签订的协议，不会违反本身作出的任何承诺或者保证。

3.4　丙方提交丙方的包括但不限于人事、经营、效益、财务及资产状况的真实性完整性，无任何遗漏和虚假。

3.5　丙方所提供的丙方获得的经营业务资质批准文书真实有效，无任何违法记录，不因本协议生效而终止或者撤销。

3.6　丙方保证，丙方除已经披露的事项外，不存在任何债务以及针对丙方的诉讼、仲裁或者行政处罚。

3.7　丙方保证，丙方所拥有的知识产权合法有效，没有设置任何担保，没有任何争议、诉讼。

3.8　丙方保证，丙方所拥有的土地使用权、房屋所有权合法有效，无任何法律上的限制，可以依法自由转让。

五、过渡性条款

1. 自本协议生效之日起至股权转让完成之日为过渡期。过渡期内，丙方应当接受各方监督，丙方的股东和高管应尽诚信、勤勉义务。

2. 过渡期内，丙方应当保证公司经营稳定，各项利益给于最大保证。

3. 在各方完成股权转让前，丙方保证：

3.1　不进行股份红利分配，不为任何第三人提供担保，不赠与其他第三人任何财产，不进行借款。

3.2　不进行贷款，不放弃债权、提前偿还债务或者任何投资活动。

D12323

3.3　公司重大经营活动须经乙方书面同意。

3.4　保证丙方公司人员稳定，不进行人员调整和待遇调整。

3.5　乙方对丙方拥有检查权，监督权。

4. 甲方保证不对本条第 3 款丙方违反保证事项作出赞成表示或在股东会、董事会上投赞成票。

5. 对于过渡期间丙方的损益：过渡期内发生的丙方盈亏均由丙方承担。

六、保密条款

1. 未经各方事先书面同意，任何一方均不得就本协议及股权转让事宜签署任何其他或后续文件，或就股权转让进行任何披露。

2. 除本条第 3 款另有规定外，各方应将因订立本协议（或根据本协议订立的任何协议）而收到或取得的有关以下内容的任何信息视为保密信息，不得披露或使用：

2.1　本协议的条款以及根据本协议订立的任何协议的条款。

2.2　有关本协议（以及该等其他协议）的谈判。

2.3　其他任何一方的业务、财务或其他事务（包括将来的计划和目标）。

3. 本条第 1、2 款禁止披露义务不适用于下列情形：

3.1　法律、任何监管机关或法规要求披露或使用的；

3.2　为将本协议的全部利益赋予各方而要求披露或使用的；

3.3　为因本协议或在本协议项下或根据本协议而订立的任何其他协议而引起的任何司法程序之目的而要求披露或使用的，或合理要求向税收机关披露有关披露方税收事宜的；

3.4　向各方的专业顾问进行披露的，但该等专业顾问应遵守本条第 2 款中有关该等信息的规定，如同其为本协议的当事方一样；

3.5 非因违反本协议，信息已进入公知范围的；

3.6 另一方已事先书面批准披露或使用的；

3.7 信息是在股权转让交割后独立开发的。

4. 各方应责成其各自董事、高级职员和其他雇员以及其关联公司的董事，高级职员和其他雇员遵守本条所规定的保密义务。

5. 本协议无论何等原因终止，本条规定均继续保持其原有效力。

七、违约责任[①]

1. 本协议任何一方违反、或没有履行其在本协议中的陈述、保证、承诺、义务或责任，即构成违约行为，违约方应对守约方造成的实际损失进行赔偿。

2. 各方同意，如因甲方原因未能就股权转让事宜完成工商变更登记，甲方一次性退还乙方股权转让款及相应的利息（利息按同期银行存款利息计算）。

3. 乙方未按照本协议约定向共管账户支付股权转让价款的，或未按照约定解除共管将股权转让款支付给甲方的，每逾期1日应向甲方支付应付未付款项万分之五的违约金，且甲方有权暂时中止履行本协议，逾期达15日的，则视为乙方根本性违约，甲方有权要求乙方赔偿因此给甲方造成的实际损失，同时甲方亦有权解除本协议。解除本协议时，如股权已经完成过户手续的，则乙方应无条件立即将股权回转至甲方名下。

八、条款的独立性

本协议的某些条款违法、无效或在法律上不能执行，或被法院、宣布违法、无效或不能执行，应尽可能把这些条款从本协议中删除，使其他条款的合法性、有效性和可执行性不受影响，而删除后的所有剩余条款仍然继续有效，并不影响该剩余

①违约条款的目的在于敦促协议各方诚信履行合同。

D12323

条款的有效性、合法性或强制性。

九、适用法律和争议解决

1. 本协议适用中华人民共和国法律、法规之规定，协议中如有与法律、法规规定冲突的，以法律、法规的规定为准。

2. 因本协议所发生的争议，各方应友好协商解决，协商不成，任何一方均可提起诉讼，各方同意因与本协议有关的任何讼争由丙方所在地人民法院受理。

十、协议生效及其他条款

1. 本协议的任何变更、补充等，各方应另行签订书面协议进行确定。

2. 本协议自各方签字盖章之日起生效。本协议文本一式四份，具有同等法律效力，三方各执一份，提交工商管理机关一份，具有同等法律效力。

3. 各方同意，根据工商管理部门要求，甲乙丙三方可以另行签署《股权转让协议》用以办理工商变更登记之用，但工商版协议约定与本协议不一致的，以本协议为准。

甲方：______________________________

乙方：______________________________

丙方：（盖章）

法定代表人：______________________________

签约日期：______年______月______日

附件一

关键员工列表

序号	关键员工姓名	职务

四、增资扩股协议

适用情形：

增资扩股协议适用于以增资扩股形式投资目标公司的情形。增资扩股与股权转让的最大区别在于股权转让的资金由被转让公司的股东受领，资金的性质是股权转让的对价；而增资扩股中的获得资金的是公司，而非某一特定股东，资金的性质是公司的资本金。

法律要点：

1. 股权明晰

应当确认目标公司股权合法完整、不存在权利瑕疵或者潜在纠纷。

2. 程序合法

增资需要经过目标公司股东会 2/3 以上股东同意（《中华人民共和国公司法》第 43 条）。

3. 不侵害原股东的优先认购权

《中华人民共和国公司法》第 34 条规定，股东按照实缴的出资比例分取红利；公司新增资本时，股东有权优先按照实缴的出资比例认缴出资。但是，全体股东约定不按照出资比例分取红利或者不按照出资比例优先认缴出资的除外。

4. 转让价款和付款方式

转让价款的确定需要合法合理，一般不能低于前次的增资价格。付款方式需要具有可操作性，预留办理工商变更等程序性事项的时间，在银行单据“用途款项来源摘要备注”一栏中注明“投资款”或者“增资款”。

5. 慎重对待特殊性权利

投资方的赎回权、优先清算权、最优惠条款权、反稀释权等权利对公司未来的融资及经营由较大影响，目标公司与投资方应当慎重考虑。

文本正文：http://www.fatianshi.cn/D12324

增资扩股协议

本《____________公司增资协议》(下称本协议）由以下各方于 年 月 日在签署。

1.____________有限公司（下称公司）

法定代表人：____

住所：____

2.____________(创始人、原始股东）：

身份证号码：____

3.____________有限公司（下称投资方，与创始人合称现有股东）

法定代表人：____

住所：____

(以上各方单称一方，合称各方。)

鉴于：

(1）公司为一家按照中国法律成立的有限责任公司①，主要从事____________业务（主营业务）。于本协议签署日，公司注册资本为人民币______万元，已由原始股东全部认缴，原始股东拥有公司 100% 的股权。

①也可以是股份公司。

D12324

关注法天使

（2）原始股东共持有公司 100% 的股权，其中__________持有公司______% 的股权，__________持有公司______% 的股权。

（3）为使投资方进一步参与公司的经营与运作，努力快速形成竞争优势，实现共赢。各方同意，公司拟增资人民币______万元，由投资方以人民币______万元认购（增资）。

就本次增资事宜，各方在平等互利的基础上经友好协商，达成如下协议：

第 1 条　增资及增资款①

1.1　各方确认，公司目前的注册资本为人民币______万元，已由原始股东全部认缴。原始股东的认缴出资额及其在公司注册资本中所占的比例如下：

序号	股东名称	认缴出资额（万元）	比例（%）
合计		100.0	100.0

1.2　各方同意，公司注册资本增加至______万元，其中新增加的注册资本为人民币______万元（新增注册资本），占增资后公司注册资本总额的______%。新增注册资本由投资方以现金方式溢价认购②，其他股东放弃优先认购权③。投资方以人民币______万元的价格（增资款）认购新增注册资本，剩余部分人民币______万元记为公司资本公积金，投资方持有增资后公司______% 的股权。本次增资后，公司的股权结构为：

①这部分是增资协议的核心条款之一，关键在于确定目标公司的估值，进而确定投资金额和投资比例。

②是否溢价及溢价比例取决于公司估值及公司注册资本的大小。一般是先确定公司估值后，按照投资金额确定投资比例，然后计算出增加的注册资本额，多余部分计入资本公积。

③《中华人民共和国公司法》第 34 条规定，公司新增资本时，股东有权优先按照实缴的出资比例认缴出资。但是，全体股东约定不按照出资比例优先认缴出资的除外。

序号	股东名称	认缴出资额 （万元）	比例（%）
合计		100.0	100.0

1.3　投资方应自本协议第 2 条所述的交割条件满足或经投资方以书面形式予以豁免后 10 个工作日之内（交割，交割之日称交割日），将增资款汇入公司事先指定的银行账户[①]，公司、创始人应促使公司委托具备合法资质的会计师事务所进行验资并出具验资报告。

账号：______________________________________

账户名：____________________________________

开户行：____________________________________

第 2 条　投资方付款和交割的前提条件

2.1　投资方支付本协议第 1.2 条和第 1.4 条规定的增资款应以下列条件（交割条件）全部满足或投资方书面同意豁免该条件为前提条件：

2.1.1　公司和创始人配合投资方在本协议签署后 15 个工作日内完成管理、业务、技术、知识产权、流程、合规性、许可、财务及法律方面的尽职调查，且投资方对尽职调查结果满意，尽职调查中发现的问题已按投资方要求适当解决或已确定解决方案[②]；

2.1.2　公司和创始人已向投资方提供自公司设立以来的经审计的财务报表[③]；

2.1.3　公司和创始人已经签署包括本协议在内的有关本协

①投入资本金时须在银行单据“用途 / 款项来源 / 摘要 / 备注”一栏中注明“投资款”或“资本金”。

②这种条款是从投资方利益最大化角度出发的，投资方和目标公司可以约定更加清晰的满意标准。

③投资方需重点关注目标公司的财务、税务及经营情况。

D12324

议所涉交易的交易文件（下称交易文件），并向投资方交付了其作为一方的经签署的交易文件；

2.1.4 完成交易文件项下的事项所有必要的公司治理文件及法律文件，包括但不限于增资和董事任命（定义见下文）所需的全部工商变更文件、董事会决议、股东会决议均已签署和准备完毕；

2.1.5 公司股东会和董事会通过决议批准增资及董事任命，决议应至少包括如下内容：

2.1.5.1 批准增资相关事宜；

2.1.5.2 公司创始人放弃对投资方根据本协议以增资款认购的新增注册资本的优先认购权等其他类似权利；

2.1.5.3 按照本协议第 11.1 条规定批准公司董事的任命（下称董事任命）；

2.1.5.4 同意公司章程根据增资及董事任命情况作出相应修改。

2.1.5.5 公司和现有股东已就增资、董事任命及本协议涉及的其他内容等相关事项相应修改并签署了公司新章程或章程修订案（新章程）；

2.1.6 为本次增资及实施其他交易文件项下的交易须获得的由第三方作出的所有同意均已获得，且该等同意均为合法有效；

2.1.7 公司及创始人已向投资方提供一份完整的公司商业计划及未来 12 个月的财务预算方案；

2.1.8 截至交割日，除本协议约定外，公司及创始人的股权上没有发生任何实质变动（如法律、税务或市场环境等变动），以致对公司的财务状况、前景、经营业绩、一般营业状况、股权、业务或主要资产的价值造成重大的不利影响，也没有发生过任何可能导致该等变动的事件、事实；

2.1.9　创始人已与公司签订了服务期不少于交割后5年的劳动合同和离职后期限不少于2年的保密、竞业限制及知识产权归属协议[①]；公司已与列于附件一的公司关键人员（包括但不限于公司各部门主管及以上级别人员、技术人员和研发人员，统称关键员工）签署了服务期不少于交割后3年的劳动合同和离职后期限不少于2年的保密、竞业限制及知识产权归属协议；

2.1.10　截至交割日，不存在任何会对投资方和公司进行本次交易或交易合法性，或对公司的经营或处境产生不利影响的重大政府调查、处罚、强制措施、诉讼或其他争议程序；

2.1.11　公司和创始人在本协议第6条作出的陈述与保证在本协议签署之日及交割日均保持真实、准确、完整且不具误导性，并未被违反；

2.1.12　公司及创始人应确保交割条件尽快得到满足，且在任何情况下不迟于本协议签署后的10日内得到满足。本协议签署后，如有任何交割条件未能在本协议签署后的10日内[②]得到满足或被书面豁免（视情形而定），则投资方有权选择随时以书面通知方式终止本协议。

第3条　公司和创始人履行义务的条件

公司和创始人完成本协议所拟交易的义务，应以下列每一条件在交割时或交割之前获得满足或被书面豁免为前提：

3.1　自本协议签署日起至交割日，投资方的陈述和保证保持真实、准确且不具误导性，除非任何此等陈述和保证是在某一特定日期作出的，在此情况下，该陈述和保证只需于该相应日期为真实和正确的；

3.2　投资方已经签署并向公司和创始人交付了其作为一方的本协议。

①保密、竞业限制及知识产权协议对于目标公司的意义重大，尤其是其资产运营的企业。

②应当充分考虑交割条款达成需要的时间。

D12324

第 4 条　相关手续的办理

4.1　交割后。

4.1.1　创始人应促使公司、公司应尽最大努力尽快（但最晚不应迟于投资方支付增资款后 15 个工作日）获得由一家在中国注册的会计师事务所出具的关于增资的验资报告（下称增资验资报告），并将相应的验资报告副本提交给投资方。增资验资报告应明确，投资方缴纳的增资款中，新增注册资本为人民币______万元，剩余人民币______万元计入公司的资本公积。本次增资后，投资方累计持有公司______% 的股权。

4.1.2　创始人应促使公司、公司应尽最大努力尽快完成（但最晚不应迟于交割日后 20 个工作日）公司增资、新章程和董事任命等事项的相关工商变更登记手续，获得工商行政管理部门向公司颁发的公司已完成增资及董事任命的营业执照（营业执照颁发日）并于当日将加盖公司公章的营业执照及新章程复印件提交给投资方。公司的有关变更、备案等工商登记手续的履行迟延不影响投资方按增资后在公司的出资比例享有权利和承担义务。

4.2　前述验资和工商登记变更等事宜由公司具体办理，手续所需费用全部由公司承担。在办理上述手续时，投资方均应给予协助。

第 5 条　资金用途

公司及创始人承诺并保证：公司收到增资款后，将确保增资款用于公司日常运营所需的流动资金，以及投资方书面同意的其他用途。

第 6 条　公司和创始人的陈述和保证[①]

6.1　公司已获得合法的内部授权以签署本协议，创始人有完全的民事行为能力并自愿签署本协议。本协议签订后对公司

---

①尽管投资之前可能会进行一定的尽职调查等工作，但是无法对目标公司、股权等状况作出全面的了解，因此需要转让方在协议中对齐所提供的公司信息真实性及公司资产的真实状况等作出陈述与保证，以便在发生问题时追究违约方责任。

和创始人均有法律约束力。

6.2　公司是根据中国法律正式成立、有效存续并且资信良好的有限责任公司。公司具有所有为拥有和经营其财产和资产以及从事其业务所必需的权力和权限。

6.3　除取得必要的公司内部权力机构的批准以及根据本协议第 4.1.2 条完成相关的工商变更登记手续外，根据本协议的规定完成本协议项下的交易无须获取任何第三人同意。

6.4　公司和创始人遵守本协议的所有规定以及本协议所述交易的完成不会（1）与以公司和创始人为一方的任何协议或文件的任何条款和条件相冲突，导致对该等协议或文件的任何条款和条件的违反或构成该等协议或文件项下的不作为；（2）导致对任何法律或对公司和创始人有管辖权的政府机关的命令、规章、法规的违反，或者对公司和创始人的任何其他责任和义务的违反。

6.5　在其拥有或租赁财产或从事业务经营的各司法管辖区内，公司有完全的权力和授权持有、出租或经营其财产并经营其现有的业务，拥有为持有、出租或经营其财产并经营其现有的业务所必须的所有批准、许可、执照、证书、同意或其他政府机关的批准文件，没有正在发生的或潜在的政府机关的批准文件可能被中止或撤销的情况，除非没有该政府机关的批准文件或者该政府机关的批准文件可能被中止或撤销的情况不会令公司无法履行本协议或者导致严重的负面影响。公司及其分、子公司在业务经营过程中在重大方面始终遵守其章程。

6.6　截至本协议签署时，公司注册资本和股东吹情况等信息是真实、准确及完整的。公司从未以任何形式、向任何人承诺发行或实际发行过除上述股权之外的任何公司权益、股份、债券、期权、认股权、可转换为股权的债权或性质相同或类似

D12324

554 - 555

的权益。在完成本协议所拟议的交易后，投资方将对其累计持有的公司股权拥有合法、有效、完全和排他的所有权且不存在任何权利受限情形，亦不负有对公司追加投资的任何法律或合同项下的义务。

6.7　公司的注册资本已完全认缴、不存在任何追加出资义务，实际缴纳出资期限符合法律和公司章程的规定。不存在任何可转换成或交换为，或可行使以获得公司任何注册资本或其他股本权益的已发行和出售的证券、权利或义务。

6.8　不存在任何（1）优先购买权或其他优先权、认购权、期权、认股权证、转换权、卖出选择权、购买选择权、交换权或其他任何形式的权利、协议、承诺、安排或约定，使公司，不论是否是或然的，将据此负有或有可能负有义务提供、发行、出售、购买、回购或赎回任何证券，或促使提供、发行、出售、购买、回购或赎回任何证券；（2）公司为一方或受其约束的关于持有、表决、出售、购买、赎回或以其他方式收购证券的任何股东协议、表决权信托、授权委托书或其他约定；（3）就任何证券宣布、作出或支付任何股息或分配（无论是当前的或是累积的、或到期或应付的）的协议、承诺、安排、约定或其他义务；且公司不受上述任何的约束。

6.9　公司的注册资本上均未设定任何权利负担和第三方权利，也没有在该等股权上设定或产生权利负担和第三方权利的任何协议、安排或义务。无任何人声称对于公司的股权拥有认购权、索赔、权益或其他第三方权利。

6.10　投资方对其按照本协议认购增资而持有的公司的股权享有完整的所有权，且该等股权无附着任何权利负担或第三方权利。

6.11　公司已向投资方交付了：（1）真实、准确和完整地反映公司未来12个月的财务预算方案及公司商业计划；（2）公司股东的所有验资报告及其所有相关附件和附注；（3）自公司设立以来的经审计的财务报表。

6.12 公司拥有在业务经营过程中必要的全部财产、资产和权利。资产由公司按照良好的业务习惯进行维护，所有资产处于良好的运行和维修状态，且适合其使用或计划的目的。除租赁的房地产外：（1）公司拥有所有房地产以及其他财产、权利和资产的完整的、具有市场价值的权利，且在该等权利之上无任何担保或其他权利负担；（2）公司的一切财产、权利和资产均登记在公司的名下。就租赁的房地产而言，公司的所有租赁行为均具有完全的效力；所有到期的租金和额外付款都已支付；自原租赁期限开始后，公司一直妥善占有，且没有违反过租赁合同的规定，也没有任何违约事件或可能导致违反租赁合同的事件、情况或行为。公司租赁的房地产维修状况良好，足够满足目前的使用目的（正常的损耗除外）。公司的主要现金押金在租赁合同到期后可全额退还或取回。

6.13 公司有权使用从事其经营所必需的全部有效的版权、专利、商标、商业名称、著作权、软件权利、域名、技术诀窍、设计权利以及发明、许可以及其他知识产权权利。公司一直勤勉行事以维持其使用相关知识产权的有效性。

6.14 公司的经营活动未侵犯第三方的知识产权。第三方未提出权利要求，指称公司的经营活动侵犯或可能侵犯第三方的知识产权，或者以其他方式就公司拥有或使用的知识产权的权利提出争议。

6.15 公司已按照适用法律需要获得的与公司的合法成立和有效存续相关的授权、批准、许可、执照、证书、同意、登记和备案均具有完全效力。

D12324

6.16　公司在重大方面均遵守了所有有关雇佣或劳动关系及有关社会保险（包括但不限于住房公积金、养老保险、医疗保险、工伤保险、生育保险以及失业保险）和住房公积金的适用法律。公司均未被政府主管部门或任何员工书面要求补缴任何社会保险或住房公积金费用，或者受到任何处罚。

6.17　公司已与其所有员工签署了劳动合同、保密、知识产权转让协议及不竞争协议，且该等合同、文件符合有关法律的规定。就创始人所知，任何公司的核心人员均没有打算终止与公司之间的劳动关系，公司也没有表示要终止雇佣任何核心人员。

6.18　公司在重大方面均遵守了有关税务的适用法律法规。所有需要公司提交的税务报表、报告和表格（税务报表）已经向主管政府机关及时地提供，且所有的税务报表就所记载的期间、财产或事件在各重要方面都准确地反映了公司的税收负担。所有的税收，包括税务报表中的税收或任何政府机关认为公司应当支付的税收，或针对公司的财产、资产、资本、营业额或收入征收的税收已经全部支付（相关财务报表中充分预留的税款除外）。目前没有任何主管部门针对公司的尚未结束的或潜在的检查、询问或审计。所有公司根据法律规定应当预提的税收已经预提并交给主管的政府机关，或者由公司正当地保管。公司没有其他任何性质的税收责任或义务，除非该等税收责任或义务是:（1）在财务报表中有充分的体现;（2）发生在自公司成立以来的正常经营活动过程中的。

6.19　自其成立之日起，公司未、且目前也没有，受到税务部门的非例行的审计或稽查。公司没有涉及与税务有关的任何争议，同时预期也不会存在可能造成与税务有关的任何争议的情形。

6.20　在任何政府部门不存在任何由公司提起，或对公司提起的或影响公司任何资产或财产或业务的会产生或已产生重大不利影响的待决诉求（且不存在任何潜在的由任何政府部门提起或向任何政府部门提起的该等诉求）。公司任何资产或财产均不受会产生或已产生重大不利影响的任何法律法规及政府指令的约束、或者可能影响本协议合法性、效力或可强制执行性或影响本协议所筹划交易的完成的任何法律法规及政府指令的约束。截至交割日，没有公司作为原告或被告或一方的针对公司或其任何资产的正在进行的、可能的或未决的会导致公司重大损失的任何诉讼、仲裁或行政程序。

6.21　重大合同

6.21.1　公司已向投资方披露了任何公司为一方的或其财产或资产受其约束或影响的截至签署日有效的所有重大合同。每一份重大合同均:（1）合法有效、有约束力、并且具有完全的效力；而且（2）不因本协议所拟议的交易而在完全相同的条款下变得不再合法有效、有约束力、并且具有完全的效力。公司或创始人均未违反任何该等重大合同，或否认该等重大合同的任何约定，且不存在经过通知后或者随着时间的推移，会成为违约，或允许该等合同下任何终止、修改或加速的任何事件。本协议中的“重大合同”指公司为一方的或其各自的财产或资产可能受其约束或影响的满足以下条件任何和所有合同或协议，该等合同或协议要求于签署日后由公司支付或向公司支付总额超过人民币 10 万元的金额，或已经导致公司有义务支付或有权利获得总额超过人民币 10 万元的金额，并且其对于公司的业务、经营、经营业绩、状况（财务或其他）、财产（包括无形财产）、资产（包括无形资产）或负债而言是重要的，或对于公司的正常经营是必要或可取的。

D12324

6.21.2　公司为一方的任何合同均未限制公司按照惯常方式经营业务或执行其业务计划的权利。不存在向任何主体授予购买任何公司重大资产或财产或任何股权（不包括惯常经营过程中进行的购买）的任何优先权的任何合同、协议或其他安排。

6.21.3　除在惯常经营过程中为代表公司签署合同或协议而对其董事、高级管理人员或雇员作出的委托授权外，公司未授予任何主体任何权力或给予任何主体任何委托授权。

6.22　公司与创始人关联公司（包括其持股或实际控制的任何公司）之间的任何交易均符合公司惯常经营方式和业务计划，符合公平原则，且未出现损害公司利益的情形。

6.23　创始人均有完全的民事行为能力，能合法参与、订立及执行本协议，或具有签署与履行本协议所需的一切必要权力与授权，并且直至本协议所述全部投资事项完成，仍将持续具有充分履行其在本协议项下各项义务的一切必要权力。

6.24　签署本协议并履行本协议项下的各项义务不会侵犯本协议当事人以外的其他方的权利。

6.25　公司和创始人已向投资方提供了投资方要求的与其决定进行本协议所拟议之交易相关的所有文件和信息。该等文件项下的所有信息和陈述是真实、准确和完整的，且该等文件不含对任何重大事实的不实陈述，没有遗漏陈述任何作出该等陈述所需的重大事实，并且根据其作出时情况，没有误导性。

第 7 条　投资方的陈述和保证

7.1　投资方按本协议应支付的全部资金均系自身合法资金，且已获得签署本协议所需的一切批准、许可和授权，有权签署本协议。

7.2　投资方签署和履行本协议不会违反其须遵从的任何适用法律或规定或其作为签约方的任何文件或协议，或对其本身和其资产具有约束力的任何文件或协议。

第 8 条　公司和创始人的承诺①

8.1　创始人应促使公司、公司应按照本协议第 4.1 条的规定，完成相关手续的办理。

8.2　创始人在持有公司股权（包括直接和间接持有）期间，应将所有精力和工作时间花在开拓和经营公司主营业务上，并保证公司关键员工所有精力和工作时间花在开拓和经营公司主营业务上。

8.3　创始人在持有公司股权期间或从出让其所持全部公司股权后的 3 年内，创始人的直系亲属或与创始人有过直系亲属关系的人不得以任何形式在外卖配送服务领域进行可能与公司有竞争关系的活动或从事可能损害公司利益的活动，包括：以任何形式直接或间接设立、投资与外卖配送服务领域相同或类似的公司、实体；未经投资方书面同意，不得为该等公司、实体或与该等公司、实体的关联方提供任何形式的服务；也不得直接或间接的劝诱或者聘用公司的雇员以任何形式为其他公司、实体工作。本条中直系亲属包括配偶、父母、子女、儿媳、女婿、兄弟姐妹、祖父母、外祖父母等。如创始人的直系亲属或与创始人有过直系亲属关系的人由于任何原因在交割日后 3 年内成立任何新的公司以在外卖配送服务领域从事与公司有竞争关系的活动或从事可能损害公司利益的活动，则投资方有权持有该新成立的公司的股权（投资方持有的该新成立公司的股权比例应等于届时投资方持有的公司股权比例）、并在该新成立公司中享有同本协议项下投资方权利相同的股东权利和其他相关权利。创始人应确保投资方实现上述权利。

8.4　创始人承诺自______年______月______日（基准日）起为公司全职服务 4 年，在上述 4 年服务期内，其实际持有的

①尽管投资之前可能会进行一定的尽职调查等工作，但是无法对目标公司、股权等状况作出全面的了解，因此需要转让方在协议中对齐所提供的公司信息真实性及公司资产的真实状况等作出陈述与保证，以便在发生问题时追究违约方责任。

D12324

公司股权受下述约定的限制[1]：该等股权应自基准日起的4年内按照每年25%的比例逐步解除限制。创始人应在因个人原因主动、自愿不再为公司全职服务前，将其未解除限制的公司股权以人民币1元的价格由届时代持员工激励股权的股东回购，作为员工激励股权，具体计划如下：

若创始人于基准日后第1年内因个人原因主动、自愿不再为公司全职服务，则其应将其于交割后所持股权的100%按本条约定的价格由代持员工激励股权的股东回购，作为员工激励股权；

若创始人于基准日后第2年内因个人原因主动、自愿不再为公司全职服务，则其应将其于交割后所持股权的75%按本条约定的价格由代持员工激励股权的股东回购，作为员工激励股权；

若创始人于基准日后第3年内因个人原因主动、自愿不再为公司全职服务，则其应将其于交割后所持股权的50%按本条约定的价格由代持员工激励股权的股东回购，作为员工激励股权；

若创始人于基准日后第4年内因个人原因主动、自愿不再为公司全职服务，则其应将其于交割后所持股权的25%按本条约定的价格由代持员工激励股权的股东回购，作为员工激励股权。

为避免异议，各方同意，公司发放、授予以及以任何方式处置上述回购创始人限制股而形成的员工激励股权的，应当经过投资方的同意。

8.5 创始人和公司应尽商业上之合理之努力，促使公司：（1）完全遵守并不断完善公司在各个方面的公司治理，包括但不限于管理、税收和劳动方面，建立完善的财务及内控制度流

①对于创始人服务期限和股权的限制有利于保证目标公司的稳定持续经营。

程和人员配置、规范发票管理、规范其他规章制度并严格遵照执行；（2）在任何时候均依照适用法律和良好的商业惯例从事业务经营，包括但不限于以公司的名义签署任何与公司经营活动有关的合同或协议、按照现行法律法规和中国通用会计准则或国际财务报告准则的要求对公司的账务往来进行规范，任何与公司经营活动有关的账务往来一律通过公司银行账户收支；（3）足额代扣代缴所有员工应缴纳的所有个人所得税、社会保险和住房公积金，并足额为所有员工缴纳应由公司承担的社会保险和住房公积金；（4）公司任何的纳税申报（包括但不限于所得税及增值税）都符合中国法律要求。

8.6 公司和创始人应自行负责向其征收的或其应该缴纳的，与本协议所述交易有关的税收，若公司和创始人应就这些税收义务向有关税务机关进行申报的，在申报前，应当由投资方对申报文件进行审阅并提出意见，公司和创始人应配合将投资方的合理意见加入申报文件。若创始人因签署和履行本协议及完成本协议下的交易而产生任何纳税义务，则由创始人自行承担。公司及投资方对创始人的前述纳税义务不承担任何责任。

8.7 创始人同意在签署本协议后至交割日，应并应当促使公司的业务，以同其之前的惯常运作模式实质性相同的方式正常运作，同时按照实际情况，根据之前的惯常做法，维持公司的账册和记录。未经投资方事先书面同意，其不得采取任何可能导致公司现状发生重大变化的行为①，包括：

（1）除本协议另有约定外，变更、出售、质押、处分公司的股权或注册资本或在其上设置任何权利负担。

（2）公布、提取或进行股东分红，不管是以现金还是其他方式。

（3）变更公司主营业务。

①确保过渡期内公司资产不发生重大变化。

D12324

（4）公司收购其他实体或与其他实体合并，或公司分立。

（5）发生任何在正常业务外的支出、负债、责任或义务，不管是直接的还是间接的。

（6）以公司任何财产或者资产提供或承诺提供借贷、保证、抵押、质押或其他任何形式的担保或者在其上设置任何其他权利负担。

（7）出售或者处分公司的任何对于公司业务经营存在重要影响的资产，以及任何价值超过人民币______万元的资产。

（8）签订、修改或者终止任何重大合同。

（9）任何关键员工的人事变动。

（10）以任何方式增加或者承诺增加董事、管理人员或雇员的薪资或者福利，订立或者承诺订立雇佣合同或者终止雇佣合同，或建立、变更有关董事、管理人员或雇员的薪资福利计划。

（11）修改公司的章程（根据本协议的明确规定进行的修改除外，但该等修改仅为实现本协议规定之目的且修改以该等目的为限）。

（12）签订或者承诺签订任何有关公司的管理权控制的协议或者安排，无论通过书面协议或其他方式。

（13）收购任何股权及 / 或重要的资产等任何公司对外投资的行为。

（14）变更任何内部会计操作政策或程序（根据所适用的法律或通用会计准则的要求而变更的除外）。

（15）与公司的股东（包括曾经的股东）达成任何交易或者合同。

（16）就任何重要的诉讼、仲裁和其他争议达成和解。

（17）作出任何重要的税务决定或者就任何重要的税务义务达成和解。

（18）放弃任何公司已经试图注册的知识产权、或者怠于支付维持和保护已经注册的重要的知识产权的任何税款。

（19）作出任何违反公司重要的政府批准证书的规定的行为，怠于作出任何能阻止违反公司重要的政府批准证书的规定的行为，或者怠于作出任何商业上可行的维持公司重要的政府批准证书所必需的行为。

（20）作出任何会或可能会使得本协议第 6 条中所规定的陈述与保证变得不真实的行为。

第 9 条　投资方的承诺

9.1　投资方应、并促使其提名的董事及时签署、提供工商变更登记所需的相关文件以及公司增资和董事任命所需由其或其提名的董事签署或提供的相关文件。

9.2　投资方将及时提供为进行增资所需其提供的其他帮助。

第 10 条　公司及创始人的进一步承诺

公司及创始人在此承诺将促使交割后新加入公司的股东承认投资方在本协议下的权利，并在其成为公司股东时签署延续本协议下投资方权利的新的投资 / 股东协议和公司章程。

第 11 条　公司治理

11.1　董事会组成[①]

公司的董事会将由______名董事组成，由股东会选举产生和更换。其中投资方有权提名任免____________位董事（投资方董事），创始人有权提名任免______名董事。无论公司章程有何种规定，公司的全体股东应确保根据上述提名在提名后的 10 日内通过股东会决议，对董事进行任免，并在股东会通过决议后的 10 日内在工商局办理完毕备案手续。

11.2　董事任期

每位董事的每届任期为 3 年，经原提名方重新提名并经股

①董事会成员人数应当为奇数，避免决策僵局。同时，委派董事是一项比较重要的权利，能够影响公司的经营决策，当投资方所占比例较小时，目标公司应当谨慎考虑是否给予投资方委派董事的权利。

D12324

东会按照本协议 11.1 条约定投票选举可以连任。每一有权提名方均可随时提名解除其提名董事的职务并提名继任董事，继任董事的任期为被替换董事的剩余任期。更换董事时，提名方须向各股东及公司发出更换董事的书面通知。每一股东均同意于收到通知后的 10 日内召开股东会，且其应投票同意该更换。如果届时有效的中国法律要求任何登记，公司应就此项变更于股东会通过决议后的 10 日内向登记机关办理变更登记手续。

11.3　董事会会议

公司董事会至少每季度召开一次，公司应提前至少 10 日通知（首次通知）各董事每次董事会召开的具体时间、地点及会议审议事项。公司董事会会议须有至少 2 位董事出席（含投资方董事）方为有效。如果投资方董事无法出席，则该董事有权要求董事会会议延期召开，但延期时间不得超过 15 个工作日。公司应在收到投资方董事提出董事会延期的要求后的 3 个工作日内将董事会召开的新时间、新地点及首次通知中的原定会议审议事项通知予全体董事。若该等经重新通知并召开的董事会上，投资方董事仍缺席，则任意 2 位董事出席即可视为符合法定人数要求，董事会可正常召开，但该董事会不得审议批准首次通知中不包含的会议审议事项，也不得审议批准本协议所列明的、需投资方或投资方董事批准方可实施的任何事项（包括且不限于本协议第 11.4 条所列事项），否则作出的所有决议均无效。

11.4　需投资方和投资方董事批准的事项

董事会决议须经包括投资方董事在内的 1/2 以上的董事通过方为有效。

11.5　财务负责人

公司应聘请专业人员作为公司财务负责人，负责公司财务规范管理和监管。届时创始人和投资方均可以（但非义务）向公司推荐财务负责人的人选，具体由董事会聘任，经 1/2 以上的董事通过同意即可。

第 12 条　股东权利

12.1　信息及检查权

12.1.1　各方同意并确认，投资方及其授权代表享有《中华人民共和国公司法》规定的有关股东查阅公司财务记录、文件和其他资料的权利。只要投资方持有公司股权，公司应当、且创始人应促使公司在每财务季度结束后的 20 日内，向投资方提供未经审计的该季度的财务报表（包括资产负债表、损益表及现金流量表，该等财务报表均需按照中国公认会计准则准备）。所有的审计应由投资方和公司共同批准的会计师事务所进行。

12.1.2　公司审计师应审查公司的账务，并根据中国公认会计准则出具审计报告，该报告应由总经理提交董事会批准。公司应向公司审计师提供所有外部审计所需的文件和账本。公司审计师必须同意对审计过程中取得的所有信息保守秘密。

12.1.3　各方同意，只要投资方持有公司股权，投资方即有权检查公司的设施、账目和记录，或取得投资方可能合理要求的关于业务的更多财务和运营数据及其他信息（或其复印件），并与相关的董事、管理人员、员工、会计师、法律顾问和投资银行家讨论公司的业务、经营和情况；若投资方认为有必要，投资方有权要求对公司进行独立审计，创始人应予以配合，公司应承担合理的审计费用。除非各方另有书面约定或法律法规要求，若公司聘用第三方机构对公司进行独立审计并由公司承担审计费用，则该等审计每年不应进行超过一次。

D12324

关注法天使

12.2 股权转让限制、优先购买权和共同出售权①

12.2.1 非投资方股东股权转让

12.2.1.1 在本次投资后的5年内，未经投资方及投资方董事事先书面同意，创始人不得一次或多次出售、转让、质押或以其他方式处置其于交割日之时持有的任何公司股权（包括直接和间接转让或以其他方式处置）。

12.2.1.2 在受制于本协议第8.4条和第12.2.1.1条的前提下，任何拟转让（包括直接和间接转让）其在公司中股权的、投资方之外的公司股东（包括直接持股和间接持股的股东，转让方或出售股东）应以书面形式事先通知投资方此项意图（转让方通知）。该通知须载明转让方希望进行该等转让的意图、转让的股权数量（转让股权）、转让股权的价格（转让价格）和其他主要适用条件和条款。投资方应在收到转让方通知后30日（要约期）内决定，并书面通知转让方其将按照转让价格全部或部分购买转让股权，或其将不行使该优先购买权。如果投资方未在上述期限内以书面形式将其决定通知转让方，则其应被视为不行使该优先购买权。在选择购买转让股权的情况下，最终股权转让合同的内容应符合转让方通知中列明的转让股权数量、转让价格和其他主要适用条件和条款。投资方和转让方应在要约期届满后60日内完成转让股权的转让。投资方按照本条约定所享有的优先购买权，应优于公司其他股东按照中国法律规定享有的优先购买权。若投资方不行使或未完全行使优先购买权，则公司其他股东有权按照中国法律及公司章程的约定行使优先购买权。

12.2.1.3 如果投资方之外的公司股东（包括直接持股和间接持股的股东）根据第12.2.1.2条拟向第三方主体转让其在公司中的全部或部分股权，在收到转让方通知后，投资方如选择不

①以下几项权利都是投资方的特殊性权利，目标公司应当结合投资方的投资额及影响力慎重考虑是否赋于这些权利。

行使其在第 12.2.1.2 条项下的权利，则应有权要求该第三方主体以与出售股东向其转让股权的相同价格及相同条款和条件购买投资方持有的公司股权（投资方共同出售股权），投资方共同出售股权的数量应为出售股东拟向第三方主体出售的股权数乘以一个分数，分子为投资方届时持有公司的股权数量，分母为投资方届时持有公司的股权数量以及出售股东届时持有公司的股权数之和。该出售股东应有义务促使该第三方主体以该等价格、条款和条件购买投资方的股权。如第三方主体不愿意购买因投资方共同出售股权而增加的额外股权，则该出售股东应按转让价格购买投资方共同出售股权，否则出售股东不得出售股权。

12.2.1.4 为避免歧义，投资方的权利不受上述第 12.2.1 条的限制。

12.3 新股发行优先认购权

12.3.1 自交割日起，除非投资方事先书面同意，公司不得向任何人（包括本协议任何一方）发行新股份（包括可转换为股权的证券票据）。

12.3.2 如果公司增加注册资本或发行新股，投资方享有按照其在公司中的持股比例认购公司新增注册资本或新发股权的优先权，或在公司融资时享有优先投资的权力（以下称优先认购权）。投资人认购公司新增注册资本或投资的价格、条款和条件应与其他潜在投资方、认购方的认购或投资的价格、条款和条件实质相同。

12.3.3 公司应就任何计划的新股发行（计划发行，但为发行员工持股、收购另一家公司发行股权事项除外）至少提前 30 日向投资方递送书面通知（发行通知），该通知应包括新股的购买方、数量、种类、发行时间、价格和其他主要条款；投资方收到发行通知后 15 日内，应向公司递交书面通知，表示其放弃或

D12324

关注法天使

愿意认购计划发行股份的全部或部分。在投资方按照前述约定对新股行使了部分或全部不行使优先认购权后，公司才可以在120天内，以同等条件或更高的条件向第三方发行没有被购买的新股。

12.3.4　如果投资方书面回复认购部分或全部计划发行股份，则相关各方应在收到投资方回复通知45日内完成交割。

12.3.5　作为公司发行新股的先决条件，购买方应同意遵守本协议和公司章程及其不时修订的条款，如同其原本就是公司的一名股东。

12.4　赎回权①

12.4.1　各方同意，以下任一回购事件（回购触发事件②）发生后，投资方有权在任何时间要求公司回购投资方所持有的投资方本轮股权中的部分或全部：

12.4.1.1　截至______年______月______日，若公司未能实现合格的首次公开发行（定义见下）；

12.4.1.2　公司连续5年不向股东分配利润，而公司该5年连续盈利，并且符合公司章程规定的分配利润条件的；

12.4.1.3　公司章程规定的营业期限届满或者章程规定的其他解散事由出现，股东会会议通过决议修改章程使公司存续的；

12.4.1.4　创始人严重违反本协议第6条、第8条、第11条和第12条；

12.4.1.5　公司合并、分立、转让主要财产的。

12.4.2　各方同意，若因上述回购触发事件导致投资方要求回购全部或部分投资方本轮股权的，自本协议签署之日起至______年______月______日，如果公司平均每一年度向投资方分配利润不少于（包含等于）人民币______万元，则回购公司股权时回购价格为届时投资方已向公司支付的投资人增资价

①赎回权涉及对赌条款，目前这条看似对投资方强力保护的条款逐渐失去意义。公司发展好没有上市的时候，没有人愿意主张形式赎回权；公司发展不好的时候，也很难实现赎回权。

②回购触发事件由目标公司与投资方协商确定。

款加上已宣布但未支付的属于投资人的公司红利；如果公司平均每一年度向投资方分配利润少于人民币______万元，则公司回购公司股权时回购价格为届时投资方已向公司支付的投资人增资价款及按照年息8%（单利，利息计算的期限为公司占用该等价款的年度，期限不满1年的，按比例计算）计算的利息，再加上已宣布但未支付的属于投资人的公司红利（回购价款）。

12.4.3　各方同意，为完成上述回购，公司和/或创始人应作出或促使其委派的董事作出其他方合理要求的一切行为和签署一切必要的文件（包括但不限于创始人应签订与投资方股权转让相关的一切文件），公司将负责办理所有必要的手续，包括但不限于办理政府机关审批登记手续。

12.4.4　各方同意，如因投资方行使本第12.4条项下的权利而需要向任何政府机关缴付税款的，则该等税款应由投资方自行承担。

12.4.5　对投资方要求公司回购的部分或全部股权，投资方也可以转让给创始人，创始人有权选择是否予以收购，收购股权价格为第12.4条规定的回购价款。

12.5　优先清算权

若公司发生任何清算、解散、终止或公司整体出售情形，公司财产应当按照如下顺序进行分配：

（1）首先，依法支付清算费用、职工工资、社会保险费用和法定补偿金，缴纳所欠税款及其他政府收费，清偿公司所有未付债务；

（2）其次，足额支付第（1）项的费用之后，在中国法律法规允许的范围内，应将相当于增资款的100%赔偿额优先于公司其他股东支付给投资方（合称适用的投资方优先额）；若投资方

D12324

无法优先于公司的其他股东取得全部适用的投资方优先额，则创始人应向该投资方支付创始人从公司分配取得的资金、现金等价物和资产，以使投资方最大限度的获得适用的投资方优先额。若在支付了第（1）项的费用后，公司的剩余资产不足以支付投资方适用的投资方优先额，则投资方应全额获得该剩余资产。

（3）最后，在足额支付前述第（1）项至第（2）项的款项之后，任何剩余的公司财产将按公司股东各自的股权出资比例在公司各股东（包括但不限于投资方）之间进行分配。

12.6　享有最优惠条款权

若在公司未来融资时，投资方有权成为任何投资者权利协议的当事方。且若公司与新的投资者和 / 或创始人约定了任何比本协议条款更加优惠的条款（“更优惠条款”），则投资方有权享有该等更优惠条款，投资方书面同意的除外。

12.7　反稀释权

12.7.1　在中国法律法规允许的范围内并受限于必需的中国政府机关批准或登记，公司在交割后决定引进新投资方或采取其他任何行动导致摊薄投资方在公司中股权比例，则应经过投资方事先书面同意。且如果该等新股的每股价格（新低价格）低于增资款对应的投资方本轮股权的每股价格（为本协议之目的，“每股价格”是指每 1% 公司股权的价格），则投资方将有权就投资方本轮股权获得反稀释保护，投资方有权按照新低价格对投资方本轮股权的每股价格进行调整，进一步获得公司发行的股权（投资方额外股权），以使发行该等新股后投资方对增资款所对应的公司股权权益（包括投资方本轮股权和投资方额外股权）所支付的平均对价相当于新低价格，但员工股权激励计划下发行股权，或经董事会及投资方批准的其他激励股权安排下发行股权应作为标准的例外情况。

12.7.2　如因中国法律的限制，公司无法向投资方直接授予补偿股权，则投资方有权要求创始人承担公司于前款项下的反稀释义务，为此目的，并作为一项全面估值反稀释的保护措施，创始人应当以零对价或法律允许的最低对价向投资方转让其对公司持有的股权，以使转让该等额外股权后，投资方增资款所对应的公司股权权益所支付的平均每百分比股权单价相当于对应的新低价格。

12.7.3　如公司和创始人均无法向投资方直接授予补偿股权，则投资方有权要求创始人进行货币补偿，以使在获得该等货币补偿后，投资方增资款所对应的公司股权权益所支付的平均每百分比股权单价相当于对应的新低价格。

12.7.4　为免疑义，各方同意，公司如有注册资本转增、送红股等导致公司股本变化，投资方股权每百分比股权单价应相应调整。

12.7.5　各方同意，如因投资方行使本协议第 12.7 条项下的权利而需要向任何政府机关缴付税款的，则该等税款应由公司承担；如该等税款已经由投资方支付的，则公司应于 3 个工作日内补偿投资方该等税款。

12.7.6　为免疑义，各方同意，为发行员工股权激励计划将不适用本第 12.7 条反稀释条款的规定。

12.8　转换股票种类的权利

投资方有权在交割后的任意时间将其持有的享有本协议规定的特殊权利的股权及日后在后续融资中持有的享有特殊股东权利的股权转化为普通股权，无须得到创始人或其他任何第三方的同意。

D12324

12.9　优先分红权

如果公司董事会和 / 或股东会决定分派股利，除非并直至投资方应享有的股息红利已经全额分派，公司不得向创始人及届时其他股东分派股利。

12.10　要求首次公开发行的权利

12.10.1　各方同意公司通过首次公开发行或其他符合中国法律的方式于中国境内或境外的经投资方认可的交易所的上市，前提是：（1）符合该交易所规定的所有上市条件，（2）投资方所持有的公司股权可登记并可流通，（3）投资方批准该首次公开发行（包括但不限于地点、公司估值、融资金额等相关条件）（合格的首次公开发行）。

12.10.2　创始人应尽一切努力遵守相关证券交易所的任何适用规定或要求，以促使公司于 2023 年 2 月 12 日之前成功进行合格的首次公开发行，其他方将为此提供一切必要的配合，包括但不限于修改或修订本协议或本协议项下的任何安排。尽管有前述约定，若有关修改或修订的条款相比本协议下的条款会对投资方构成重大不利影响，则投资方将无义务修改或修订本协议。若需要作出该等修改或修订，则各方应尽一切努力维持本协议所载的商业条款及目的不变。

第 13 条　优先合作权

公司、创始人及投资方承诺，在本协议签署后，投资方将成为公司在外卖配送服务领域的优先合作伙伴，未经投资方同意，公司不得与任何第三方互联网餐饮及外卖平台合作。

第 14 条　员工激励股权计划

各方确认，增资后由____________持有的公司______% 的股权作为公司员工激励股权计划之用。若日后公司扩大员工激励股权计划的股权比例需要经公司董事会（包括投资方董事）

批准。前述用于员工激励股权计划的股权应在被发放给相关员工后，至少按照每年 25% 的比例分 4 年授予该等员工，若被发放员工激励股权的员工离职，则其尚未授予部分的员工激励股权应无偿返还给公司，并继续由____________代持。

第 15 条　赔偿

15.1　公司和创始人在本协议项下作出的陈述和保证以及在交付文件中作出的所有陈述于其作出时均为真实、准确及完整的。交割日后的任何时候，若投资方发现公司和创始人在本协议项下作出的陈述和保证以及在交付文件中作出的所有陈述中任何一项于其作出时存在不真实、不准确或不完整的情形，投资方均有权要求公司和 / 或创始人承担相应的赔偿责任或采取其他补救和 / 或解决方式。

15.2　因公司和 / 或创始人违反其在本协议中作出的任何承诺、公司未依法为员工缴纳社会保险金和住房公积金、公司未依法为员工代扣代缴个人所得税以及公司非因真实、公平的交易向任何创始人转移任何利益使投资方遭受了任何负债、损失、损害、权利主张、费用和开支、利息、裁决、判决和罚金（包括但不限于律师和顾问的付费和开支，任何一方以任何方式提起的诉求所导致的任何损失，包括利润损失），若创始人负有过错责任，创始人应当向投资方（包括其继承人和受让人）作出赔偿，并使其不受损害；若创始人没有过错，则由公司向投资方（包括其继承人和受让人）作出赔偿，并使其不受损害。

第 16 条　不招揽或谈判

创始人同意，自本协议签署日起至交割日，创始人或其任何关联方、高级职员、董事、代表或代理人均不会（1）招揽、发起、考虑、鼓励或接受任何主体提出的关于下述事项的提议或要约：①与任何收购或购买全部或部分公司股本、资产或同本协议项下拟议的交易类似的任何其他交易，②进行涉及公司或以其他方式与公司相关的资本重组、结构重组或任何其他非正常的业务交易；（2）就前述事宜参与任何讨论、交谈、谈判以及其他交流，或向任何其他主体提供与前述事宜有关的任何信息，或以任何其他方式配合、协助或参与、方便或鼓励任何其他主体试图进行前述事宜的任何努力或尝试。如果作出与前述事宜有关的任何该等提议、要约或与任何主体就前述事宜进行任何询问或其他接触，创始人应当立即通知投资方。

第 17 条　债权、债务及费用承担

17.1　除本协议另有规定外，投资方不承担公司和创始人在交割日前存在或产生的任何债务和责任，公司、创始人应继续自行承担其在首次交割日之前或之时存在或产生的任何债务和责任，无论已存在或可能存在的、已知的或未知的、累积的或未累积的、到期的或未到期的，包括但不限于公司及创始人（1）在交割日之前的任何责任、债务、员工社保及公积金与薪酬、抵押、担保或应付税费（无论是否已向投资方披露）；（2）与在交割日之前的任何悬而未决的诉讼、仲裁、行政处罚或其他法律程序；（3）任何第三方针对投资方根据本协议（或相应工商变更文件）及增资而提起的权利主张、责任、义务、损害赔偿、亏损、判决、法律行动、诉讼、程序、仲裁；（4）公司在交割日前侵犯任何第三方的知识产权。投资方如因任何第三方就此提出的请求且仅因其按本协议（或相应工商变更文件）规定行事所致时而产生任何诉讼、仲裁、行政处罚或其他法律程序，或因上述任何债务或责任而遭受任何损失，投资方将及时通知公司并要求公司提供合理的协助，公司及创始人应负责应诉或处理相关处罚与法律程序，若创始人负有过错责任，创始人应赔偿投资方因此遭受的全部损失，若创始人没有过错，则公司应赔偿投资方因此遭受的全部损失。投资方有权从任何应付给创始人和／或公司的款项中直接扣除相应的上述赔偿额。

17.2　投资方为完成本协议项下的交易所产生的费用和支出（包括投资方聘请的审计机构和律师事务所的服务费）总计不应超过人民币20万元，并应由公司和投资方在交割时平均承担，超出部分将由费用发生方自行承担。如果创始人和／或公司违反本协议规定的义务和责任，则违约方将承担投资方产生的所有费用与支出，且不受上述金额上限的约束。

第18条　保密

18.1　各方承认及确认有关本协议、本协议内容以及彼此就准备或履行本协议而交换的任何口头或书面资料均被视为保密信息。

18.2　各方应对所有该等保密信息予以保密，而在未得到另一方书面同意前，不得向任何第三方披露任何保密信息，唯下列信息除外：（1）公众人士知悉或将会知悉的任何信息（唯并非由接受保密信息之一方擅自向公众披露）；（2）根据适用法律法规、股票交易规则、或政府部门或法院的命令而所需披露之任何信息；（3）得到投资方书面许可而披露之任何信息；（4）由任何一方就本协议所述交易而需向其股东、董事、员工、法律或财务顾问披露之信息，而该股东、董事、员工、法律或财务顾问亦需遵守与本条款相类似之保密责任。如任何一方股东、董事、员工或聘请机构的泄密均视为该方的泄密，需依本协议承担违约责任。

第19条　违约责任[①]

19.1　由于本协议任何一方的过错，造成本协议不能履行或不能完全履行时，由过错方对守约方承担违约责任；如各方均有过错，则根据实际情况由各方分别承担各自应负的违约责任。

①违约条款的目的在于敦促协议各方诚信履行合同。

D12324

19.2　对于协议一方的任何违约行为，守约方有权以书面形式通知该违约方；除非违约方在一周内采取及时、充分的补救措施，否则守约方有权对其合理损失要求违约方赔偿。

第 20 条　法律适用及纠纷解决

20.1　本协议的制定、解释及其在执行过程中出现的、或与本协议有关的异议的解决，受中国现行有效的法律的约束。

20.2　在本协议执行过程中，若出现与本协议有关的争议，协议各方应尽量本着友好协商的精神予以协商解决；若在争议发生后的 30 日内无法通过协商解决，则任何一方均有权将争议提交至公司所在地人民法院管辖。

第 21 条　其他事项

21.1　本协议经协议各方签字盖章后生效。

21.2　若创始人因签署和履行本协议及完成本协议下的交易而产生任何纳税义务，则由创始人自行承担。公司及投资方对创始人的前述纳税义务不承担任何责任。

21.3　未经本协议各方共同协商达成一致并签署书面协议，任何一方不得擅自对本协议的全部或部分条款进行修改或解除本协议。

21.4　本协议未尽事宜，应经协议各方协商一致并签署补充协议，该补充协议与本协议具有同等的法律地位。

21.5　如果本协议中的任何条款或其他规定无效、不合法或无法通过任何法律或公共政策进行强制执行，则只要本协议中所拟议交易的经济或法律实质未发生任何会对任何其他一方造成重大不利影响的变化，本协议中所有其他的条款和规定仍将保持完全的效力。在确定任何条款或其他规定无效、不合法或不可强制执行后，各方应通过善意协商修改本协议以求以一种可以接受的方式最大限度地反映出各方的本意，从而使本协议中所拟议的交易能最大限度按照最初的计划完成。

21.6 如果本协议与公司章程存在任何冲突，在本协议各方之间以本协议约定为准，且各方同意在法律及实践允许范围内立即修改公司章程，以使其最大限度与本协议约定实质保持一致，并在修改之前，各方同意不会依照章程之相关约定主张或行使相应权利。

21.7 经其他各方事先书面同意，任何一方不得转让本协议项下的权利或义务。但是，投资方无须经其他方同意即可将本协议或协议项下的任何权利和义务转让给投资方的一个或多个关联方，包括但不限于投资方的下属公司。本协议应对各方及其各自的继承人和受让人具有约束力，并为本协议各方及其各自的继承人和受让人的利益而存在。

21.8 本协议一式七份，本协议各方各执一份，各份协议文本具有同等法律效力。

有鉴于此，于文首所载日期，各方已经签署或已经使其授权代表签署本《____________有限公司增资协议》。

公司：____________有限公司（公章）

签署：____

姓名：____

职务：____

创始人：____

姓名：____

身份证号码：____

姓名：____

D12324

身份证号码：________________________________

投资方：________________________________

__________有限公司（公章）

签署：________________________________

姓名：________________________________

职务：________________________________

附件一

关键员工列表

序号	关键员工姓名	职务

五、新三板股票发行认购协议

适用场景：

适用于新三板股票发行认购。

法律要点：

1. 股权明晰

应当确认目标公司股权合法完整、不存在权利瑕疵或者潜在纠纷。

2. 程序合法

《中华人民共和国公司法》第103条规定，股东出席股东大会会议，所持每一股份有一表决权。但是，公司持有的本公司股份没有表决权。

股东大会作出决议，必须经出席会议的股东所持表决权过半数通过。但是，股东大会作出修改公司章程、增加或者减少注册资本的决议，以及公司合并、分立、解散或者变更公司形式的决议，必须经出席会议的股东所持表决权的2/3以上通过。

3. 转让价款和付款方式

转让价款的确定需要合法合理，一般不能低于前次的增资价格。付款方式需要具有可操作性，预留办理工商变更等程序性事项的时间，在银行单据“用途款项来源摘要备注”一栏中注明“投资款”或者“增资款”。

4. 慎重对待特殊性权利

投资方的赎回权、优先清算权、最优惠条款权、反稀释权等权利对公司未来的融资及经营由较大影响，目标公司与投资

D12325

关注法天使

方应当慎重考虑。

文本正文：http://www.fatianshi.cn/D12325

新三板股票发行认购协议

本协议由以下各方于______年______月______日在______签署：

甲方：____________股份有限公司（发行人）

住所：____

统一社会信用代码：__________________________

法定代表人：________________________________

乙方：____________（认购人）

住所：____

统一社会信用代码：__________________________

执行事务合伙人：____________________________

丙方：（控股股东）

住所：____

身份证号码：________________________________

鉴于：

1. 甲方为一家依法设立、有效存续且股票已在全国中小企业股份转让系统挂牌的股份有限公司（证券代码：____________①）。

2. 乙方为符合投资者适当性要求的合格投资者②，具有投资全国中小企业股份转让系统挂牌公司股票的资格。

3. 甲方拟定向发行不超过______万股股票（以下简称本次股票发行），并拟定股票发行方案。乙方同意按照本次股票发行

---

①新三板企业经过主办券商、律师、会计师的挂牌辅导和券商额持续督导，各方面相对规范和透明。公司的一些公开数据都可以在全国中小企业股份转让系统通过公司简称或者股票代码查询。

②《全国中小企业股份转让系统投资者适当性管理细则》第3条规定，列出机构投资者可以申请参与挂牌公司股票公开转让：

（一）实收资本或实收股本总额500万元人民币以上的法人机构；

（二）实缴出资总额500万元人民币以上的合伙企业。

方案认购甲方发行的______万股股票。

4. 丙方为甲方控股股东。

经甲、乙、丙各方友好协商，现就乙方认购甲方发行股票事宜签订协议如下：

第一条　股份认购

1. 乙方认购本次股票发行的______万股股票，认购价格为人民币______元/股，乙方应向甲方支付认购款共计人民币______万元。缴款时间以甲方的股票发行认购公告为准。

2. 乙方以人民币现金方式进行认购。

3. 协议各方同意，于本协议生效后，乙方的认购资金必须在公告的缴款日之前存入甲方指定账户[1]。逾期未缴纳的，本协议自动终止，除非经甲方认可。

户名：____

账号：____

开户行：______________________________________

4. 本次股票发行完成后，于本次发行前滚存的公司未分配利润，将由新老股东按照发行后的股份比例共享。

5. 本次股票发行的新增股份登记在中国证券登记结算有限责任公司，本次发行的股票限售安排为：乙方自股票登记完成后______个月内不得转让。

第二条　承诺事项

1. 乙方承诺：

（1）乙方用于认购股票的资金来源正当，拥有合法、完整的法律权属，符合中国境内相关法律法规的规定；

（2）乙方符合甲方关于本次股票发行之发行对象的各项条件，提供的资料真实、准确、完整，乙方将积极配合甲方完成本次股票发行的相关法律手续；

[1] 投入资本金时须在银行单据“用途/款项来源/摘要/备注”一栏中注明“投资款”或“资本金”。

D12325

关注法天使

（3）乙方有权进行本协议规定的交易，并已采取所有必要的批准、授权签订和履行本协议；

（4）乙方保证将按照诚实信用原则，就本协议约定的事宜积极办理及配合甲方办理相关审批手续，并配合甲方及时履行法定的信息披露义务；

（5）乙方承诺将尽快完成私募基金的备案工作。

2. 甲方承诺：

本次认购全部完成后，甲方将依据法律规定及相关授权积极完成本次股票发行的相关法律手续。

3. 丙方承诺[①]：

将努力促成甲方在______年______月______日前实现首次公开发行股票并在深圳证券交易所或上海证券交易所上市。如甲方未在______年______月______日前实现首次公开发行股票并在深圳证券交易所或上海证券交易所上市，丙方承诺将以自有资金回购乙方本次认购甲方的全部股份，回购价款总额＝本次增资总额×（1+年化利率10%×投资期间／365）（投资期间以自然日为计算单位）。

第三条　违约责任[②]

1. 协议各方应本着诚实信用原则，自觉履行协议。本协议任何一方不履行或不适当履行本协议约定之任何义务的行为，包括作为及/或不作为，均构成对本协议的违反，亦即构成本协议项下的违约行为。

2. 对于本协议任一方的任何违约行为，另一方应首先以书面形式通知对方采取补救措施。除非违约方在收到守约方书面通知后7日内采取了及时、充分且有效的补救措施，否则守约方有权要求违约方赔偿损失。

3. 如协议各方均违约，应根据实际情况由协议各方分别承

①目标公司为欣赏那些不能挂牌企业，对赌只能与大股东对赌，不能与目标公司对赌。

②违约条款的目的在于敦促协议各方诚信履行合同。

担各自应负的违约责任。

4. 如果存在以下情形，甲方应于本协议终止之日起 10 个工作日内，向乙方返还认购价款及产生的相应利息（按照验资账户内实际产生的利息为准）：

（1）由于主管机关或政府部门的原因导致本协议履行不能，任何一方均有权解除本协议，协议各方互不负违约责任；

（2）因为不可抗力原因导致本协议履行不能，任何一方均有权解除本协议，协议各方互不负违约责任；

（3）如果本次股票发行未通过全国中小企业股份转让系统备案，甲方有权解除本协议，并不负违约责任。

第四条　生效

1. 本协议经协议各方签署后成立，在经过甲方董事会、股东大会批准本次股票发行事项后生效。

2. 如果本次股票发行最终需要中国证监会批准，则自审批文件下发之日生效。

第五条　保密

1. 各方都应当促使其代理人、员工和代表，对对方的保密信息予以严格保密，未经各方一致书面同意，不得将上述保密信息予以披露（包括但不限于通过接受采访、回答问题或调查、新闻发布或者其他方式）。

2. 在本协议中，“保密信息”是指本协议的存在及其内容、本协议拟议的交易以及各方就此进行的谈判等内容，一方或其代表披露包括但不限于有关该方的业务、技术、发展规划、财务情况、发展预期以及客户等方面的情况。

3. 保密信息不包括：

（1）在披露方进行披露的时候已经被接受方所掌握的信息；

（2）并非由于接受方的不当行为而众所周知的信息；

D12325

（3）由接受方通过第三方正当获取的信息，但该等披露须由各方事先协商；

（4）向披露方的专业顾问披露，但该等专业顾问就披露给其的任何信息对披露方负有保密义务。

第六条　适用法律及争议解决

1. 本协议适用中国法律，并依据中国法律解释。如果协议各方任何一方的权益因新颁布的法律、法规受到严重不利影响，各方可协商作出必要的调整，以维护各方的利益。

2. 凡因履行本协议所发生的一切争议，协议各方均应通过友好协商的方法解决。但如果该项争议在任何一方提出友好协商之后30日内未能达成一致意见，应将该争议事项提交有管辖权人民法院诉讼解决。

3. 除非争议事项涉及根本性违约，除提交诉讼的争议事项外，各方应继续履行本协议其他条款。

第七条　不可抗力

1. 不可抗力是指各方或者一方不可预见、不可避免并不可克服的客观事件，包括但不限于战争、地震、洪水、火灾、罢工等。

2. 如果一方因不可抗力事件而不能履行其任何义务，因不可抗力事件而不能履行本协议项下之义务的履行时间应予延长，延长的时间等于不可抗力事件所导致的延误时间。声称遭遇不可抗力事件而不能履行义务的一方应采取适当措施减少或消除不可抗力事件的影响，并应努力在尽可能短的时间内恢复履行受不可抗力事件影响的义务。

3. 如有不可抗力事件发生，任何一方均无须对因不可抗力事件无法或延迟履行义务而使对方遭受的任何损害、费用增加或损失承担责任。

4. 受不可抗力事件影响的一方应在不可抗力事件发生后的10日内通知对方并提供其所能得到的证据。

5. 如因不可抗力事件导致本协议无法履行达30日，则本协议任何一方有权以书面通知的方式解除本协议。

6. 在发生不可抗力事件期间，除因不可抗力事件导致不能履行的方面外，各方应在其他各个方面继续履行本协议。

第八条　通知

1. 所有的通知应送达 / 到达至以下所列出的地址或使用以下所列出的方式送达：

甲方：＿＿＿＿＿＿＿＿＿＿＿＿＿＿＿＿＿＿＿＿

地址：＿＿＿＿＿＿＿＿＿＿＿＿＿＿＿＿＿＿＿＿

收件人：＿＿＿＿＿＿＿＿＿＿＿＿＿＿＿＿＿＿＿

电话：＿＿＿＿＿＿＿＿＿＿＿＿＿＿＿＿＿＿＿＿

传真：＿＿＿＿＿＿＿＿＿＿＿＿＿＿＿＿＿＿＿＿

乙方：＿＿＿＿＿＿＿＿＿＿＿＿＿＿＿＿＿＿＿＿

地址：＿＿＿＿＿＿＿＿＿＿＿＿＿＿＿＿＿＿＿＿

收件人：＿＿＿＿＿＿＿＿＿＿＿＿＿＿＿＿＿＿＿

电话：＿＿＿＿＿＿＿＿＿＿＿＿＿＿＿＿＿＿＿＿

传真：＿＿＿＿＿＿＿＿＿＿＿＿＿＿＿＿＿＿＿＿

2. 在一方信息更改后，除非一方向另一方发出通知对以上信息进行更改，否则按照以上方式发出的通知即视为有效。

第九条　其他约定

1. 继受和转让。未经其他当事方书面同意或本协议另有约定，任何一方均不得将本协议或其在本协议项下的任何权利和义务予以转让。

2. 可分割性。如果本协议中任何规定被判定为不合法、无效、或不具有可强制执行性，则各方同意该项规定应当在可行

D12325

的最大限度内予以执行，以实现各方的意图，且本协议所有其他规定的有效性、合法性和执行力均不受到任何损害。

3. 放弃。如果一方放弃追究对方对本协议项下任何责任或义务的违约，则应当由放弃追究的一方以书面方式作出并签署，且该项放弃不应被视为放弃追究对方今后在本协议项下的其他违约行为。

4. 完整协议。本协议构成了各方就本协议所述事项的全部协议、会议纪要和谅解，并取代了此前各方就本协议所述事项的所有书面和口头的协议和此前的所有其他通信。

5. 除非本协议另有规定，协议各方应自行支付其各自与本协议及本协议述及的文件的谈判、起草、签署和执行的有关成本和费用。有关发行人本次发行的增资审批、审计、工商变更登记等费用由发行人自行承担。

6. 本协议正本一式______份，协议各方各执一份，其余由发行人作履行报批程序之用。

甲方（盖章）：______股份有限公司

法定代表人 / 授权代表（签字）：______________________

乙方（盖章）：

法定代表人 / 授权代表（签字）：______________________

丙方（签字）：

签约日期：______年______月______日

图书在版编目(CIP)数据

中国合同库.私募基金/刘建伟编著.--北京:法律出版社,2017

ISBN 978-7-5197-1741-4

Ⅰ.①中… Ⅱ.①刘… Ⅲ.①合同法-中国②投资基金-经济合同-合同法-中国 Ⅳ.①D923.6

中国版本图书馆CIP数据核字(2017)第297653号

中国合同库:私募基金
ZHONGGUO HETONGKU:SIMU JIJIN

刘建伟 编著

策划编辑 朱海波 蒋 橙
责任编辑 朱海波 蒋 橙
营销编辑 徐 印
装帧设计 宇宙尘埃工作室 鲍龙卉

出版 法律出版社
总发行 中国法律图书有限公司
经销 新华书店
印刷 天津嘉恒印务有限公司
责任印制 吕亚莉

编辑统筹 法律应用·大众出版第二分社
开本 787毫米×1092毫米 1/16
印张 37.5 **字数** 685千
版本 2018年1月第1版
印次 2018年1月第1次印刷

法律出版社/北京市丰台区莲花池西里7号(100073)
网址/www.lawpress.com.cn
投稿邮箱/info@lawpress.com.cn
举报维权邮箱/jbwq@lawpress.com.cn
销售热线/010-63939792
咨询电话/010-63939796

中国法律图书有限公司/北京市丰台区莲花池西里7号(100073)
全国各地中法图分、子公司销售电话:
统一销售客服/400-660-6393
第一法律书店/010-63939781/9782 西安分公司/029-85330678 重庆分公司/023-67453036
上海分公司/021-62071639/1636 深圳分公司/0755-83072995

书号:ISBN 978-7-5197-1741-4 **定价**:115.00元
(如有缺页或倒装,中国法律图书有限公司负责退换)

中国合同库出版计划第二期
征稿启事

中国合同库出版计划，是法天使与法律出版社共同发起的出版计划，共分为四期。旨在出版系列线上线下一体书，聚合和共享法律智慧，建设一个“全面可信赖”的中国合同库，让法律行业乃至全社会受益，同时为作者塑造影响力。

第一期已于2017年正式出版发行，包括：A轮融资协议、股权激励、私募基金、劳动人事、影视娱乐、房屋买卖租赁、建设工程施工合同、企业债券、商业保理、证券期货、政府和社会资本合作(PPP)，共11个专题，本书为第一期11个专题之一。

现在，我们面向优秀律师、法务及相关法律人，郑重征稿，具体要求如下：

1. 提交基础信息

姓名，年龄，个人微信和电话，工作单位，专业领域，有无出书经历，拟选定的写作方向。

2. 选定写作方向

(1) 提交该方向的：合同模板目录，以及1份代表性合同模板，对该模板进行使用说明和要点批注。

(2) 个人简介，包含在该领域处理过的有影响力的案例或发表、出版过的文章、图书或获得过的荣誉以及其他一切可以体现您在这一领域专业实力的材料。

3. 选题评审

根据上述信息，由法律出版社和法天使组织专家进行评审，一经纳入出版计划我们将与您联系，商定交稿时间和出版细节。

4. 出版政策

作者无须任何出版补贴，并依照出版合同获得稿酬。稿酬等事项见届时签署的出版合同。

5. 写作体例

参照本书体例。

6. 征稿联系人

常金光　联系电话 / 微信：13810853236/cjg@fatianshi.cn

7. 特别提示

登陆法天使官方网站：www.fatianshi.cn，可随时分享单份或成套合同模板，获得收益。

关注以下二维码，在底部菜单查看“参与出版计划”，即可了解更多详情。